© 2017 por Cristina Cirminiello
© iStock.com/Iluoslack

Coordenadora editorial: Tânia Lins
Coordenador de comunicação: Márcio Liban
Capa e projeto gráfico: Jaqueline Ki
Diagramação: Rafael Rojas
Preparação: Janaína Calaça
Revisão: Equipe Vida & Consciência

1ª edição — 1ª impressão
5.000 exemplares — abril 2017
Tiragem total: 5.000 exemplares

CIP-BRASIL. — CATALOGAÇÃO NA PUBLICAÇÃO
SINDICATO NACIONAL DOS EDITORES DE LIVROS, RJ

C51bs

Cirminiello, Cristina
O segredo do solo de pedra / Cristina Cirminiello. — 1. ed. reimp. — São Paulo : Vida e Consciência, 2017.
416 p. ; 22 cm.

ISBN 978-85-7722-529-2

1. Romance brasileiro. I. Título.

17-40646
CDD: 869.93
CDU: 821-31(81)

Todos os direitos reservados. Nenhuma parte desta edição pode ser utilizada ou reproduzida, por qualquer forma ou meio, seja ele mecânico ou eletrônico, fotocópia, gravação etc., tampouco apropriada em sistema de banco de dados, sem a expressa [...] nº 5.988, de 14/12/1973).

[...] do novo acordo ortográfico (2009)

[...] e Distribuidora Ltda
[...]812 — São Paulo — SP — Brasil

[...]
www.vidaeconsciencia.com.br

Para os amigos
Tânia Marcolongo e Pedro Neves.

© 2017 por Cristina Cimminiello
© iStock.com/titoslack

Coordenadora editorial: Tânia Lins
Coordenador de comunicação: Marcio Lipari
Capa e projeto gráfico: Jaqueline Kir
Diagramação: Rafael Rojas
Preparação: Janaina Calaça
Revisão: Equipe Vida & Consciência

1ª edição — 1ª impressão
5.000 exemplares — abril 2017
Tiragem total: 5.000 exemplares

**CIP-BRASIL — CATALOGAÇÃO NA PUBLICAÇÃO
(SINDICATO NACIONAL DOS EDITORES DE LIVROS, RJ)**

C515s

    Cimminiello, Cristina
    O segredo do anjo de pedra / Cristina Cimminiello. — 1.
ed., reimpr. — São Paulo : Vida e Consciência, 2017.
    416 p. ; 23 cm.

    ISBN 978-85-7722-526-2

    1. Romance brasileiro. I. Título.

17-40645
                              CDD: 869.93
                              CDU: 821.134.3(81)-3

Todos os direitos reservados. Nenhuma parte desta edição pode ser utilizada ou reproduzida, por qualquer forma ou meio, seja ele mecânico ou eletrônico, fotocópia, gravação etc., tampouco apropriada ou estocada em sistema de banco de dados, sem a expressa autorização da editora (Lei nº 5.988, de 14/12/1973).

Este livro adota as regras do novo acordo ortográfico (2009).

Vida & Consciência Editora e Distribuidora Ltda.
Rua Agostinho Gomes, 2.312 — São Paulo — SP — Brasil
CEP 04206-001
editora@vidaeconsciencia.com.br
www.vidaeconsciencia.com.br

O segredo
DO ANJO DE PEDRA

CRISTINA CIMMINIELLO
Romance inspirado pelo espírito Amadeu

*A família é nossa base.
Quando nos distanciamos
dela, os obstáculos que
enfrentamos são imensos.
Quando permanecemos junto
dela, crescemos, mesmo que
isso nos pareça impossível.*

Amadeu

Sumário

Prólogo 7
A neta
Capítulo 1 9
Capítulo 2 24
Capítulo 3 48
Capítulo 4 68
Os avós
Capítulo 5 87
Capítulo 6 111
Capítulo 7 134
Capítulo 8 156
Capítulo 9 176
A família
Capítulo 10 199
Capítulo 11 220
Capítulo 12 239
Capítulo 13 261
Capítulo 14 280
Capítulo 15 304
Capítulo 16 330
Capítulo 17 355
Capítulo 18 377
Capítulo 19 393
Epílogo 410

*Ninguém consegue impedir
os caminhos que o destino
traça para nós.*

Prólogo

— Você irá mesmo para o Brasil?

— Vou sim, Eric. Preciso conhecer meu passado.

— Mas o que você não sabe? Você cresceu aqui, estudou, tem um bom emprego. Por que largar tudo isso por uma aventura?

— Eric, entenda que não é uma aventura. Minha vida é aqui, mas fui criada por meus tios, e eles não sabem ou não querem me contar o que houve. Eu não posso mais viver com essa dúvida.

— Você vai me esquecer.

— Não vou, não. Estarei fora por dois meses apenas.

— Pelo jeito, não conseguirei demovê-la.

— Não, Eric. Nada me fará mudar de ideia.

— Você já viu como fazer para levar o Bud?

— Sim. Ele viajará comigo. Quando chegarmos ao Aeroporto de Guarulhos em São Paulo, haverá uma pessoa me esperando.

— Me prometa uma coisa.

— O quê?

— Que não sairá de perto do Bud e que se alguma coisa não der certo, por menor que seja, você me ligará e os dois voltarão para cá.

— Eu prometo, Eric. Não acontecerá nada. Você vai ver. E não vou largar o Bud. Estou com toda a documentação necessária para a viagem e para a permanência em hotéis. Stephanie cuidou de tudo. Eu conseguirei.

— Meu amor, eu darei um jeito de ir encontrá-la em breve. Não consigo imaginar você sozinha num país estranho.

— Eric, não é um país estranho. Afinal, eu sou brasileira e não irei sozinha. Esqueceu-se do Bud?

A neta

Capítulo 1

Roberta Martins e Marcelo de Almeida chegaram ao aeroporto no momento em que Mônica Burns desembarcava no Brasil.

— Mônica Burns? Bom dia, sou Roberta Martins do escritório Silveira & Norton. Você fez boa viagem?

— Fiz sim. Correu tudo bem. O Bud está um pouco cansado, porque passou a viagem toda praticamente na mesma posição.

— Venha comigo. Nós podemos aguardar aqui na entrada do aeroporto, enquanto Marcelo caminha um pouco com ele. O que você acha?

— Onde está Marcelo?

— Estou aqui, senhora. Ao seu lado.

— Você precisa tirar esta correia que prende a guia e pegar a outra. Enquanto Bud estiver com a guia, ele não se movimentará como um cão normal.

— Ele morde?

— Não, Marcelo. Ele deve ter gostado de você, porque não emitiu nenhum som até agora. Pode mudar a guia.

Marcelo abaixou-se para soltar a guia de Bud, que não ofereceu resistência, tampouco fez algum gesto brusco que pudesse assustar o homem. Trocadas as guias, Bud passou a agir normalmente. Ele começou a movimentar-se para os lados, latir e abanar o rabo com rapidez. Marcelo fez um carinho na cabeça do cão e disse:

— Venha, amigo, vamos dar uma volta. Você precisa de um pouco de exercício.

O cão o acompanhou como se fossem velhos amigos.

Roberta disse:

— Posso lhe fazer uma pergunta indiscreta?

— Fique à vontade, Roberta, afinal precisamos nos conhecer.

— Você não enxerga nada?

Mônica respirou fundo e respondeu:

— Roberta, eu tenho trinta por cento de visão no olho direito e dez no olho esquerdo. Eu optei por andar com Bud, porque cansei de trombar com os outros, tropeçar em tapetes e não conseguir atravessar uma rua sem ajuda. Depois que adotei o Bud, a vida ficou mais fácil.

— Ele é sempre dócil como foi com Marcelo?

— O labrador é um cão próprio para guiar pessoas com deficiências visuais. Ele é dócil e recebe treinamento para não avançar nas pessoas, mesmo estando sem a guia de comando. Se ele saiu com Marcelo foi porque gostou dele, caso contrário, Bud teria se deitado no chão e não deixaria tirar a guia de comando.

— Eu estou encantada. Desculpe-me, acho que não me expressei bem. Estou encantada com ele, não com seu problema.

— Não se preocupe, Roberta, não precisa ficar constrangida. Lembre-se de que não sou totalmente cega. Mas, para o que quero fazer, é importante que as pessoas pensem que eu realmente não enxergo nada. Você me foi muito bem recomendada. Espero não estar confiando na pessoa errada.

— Fique sossegada, Mônica. Eu conheço Stephanie há muitos anos. Não vou decepcioná-las.

— Obrigada, Roberta.

— Ah! Marcelo e Bud estão voltando. Parece que foi Marcelo quem viajou dez horas de avião!

As duas riram e foram encontrá-los para pegarem o carro e se dirigirem ao *flat*.

Depois de instalarem Mônica e Bud no *flat*, Roberta e Marcelo voltaram para o escritório. No caminho, Marcelo fez várias perguntas sobre Mônica:

— Roberta, quem é essa moça? Por que ela veio ao Brasil?

— Ela veio em busca das origens. É tudo o que posso lhe dizer por enquanto. Nosso trabalho é auxiliá-la da melhor maneira possível. Você sabe que aqui no Brasil os cães-guia não têm acesso a todos os lugares, mesmo que apresentemos a lei que faculta o acesso deles a restaurantes, hotéis e centros comerciais. Nós sempre estaremos com eles, e você cuidará do Bud quando for necessário.

— Roberta, ele é um cão que sabe tudo o que deve fazer. Estou impressionado! E olhe que já cuidei de vários cães, alguns da mesma raça, inclusive, mas esse é especial.

— É, Marcelo, Bud foi treinado para cuidar de Mônica, e ela me disse que ele gostou de você, senão não teria sido tão fácil levá-lo.

— Você vai trabalhar somente para ela? E os outros clientes?

— Os outros clientes ficarão com nossa equipe. Já deixei tudo organizado. Nós dois ficaremos à disposição de Mônica. Tudo bem para você?

— Sem problemas, chefe!

— Então, vamos ao trabalho! Preciso agendar algumas visitas que faremos com eles.

— Você quer que eu volte ao *flat* para sair com o Bud mais tarde?

— Quero sim. Mônica pediu para você passar por lá por volta das seis da tarde. Marcelo, converse com ela sobre coisas amenas e não faça perguntas que possam constrangê-la.

— Fique sossegada. Estou curioso, mas não vou fazer nenhuma bobagem.

Marcelo e Roberta se conheciam havia dez anos. Tinham sido colegas no curso de Direito. Marcelo desistira do curso no segundo ano e optara por estudar Veterinária. Roberta se especializara em Direito Internacional. Quando soube que precisaria cuidar de uma cliente com deficiência visual e que possuía um cão-guia, a advogada convidou o amigo para trabalhar com ela.

Marcelo trabalhava em um *pet shop* e, quando Roberta o chamou para ajudá-la, ele aceitou imediatamente o convite. A loja ia bem, mas não era sua. O salário que receberia ajudaria a montar seu próprio *pet shop* e, também, sua clínica veterinária. A amiga explicou-lhe que o trabalho era simples, porém, Mônica precisaria de total dedicação. Marcelo estava intrigado com a misteriosa cliente, mas a oportunidade de trabalhar com um cão-guia era irrecusável.

Assim, os dois passaram a trabalhar juntos. Roberta cuidava da parte jurídica dos negócios de Mônica, e Marcelo foi atrás de tudo o que existia no Brasil sobre cães-guia.

Às seis horas da tarde, Marcelo já estava no *flat* para sair com Bud. Mônica pediu-lhe que não fosse muito longe para não cansar o cão, pois a viagem fora muito desgastante para ele.

— Não se preocupe, dona Mônica, eu cuidarei bem dele. Venha, Bud, vamos dar uma volta.

Quando voltaram, Mônica percebeu que o cão não estava ofegante. Marcelo tratara-o corretamente.

— Obrigada, Marcelo. Parece que você sabe mesmo o que faz. Você trabalha em algum *pet shop*?

— Não, dona Mônica. Eu trabalhei até ser contratado por Roberta. Sou veterinário, e esse trabalho vai me ajudar a ter meu *pet shop* e minha clínica.

— Pode me chamar de Mônica. Mas me diga... só com o salário que Roberta lhe paga, você conseguirá montar um *pet shop* e uma clínica?

Marcelo sorriu:

— Não, dona, quer dizer, Mônica. Eu tenho um dinheiro guardado para isso. O salário atual me ajudará a completá-lo e, assim, a montar meu negócio. Quando terminei a faculdade, não pude montar uma clínica, pois o salário pago em clínicas veterinárias ou em *pet shops* não é muito alto.

— Serei indiscreta se lhe perguntar por que seus pais ou sua família não o ajudam?

— Não, não é segredo. Meu pai queria que eu me formasse em Direito. Como não fiz a vontade dele, ele não quis fazer a minha. Assim, tenho que me sustentar e juntar dinheiro para montar meu negócio. No entanto, tem sido bom. É muito bom não depender de ninguém.

— É, tenho certeza de que deve ser mesmo.

— Desculpe, não quis dizer...

Mônica não o deixou concluir a frase:

— Marcelo, não precisa se desculpar. Eu sei qual é o sentido da sua frase. Sabe, nem sempre fui assim. E, de qualquer maneira, também sou independente. Financeiramente, quero dizer. Bud me trouxe a independência que faltava.

— Eu não sei o que lhe dizer. Posso ser sincero?

— Claro, por favor.

— Você é a primeira pessoa deficiente visual com quem tenho contato. Eu sei das suas limitações e das dificuldades que a vida lhe impõe, mesmo tendo um cão-guia. Nos Estados Unidos não sei como são as coisas, mas aqui no Brasil há alguns lugares que não permitirão a entrada do Bud, mesmo sabendo que se trata de um cão-guia. Por favor, se eu disser ou fizer alguma bobagem, me corrija. Estou preocupado com vocês dois sozinhos aqui.

— Marcelo, eu agradeço sua sinceridade. Estou acostumada a andar com Bud, a ficar em hotéis com ele, e não me sinto sozinha. Fique sossegado. Se eu precisar de alguma coisa, lhe telefono. Está bem?

— Está bem, pode me ligar a qualquer hora. Agora, eu vou embora, pois você também precisa descansar da viagem. Boa noite, Mônica.
— Boa noite, Marcelo. Até amanhã.

Mônica levantou-se cedo. Não dormira bem e presumiu que a falta de sono fora causada pelo fuso horário e pelo quarto estranho. Ela consultou o relógio. Marcelo deveria chegar em meia hora, e Mônica resolvera ir com ele levar Bud para dar uma volta, pois assim conheceria os arredores do *flat* onde estava hospedada.

Quando Marcelo chegou, surpreendeu-se com a atitude de Mônica, mas não disse nada. Ela era uma mulher bonita, e ele queria conhecê-la melhor. Uma volta pelos arredores do *flat* lhe faria bem.

— Mônica, você quer que eu leve as duas guias?
— Não, pode levar só a de passeio. Marcelo, preciso lhe confessar que ainda não sou totalmente cega. Tenho trinta por cento de visão no olho direito e dez por cento no olho esquerdo. Leve Bud, e eu fico ao seu lado. Se me sentir insegura, posso segurar no seu braço?
— Claro, Mônica. Mas, por que você disse "ainda não sou cega"?
— Porque estou perdendo a visão aos poucos, é um problema genético. Talvez demore ainda um ou dois anos... Até lá estarei acostumada ao Bud e não terei problemas para ser guiada por ele.
— Seu problema não tem cura?
— Não. É irreversível. Estou estudando braille e procurando aprender tudo o que é possível para me acostumar ao que acontecerá daqui a alguns anos.
— Você não sente revolta?
— Já senti. Minha adolescência foi difícil. Agora, consigo viver melhor com minha dificuldade, mas no começo não

aceitei bem a ideia. Fiz vários tratamentos, fui a vários especialistas, mas o resultado foi sempre o mesmo.

Passados alguns minutos, Mônica perguntou:

— Marcelo, aconteceu alguma coisa? Você está quieto.

— Não, Mônica, não aconteceu nada. É que eu não sabia do seu problema e não sei o que lhe dizer. Não sei como devo tratá-la.

— Como uma pessoa normal. Pare de se preocupar com minha cegueira e me fale dessa cidade. Que parque é este?

— Nós estamos no Parque do Ibirapuera. O *flat* onde você está hospedada fica próximo dele. É um excelente local para caminhar, e você pode vir aqui tranquilamente com Bud. Consegue enxergar a beleza deste lugar?

— Sim e também posso senti-la.

— Senti-la?

— Sim, posso sentir a beleza. Ouço os pássaros, a voz das pessoas, o riso das crianças. Se você me levar perto de uma árvore, posso tocá-la e sentir sua força. Minha visão me permitirá vê-la, mas prefiro tocá-la. Você já abraçou uma árvore?

— Não, isso parece meio maluco.

— Pois é maluco para você, que pode vê-la, não para mim. Pense nisso. Posso apreciar muito mais o parque sentindo-o do que você o olhando.

— Você está certíssima! Nós olhamos e não nos preocupamos com o que vemos. As árvores parecem todas iguais. Eu nunca me preocupei em observá-las e ver como cada uma tem alguma coisa diferente.

— Está vendo? Podemos nos sentar em algum lugar?

— Sim, me dê sua mão.

Marcelo levou-a até perto de uma árvore, e os dois sentaram-se à sombra. Bud deitou-se ao lado deles, e Mônica perguntou:

— Você tem a pele morena, está com a barba feita e seus cabelos são crespos. Suas sobrancelhas são grossas e seu nariz é largo. Você tem ascendentes negros?

— Tenho sim. Meu avô é negro, mas minha avó é branca. Meu pai tem a pele um pouco mais clara que a minha, e minha mãe tem a pele clara. Eu sou parecido com meu avô.

15

— Você tem o mesmo físico do meu namorado, o Eric.

— Ele andava com Bud?

— Sim, sempre. Por quê?

— Será que é por isso que Bud gostou de mim? Porque me pareço com seu namorado?

— Com certeza não, seu bobo. Vocês têm o físico parecido, mas o cheiro de vocês é diferente. Já pensou se Bud se aproximasse de todos os homens morenos que existem?

Os dois riram da comparação e resolveram voltar para o *flat*. Já passava das nove horas da manhã, e Roberta deveria estar chegando para levá-la ao escritório.

Quando chegou ao *flat*, Roberta encontrou Marcelo esperando por ela no saguão.

— Marcelo, bom dia. Aconteceu alguma coisa?

— Não, eu desci para que Mônica pudesse se arrumar. Ela foi andar comigo no Ibirapuera. Não me olhe assim, a ideia foi dela.

— Está bem. Você não fez nenhum comentário sobre a deficiência dela, não é?

— Não vou mentir para você... Ontem, eu falei uma coisa sem pensar. Havia me esquecido de que ela é cega. Quando lhe pedi desculpas, ela me tranquilizou e ficou tudo bem. Hoje, quando saímos, ela me falou de sua deficiência e me ensinou a "ver" o parque.

— Como assim "ver" o parque?

— Ver o parque, escutar os sons do parque, ver que cada árvore é diferente. Ela falou de tudo que normalmente vemos, mas não enxergamos. Ela é uma mulher especial. Pena que tenha um namorado nos Estados Unidos.

— Pelo visto, você está sabendo de mais coisas do que eu.

— Não se preocupe, chefe. Eu a manterei sempre informada.

— Pare com isso e não me chame de chefe. Será que ela já está pronta? Temos uma reunião às dez e meia.

— Acredito que sim. Pedirei a recepcionista para interfonar-lhe.

Mônica desceu logo em seguida. Marcelo reparou que ela estava muito bem-vestida, maquiada, e trazia Bud com a coleira guia. Ele pensou: "Meu Deus, por que essas coisas acontecem com pessoas tão lindas?". Ele só ouviu Roberta falando, quando foi chamado pela segunda vez:

— Marcelo, vamos. O que há com você?

— Nada, chefe. Desculpe, me distraí.

— Então, vamos. Não quero chegar atrasada.

Quando chegaram ao escritório, foram informados de que as pessoas com quem teriam a reunião já haviam chegado.

— Luciana, por favor, peça-lhes que aguardem um pouquinho. Preciso pegar uns papéis e conversar com Mônica.

— Não precisa correr, Roberta. Eles disseram que se adiantaram e que não precisamos começar a reunião antes do horário marcado.

— Ótimo, já, já eu falo com você. Mônica, venha comigo. Marcelo, me ajude a acomodar Mônica e Bud e depois pode ir para sua sala.

Depois que Marcelo saiu, Roberta disse a Mônica:

— Marcelo a incomodou, fazendo-lhe perguntas sobre sua vida?

— Não, Roberta. Ele é muito simpático. O que eu contei a ele sobre mim é segredo para outras pessoas. Vou aproveitar os passeios dele com Bud pela manhã para fazer caminhadas pelo parque. É um lugar muito agradável.

— Está bem. Se ele se exceder, me avise. Eu o conheço há muito tempo. Marcelo é uma ótima pessoa, mas não quero que a incomode.

— Fique tranquila. Ele tem demonstrado ser uma excelente companhia.

— Ótimo! Então, vamos falar sobre a reunião que teremos daqui a pouco. Em breve, falaremos com o casal Antônio e Maria Júlia de Assis. Eles trabalhavam na casa dos seus pais,

17

quando houve o incêndio. Naquele dia, eles estavam de folga. Tinham ido visitar o filho que estava preso. Você está preparada para o que vai ouvir? Eu acho que não me falaram tudo o que houve, sendo assim, você pode se surpreender com algo que não seja do nosso conhecimento.

— Eu estou preparada, Roberta. Há muitos pontos não esclarecidos na história dos meus pais, então, quanto mais coisas descobrirmos melhor. Mesmo que seja doloroso, eu aguentarei. Preciso saber a verdade sobre eles. Já esperei tempo demais. Estou com vinte e sete anos, e meus pais desapareceram há vinte e cinco anos. Não quero esperar mais.

— Muito bem. Fique aqui, enquanto vou buscá-los. Vou pedir água e café. Você quer mais alguma coisa?

— Não, Roberta. Um café está ótimo.

Na outra sala, enquanto esperavam para ser atendidos, Antônio disse a Maria Júlia:

— Você já pensou no que vai dizer a ela?

— Sim. Direi a verdade.

— Júlia, que verdade? Não estávamos na casa quando tudo aconteceu.

— Não estávamos na casa quando houve o incêndio, mas sabemos o que estava acontecendo e o provável motivo para o que aconteceu depois.

Roberta entrou na sala:

— Senhor Antônio, senhora Maria Júlia, por favor, me acompanhem.

Quando entraram na sala de Roberta, Maria Júlia não conseguiu conter a emoção:

— Mônica, você é igualzinha à sua mãe! Os cabelos, o formato do rosto... Quem os conheceu antes daquela tragédia não deixaria de reconhecê-la.

Antônio olhava a jovem boquiaberto.

Mônica perguntou-lhe:

— Você está bem?

— Meu Deus, sua voz é igual à da sua mãe. É como se estivéssemos vendo-a aqui neste momento.

Roberta ofereceu-lhes café e água e pediu-lhes que se sentassem, para que pudessem conversar. Mônica procurou manter-se impassível, mas a revelação de que era fisicamente parecida com a mãe a deixara emocionada.

Maria Júlia foi a primeira a falar:

— Desculpe-me... Achei que estava preparada para encontrá-la, mas não esperava por isso. Quando foi levada por seu tio, você tinha apenas dois anos. Eu imaginava encontrar semelhanças entre você e sua mãe, mas não que fosse tão parecida com ela.

Percebendo a emoção que o encontro causara a Mônica, Roberta perguntou a Maria Júlia:

— Você poderia nos contar o que houve? O que sabemos é que houve um incêndio, cuja causa não foi determinada, e que os pais de Mônica faleceram.

— Doutora Roberta, eu vou lhes contar o que soubemos, pois não estávamos na casa. Depois que Mônica nasceu, dona Andréia deixou de lecionar na faculdade. Ela queria cuidar pessoalmente da filha. Doutor René ganhava bem, pois era um advogado conceituado. Eles não tinham problemas financeiros, e eu e Antônio fazíamos todo o serviço da casa.

Antônio explicou:

— Júlia fazia o serviço doméstico, e eu cuidava do jardim e da faxina pesada. Eram tempos difíceis para nós. Dona Andréia conseguiu uma bolsa de estudos para meu filho cursar a faculdade. Ele gostava de participar de movimentos estudantis, se envolveu em passeatas e dizia que o país devia se libertar do jugo dos militares. Numa dessas passeatas, ele agrediu um policial e acabou sendo preso.

Maria Júlia continuou:

— Ele dizia que era inocente, que o haviam confundido com outra pessoa, mas não houve jeito. Doutor René tentou de tudo para tirá-lo da cadeia, mas não conseguiu. Nós fomos

19

visitá-lo naquele dia. Fazia seis meses que ele estava preso. Nós aguardamos muito tempo para vê-lo. Quando entramos na sala destinada às visitas, notamos que ele quase não falava, estava apático e parecia drogado. Perguntamos, então, a um policial por que nosso filho estava daquela forma, e ele nos disse que não era nada, que nosso filho devia estar arrependido de ter agredido um policial. Pouco depois, nos informaram do incêndio, e corremos para a casa dos seus pais. Chegando lá, vimos o carro do corpo de bombeiros e pessoas gritando. O fogo já havia tomado conta da casa toda, e sobraram apenas as paredes.

Ela fez uma nova pausa e continuou:

— Nosso filho morreu dois dias depois. No atestado de óbito estava escrito "morte por parada cardíaca". Ele tinha dezenove anos. O corpo dele chegou ao velório duas horas antes da hora marcada para o enterro. Eu não tinha condições de falar nada. Rezei muito para que Deus tivesse pena do meu filho e que punisse quem tinha feito aquilo com ele.

Roberta ofereceu água ao casal e perguntou se eles queriam continuar ou se preferiam voltar no dia seguinte, quando estivessem mais calmos.

— Não, doutora Roberta — disse Maria Júlia. — É melhor acabarmos logo com isso. Tudo aconteceu há vinte e cinco anos, e eu só peço que vocês não se importem quando a emoção tomar conta da gente.

Mônica disse:

— Maria Júlia, não se preocupe. Fale quando se sentir preparada e deixe a emoção fluir. Como você falou, já se passaram vinte e cinco anos. É muito tempo para guardar tanta dor.

Maria Júlia continuou:

— Seus pais eram muito bem relacionados. Tinham amigos no governo, artistas, intelectuais, enfim, gente da sociedade. As reuniões em sua casa se estendiam até altas horas. Depois do seu nascimento, procuraram diminuir os encontros que aconteciam ali. Dona Andréia justificava que precisava cuidar de você e não poderia frequentar mais as reuniões, que aconteciam tanto na casa dos seus pais como na casa de amigos. Doutor René comparecia a algumas reuniões, mas voltava sempre muito tarde e aborrecido.

Antônio explicou:

— Nós víamos que eles estavam diferentes. Depois que você nasceu, alguma coisa mudou naquela casa. Eles discutiam muito. Sua mãe queria ir embora para os Estados Unidos, onde o irmão dela vivia, e dizia sempre que tinha medo do que poderia acontecer com você.

Maria Júlia disse:

— Quando você completou um ano, eles fizeram uma bela festa. Convidaram amigos, seu tio, que estava no Brasil tratando de negócios, e seus avós, que vieram, mas não estavam à vontade na casa da filha. Eles tratavam-se com cerimônia. Os pais do doutor René não vieram, pois não aceitavam o casamento. Isso se devia ao fato de sua mãe ter ascendência judia. Eu conheci sua dona Andréia quando ela era solteira e sei o que ela sofreu nas mãos daqueles dois.

Mônica, que só ouvia, perguntou:

— Eu estou um pouco confusa. Você disse que conheceu minha mãe quando ela ainda era solteira. Você trabalhava na casa da minha avó?

— Não, eu trabalhava como copeira na faculdade onde sua mãe dava aula. Quando dona Andréia resolveu se casar, me convidou para trabalhar para ela. Eu gostava muito de sua mãe, pois ela sempre nos tratou com delicadeza. Comecei a trabalhar na casa de seus pais dois meses antes do casamento. Eles trabalhavam muito, então, pediram que eu fosse receber os móveis, cuidar do enxoval, enfim, deixar tudo em ordem para que não precisassem se preocupar com as atividades domésticas. Como a casa tinha um jardim muito grande, eu pedi para sua mãe que contratasse Antônio para cuidar dele e me ajudar na limpeza pesada.

— Eu estava desempregado e não conseguia trabalho, porque tenho pouco estudo — disse Antônio. — Eu não sabia muito de jardinagem, mas o doutor René me ajudou. Ele era

21

muito paciente comigo, e foi assim que aprendi a cuidar bem do jardim. Quando sua mãe ficou grávida, ele ficou estranho. Passou a falar pouco e a não apreciar mais as rosas, que eram a paixão dele.

Virando-se para Mônica, Roberta perguntou:

— Mônica, você quer continuar ou prefere fazer uma pausa?

— Se estou entendendo corretamente, meu nascimento trouxe muitos problemas para minha mãe. Maria Júlia, quem mais conhece essa história?

— Seus avós maternos sabiam, e talvez alguns amigos ainda se lembrem do que houve. Seu tio sabia que eles estavam com problemas, mas, logo depois do seu primeiro aniversário, ele viajou e só voltou ao Brasil dois dias antes da tragédia — Maria Júlia tornou.

— Como meu tio conseguiu me levar com ele?

— Isso nós não sabemos, Mônica. Talvez por causa do sobrenome ou da influência de alguém. Michel estava acompanhado da esposa e só sossegou quando embarcou vocês duas. Ele ficou no Brasil até conseguir liberar os corpos para o enterro e depois foi embora. Nunca mais havíamos tido notícias de vocês até sermos procurados pela doutora Roberta.

— Ele indenizou vocês?

— Sim, ele pagou todos os nossos direitos e ainda nos deu uma quantia significativa, para que pudéssemos recomeçar nossas vidas.

Roberta perguntou:

— Vocês querem acrescentar algo?

Foi Maria Júlia quem respondeu:

— Nós lhes contamos o que recordamos, mas, como faz muito tempo, talvez nos lembremos de alguma coisa mais tarde.

— Obrigada por aceitarem nosso convite. É bem possível que eu precise de vocês para conseguir montar toda essa história.

— Pode nos chamar sempre que precisarem. Não acredito que fizeram justiça aos seus pais, Mônica, assim como não houve justiça na prisão e morte do meu filho. Antônio discorda e acha que falo muito, mas não consigo me esquecer do que aconteceu. Eu gostava muito dos seus pais. Eles não mereciam morrer daquela forma.

— Obrigada, Maria Júlia. Eu vim ao Brasil para conhecer a história da minha família. Foi muito bom ouvi-los, obrigada.

Antônio e Maria Júlia se despediram, e, enquanto desciam no elevador, ele disse:

— Você não acha que falou demais? Precisava contar que os pais do doutor René não gostavam de dona Andréia porque ela era judia?

— Antônio, você pode pensar o que quiser. Eu contarei a elas tudo o que lembrar. Mônica tem o direito de saber o que houve com os pais, e eu ainda acredito na justiça, embora ela não tenha sido feita por duas vezes.

Capítulo 2

— Roberta, você sabe onde meus pais estão enterrados? Eu gostaria de ver a sepultura.

— A sepultura está no cemitério do Morumbi. Podemos ir lá amanhã. O que você acha?

— Vamos sim. Meu tio nunca me falou dos meus pais. Ele apenas me disse que houve um incêndio e que tudo o que eles tinham foi destruído. Alguém investigou as causas do incêndio? E a casa? Ainda existe?

— A casa existe, ou melhor, parte dela. Como lhe disseram, só restaram as paredes. Quanto a uma possível investigação, nada disso chegou ao meu conhecimento.

— Eu gostaria de ver a casa, pois talvez me traga alguma lembrança. Meus avós estão vivos? Meu tio nunca me falou deles — Mônica questionou.

— Eles estão vivos, sim. São bem idosos. Eu tentei falar com seu avô paterno, mas ele não quis me receber. Quanto a seus avós maternos, eles não moram em São Paulo. Eu os procurei e soube que vivem em Curitiba.

— Você acha que deveríamos contratar um detetive para nos ajudar nessa busca?

— Talvez, Mônica. Eu pensei nisso, mas ainda não consegui pensar em alguém que fosse de minha total confiança para falar sobre sua história.

— Eric é detetive, ele trabalha na polícia científica de Nova Iorque. Mais tarde, telefonarei para ele, e quem sabe ele nos indica alguém.

— Ele conhece nosso sistema policial?

— Sim, ele já esteve aqui no Brasil para investigar um fugitivo norte-americano, que conseguiu vir para o Rio de Janeiro. Ele me contou que fizeram um trabalho conjunto e prenderam o tal fugitivo. Não tenho muitos detalhes sobre isso.

— Se ele puder nos ajudar será ótimo. O que você quer fazer agora?

— Eu gostaria de ir ao cemitério e depois à casa dos meus pais. Podemos?

— Você não prefere descansar hoje e ir amanhã ao cemitério e à casa?

— Não, Roberta, essas revelações me deixaram preocupada demais. Se você quiser ir almoçar, não se preocupe comigo. Eu fico aqui e a espero voltar.

— Não, prefiro acompanhá-la, e mais tarde fazemos um lanche. Está bem assim?

— Está ótimo. Podemos ir?

— Sim, vou chamar Marcelo, e sairemos em seguida.

Roberta dirigiu-se à sala de Marcelo e o encontrou lendo atentamente uma página da internet.

— Marcelo?

— Oi, Roberta. Desculpe, não a vi chegar. Aconteceu alguma coisa?

— Sim, Mônica quer ir ao cemitério e à casa dos pais dela. Vamos?

Sem tirar os olhos da tela, Marcelo respondeu:

— Mas vocês não vão almoçar?

— O que tem de tão interessante nessa tela para você não olhar para mim enquanto falamos?

— É uma matéria sobre um problema de perda de visão como o da Mônica. Estou procurando informações que possam ajudá-la.

— Marcelo, por favor, não se envolva nisso. Venha, temos muito a fazer.

25

— Está bem. Me dê cinco minutos, e já sairemos.

— Não nos deixe esperando.

Marcelo salvou o artigo em um *pen drive*, para lê-lo mais tarde. Estava disposto a ajudar Mônica a encontrar uma forma de curar sua perda de visão.

Saindo da sua sala, ele encontrou Roberta, Mônica e Bud no corredor e perguntou:

— Onde vocês querem ir primeiro?

Mônica respondeu:

— Por favor, vamos primeiro ao cemitério. Você sabe onde fica?

— Sim, eu estive lá com Roberta. Se você não se importar, eu posso caminhar um pouco com Bud enquanto vocês visitam a sepultura.

— Seria ótimo, Marcelo. Obrigada.

Roberta estava preocupada com o interesse de Marcelo em ajudar Mônica e pretendia conversar com ele assim que estivessem sozinhos. Ela temia que o amigo se envolvesse com a jovem e lhe trouxesse problemas.

No cemitério, Mônica tentou reconhecer o rosto dos pais nas fotos, mas não conseguiu. As fotografias estavam apagadas, e sua visão não a permitia distinguir alguma semelhança entre eles.

Roberta perguntou-lhe:

— Mônica, você não tem uma fotografia dos seus pais?

— Não, Roberta. Meu tio me disse que tudo se perdeu no incêndio.

— Estranho... Será que ele não teria fotos de vocês? Ou talvez seus avós?

— Não sei. Toda vez que eu tocava nesse assunto, acabava criando um clima ruim em casa. Meu tio fazia parecer que eu estava desconfiando de alguma coisa. Com o tempo, não falei mais nada sobre isso.

— E sua tia, a mulher dele?

— Ela é americana. Eles se casaram nos Estados Unidos sem a presença da família. Quando vieram para o Brasil, houve o incêndio, e meu tio mandou que ela me levasse para a casa deles em Nova Iorque. Eu tinha dois anos na época, então, não sei direito como isso aconteceu. Estou pensando em pedir ao Eric para investigar a vida dos meus tios. Já pensei nisso várias vezes, mas nunca tive coragem. Agora, no entanto, estou me sentindo diferente, pois algumas coisas estão mais claras para mim. Como você leva uma criança para outro país, sem documentos e sem autorização dos pais? Tem alguma coisa errada aí. Você não acha?

— Não sei, Mônica. Vamos fazer tudo com calma. Não deixe a fantasia tomar conta dos seus pensamentos, afinal, seus tios sabem que você está no Brasil.

— Não sabem não. Eles pensam que estou fazendo um cruzeiro pela Europa. Se eu dissesse que viria para cá, eles nunca permitiriam.

— E o que vai acontecer quando eles souberem?

— Aí será tarde para me impedirem de saber mais sobre meus pais. Eu preciso conhecer minha história, Roberta. Tem alguma coisa errada nela, e vou descobrir que coisa é essa. Meus tios me escondem fatos e desconversam quando faço perguntas. Minha tia chegou até a me chamar de mal-agradecida e a dizer que deixou o trabalho dela para cuidar de mim. Ela afirma que estou acusando-os de esconder fatos sobre a vida dos meus pais.

— Você acha que eles viriam ao Brasil procurá-la?

— Talvez, e é por isso que estou contando com você e com o Marcelo. Eles não podem me encontrar, se vierem ao Brasil. Espero que me ajudem, pois tudo isso é muito importante para mim.

— Fique tranquila, Mônica. Eu e Marcelo faremos de tudo para ajudá-la.

— Obrigada, Roberta. Agora vamos. Quero rever a casa onde vivi.

Saindo do cemitério, eles se dirigiram à casa dos pais de Mônica. Roberta orientou Marcelo para que estacionasse em frente ao portão de visitas.

Marcelo ajudou Mônica a sair do carro e entregou-lhe a guia de Bud para que ela pudesse caminhar pelo terreno. Ele manteve-se próximo à moça para evitar que ela se machucasse. O terreno era irregular, e havia muitos pedaços de tijolos, madeira, além de pedras e galhos secos espalhados pelo chão. Roberta e Marcelo temiam que houvesse insetos debaixo de todos aqueles detritos.

— Cadê o anjo? — perguntou Mônica.

— Anjo? Do que você está falando? — questionou Roberta.

— Estamos na entrada da casa, não é?

— Sim, mas não estou vendo nada além de escombros.

— Roberta, do lado direito de quem entra pelo portão de visitas havia um anjo sentado sobre uma pedra. Era uma estátua grande. Será que foi destruída no incêndio?

— Não sei lhe responder, Mônica. Só posso afirmar que não tem anjo nenhum aqui.

— Mas tem que ter. Ele ficava aqui. Quando esteve aqui, você notou se fizeram alguma limpeza ou demolição nesse terreno?

— Eu acredito que não, Mônica. Talvez dona Maria Júlia possa nos ajudar, afinal, ela e o marido cuidavam da casa.

— Tem como entrar em contato com eles?

— Sim, eu tenho o telefone deles no escritório.

— Por favor, Roberta, faça isso por mim.

— Fique tranquila. Vou falar com eles hoje mesmo.

Marcelo apenas observava as duas mulheres conversando. Tinha alguma coisa errada naquela visita. Onde ele vira uma casa com um anjo de pedra na entrada? Ele se lembrava de ter visto uma estátua de anjo e prestara bastante atenção em seus olhos, que pareciam ter vida. Marcelo procurou prestar atenção em tudo o que ouvia, pois Mônica poderia estar em perigo. Enquanto caminhava, ele pensava: "Pode ser tudo fruto de minha imaginação, mas há muito mistério na vida dessa moça. Eu confio em Roberta, porém, essa casa tem alguma coisa errada".

— Marcelo? Você está me ouvindo?

— Desculpe, Roberta, eu estava distraído. O que você disse?

— Eu disse que temos de ir embora, pois está ficando tarde.

Nesse momento, Bud começou a rosnar. Mônica perguntou:

— O que houve, Bud? Você nunca faz isso. Marcelo, o que está acontecendo?

— Não sei, Mônica. Ele está olhando para o portão. Roberta, ajude Mônica. Vou andar com Bud para ver se descubro o que ele viu.

— Tenha cuidado, Marcelo. Daqui não dá para ver nada.

— Roberta, o que está acontecendo?

— Não sei, Mônica. Venha. Vamos sair daqui, pois estamos próximas ao portão.

— Onde foram Marcelo e Bud?

— Eles saíram na nossa frente. Talvez Bud tenha visto alguém próximo ao carro.

Quando chegaram perto do carro, Mônica e Roberta viram que Marcelo e Bud já as esperavam. O cão estava mais calmo, e Mônica passou a mão sobre a cabeça do animal, dizendo:

— Tudo bem, Bud? Vamos para casa?

Roberta questionou:

— Marcelo, você viu alguma coisa?

— Não, não vi nada, mas o Bud com certeza viu. Tenho andado bastante com ele e nunca o vi assim.

— Vamos embora. Este lugar me dá arrepios — Mônica revelou.

— Você quer parar em algum lugar para fazer um lanche?

— Não, Roberta. Prefiro voltar para o *flat*.

— Está certo. Vamos, Marcelo. Deixaremos Mônica e Bud no *flat* e voltaremos para o escritório.

Quando saíram do *flat* onde Mônica estava hospedada, Marcelo perguntou a Roberta:

— Você levou Mônica à casa certa? Eu me lembro de já ter visto um anjo sentado numa pedra e fiquei confuso com o que aconteceu hoje. Outra coisa... alguém estava nos seguindo. Bud estava muito agitado, e, quando chegamos próximo ao portão, um homem saiu correndo. O que está acontecendo?

— Eu levei Mônica à casa certa. Tenho certeza disso. Não sei o que você quer saber — Roberta tornou.

— Muito bem... Se não quer responder, não o faça, mas saiba que vou investigar por minha conta. Se estiver mentindo, não trabalharei mais para você e contarei para Mônica minhas desconfianças.

— Você não pode fazer isso. Nós temos um contrato.

— Que está rompido, pois você está mentindo para mim. E o pior! Está mentindo para Mônica, que não tem como se defender sozinha. Roberta, o que há com você? Meu Deus, você sempre foi tão correta! O que está acontecendo? Por que não confia em mim?

— Não vou fazer nada que prejudique Mônica. Tenho que tentar fazê-la acreditar que a história que lhe contaram é verdadeira. Se eu não fizer isso, todos nós correremos perigo.

— Perigo de quê, criatura?! O que os pais dela fizeram de tão grave?

— Eu não posso falar mais nada. Por favor, Marcelo, não insista. Fique do meu lado e proteja Mônica. Não quero que nada de mal aconteça a ela.

— Vou fazer o que me pede por causa da Mônica, mas não espere que eu não vá investigar esse caso por minha conta. Vou descobrir a verdade. Chegamos.

— Vai deixar o carro aqui na rua?

— Não. Vou deixá-la aqui e vou comer alguma coisa. Mais tarde, passarei no *flat* para levar Bud para passear como combinei com Mônica. Não voltarei mais ao escritório hoje.

Não se preocupe com seu carro. Quando eu for ao *flat*, deixo-o na garagem do seu prédio.

— Marcelo, por favor, não faça nada de que possa se arrepender.

— Não se preocupe. Não vou fazer nenhuma bobagem. Até mais.

— Até mais. Eu confio em você.

Marcelo foi até uma lanchonete que costumava frequentar. Eram três da tarde, e, embora ele estivesse em uma avenida movimentada, havia poucas pessoas ali. Ele pediu um lanche e começou a se recordar de suas conversas com Roberta.

Por mais que se esforçasse, Marcelo não conseguia se lembrar de nada que lhe parecesse estranho e que justificas-se o comportamento de Roberta em relação a Mônica. "Meu Deus, o que houve? Será que sou tão distraído a ponto de não perceber que Roberta estava me enrolando. E quanto a Mônica? Como ela vai ficar, quando souber que Roberta está mentindo? Talvez, aquele casal que se reuniu com as duas nem tenha trabalhado com os pais de Mônica. Não, Roberta, você vai me desculpar, mas não vou guardar esse segredo. Preciso fazer alguma coisa para ajudar Mônica."

Depois de comer, Marcelo levou o carro ao prédio onde Roberta morava e foi ao *flat* para passear com Bud. Lá chegan-do, perguntou a Mônica:

— Gostaria de sair para jantar? Você não almoçou ain-da. Podemos comer alguma coisa numa cantina italiana aqui perto. O que acha?

— Podemos levar o Bud?

— Podemos sim. É um dos lugares em São Paulo onde os cães são bem-aceitos.

— Sua ideia é ótima, mas precisamos voltar antes das dez da noite. Quero ligar para o Eric, e esse horário é o ideal.

— Não se preocupe. Estarei de volta lá pelas sete. Dá tempo de você se arrumar?

— Dá sim. Enquanto vocês passeiam, eu me arrumo. Quando você chegar, suba para o Bud beber água. Sairemos em seguida.

31

— Perfeito. Venha, Bud, vamos dar nosso passeio noturno.

Quando os dois voltaram, Mônica estava pronta esperando-os.

— Posso lhe fazer uma pergunta boba?

— Pode perguntar o que quiser.

— Como você se arruma tão rápido? As garotas com quem saio sempre se atrasam.

— Treino, Marcelo, treino. Eu sempre fui rápida para me arrumar. E como minhas roupas, em geral, são de tons neutros, não demoro para decidir o que vou usar.

— Então, vamos. Bud já bebeu água.

— Você trocou a guia dele?

— Sim. Ele está com a guia para você levá-lo.

— Posso pegar em seu braço?

— Claro, Mônica, deixe que eu fecho a porta. Vou ficar com a chave para abrir o apartamento quando voltarmos.

No caminho para a cantina, Mônica estranhou o comportamento de Marcelo, que sempre se mostrava falante e curioso com suas muitas perguntas. Eles já estavam andando havia algum tempo, e Marcelo ainda não dissera nenhuma palavra. Ela perguntou:

— O que você tem? Está tão quieto. Estou lhe dando muito trabalho?

— Não, Mônica. Estou apenas preocupado com algumas coisas. É só isso.

— Marcelo, não minta para mim. Sabe que sinto mais do que enxergo, e você está assim desde que saímos da casa que fomos ver hoje à tarde.

— Fiquei pensando no que você falou sobre o anjo de pedra. Como você pode ter certeza de que ali havia um, se foi embora do país quando tinha dois anos? Como pode se lembrar disso?

— Não sei. Algumas imagens vêm e vão em minha cabeça, como se fosse um sonho. O anjo é uma dessas imagens. Eu tenho um sonho que se repete e nele sempre o vejo na entrada da casa. Os olhos do anjo parecem de verdade, porém, eu sei que ele é de pedra. No sonho, pergunto se ele quer me dizer alguma coisa, mas tudo o que vejo são olhos com uma expressão de ternura, nada mais. Hoje, quando chegamos àquela casa, eu esperava vê-lo. O fogo não o teria destruído. Tenho certeza disso.

— Será que o tempo não deteriorou a estátua?

— Não. Mesmo com a deterioração do tempo, haveria ruínas ali. Eu fiquei em dúvida, mas não quis questionar Roberta. Aquela não era a casa dos meus pais.

— Mônica, como você pode dizer isso? Roberta fez uma pesquisa para encontrar a casa e encontrar as pessoas que trabalharam com seus pais. Foi um trabalho de meses.

— Você acompanhou todo o trabalho?

— Não, eu fui contratado um mês antes de você chegar. Já estava tudo pronto, quando ela falou comigo.

— Será que ela não se enganou? Será que lhe deram as informações corretas? Não sei, Marcelo. Há coisas que não me agradam, mas me baseio em meus sentimentos, não no que vejo. Isso dificulta tudo. Tenho que confiar nas pessoas, no entanto, não sei se são totalmente sinceras. Que barulho é esse?

— Chegamos ao restaurante. Venha. Vou pedir uma mesa em um local reservado, onde possamos conversar e deixar o Bud à vontade.

A cantina que Marcelo escolhera era tipicamente italiana. Havia muita música, pessoas conversando e um espaço ao lado do salão principal, que o dono transformara em áreas reservadas para garantir a privacidade de casais de namorados e pessoas com dificuldade de locomoção. O dono da cantina os atendeu e, depois de acomodá-los, quis saber se o cão comeria alguma coisa.

— Não, senhor...?

— Genaro, senhorita. Genaro D'Alessandro.

— Senhor Genaro, Bud já comeu sua ração diária. Quando voltarmos ao *flat*, eu lhe darei mais alguma coisa.

— Se você quiser lhe dar um pedaço de pão italiano ou uma fruta, fique à vontade. Eu preparei este salão para

33

acomodar quem necessita de cuidados especiais. As cadeiras são mais largas, temos espaço para cadeiras de rodas e para acomodar cães-guia. Fiquem à vontade. Vocês querem tomar uma taça de vinho?

Marcelo respondeu:

— Eu prefiro um suco de laranja. E você, Mônica?

— Para mim também. Outro dia, tomaremos seu vinho, senhor Genaro. Hoje, ficaremos no suco.

— *Va bene!* Vou providenciar o suco. Vocês querem fazer o pedido do jantar?

— O que o senhor sugere? — perguntou Mônica.

— Hoje temos talharim à bolonhesa e nhoque ao sugo.

Mônica respondeu:

— Eu quero o talharim. E você, Marcelo?

— Eu prefiro o nhoque.

— Então, está bem. Vou mandar servir as bebidas e depois trarei os pratos que vocês pediram. Fiquem à vontade.

— Obrigada, senhor Genaro.

Depois que Genaro se afastou, Mônica comentou:

— Simpático o senhor Genaro! Gostei da maneira como ele montou o restaurante. Marcelo? Você está me ouvindo?

— Desculpe, Mônica. Estou ouvindo sim. Estou preocupado com você.

— Comigo? Por quê?

— Eu não devia falar assim, mas, depois do que me disse, minhas desconfianças aumentaram. Eu vi uma casa com um anjo como você descreveu. Eu já passei por ela e os olhos do anjo me chamaram a atenção. Só não consigo me lembrar de onde a vi... Também não estou afirmando que Roberta a levou à casa errada.

— Eu sei, Marcelo. Você trabalha para ela e lhe deve fidelidade, e até o momento não temos por que achar que ela está me enganando. Eu tenho passado mais tempo com você do que com Mônica. Será que devo desconfiar dos dois? Será que vocês querem que eu volte aos Estados Unidos e esqueça essa história? Vocês também podem achar que minha história é absurda. É um direito de vocês.

— O que acho é que você está indefesa nesta cidade, ou melhor, neste país, confiando em pessoas que nunca viu e buscando informações sobre seus pais, sem saber exatamente o que houve com eles.

— Você diz que sou indefesa porque sou quase cega? Seria diferente se eu enxergasse?

— Desculpe, Mônica, mas é isso mesmo. Você não tem como olhar nos olhos das pessoas e perceber se estão mentindo ou não. Além de tudo, depende de um cão, que pode ter uma reação de proteção como qualquer outro cachorro. Nós vimos isso hoje. Eu acredito que o Bud tenha notado alguém nos observando, pois, quando chegamos ao portão, vi um homem descer a rua correndo. Como você faria se estivesse sozinha, e o Bud tivesse a reação que teve hoje?

— Marcelo, eu agradeço sua preocupação e principalmente sua franqueza, mas me deixe explicar uma coisa... Havia realmente uma pessoa próxima ao portão. Ela exalava um forte cheiro de cigarro. Você pode não ter percebido, mas Bud rosnou porque ela entrou na casa. Quando você se virou, ela saiu correndo. Eu ouvi o barulho de pessoas pisando em folhas secas, mas onde estávamos só havia pedras. Roberta estava insegura e tremia quando falava comigo. Notei que ela ficou sem ação, quando lhe perguntei sobre o anjo. Você está esquecendo que tenho a audição treinada para ouvir e que ela supera minha deficiência visual. Eu não estou totalmente cega ainda e, como estava ventando, senti cheiro de cigarro. Você e a Roberta não fumam.

Marcelo ficou olhando para Mônica com um misto de admiração e respeito e sentiu-se um garoto flagrado em uma travessura:

— Desculpe, Mônica, esqueci da sua capacidade de superação. Você é uma mulher admirável, corajosa, inteligente e observadora. Eu me sinto um idiota. Aliás, eu já lhe disse que não sei como agir com você.

— Não se preocupe com isso. Eu confio em você, pois sinto que sua preocupação é verdadeira. Quanto a Roberta,

35

vamos dar tempo ao tempo. Se ela estiver mentindo, mesmo que para me proteger, descobriremos. Se você conseguir encontrar a casa com o anjo, não diga nada a Roberta, mas me leve para vê-la. Isso é muito importante para mim.

— Fique tranquila. Vou procurar a casa e, assim que a encontrar, lhe aviso.

— Se você encontrar a casa, não faça nada. Não tente entrar nela nem falar com os moradores. Me avise, e faremos isso juntos. Combinado?

— Combinado. Nosso jantar está chegando.

— Hum! E pelo cheiro deve estar ótimo. Bom apetite.

— Bom apetite para você também.

— Eric?

— Mônica, que bom ouvir sua voz. Por que não me ligou antes?

— Eu tentei, mas você estava trabalhando. Não quis atrapalhá-lo.

— Você podia ter deixado um recado.

— Não, você sabe que não gosto de incomodá-lo. Eu estou bem, fique sossegado. Está ocupado? Nossa conversa será longa.

— Tenho todo o tempo do mundo para você. E o Bud? Está lhe dando muito trabalho?

— Não, ele é ótimo. Está aqui deitado aos meus pés. Chegamos há pouco do restaurante. Hoje, ele rosnou para um estranho e deixou todo mundo preocupado.

— Rosnou para um estranho? Mônica, o que está acontecendo aí?

— Eu vou lhe contar. E preciso da sua ajuda.

Mônica contou a Eric o que vivera nos últimos dias. Contou-lhe sobre a chegada ao Brasil, os passeios, o encontro com os ex-empregados de seus pais e a visita ao cemitério e à casa onde ela provavelmente vivera. Mônica também dividiu com o namorado as desconfianças de Marcelo e a preocupação do rapaz em relação a ela.

— Ele está gostando de você?

— Não, Eric. Marcelo está preocupado porque não enxergo. Ele não sabe como lidar com isso.

— Você disse que quer minha ajuda, então, conversarei com Raymond amanhã. Vou pedir uma licença para ir ao Brasil.

— Seria ótimo que você viesse para cá, pois preciso da ajuda de um detetive. Você não tem um conhecido aqui no Brasil?

— Tenho sim. Ligarei para ele amanhã cedo e pedirei que a procure aí no *flat*. O nome dele é Plínio Gonçalves. Ele deve ter uns cinquenta anos. Eu me lembro de que nos demos muito bem. Você vai gostar dele.

— Ele não morava no Rio de Janeiro?

— Morava sim, mas agora está trabalhando em São Paulo. Não será difícil colocar vocês dois em contato.

— Ótimo! Você poderia ligar para mim para confirmar quando ele virá?

— Sim. Assim que falar com ele, entro em contato com você. Se ele estiver com tempo, posso agendar um encontro para amanhã?

— Pode sim. Direi a Roberta que estou cansada e que prefiro passar o dia no *flat.* Não vou contar a ela sobre o detetive. Pedi ao Marcelo que não contasse a Roberta sobre nossas desconfianças. Meus tios deram notícias?

— Sim. Seu tio está preocupado porque você não ligou para falar da viagem.

— Você poderia telefonar para meu tio e dizer que não consegui falar com eles, mas que está tudo bem?

— Está bem, farei isso. Estou com saudades de você. Só falamos de problemas e não falamos de nós dois.

— É mesmo. Estou sentindo sua falta. Não vejo a hora de estarmos juntos. Raymond deixará você viajar?

— Tenho férias vencidas, e nós estamos treinando dois novos detetives. Como as coisas estão calmas por aqui, isso me animou a pedir uma licença a ele. Amanhã, terei todas as respostas para você.

— Obrigada, Eric, eu amo você.

— Eu também. Está difícil ficar aqui sem você.

— Não vejo a hora de resolver tudo isso e voltar para casa. Embora tenha nascido aqui, sinto que não é meu país. Você entende isso?

— Claro! Você nasceu no Brasil, mas passou praticamente toda a sua vida aqui. Seus tios, seus amigos, seu trabalho, sua casa, tudo está aqui. É difícil se acostumar com outro lugar em apenas alguns dias.

— Não estou sentindo falta dos meus tios, estou sentindo sua falta. De nossas conversas, nossos passeios, do seu carinho...

— Vou tentar estar com você o mais depressa possível. Não vou deixá-la sozinha, meu amor. Sei o quanto essa busca é importante para você, mas, por favor, tenha cuidado. Prometa que vai esperar eu chegar ao Brasil?

— Não posso lhe prometer isso, Eric, pois Roberta deixou outros clientes para me acompanhar nessa busca.

— Tente retardar a busca dizendo que não está se sentindo bem. Se bem a conheço, você não está descansando como deveria. Estou certo?

— Está sim... Tudo isso mexeu muito comigo.

— Então, peça a Roberta alguns dias para descansar, e estarei aí o mais rápido que puder.

— Vou tentar. Vou falar com ela e ver o que consigo.

— Vou falar com Raymond agora e, assim que marcar o voo, ligarei para você. Até eu chegar, tente não sair daí. Promete?

— Hum! Vou tentar. Venha logo.

— Vou sim! Ainda mais agora que sei que não deveria tê-la deixado partir nessa aventura sozinha.

— Quem está falando isso é o detetive?

— Não, é o homem que a ama e que não quer que nada de mau lhe aconteça.

— Não se preocupe, Eric. Não vou fazer nenhuma bobagem.

— Eu confio muito nisso. Agora vou desligar, pois Raymond está vindo para cá. Não quero perder a oportunidade de falar com ele. Amo você.

— Eu também amo você. Você foi a melhor pessoa que apareceu na minha vida.

— Então, tenha isso em mente e me espere chegar. Não quero perdê-la.

— Você não vai me perder. Um beijo.

— Beijo, Mônica.

Eric desligou o telefone e foi ao encontro de seu supervisor. Ele precisava viajar para o Brasil imediatamente, pois não podia deixar Mônica sozinha. Encontrando-o, disse:

— Raymond, preciso viajar ao Brasil. A Mônica está correndo perigo. Os detetives novos estão se saindo bem e o serviço do laboratório está em dia. Por favor, me dê aquela licença que lhe pedi. Não conseguirei trabalhar enquanto não a trouxer de volta para casa.

— Aconteceu alguma coisa grave?

Eric contou a Raymond sobre a conversa que tivera com Mônica e sua preocupação com a segurança da namorada.

— Você está certo, Eric. Não convém ela ficar sozinha em um país estranho. Pode ir. Acerte tudo no departamento pessoal e fique o tempo que for necessário. Se precisar de ajuda, me ligue, e eu o ajudarei no que precisar.

— Obrigado, Ray. Sabia que poderia contar com você. Vou ligar para Plínio Gonçalves. Lembra-se dele? Ele está morando em São Paulo, e vou lhe pedir que cuide da Mônica até eu chegar.

— Lembro-me sim. Ele é uma ótima pessoa. Seu passaporte está em ordem?

— Está sim. Eu já estava me preparando para fazer essa viagem. Não quero deixar Mônica sozinha com pessoas que mal conhecemos e que já demonstram não ser de confiança.

— Você faz bem, Eric. Vá para o Brasil e cuide de sua namorada.

— Obrigado. Tentarei ir amanhã mesmo.
— Boa viagem, meu amigo. E não hesite em me ligar diante de qualquer dificuldade.
— Obrigado novamente, Ray. Até breve.

— Plínio, boa noite. É Eric do serviço de investigação de Nova Iorque.
— Oi, Eric, como vai?
— Desculpe-me pelo adiantado da hora. Viajarei para o Brasil amanhã e precisarei de sua ajuda. Minha namorada está no Brasil em busca de informações sobre a família dela, e estou preocupado com a segurança de Mônica. Ao mesmo tempo, não quero levantar suspeitas sobre as pessoas que a estão auxiliando. Posso contar com você?
— Claro que pode. A que horas você chegará?
— Devo desembarcar por volta das três da tarde.
— Quer que eu o apanhe no aeroporto?
— Você não está trabalhando? Não quero atrapalhá-lo.
— Não, Eric, fique sossegado. Estou de licença. Quando você chegar ao Brasil, eu lhe contarei o que houve. Você vem por qual companhia aérea?
— Vou pela American. Só não tenho o número do voo aqui.
— Não se preocupe. Eu me informo no aeroporto. Vai desembarcar em Cumbica, Guarulhos?
— Isso mesmo. O departamento conseguiu que eu embarcasse no primeiro voo para o Brasil.
— Fique tranquilo, meu amigo. Estarei esperando você.
— Obrigado, Plínio. Até amanhã.
— Até amanhã e boa viagem.

— Por favor, você poderia me informar se o voo da American Airlines, que vem de Nova Iorque, chegará às 15 horas?

— Posso sim. Me dê só um minutinho para eu confirmar o horário. Aqui está. Confirmado. O voo está no horário.

— Obrigado.

Plínio dirigiu-se ao setor de desembarque internacional e ficou aguardando a chegada de Eric. O telefonema do amigo o preocupara. Eles se conheceram em uma investigação conjunta da polícia de Nova Iorque com a polícia do Brasil, e ele fora designado para acompanhar o detetive americano. A comunicação entre eles tinha sido muito fácil. Eric explicara que namorava uma moça brasileira que vivia nos Estados Unidos desde criança e por isso aprendera a falar muito bem português. O que estaria acontecendo com essa moça?

Enquanto se recordava do trabalho que ele e Eric realizaram no Brasil, Plínio olhava com atenção para o portão de desembarque para não perder o amigo no meio de todas as pessoas que esperavam por parentes, amigos e funcionários. Havia se passado meia hora do horário previsto para chegada do avião, quando Plínio avistou Eric no corredor do desembarque.

— Eric, como vai? Fez boa viagem?

— Estou bem! E você? A viagem foi ótima. Dormi praticamente o tempo todo. Chegamos alguns minutos depois do horário.

— Como você consegue? Eu não consigo nem cochilar, quanto mais dormir durante toda a viagem.

— Talvez eu esteja mais acostumado que você, apenas isso. Podemos ir para o *flat* onde Mônica está hospedada?

— Claro! Você tem o endereço ou quer ligar para ela?

— Eu tenho o endereço. Vou fazer uma surpresa para Mônica.

— Vai ficar hospedado com ela ou vai para um hotel?

— Ainda não sei. O ideal seria que eu encontrasse um apartamento no *flat* onde ela está hospedada. Não gostaria que as pessoas que a estão ajudando soubessem que estou no Brasil.

— O que está acontecendo, Eric? Por que tanto mistério?

— Minha namorada foi levada para os Estados Unidos um dia depois que a casa em que ela morava com os pais sofreu um incêndio. Os tios de Mônica dizem que a levaram porque os pais dela tinham morrido no incêndio. Acontece que, toda vez que ela toca no assunto, eles desconversam, se incomodam, acham que ela é mal-agradecida, enfim, fazem um pequeno drama na esperança de que Mônica não lhes pergunte mais nada. Ela trabalha em um escritório de advocacia, que tem uma sucursal no Brasil. Por intermédio desse pessoal, ela veio ao Brasil tentar descobrir o que houve com os pais. Mônica tem dúvidas sobre sua origem, porque supostamente a levaram para os Estados Unidos sem documentos e a registraram em Nova Iorque como filha deles. É uma história confusa, e, cada vez que ela toca no assunto, surgem novos indícios de que tem alguma coisa escondida.

— Eles sabem que ela está fazendo essa investigação?

— Não. Eles acreditam que Mônica está fazendo um cruzeiro de férias pela Europa. A pedido dela, falei com eles ontem. Aparentemente, ficaram tranquilos e até me disseram que iriam passar uns dias na casa que possuem na Flórida.

— Você tem alguma ideia do que quer fazer?

— Se houve um incêndio e eles eram pessoas conhecidas na sociedade, deve ter saído algo sobre isso nos jornais da época. O caso deve ter sido investigado. Pensei em começar por isso.

— É uma boa ideia. Você tem datas, nomes, ou outra informação que possamos usar?

— Tenho sim. Eu ajudei Mônica a fazer algumas pesquisas sobre eles. Você não está ocupado trabalhando em algum caso? Não quero atrapalhá-lo.

— Não se preocupe, Eric. Estou livre. Terminei um caso complicado na semana passada, depois de trabalhar dois meses praticamente sem folga. Entreguei os relatórios ontem, um pouco antes de você me ligar. Pedi uma folga ao meu supervisor, e ele me deu quinze dias. Depois disso ou se

42

houver alguma emergência, ele vai me chamar. Sendo assim, tenho tempo para colocá-lo em contato com pessoas que possam ajudá-lo.

— Obrigado, Plínio. Fico lhe devendo uma.

— Não se preocupe. Nada que uns dias em Nova Iorque não retribuam.

— Você é meu convidado. Venha passar um fim de ano conosco e leve sua esposa.

— É o sonho dela!

— Então, a hospedagem é por minha conta.

— Obrigado, Eric. Depois que você resolver o problema de sua namorada, combinaremos.

— Perfeito.

— Eric, é aqui. Quer que eu suba com você?

— Por favor, Plínio. Se não houver um quarto disponível para mim, terei de ir para outro hotel.

Os dois entraram no *flat*, e Plínio dirigiu-se à recepção para perguntar se havia algum apartamento para alugar. Eles estavam com sorte. Havia uma unidade livre. Na administração, Plínio responsabilizou-se pelo amigo, informando ao gerente do *flat* que os dois trabalhariam juntos por um período.

Plínio deixou seu número de registro na Polícia Federal para que o gerente pudesse verificar suas credenciais. Feito isso, o contrato de aluguel foi feito sem problemas.

Depois que Eric já estava instalado, Plínio despediu-se, combinando de voltar no dia seguinte pela manhã para que pudessem iniciar as investigações.

Plínio saiu, e Eric telefonou para Mônica:

— Eric, eu esperei o dia todo por seu telefonema. O que houve?

— Em que andar do *flat* você está?

— Estou no quarto andar, por quê?

— Estou no sexto andar. Em pouco tempo, estarei aí. Você está sozinha?

— Ah, Eric! Que notícia boa! Estou sozinha. Vou ligar para o escritório e pedir que não venham pegar o Bud para passear. Podemos fazer isso juntos. O que acha?

43

— Não mude nada por enquanto. Estou indo aí para combinarmos o que fazer.

Eric desceu rapidamente e, quando Mônica abriu a porta, um sorriso iluminou-lhe o rosto.

— Você no Brasil é a melhor coisa que poderia ter me acontecido.

— Não vai me convidar para entrar?

— Desculpe, entre. Eu...

Eric não a deixou terminar. Abraçou-a e beijou-a com ardor.

— Mônica, nunca mais faça isso. Não saia mais de perto de mim.

— Eric, eu senti tanto sua falta. Parece que estou no Brasil há meses. Venha, sente-se aqui.

Quando viu Eric, Bud correu ao seu encontro fazendo a festa habitual.

— Bud, amigão, que saudade! Você está cuidando bem da Mônica?

Bud abanava o rabo e pulava no rapaz com quem estava acostumado a brincar. Passados alguns minutos, Mônica disse:

— Pronto, Bud, acalme-se! Venha, deite-se aqui. Daqui a pouco, Marcelo virá pegá-lo para seu passeio da tarde.

Logo depois, o interfone tocou e Mônica foi informada de que Marcelo estava na recepção. Ela pediu, então, que o rapaz subisse ao apartamento como fazia todos os dias, e Eric escondeu-se para que Marcelo não o visse.

— Oi, Mônica. Não quer vir conosco?

— Não, Marcelo. Como disse para Roberta, não estou muito disposta hoje. Está tudo bem no escritório?

— Está sim. Roberta atendeu alguns clientes, e eu passei o dia em minha sala. Não tive que fazer nada na rua nem pedi para sair, senão teria que dar explicações. Não quero que ela saiba que estou procurando a casa com o anjo de pedra.

— Não se preocupe. Temos tempo. Agora vá, pois Bud só saiu pela manhã.

— Até já, Mônica. Venha cá, amigão! Vamos dar nosso passeio da noite.

Depois que eles saíram, Eric voltou para a sala e perguntou:

— Ele sai com o Bud todos os dias?

— Sai, sim. De manhã e à tarde. Ele é veterinário, e o Bud não estranhou a companhia dele. Ficaram amigos desde que chegamos ao Brasil.

— E você? Também ficou amiga dele?

— Não seja bobo nem fique com ciúmes. Não temos tempo para discussões bobas. Como conseguiu vir ao Brasil tão rápido?

— Depois do seu telefonema, pedi ao Raymond que me liberasse e liguei para o detetive brasileiro de quem lhe falei. O departamento providenciou as passagens, assim consegui resolver tudo rapidamente. Plínio foi me buscar no aeroporto e conseguiu alugar um apartamento aqui neste *flat*.

— Você não quer que Marcelo o veja?

— Por enquanto, não. É melhor eu iniciar minhas buscas primeiro, para depois falarmos com ele. Precisamos ter certeza de que ele está do seu lado.

— Você falou com meus tios?

— Falei sim. Eles foram para a Flórida.

— Para a Flórida? Mas não é nessa época do ano que costuma ter furacões por lá?

— Eu perguntei isso também, mas seu tio me disse que havia conseguido uns dias de folga e que eles iriam descansar na casa que eles têm lá.

— É perto da praia. Tomara que não lhes aconteça nada.

— Não estão prevendo chuvas para esses dias. Acho que não vai acontecer nada. Além disso, seu tio está acostumado a ir para lá. Mas vamos falar de nós dois. Como você está? De verdade?

— Estou apreensiva. Quis tanto vir ao Brasil para conhecer minha origem e agora estou insegura. Ontem, quando Marcelo falou de minha deficiência, fiquei balançada, pois num

45

ponto ele tem razão... Alguém pode me enganar, me levar para um lugar que não conheço. Se me acontecer alguma coisa, como um acidente ou um sequestro, quem me garante que Bud poderá me defender?

Eric abraçou Mônica e juntos se sentaram no sofá. Ele disse:

— Meu amor, estou aqui para protegê-la. Nada de ruim lhe acontecerá. Agora... você disse uma palavra que está me fazendo pensar.

— O que foi que eu disse?

— Sequestro.

— Será? Você acha que posso ter sido sequestrada?

— Por quê não? Você sabe que no meu trabalho tenho que pensar em todas as possibilidades para descobrir a verdade que envolve um crime. Amanhã, começarei a investigar a vida de sua família. Vamos começar olhando os jornais da época. Quem sabe?

— Meu Deus! Você acha que meus pais podem estar vivos? O casal que se apresenta como meus tios podem não ser o que dizem. Eric, estou com medo. Será que não é melhor esquecer tudo isso?

— Não, Mônica, confie em mim. Se houve um sequestro ou um acidente que matou seus pais, precisamos descobrir. Pode ter ocorrido um crime, que está sem punição há muitos anos. Você não disse que o filho do casal que trabalhava na casa de seus pais morreu na prisão, sem nem mesmo saber direito por que foi preso?

— É isso mesmo. Você tem razão. E, estando ao meu lado, terei mais força para encontrar a verdade. A campainha está tocando. Deve ser Marcelo com o Bud.

— Vou para o quarto. Se quiser conversar com ele, não se preocupe comigo.

Mônica abriu a porta, e Marcelo e Bud entraram. Bud foi para seu tapete e deitou-se como fazia sempre. Marcelo perguntou:

— Não quer sair para jantar?

46

— Não. Vou pedir qualquer coisa pelo serviço de quarto. Amanhã, estarei melhor, e poderemos continuar com as reuniões no escritório.

— Está bem. Não vou tomar seu tempo. Nos vemos amanhã, então. Boa noite.

— Boa noite, Marcelo. Até amanhã.

Eric aproximou-se de Mônica e disse:

—Você acha que ele percebeu alguma coisa?

— Não sei, ele está estranho. Mas ontem Marcelo estava assim também. Talvez não seja nada. Está com fome?

— Estou sim. Quer pedir alguma coisa para jantarmos?

— Vou pedir sim. Que tal uma pizza?

— Boa ideia. Mas, antes disso, venha aqui. Quero ficar abraçado a você.

Eric beijou Mônica longamente, desejando transmitir todo o amor que sentia por ela e fazê-la acreditar que estava em segurança. Ele não deixaria que ninguém lhe fizesse mal.

Capítulo 3

No dia seguinte, quando Marcelo chegou para levar Bud para seu passeio matinal, encontrou Mônica tomando café.

— Você não quer ir conosco?

— Não, Marcelo, vou terminar de me arrumar para irmos ao escritório. Roberta me ligou e pediu que estivéssemos lá às dez da manhã. Já tomou café?

— Sim, obrigado. Venha, Bud, vamos dar uma volta.

Mônica ligou para Eric para avisar-lhe que iria ao escritório de Roberta. Ele, por sua vez, comunicou-lhe que já estava de saída e que o detetive Plínio estava à espera dele na recepção. O casal, então, combinou de se encontrar à noite para jantar.

Quando Plínio chegou, Eric pediu:

— Plínio, podemos passar em uma loja para comprar dois celulares, um para mim e outro para Mônica?

— Claro! Quer ir à loja agora ou ir primeiro à casa de câmbio?

— Vamos primeiro à casa de câmbio, senão você terá que pagar pelos telefones como fez ontem com o aluguel do *flat*.

— Não se preocupe. Depois, nós acertamos as contas. Vamos comprar os dois aparelhos em meu nome.

— Está bem, como você achar melhor. Gostaria apenas de trocar o dinheiro primeiro.

Assim que saíram do *flat*, Marcelo retornou com Bud e Mônica já o esperava para irem ao escritório. Ele perguntou à moça:

— Aconteceu alguma coisa? Você está diferente.

— Diferente como?

— Não sei. Você parece mais alegre.

— Deve ser porque ontem passei o dia descansando. Deveria ter feito isso assim que cheguei ao Brasil. Você sabe por que Roberta marcou essa reunião?

— Não, ela não me disse.

— Marcelo, você está bem?

— Não... Acho que Roberta vai me demitir. Se ela fizer isso, confirmará minhas suspeitas de que tem alguma coisa errada nessa história.

— Se isso for verdade, não vou permitir. Não quero outro veterinário cuidando do Bud. Mas vamos ver o que acontecerá hoje. Se você não participar da reunião, haja o que houver, não me deixe sozinha naquele escritório. Só irei para o *flat* em sua companhia.

— Fique sossegada, Mônica. Sabendo que você confia em mim, ficarei lá mesmo que ela me mande embora. Bem, chegamos. Por favor, não deixe transparecer as coisas que lhe disse.

— Não se preocupe. Sei como lidar com Roberta.

Ao encontrar-se com a advogada, Mônica cumprimentou:

— Bom dia, Roberta. Como vai?

— Estou bem. Você está com uma aparência ótima.

— Obrigada. Hoje, você marcou reunião com quem?

— Vou apresentá-la ao responsável por nossa sucursal. Ele está acompanhando meu trabalho e quer conhecê-la.

— Não sabia que você tinha um superior.

— Stephanie não lhe disse? Pensei que você soubesse.

— Não. Ela apenas me colocou em contato com você. Eu disse a Stephanie que precisava da ajuda de alguém no Brasil e que isso não envolvesse muitas pessoas.

— Mônica, me desculpe. Sinceramente, eu pensei que você soubesse. Mas não se preocupe. André é uma pessoa muito competente e nos ajudará a descobrir o que houve com seus pais. Eu comentei com ele que você havia sugerido contratarmos um detetive, no entanto, ele achou melhor cuidar pessoalmente do seu caso. Venha, vamos até a sala dele.

Mônica não estava se sentindo à vontade com aquela conversa, contudo, resolveu não demonstrar o que ia em sua mente. Era visível que Roberta estava nervosa e que se esquecera de que Mônica não era totalmente cega, o que significava que a moça percebia todas as reações da advogada.

— André, podemos entrar? Mônica está aqui comigo.

— Claro, Roberta. Eu as estava esperando.

André aproximou-se de Mônica para cumprimentá-la:

— Muito prazer, Mônica. Espero que esteja gostando do Brasil. E nosso amigo Bud? Como ele está?

Bud achegou-se a Mônica, colocando-se entre ela e André. Estranhando o comportamento do cão, ela respondeu:

— Nós estamos bem. Temos sido bem recebidos em todos os lugares aonde vamos.

André perguntou:

— Posso fazer um carinho no Bud?

Sabendo que Bud estava tentando afastá-la de André, Mônica tornou:

— É melhor não, André. Quando está com a guia de acompanhante, Bud não deixa que ninguém toque nele.

— Está bem. Não quero atrapalhar o serviço do nosso amigo. Mas venham! Vamos até a sala de reuniões. Quero que conheça nosso novo veterinário.

— Vocês contrataram mais um veterinário?

— Sim, não sei se você foi informada de que Marcelo está se desligando do nosso escritório.

Quando entraram na sala de reuniões, Bud começou a rosnar como fizera quando estavam na casa dos pais de Mônica.

Roberta perguntou:

— Algum problema, Mônica?

— Sim. Chame o Marcelo, por favor. Vou pedir-lhe que fique com o Bud até terminarmos nossa reunião.

Roberta fez um sinal para André, que concordou com a cabeça, e interfonou para a recepção, pedindo que chamassem Marcelo.

Alguns minutos depois, Marcelo entrou na sala e estranhou o fato de todos estarem em pé e Bud estar parado, impedindo que Mônica se movimentasse. Ele perguntou:

— Você mandou me chamar, Roberta? O que houve?

Mônica apressou-se a responder:

— Marcelo, por favor, fique com Bud. Ele não está bem aqui. Quando terminar a reunião, você poderia nos levar para casa?

— Claro. Ficarei com Bud em minha sala aguardando-a me chamar. Venha, amigão. Vamos.

Bud ofereceu resistência em seguir com Marcelo, que estranhou o comportamento do cão. O veterinário disse:

— Venha, amigão! Vamos para minha sala. Mônica vai ficar bem com Roberta. Vamos.

Bud olhou para Mônica e seguiu docilmente com Marcelo. André foi o primeiro a falar:

— Ele sempre faz isso?

Mônica respondeu:

— Não, só quando sente que estou em perigo ou quando não gosta de alguém.

André estendeu a mão indicando a Mônica que ela deveria seguir em frente e sentar-se. Percebendo que a moça não saía do lugar, Roberta rapidamente a auxiliou e, olhando para André, disse:

— Por aqui, Mônica. Deixe-me ajudá-la a sentar-se.

Roberta sentou-se ao lado de Mônica, e André disse:

— Desculpe-me. Havia me esquecido de que você tinha uma deficiência.

— Sou cega, você quer dizer. Não se preocupe, estou acostumada.

— Perdoe-me, não quis ser rude. Por um momento, pensei que você ainda tivesse um pequeno grau de visão.

— Não, André. Não enxergo nada. Mas você estava falando que Marcelo está deixando o escritório?

— Sim, ele demonstrou não ter interesse em trabalhar conosco, então, contratamos o Luís para acompanhá-la e fazer o trabalho que Marcelo desenvolvia com o Bud.

— Estranho... Ele estava empolgado com o salário que receberia, porque assim teria condições de abrir sua própria clínica.

— É, mas ele mudou de ideia, e, como somos responsáveis por sua segurança, já providenciei a contratação de Luís, que também é veterinário e possui experiência com cães como o Bud.

— André, me desculpe. Luís, eu nem o conheço, mas pelo jeito, o Bud não gostou de você. Eu convivo com esse cão há um ano e conheço muito bem suas reações. Ele não vai acompanhá-lo.

Luís, que ainda não dissera nada, falou:

— Dona Mônica, os cães obedecem aos donos. Se a senhora determinar que devo acompanhá-lo, ele terá de obedecê-la. Cães são como crianças. Eles devem obediência a quem lhes provém o sustento.

— Luís, eu não penso como você. Bud foi treinado para cuidar de mim, portanto, a situação é inversa a seu modo de pensar. A demissão do Marcelo já foi consumada?

André respondeu:

— Sim, ele foi demitido assim que chegou ao escritório.

— Então, vou contratá-lo para trabalhar comigo. Assim, vocês não precisam se preocupar em arrumar alguém para cuidar do Bud.

Roberta tornou:

— Mônica, você não deve agir assim, afinal, estamos pensando no seu bem.

— Roberta, eu agradeço a dedicação de todos vocês. Luís, desculpe o comportamento do Bud, mas eu sei o que é melhor para mim e para ele. Roberta, continuaremos a trabalhar juntas, porque é muito importante que eu descubra o que houve com meus pais. E, com relação ao Marcelo, eu mesma me entenderei com ele. Tenho certeza de que continuaremos nos dando muito bem.

André argumentou:

— Mônica, não poderemos nos responsabilizar, se alguma coisa lhe acontecer enquanto estiver com ele.

— André, estou com ele desde que cheguei ao Brasil. Se Marcelo quisesse me fazer algum mal, já teria feito. Não se preocupe, sei o que estou fazendo.

— Luís, você está sentado em frente a mim ou em frente a Roberta?

— Estou sentado à sua frente. Por quê?

— Porque estou sentindo cheiro de cigarro. Você fuma?

— Fumo, sim. É um vício do qual não consigo me livrar. Você se importa?

— Não, é que sei que Roberta não fuma, por isso fiquei curiosa em saber quem estava diante de mim.

— Você não consegue identificar as pessoas pela voz?

— Eu acabei de conhecê-lo e de conhecer André, portanto, ainda precisamos conversar mais para que eu possa distingui-los. Bem... Roberta, temos mais algum assunto a tratar, ou você me pediu que viesse aqui apenas para conhecê-los?

— Temos um assunto ainda. André, Luís vai participar da reunião toda?

— Sim. Embora Mônica não queira que ele a acompanhe, vou mantê-lo no escritório para o caso de precisarmos de um novo veterinário. Mônica, Roberta me disse que você sentiu falta de uma estátua na casa?

— Exatamente. Eu me recordo de que havia uma estátua de um anjo de pedra na entrada da casa.

— Você não tinha apenas dois anos na época? Como pode recordar-se disso?

— Não sei, André. Apenas me recordo.

— Mônica, você deve ter visto o anjo como as crianças que têm amigos imaginários. Amigos que só elas vêm. Eu lhe garanto que a casa era aquela e que não havia nenhuma estátua na entrada.

Mônica percebeu pela expressão de André que ele não queria ser contrariado. Sem que ele visse, Roberta segurava a mão de sua cliente e apertava com força. Mônica respondeu:

— Talvez você esteja certo, André, afinal, eu tinha apenas dois anos. É possível que apenas eu visse o anjo. Desculpe-me se pareci impertinente. Quero muito saber o que houve com meus pais, e esse desejo pode atrapalhar minha razão.

— Entendo, Mônica, mas não se preocupe. Nós faremos o possível para que você obtenha todas as informações de que necessita para voltar ao convívio de seus tios na Flórida. Agradeço-lhe que tenha vindo. Assim que tivermos novas informações, Roberta irá procurá-la. Estamos tentando contatar seus avós, e acredito que em breve você estará com eles.

— Obrigada, André. Suas palavras me tranquilizam. Agora, voltarei para o hotel. Roberta, poderia me guiar?

— Claro, Mônica. Empurre a cadeira e me dê sua mão.

André aproximou-se e, segurando a mão de Mônica, disse:

— Gostei muito de conhecê-la. Em breve, nos veremos.

— Obrigada, André. Até breve. Até logo, Luís.

— Até logo, dona Mônica.

Assim que as duas mulheres saíram da sala, Luís questionou:

— André, por que você me trouxe aqui?

— Desculpe, Luís. Não pensei que ela agiria dessa forma.

— Ela não enxerga e depende totalmente do cão. O animal não gostou de mim, e tenho certeza de que também não gostou de você. Cuidado, pois você pode colocar tudo a perder.

— Pode deixar, Luís. Michel me disse que ela enxergava um pouco... Será que ele se enganou? E essa história do anjo de pedra? Você sabia disso?

— Não. Sei tanto dessa história quanto você. Precisamos ficar atentos com o Marcelo, pois ele conhece toda a história, e Mônica falou do anjo na frente dele.

— Não se preocupe com ele. Fora do escritório ele não terá como saber o que estamos fazendo. Marcelo não conhece toda a história e sabe menos que Roberta.

— E quanto a ela? É de confiança?

— Ela trabalha conosco há muitos anos. Lógico que não dessa forma. Vou conversar com a Stephanie para saber qual é o nível de lealdade de Roberta.

— Cuidado. Lembre-se de que ela é amiga de Mônica. Qualquer deslize, e teremos sérios problemas.

— Não se preocupe, Luís. Sei como conversar com ela, sem levantar suspeitas.

— E quanto ao namorado de Mônica? O tal detetive?

— Não sei. O pessoal do departamento em que ele trabalha é muito unido. Se começarmos a fazer perguntas, logo desconfiarão. Quem tem de lidar com ele é Michel. Ele mesmo me disse que o rapaz trabalha muito e que dificilmente seria liberado para vir ao Brasil.

— É, mas é melhor ficarmos atentos. Peça ao Michel para procurar o rapaz, pedindo notícias da sobrinha, pois assim saberemos onde ele está.

— Boa ideia. Vou ligar para ele agora mesmo.

— Raymond, tem uma pessoa na linha procurando Eric. O que digo a ele?

— A pessoa se identificou?

— Sim, disse que é o tio da namorada de Eric. Ele quer saber notícias da sobrinha.

— Passe a ligação para mim.

— Alô, em que posso ajudá-lo?

— Com quem falo?

— Com o supervisor do Eric. Meu nome é Raymond Devoe.

— Senhor Devoe, boa tarde. Minha sobrinha é namorada do Eric e está fazendo um cruzeiro pela Europa, só que não temos notícia dela há alguns dias. Por essa razão, gostaria de falar com ele.

— Seu nome é?

— Michel, senhor. Michel Burns.

— Senhor Burns, Eric está trabalhando em uma investigação fora de Nova Iorque. Ele deve retornar em dois dias. Assim que ele me telefonar, vou lhe pedir que telefone para o senhor. Está bem assim?

— O senhor não poderia me dar o telefone de onde ele está?

— Não, senhor Burns. Não podemos fornecer esse tipo de informação para ninguém. Mas não se preocupe! Ele deve me ligar em breve, e darei seu recado.

— O senhor poderia me dizer apenas a cidade onde ele está?

— Posso sim. Ele está em Washington.

— Obrigado, senhor Devoe. Aguardarei a ligação do Eric.

— André, é Michel.

— Oi, Michel. Conseguiu falar com o namorado da Mônica?

— Não, falei com o supervisor dele. Eric está em Washington. O tal Raymond vai pedir a ele que me ligue ainda hoje. Assim que tiver notícias, falarei com você. Como estão as coisas por aí?

— Sua sobrinha é geniosa. Não aceitou a troca de veterinário, e o cachorro não gostou do Luís. Vamos vigiá-la de longe. A propósito, você não havia dito que ela enxergava um pouco?

— Disse sim, por quê?

— Pois ela demonstrou não ver nada. Será que Mônica está nos enganando?

— Mônica? Não. Ela tem uma doença degenerativa e a qualquer momento pode ficar totalmente cega. Isso não tem uma data para ocorrer. Pode ser que ela tenha perdido a visão por alguma razão. André, apresse a volta dela para cá. Não quero que nada de mal aconteça à minha sobrinha.

— Deixe comigo, Michel. No que depender de mim, Mônica voltará ainda este mês para casa.

— Obrigado, André. Você não vai se arrepender.

— Então? Falou com ele?
— Falei sim, Luís. O namorado dela está em Washington. Michel pediu que agíssemos logo para que ela volte para casa. Não podemos perder tempo. Você conseguiu contatar os avós de Mônica?
— Sim. O senhor Gusmão disse que não tem nenhuma neta, e os Burns estão em uma cidadezinha qualquer do Paraná. Ainda não conseguimos obter informações precisas.
— Tente encontrá-los logo, pois, assim, conseguiremos mandá-la de volta aos Estados Unidos.
— Está bem, André. Verei o que posso fazer.

Roberta e Mônica dirigiram-se à sala que era de Marcelo. Lá chegando, as duas mulheres foram informadas por Luciana de que ele saíra para dar uma volta com Bud. Roberta tornou:
— Luciana, vamos esperá-los aqui. Por favor, não deixe ninguém entrar sem me avisar.
— Está bem. Pelo tempo que os dois saíram, acredito que não demoram a chegar.
— Não tem problema. Só não quero que outras pessoas entrem aqui, enquanto estiver conversando com Mônica.
— Pode deixar, Roberta. Você não será incomodada.
— Obrigada, Luciana. Venha, Mônica, sente-se aqui. Me dê sua mão para que eu possa conduzi-la.
— Obrigada, Roberta.
Depois de acomodar Mônica, Roberta fechou a porta e sentou-se em frente à amiga. A sala que Marcelo ocupava era pequena e mobiliada com simplicidade, bem diferente da sala em que estivera momentos antes e que demonstrava o poder de seu ocupante.
— Mônica, eu não sabia que André viria para cá. Ele chegou ontem com Luís e mudou todo o esquema de trabalho que eu havia montado com Stephanie e Marcelo.
— Ele chegou de onde? Não me lembro dele no escritório de Stephanie.

— André estava no escritório de Porto Alegre. Raramente, ele vem a São Paulo. Tentei falar com Stephanie, mas não consegui. Não sei o que está acontecendo.

— Roberta, por que você me levou àquela casa? Parece que nossos problemas começaram a partir daquela visita.

— Porque foi o endereço que Stephanie me deu. Você não havia feito uma pesquisa com ela para saber onde seus pais tinham vivido?

— Fizemos sim. Eu vi as fotos da casa pela internet, mas foi ela quem a localizou. Estou preocupada, porque ela sabe onde me encontrar e pode facilmente alertar meus tios. Se isso acontecer, não poderei continuar aqui. Por que vocês resolveram demitir Marcelo?

— Eu não tomei essa decisão. André chegou ontem aqui e me apresentou Luís como o veterinário que passaria a acompanhá-la por causa do Bud.

— Eu não estou entendendo, Roberta. Você não é a responsável por esta sucursal?

— Sou, mas o André é sócio da Stephanie. Eu sou a gerente da unidade de São Paulo. Durante todo o tempo em que estive trabalhando aqui, e olhe que são mais de dez anos, ele esteve aqui apenas três vezes. Nós nos falamos por telefone, quando ele precisa de um documento ou da certidão de um cliente que tenha negócios em São Paulo e no Sul. Eu estou tão surpresa quanto você.

— Ele não sabe que posso vê-lo?

— Não sei, Mônica. Eu fiz o que você me pediu: evitar que as pessoas saibam que você consegue enxergar. Não entendi por que você falou sobre o cigarro.

— Não se preocupe, Roberta, isso é coisa minha.

Nesse momento, bateram na porta, e Luciana entrou avisando que Marcelo e Bud estavam na recepção. Roberta ordenou:

— Pode mandá-los entrar.

Marcelo trazia Bud na guia normal, e Mônica perguntou:

— O que houve com a guia do Bud?

— Nada, Mônica. Eu tinha essa aqui comigo e resolvi dar uma volta com ele. A guia de trabalho está aqui. Venha, Bud, hora de voltar ao trabalho. Roberta, o que está acontecendo? Quem é esse tal de André?

— Ele é sócio de Stephanie. Não sei por que ele está aqui nem por que resolveu demiti-lo. Mônica disse a ele que não quer trocar o veterinário do Bud e que vocês trabalhariam juntos.

Mônica completou:

— Marcelo, Bud não gostou nem de Luís nem de André. Dificilmente, ele fica na defensiva como fez hoje. Eu gostaria que você continuasse a me ajudar. Não sei se poderei remunerá-lo tão bem como o escritório o faz, mas preciso de sua ajuda.

Marcelo perguntou:

— Roberta, você não consegue reverter isso? Não pelo dinheiro, mas pela forma como eles estão conduzindo as coisas. Assim como me demitiram, podem tirar você do caso também.

— Isso é o que mais me preocupa... Bem, acompanhe Mônica, enquanto vejo o que posso fazer. Leve esse *pen drive* com você. Nele estão todas as pesquisas que fiz para a Mônica. Não sei se você tem todas as informações de que disponho. Mônica, continuarei meu trabalho aqui e, se houver alguma mudança, a manterei informada. Nós estamos tentando falar com seus avós, pois eles poderão esclarecer o que aconteceu. Não vou agendar visitas por enquanto. Nesses arquivos você encontrarão nomes de pessoas que conviviam com seus pais e talvez com isso consigam obter alguma informação. Não liguem para cá. Darei um jeito de me encontrar com vocês. Marcelo, leve meu carro. Pode ficar com ele para levar Mônica aonde for necessário.

Nesse momento, ouviram alguém falando alto com Luciana:

— Como estão em reunião?! Isso é um absurdo!

A porta se abriu, e André entrou na sala visivelmente nervoso:

59

— O que está havendo aqui?

Roberta respondeu:

— Nada, André. Estávamos apenas conversando e esperando Marcelo chegar com o Bud.

— Por que Luciana não queria me deixar entrar? Há algo que eu não possa saber?

— Não, eu apenas pedi a ela que me avisasse antes de alguém entrar na sala por causa do Bud. Você não viu a reação dele, quando ficou diante de Luís?

André olhou para o cão, que estava em pé ao lado de Mônica com a guia de trabalho. Ela disse:

— Desculpe lhe causar transtornos, André, nós estamos de saída. Marcelo, você pode me ajudar com o Bud?

— Claro, Mônica. Vou guiá-los. Vamos sair por seu lado esquerdo. Roberta, quando deverei passar no departamento pessoal?

— Eu pedirei a eles que liguem para você.

— Obrigado. Até mais, Roberta, senhor André. Mônica, quer pegar em meu braço?

— Quero sim, Marcelo. Não gostaria de bater em nada. Roberta, vou esperar um telefonema seu com novas informações. Até breve, senhor André. Boa tarde.

Depois que Mônica e Marcelo saíram, André disse a Roberta:

— Ela não enxerga nem um pouquinho?

— Não. A perda de visão dela é irreversível. Ela depende totalmente do cão.

— E se acontecer alguma coisa a ele?

— Não se preocupe, pois nada acontecerá ao Bud. E, de qualquer forma, ela tem a mim e ao Marcelo.

— Não confio nesse moço e quero que você a convença a aceitar Luís como acompanhante.

— Verei o que posso fazer. E agora, se me der licença, preciso trabalhar. Há muito serviço parado em minha mesa — e, dizendo isso, Roberta saiu da antiga sala de Marcelo, deixando André refletindo se poderia ou não confiar nela.

Saindo do escritório, Marcelo acomodou Mônica e Bud no carro e, depois de se sentar, perguntou:

— O que você quer fazer, Mônica?

— Você tem ideia da hora? Estou confusa com tudo o que aconteceu.

— É uma da tarde. Quer ir almoçar ou tomar um suco?

— Quero ir a um lugar onde possamos conversar. Será que aquela cantina está aberta?

— Está sim, vamos até lá.

Chegando à cantina, Mônica e Marcelo foram recebidos por Genaro, que os acomodou em um local onde pudessem conversar à vontade. Ele anotou o que ambos queriam beber e levou água para Bud.

— Marcelo, estou muito preocupada. Você se lembra do cheiro de cigarro que senti, quando estávamos visitando a suposta casa dos meus pais?

— Sim. O que houve?

— Eu senti o mesmo cheiro naquele tal de Luís. Além disso, Bud rosnou para ele e parou em minha frente, impedindo que ele e André se aproximassem. Foi por isso que mandamos chamá-lo.

— Eu estranhei mesmo. Era visível que Bud não queria sair dali. Desculpe-me... Acho que falei o que não devia.

— Já disse para você não se preocupar com isso. Eu estava vendo, mas havia combinado com Roberta que ninguém deveria saber o quanto eu posso ver.

— Você confia nela?

— Confio sim. Depois que você saiu da sala, ela pegou em minha mão para me levar até a mesa onde nos reuniríamos e me ajudou a sentar. Roberta ficou ao meu lado e, quando André falou que o anjo deveria ser uma visão infantil minha, ela apertou minha mão sem que eles percebessem. Eu concordei com ele para não iniciarmos uma discussão.

Depois, nós duas ficamos conversando sozinhas, e ela me explicou que André é sócio de Stephanie. Roberta não sabe por que ele está aqui. Ela me disse que André trabalha no escritório de Porto Alegre e que raramente vem a São Paulo. Normalmente, ele fala com Roberta por telefone. Ela também não sabe por que o demitiram.

— Você vai me contratar?

— Vou sim, Marcelo. Não sei quanto você ganha no escritório, mas acho que posso pagar por seu trabalho... a menos que você não queira continuar comigo. Fique à vontade, afinal, você tem sua vida e seus projetos.

— Mônica, não vou deixá-la sozinha nesta cidade. Vamos continuar trabalhando para resolver esse mistério todo. Não se preocupe ainda com a questão do pagamento. Resolveremos isso depois. Eu tenho um dinheiro guardado, que me permitirá ficar sem um emprego por enquanto.

— Isso não é justo, Marcelo. É o dinheiro que você está guardando para montar sua clínica. Não posso permitir que...

Marcelo não a deixou concluir:

— Façamos assim, Mônica... Você paga as despesas: o almoço de hoje, o combustível do carro, se houver necessidade, e depois eu faço um cálculo de valor por hora trabalhada e você vai me pagando. Está bem assim?

— Está bem. Não quero que tome prejuízo por minha causa. Você trouxe o *pen drive*?

— Sim, estou com ele aqui. Você tem um *notebook*?

— Sim. Podemos almoçar agora e depois ir ao *flat* para abrirmos os arquivos.

— Acho melhor não. Eu deixo você e o Bud no *flat,* você abre o arquivo e depois me telefona. Vamos conversando sobre isso. Acho que aquele Luís é bem capaz de estar nos seguindo.

— Por que você disse isso? Está vendo alguém?

— Não, mas Bud não está dormindo como costuma fazer. Ele está sentado e atento a todo o movimento do restaurante. E se Luís for a pessoa cujo cheiro você sentiu na casa, ele devia estar nos seguindo. Por que não o faria novamente?

— Você tem razão. O que será que meus pais fizeram para que isso esteja acontecendo? Já cheguei a pensar em voltar para casa e tentar esquecer essa investigação.

— Não diga isso, Mônica. Você voltaria para Nova Iorque, e esse pesadelo a acompanharia para sempre. Vamos continuar e ver o que acontecerá. Esse mistério precisa ter uma explicação. Você falou com seu namorado?

— Falei sim. Você vai conhecê-lo e tenho certeza de que se darão bem.

— Vocês namoram há muito tempo?

— Há três anos.

— Pretendem se casar?

— Sim. Por que você está me perguntando isso?

— Você é uma pessoa especial, Mônica. Não quero vê-la sofrer.

— Marcelo, você tem demonstrado ser um bom amigo, e, como confio muito em minha intuição, tenho certeza de que sua amizade é verdadeira. Mas, por favor, não alimente nenhuma ilusão a meu respeito. Eu gosto muito do Eric e isso não vai mudar. Se nosso relacionamento não for de amizade, não poderemos continuar trabalhando juntos.

— Mônica, me desculpe, não sei por que falei assim. Você parece ser uma pessoa tão indefesa... É impossível não querer protegê-la.

— É por isso que seremos apenas amigos. Você me vê como uma pessoa que precisa de proteção, porque sou quase cega. Você não me olha como o faz com as garotas que não possuem deficiência. E, preocupado comigo, mas não vê quem está preocupada com você.

— Preocupada comigo?

— Está vendo? Quantas vezes você olhou com atenção para Luciana?

— Não estou entendendo aonde você quer chegar.

— Não? Então, abra bem os olhos e preste atenção em Luciana quando voltar a encontrá-la. Tenho certeza de que ela gosta de você.

— Por que está dizendo isso? Que eu saiba, vocês trocaram apenas duas palavras.

— Marcelo, para certas coisas não precisamos falar, apenas olhar. Eu já lhe disse que não preciso de olhos para enxergar.

— Não sei o que lhe dizer, mas vou pensar sobre isso. Eu estou com fome. E você?

— Não estou com fome, mas preciso me alimentar. Vamos pedir o almoço, e depois você me leva para o *flat*. Preciso descansar, pois o dia foi muito cansativo. Como está o Bud?

— Ele está se ajeitando aqui ao meu lado. Acho que estamos seguros.

Marcelo fez um sinal para o senhor Genaro, que prontamente os atendeu:

— Senhor Genaro, por favor, traga um talharim ao sugo para mim e uma salada para Mônica.

— Vocês querem mais um suco?

— Eu, não. E você, Mônica?

— Quero água. O senhor poderia me servir umas fatias de pão italiano junto com a salada? O que comemos na outra noite estava muito bom.

— Sirvo, sim. Daqui a pouco, trarei os pães para vocês. E quanto ao nosso amiguinho? Ele está mais tranquilo? Não quero assustá-los, mas eu estava observando o restaurante pelo espelho do bar e vi que seu cão estava sentado enquanto um homem tomava um café. Quando esse homem se retirou, seu cão mudou de posição. Vocês estavam esperando alguém?

Marcelo respondeu:

— Não, o Bud faz isso de vez em quando. Mas o senhor nos coloca em um lugar privado e nos observa do bar?

— Sim, eu observo a todos, mas não espiono ninguém. Eu recebo muitas pessoas com necessidades especiais em meu restaurante. Alguns preferem ficar no reservado, outros no bar, outros na parte externa da casa. Não tenho câmeras escondidas, mas o espelho me permite observar se alguém está precisando de ajuda. Tenho poucos ajudantes aqui, pois só trabalho com pessoas de minha inteira confiança e que não sejam preconceituosas. Não posso ter um empregado homofóbico ou que não goste de animais. Você quer me fazer mais alguma pergunta? Fique à vontade. Já respondi a muitos clientes, estou acostumado.

— Não, senhor Genaro, obrigado. Por favor, traga nosso almoço e, se vir esse homem novamente quando estivermos aqui, me avise.

— Fique tranquilo, não vou me esquecer disso.

Mônica, que até aquele momento só ouvia a conversa, disse:

— Marcelo, isso está ficando perigoso.

— É, Mônica, mas parece que temos mais amigos do que imaginávamos.

Mônica e Marcelo continuaram conversando sobre o que o dono da cantina lhes dissera e passaram a observar as pessoas que estavam próximas a eles. O almoço foi servido com rapidez, e, como o movimento do restaurante estava tranquilo, Genaro sentou-se com eles para saber mais como era viver com um cão-guia. Ele explicou a Mônica e a Marcelo que não havia muitos cães como aquele no Brasil e que por isso ficara curioso com relação a Bud.

Depois do almoço, Marcelo deixou Mônica no *flat* e ficou de voltar à noite para passear com Bud.

Marcelo saiu do *flat* e resolveu voltar à suposta casa dos pais de Mônica, tentando recordar-se de onde vira um anjo de pedra. Passado algum tempo, estacionou para atender ao celular:

— Alô.

— Marcelo, onde você está? Liguei para o escritório, e me disseram que você foi demitido. O que aconteceu?

— Ah! Oi, pai. É uma longa história. Depois, contarei tudo para você.

— Precisamos conversar. Venha jantar conosco.

— Está bem, pai. Às 19 horas, estarei aí. Quer que eu leve alguma coisa?

— Não, filho. Precisamos conversar, apenas isso.

— Ok.

Logo em seguida, Luciana ligou:

— Oi, Lu, algum problema?

— Seu pai ligou para cá, e eu disse que você não era mais funcionário da empresa. Ele ficou preocupado e disse que ligaria para seu celular.

— Eu sei, estava falando com ele antes de você me ligar. Está tudo bem?

— Não está, mas não posso falar com você agora. Posso encontrá-lo mais tarde?

— Lu, vou jantar com meus pais e antes tenho de passear com o Bud. Meu pai disse que precisa conversar comigo. Quando sair da casa dele, posso ligar para você?

— Pode sim. Vou dormir tarde, e precisamos conversar.

— É grave?

— Mais ou menos. Nos falamos depois.

Luciana desligou o telefone antes que Marcelo pudesse se despedir, o que o deixou preocupado. Ele, então, decidiu que ligaria para Roberta quando chegasse em casa. O rapaz olhou o relógio. Já passava das cinco da tarde, então, ele decidiu ir para o *flat* passear com Bud e depois iria direto para a casa dos pais. Mais tarde, ligaria para Luciana e para Roberta.

Marcelo ligou o carro e disse em voz alta:

— Diazinho difícil! Quando será que isso vai acabar?

Enquanto dirigia, Marcelo lembrava-se das palavras de Mônica: "Você me vê como uma pessoa que precisa de ajuda, não como uma mulher comum". Ele reconheceu que ela estava certa. Mônica lhe inspirava um carinho muito grande. Era uma mulher de fibra e muito bonita. A moça era morena, tinha olhos escuros, estava sempre bem-vestida, mas os óculos que usava roubavam sua beleza.

Marcelo começou a pensar também em Luciana e nos momentos que partilharam trabalhando juntos. Ela estava sempre atenta ao que acontecia no escritório e o alertara sobre sua possível demissão. A moça sabia que ele procurava informações sobre a doença de Mônica e sobre cães-guia e lhe dera várias informações. Ele precisava ter cuidado para não estragar a amizade entre eles, mas tentaria vê-la com mais atenção.

Chegando ao *flat*, Marcelo levou Bud para dar seu passeio habitual. Quando retornaram, o rapaz perguntou para Mônica:

— Você teve tempo de ver o arquivo?

— Não vi tudo, mas fiz uma cópia no meu *notebook*. Pode levar o *pen drive* para você vê-lo. Hoje, o dia foi muito corrido. Vou descansar e mais tarde tentarei ler esses arquivos.

— Vou jantar com meus pais. Luciana quer falar comigo, e eu ainda preciso ligar para Roberta. Talvez eu também só os veja amanhã. Não se preocupe com o Bud. Estarei aqui no horário de sempre.

— Obrigada, Marcelo. Até amanhã.

— Até amanhã, Mônica.

Capítulo 4

Marcelo foi direto para a casa dos pais. Após estacionar o carro na garagem e fechar o portão, a mãe do rapaz apareceu:

— Oi, meu filho, como está?

Marcelo abraçou-a e respondeu:

— Estou bem, mamãe. Guardei o carro da Roberta na garagem.

— Por que está com o carro dela?

— Porque é maior que o meu e mais fácil de acomodar o Bud.

— Bud? Quem é Bud?

— O cão-guia de Mônica.

— Ah! Eu havia me esquecido de que você estava trabalhando com uma jovem deficiente visual. Venha, estou terminando o jantar.

— E o pai?

— Ele está tomando banho. Quer comer alguma coisa antes do jantar?

— Não, mamãe. Almocei tarde e, se comer agora, não vou conseguir jantar. O que está fazendo de bom?

— Estou preparando uma lasanha do jeito que você gosta.

— Hum! O cheiro do molho está muito bom.

— Meu filho, como você está? — Adriano, o pai de Marcelo, surgiu.

— Oi, pai, estou bem.

Adriano abraçou o filho e disse:

— Você passa muito tempo sem aparecer. Ficamos preocupados, e por isso liguei para o escritório. O que houve? Você me disse que era uma longa história. Acho que agora pode nos contar, não?

— Posso sim, pai, mas não se preocupe. Saí do escritório e estou trabalhando direto para a Mônica.

— Não entendi.

Marcelo contou ao pai tudo o que acontecera desde que começara a trabalhar com Roberta, mas omitiu suas desconfianças sobre André e Luís, pois não queria preocupar o pai.

— Mas se foi Roberta quem o contratou, por que André iria demiti-lo?

— Pai, isso eu ainda não sei. Mais tarde, vou tentar falar com ela e saber o que aconteceu. Esse tal André nunca vem a São Paulo, e o pessoal do escritório parecia perdido com a presença dele. Até Roberta estava agitada. Achei melhor ir embora com Mônica e depois conversar com ela.

— A moça que falou comigo ao telefone estava bastante agitada. Ela falava baixo e parecia estar se escondendo de alguém.

— Pois é, pai, meu cargo não era grande coisa, mas Mônica deve estar mexendo em algum vespeiro.

— Por que diz isso? Ela não está procurando saber dos pais?

— Pois é. Roberta nos levou à casa onde supostamente a família de Mônica morava e onde teria morrido num incêndio, e, quando entramos no local, Mônica perguntou sobre um anjo de pedra que deveria estar na entrada. Roberta disse não saber do anjo, e nesse momento Bud começou a rosnar para alguém que não conseguimos alcançar. Roberta, então, ficou nervosa, e tudo o que havia sido planejado para atender a Mônica desmoronou como um castelo de cartas.

— Espere um pouco... A moça se lembra de uma estátua na entrada da casa? Mas ela não tinha dois anos quando foi levada para os Estados Unidos?

— É isso mesmo, porém, ela se recorda do tal do anjo. Segundo Mônica, ela se lembra por causa dos olhos dele. Pai, eu acho que já passei por uma casa onde havia um anjo como ela descreveu, só não consigo me lembrar onde o vi.

Carolina, a mãe de Marcelo, disse:

— Há um anjo de pedra que parece ter olhos vivos na casa do doutor Gusmão, em Campos do Jordão.

— É mesmo, Carolina. Estive naquela casa mais de uma vez, e realmente há uma estátua na entrada. Mas é um anjo?

— É sim, Adriano. Quando estivemos lá, você entrou para falar com doutor Gusmão, e eu fiquei no jardim o esperando. Lembra-se? Eu até quis uma muda de uma planta que havia lá. Enquanto o jardineiro tirava a muda para mim e ia buscar um saquinho para que eu não trouxesse a planta nas mãos, eu fiquei olhando o anjo. Os olhos dele pareciam nos acompanhar. Ele é muito bonito.

— Mamãe você se lembra do nome do jardineiro?

— Ah, meu filho, isso vai ser difícil. Você sabe como sou ruim com nomes. Era João ou Antônio, não me lembro. Vou pensar sobre isso e, se me recordar, ligo para você. Agora, venham! Vamos jantar. Se a lasanha esfriar, não apreciaremos seu sabor como se deve.

Enquanto Carolina ia à cozinha buscar a travessa com a lasanha, Adriano perguntou a Marcelo:

— Por que você perguntou o nome do jardineiro?

— Porque o jardineiro da casa da Mônica se chamava Antônio e ele esteve no escritório conversando com ela. Eu não participei da reunião, mas tenho certeza de que os empregados da casa se chamavam Antônio e Maria Júlia.

— Adriano, Marcelo, venham.

— Venha, filho, vamos jantar. Vou tentar descobrir o nome do jardineiro do doutor Gusmão. Bem, procure relaxar, pois sua vida parece não estar sendo muito fácil.

— Você não quis ser advogado como eu queria e olha só! Está envolvido em uma investigação, cuidando de clientes.

— Você tem razão, papai. Achei que tinha sido contratado apenas para cuidar do cão-guia e olhe só o que virou minha vida!

Carolina perguntou:

— Como se treina um cão para ser guia de deficientes visuais?

Enquanto jantavam, Marcelo explicou aos pais como era feito o trabalho com cães que se tornavam os olhos de pessoas que não enxergavam. Falou dos projetos que existem no Brasil e das dificuldades que as pessoas enfrentam em muitos lugares onde os cães ainda não são aceitos, mesmo que o dono apresente a lei que permite que eles entrem em qualquer lugar.

Adriano perguntou:

— Qual a raça do Bud?

— É um labrador, pai, um cão dócil e obediente. No entanto, se percebe que a dona está correndo perigo, ele rosna, late e não deixa ninguém se aproximar dela.

— Você já presenciou essa cena?

— Já, pai, duas vezes. Hoje, o dono do restaurante onde estávamos almoçando veio nos contar que, durante o tempo em que uma determinada pessoa esteve sentada ao balcão, Bud permaneceu sentado e atento a ela. Quando o tal homem saiu do restaurante, o cão relaxou e se deitou aos nossos pés.

— Vocês foram seguidos?

— Não sei, pai, não vi o tal homem. Como é um restaurante para onde vamos com frequência, pedi ao senhor Genaro que me avisasse se o tal homem voltar a aparecer lá.

Carolina disse:

— Marcelo, por favor, tome cuidado! Isso está me parecendo perigoso demais para um veterinário.

— Não se preocupe, mãe. Mais tarde, conversarei com Roberta para saber o que está acontecendo. Mônica disse que iria pedir ajuda ao namorado dela, que é policial em Nova Iorque e conhece um detetive aqui no Brasil. Parece que eles trabalharam juntos. Bem, vamos aguardar para ver o que acontece.

Adriano perguntou:

— Qual é o sobrenome de Mônica?

— É Burns, Mônica Burns.

— Engraçado... já vi esse nome em algum lugar. Você não se lembra de nada, Carolina?

— Não, você sabe que sou péssima com nomes.

— Pai, se você se lembrar de alguma coisa, me avise. Qualquer informação, lembrança, não importa. Preciso saber se as informações que possuímos sobre a família da Mônica são verdadeiras.

— Vou pensar, meu filho. Agora, termine seu jantar. Tenho certeza de que sua mãe fez a sobremesa de que você gosta.

— Fiz sim! É tão raro ele vir jantar conosco. Você precisa mudar esse hábito, meu filho.

— Eu sei, mãe. Eu acabo ficando preso no trabalho e não quero incomodá-los.

— Meu filho, esta é sua casa. É o lugar onde você sempre será bem recebido, mesmo que seu pai não aceite sua profissão. Nós o amamos muito.

— Eu não disse que não aceito a profissão do Marcelo. Apenas gostaria que ele fosse advogado para seguir com meu escritório.

— Você disse bem, pai, *seu* escritório. Eu prefiro a clínica veterinária. Sou apaixonado por cães, e você sempre soube disso. Depois que esse pesadelo acabar, vou montar minha clínica e procurar uma dessas ONGs que trabalham com cães-guia para ajudá-las.

Adriano disse:

— Meu filho, pode contar comigo. Eu tinha medo de que você não conseguisse trabalho na profissão que escolheu, mas vejo que me enganei. Queria conversar com você sobre isso. Tenho um cliente que está indo embora para o Japão e me ofereceu a casa dele. Gostaria que você fosse vê-la comigo. Se lhe agradar e for do tamanho de que você necessita para montar sua clínica, vou comprá-la. Assim, você poderá usar o dinheiro que guardou durante esses anos apenas para montá-la. O que me diz?

— Puxa, pai, não sei o que dizer. Você vai me dar a casa?
— Sim. Eu e sua mãe conversamos sobre isso. Nós só temos você, Marcelo. Se não o ajudarmos, quem o fará? Eu tinha medo de que você fizesse alguma bobagem da sua vida, mas isso não aconteceu. Você é um homem responsável, direito, trabalhador, luta pelo que quer e pelo que acredita. Seu avô me educou assim, não sei ser de outra forma. Talvez não tenha sido o pai que você desejava, porém, acho que ainda está em tempo de recomeçarmos.

Marcelo levantou-se para abraçar o pai e disse:
— Pai, eu sei que você só queria o meu bem. Fiquei bravo com você, porque não queria e não quero ser advogado, mas lhe agradeço muito por me ajudar dessa forma. Diga quando você quer que eu vá ver a casa para eu dar um jeito de fazê-lo.
— Vou marcar com o Nakamura e aviso você. Talvez seja melhor no sábado. O que acha?
— Perfeito, só não marque com ele muito cedo, pois preciso levar o Bud para o passeio matinal.
— Combinarei com ele para vermos a casa e deixarei o horário em aberto. Ele está morando lá, então, acredito que não haverá problemas.

Adriano, Carolina e Marcelo terminaram o jantar fazendo planos para a clínica veterinária do filho.

Já passava das dez, quando Marcelo chegou ao seu apartamento e telefonou para Luciana.
— Alô!
— Lu, sou eu, Marcelo. Você já estava dormindo?
— Não, estava vendo um filme e esperando sua ligação.
— Atrapalhei você? Cheguei agora da casa dos meus pais.
— Eles estão bem?
— Sim, conversamos bastante, e eles me deram um presentão.

73

— Posso saber o que é?

— Claro que sim. Meu pai vai comprar uma casa para que eu possa montar minha clínica veterinária.

— Que maravilha! Parabéns, Marcelo! Até que enfim uma notícia boa.

— Por quê? Aconteceu mais alguma coisa ruim depois que saí do escritório?

— Discussões, vozes alteradas, clientes reclamando que não estavam sendo atendidos. Depois que você saiu, aquilo virou um inferno.

— Mas, Lu, Roberta atende a todos. Ela havia deixado um pessoal cuidando dos clientes para poder acompanhar Mônica. O que houve?

— Um dos assistentes perdeu um prazo para atender a uma notificação. O cliente achou que estava demorando muito para ter um retorno do escritório, foi ao fórum e descobriu que teve seu pedido de indenização negado porque não havia feito o exame solicitado pelo juiz. Ele chegou ao escritório berrando com todo mundo, e a primeira pessoa que o viu foi o doutor André. Ele pegou o cliente pelo braço e o levou à sua sala dizendo que era o dono do escritório e puniria o responsável pelo que havia acontecido.

— Meu Deus, quem foi o assistente?

— O doutor Rogério. Roberta o chamou para conversarem, mas doutor André não quis ouvi-lo e o demitiu na frente de todo mundo. Chamou-o de incompetente e disse para quem quisesse ouvir que daqui para frente seria assim. O advogado que prejudicasse algum cliente seria demitido na mesma hora.

— Caramba, Lu! Ele sabe que Rogério perdeu os pais num acidente há menos de um mês?

— Ele não quis saber. Doutora Carmem tentou intervir, mas ele a ameaçou, dizendo que não queria saber de desculpas e que se ela insistisse podia ir embora junto com Rogério.

— E Roberta? Não fez nada?

— Ela ficou muda. Pensei até que Roberta iria passar mal. Nunca a vi daquela maneira. Quando doutor André entrou na sala dele e fechou a porta, ela chamou doutora Carmem à sua sala. Algum tempo depois, doutora Carmem me pediu que providenciasse um suco de maracujá para Roberta. Tenho certeza de que os soluços que ouvi eram dela.

— Você chegou a vê-la?

— Não. Quando levei o suco, doutora Carmem pegou o copo na porta e me pediu que não deixasse ninguém entrar ali. Ela me pediu também que dissesse ao doutor Rogério que fosse para casa e que depois Roberta falaria com ele. Eu o procurei, mas ele já tinha ido embora. Marcos, do departamento pessoal, me disse que Rogério estava sem ação, então, lhe pediu que fosse para casa e esperasse um telefonema do escritório. Ele ou Roberta falaria com ele antes de qualquer coisa. Todos ficaram pasmos com o que houve. Depois do expediente, Marcos e doutor Ricardo foram à casa do doutor Rogério. Estavam muito preocupados com ele.

— Você soube de mais alguma coisa sobre ele?

— Não, Marcelo. Só saberei de alguma coisa amanhã.

— E Roberta?

— Ela foi embora mais cedo. Disse que estava com muita dor de cabeça.

— Por que não me ligou? Estou com o carro dela.

— Se eu tivesse feito isso, acho que teria perdido o emprego também. E de qualquer forma, ela não me deixou fazê-lo. Roberta pegou um táxi e foi para a casa dos pais. Se quiser falar com ela, ligue para o celular.

— Vou ligar, Lu. Acho que ela precisa saber que nós a apoiamos. Amanhã, só sairei para levar o Bud para passear. Se precisar de mim, é só me ligar que irei imediatamente para o escritório. E se aquele doutor André gritar com você ou mandá-la embora, não se importe. Eu falarei com meu pai, e logo você estará empregada novamente.

— Obrigada, Marcelo. É muito bom saber que tenho um amigo como você.

— Quer jantar comigo amanhã?

— A que horas?

75

— Às oito. Combino com a Mônica de pegar o Bud mais cedo.

— Ok. Como amanhã é sexta-feira, podemos ir jantar às nove, se você preferir.

— Perfeito. Nos falamos durante o dia, então.

— Obrigada, Marcelo. Até amanhã.

— Até amanhã, Lu. Um beijo.

Marcelo desligou o telefone e ficou em dúvida se deveria ligar para Roberta, pois já passava das onze horas da noite e ela certamente já deveria estar dormindo. O rapaz optou por enviar uma mensagem e aguardar. Escreveu que sabia o que acontecera e que ela poderia contar com ele para o que precisasse. Depois, Marcelo pensou no pai. Adriano tinha um escritório grande, e muitos advogados já haviam trabalhado para ele. Apesar das diferenças de opinião que tinham, ele nunca ouvira o pai gritar com ninguém nem soubera de que algum advogado tivesse sido demitido de forma arbitrária. Se um advogado cometesse um erro, Adriano o ouvia e juntos buscavam uma solução para o problema. O celular deu sinal de mensagem recebida. Era Roberta:

Obrigada por confiar em mim. Falamos amanhã.

Roberta

Depois de ler a mensagem, Marcelo foi tomar um banho e dormir, pois estava exausto. O dia tinha sido muito cansativo e pontuado de problemas e emoções.

Mônica ouviu a campainha e, como a recepção não havia interfonado, sabia que era Eric:

— Eric, o que houve? Já é tarde.

— Mônica, fui tomar algumas providências que considero importantes e depois fui com Plínio pesquisar os jornais da época para ver se encontrava notícias dos seus pais.

— Eu estava preocupada. Pensei que havia acontecido alguma coisa.

— Não, meu amor, não houve nada. Já jantou?

— Sim, mas deixei comida pronta para você.

— Eu cheguei às nove da noite e fui tomar um banho. Depois, vi que tinha um recado do Raymond para mim. E você, como passou o dia?

Mônica abraçou Eric e lágrimas brotaram de seus olhos.

— Meu amor, o que houve? Assim você me assusta.

— Eu estou com vontade de desistir de tudo. Pessoas estão sendo prejudicadas por minha causa e descobri que meu tio sabe que estou no Brasil. Ele colocou alguém da confiança dele para me impedir de descobrir o que houve com meus pais.

— Por que você diz isso?

— Quando estávamos indo para o escritório, Marcelo me avisou que haveria uma reunião, só que ele não sabia exatamente com quem. A reunião era com o sócio da Stephanie, que fica no escritório de Porto Alegre e raramente vem a São Paulo.

— Vamos nos sentar aqui no sofá.

Nesse momento, Bud se aproximou e colocou a cabeça no colo de Eric:

— Você quer um afago, quer?

— Ele se comportou muito bem hoje. Defendeu-me de duas pessoas indesejáveis.

— Bud, deite-se aqui.

O cão obedeceu e acomodou-se aos pés de Eric.

— Agora, me conte o que houve.

— Você não quer jantar?

— Depois. Quero que me conte o que aconteceu.

Mônica explicou a Eric o que acontecera no escritório e no restaurante. O que mais a incomodara foi o fato de André dizer-lhe que ela voltaria para Flórida para encontrar-se com os tios.

— Meus tios não moram na Flórida, eles estão na Flórida. André só pode saber disso, porque está em contato com tio Michel.

— Você está certa. Raymond me ligou para avisar que seu tio estava à minha procura e que dissera a Michel que estou em Washington. Eu falei com seu tio sobre você há dois dias. A desculpa que ele deu não convenceu a mim nem ao Raymond.

— Então, e por conta disso, Marcelo perdeu o emprego, Roberta está com problemas no escritório que ela administra, e aparentemente há uma pessoa me vigiando.

Eric respirou fundo e disse:

— Estou aqui. Procure se acalmar, está bem? Vou lhe contar o que fiz.

Mais calma, Mônica respondeu:

— Estou melhor. Venha, vou providenciar seu jantar, e daí continuamos a conversar.

— Comprei um celular para você e outro para mim, pois assim poderemos nos comunicar durante o dia. Plínio e eu estivemos em dois jornais daqui de São Paulo, que, segundo ele, são os mais conceituados. Nessa pesquisa, descobrimos que houve um incêndio na casa de seus pais e que o jovem mencionado por você como sendo filho dos empregados foi preso por estar participando de uma passeata junto com mais umas trinta pessoas. Não encontramos nada sobre a morte dele, mas Plínio ficou de verificar essa informação com o delegado que cuidou do caso e nos dizer o que houve. Sobre o incêndio, não existe nada sobre ter sido investigado. Não há dados referentes a quantas pessoas se feriram, se houve mortos, nada. Pegamos o endereço da casa para investigar no Corpo de Bombeiros e na delegacia do bairro onde eles moravam. Conferi o endereço e vi que se trata do mesmo endereço da casa em que você esteve. Você andou pelo terreno?

— Não. Quando perguntei sobre o anjo, paramos, e logo em seguida o Bud começou a rosnar. Marcelo saiu com ele, e Roberta me ajudou a sair do local.

— A comida está ótima. Você mesma preparou?

— Não, amor. Não tenho cabeça para fazer compras ou cozinhar. Pedi no restaurante italiano em que estive com Marcelo na hora do almoço. Senhor Genaro se prontificou a mandar comida para o *flat* sempre que eu precisasse.

— A comida dele é muito boa. Diga-me uma coisa... Marcelo vai continuar ajudando-a com o Bud e sendo seu motorista?

— Sim. Pedi a ele que calculasse um valor para que eu possa pagá-lo. Não é justo que o trabalho dele não seja remunerado.

— Você está certa. Vou ajudá-la com as despesas. Preciso conversar com Marcelo. Acho que conseguirei me deslocar mais facilmente com ele do que com Plínio. Em todos os lugares a que fomos, Plínio é conhecido. Isso facilitou muito meu trabalho hoje, mas gostaria de passar despercebido em alguns locais.

— Amanhã, ele virá às nove horas buscar o Bud para passear.

— Vamos fazer o seguinte... Quando Marcelo chegar, diga a ele que estou no Brasil e que precisamos conversar. Eu observei que há câmeras nos andares do *flat*, então, o pessoal que controla a segurança sabe que tenho vindo aqui. Quando ele chegar, me chame. Poderemos conversar um pouco e depois sair para caminhar com o Bud. Acho que teremos mais privacidade fora daqui.

— Boa ideia. E o parque que há aqui atrás é muito bonito. Vale a pena caminhar lá. Pensei que você fosse passar a noite aqui. Não estou me sentindo segura sozinha com o Bud.

— Ficarei com você. Não se aflija. Também prefiro ficar aqui do que naquele apartamento vazio. E amanhã sairemos daqui. Vamos para um local que aceite o Bud e ficaremos juntos. O que você acha?

Mônica passou os braços sobre o pescoço de Eric e disse:

— Acho sua ideia ótima.

— Eu tenho uma ideia melhor.

Eric beijou Mônica apaixonadamente e depois afirmou:

— Mônica, não tenha medo. Não vou deixar que nada de mal lhe aconteça.

— Eu confio em você, Eric. Sinto-me segura ao seu lado.

— E esse Marcelo? Devo me preocupar?

79

— Eu já lhe disse que não. Não seja bobo. Venha. Vamos nos deitar que lhe conto o que conversei com ele hoje.

Marcelo chegou ao apartamento de Mônica às nove horas da manhã. Ela pediu a ele que entrasse, pois precisavam conversar antes do passeio do Bud.

Nesse momento, a campainha tocou, e Mônica abriu a porta para Eric.

— Marcelo, este é Eric, meu namorado.

— Muito prazer. Ele fala português?

— Falo sim, Marcelo. Mônica me ensinou, e eu trabalhei aqui no Brasil durante seis meses.

— Você fala bem. Não sabia que você estava no Brasil.

— Cheguei há dois dias. Vamos sair juntos. Preciso conversar com você, e aqui não é o lugar ideal.

Marcelo e Eric chamaram Bud ao mesmo tempo:

— Bud, vamos passear.

O cão parou e ficou olhando para os dois, e Mônica disse:

— Ah! Não façam isso com o Bud! Marcelo, por favor, pegue a guia de passeio. Eric, ajude-me a sair.

Os dois sorriram, e todos saíram do apartamento para dar uma volta no Parque do Ibirapuera.

Lá chegando, os três sentaram-se embaixo de uma árvore, e Eric explicou para Marcelo o que combinara com Mônica na noite anterior.

— Você acha que conseguimos um hotel que nos receba com o Bud?

— Conseguiremos sim. Eu fiz várias pesquisas sobre locais que recebem cães-guia sem restrição. Há bons hotéis e *flats* em São Paulo. O que preferem?

Mônica respondeu:

— Acho que um *flat* é melhor. Teremos mais espaço em comparação a um quarto de hotel.

— Como vocês vão fazer para sair do *flat*?

80

— Falaremos com o administrador. Quem alugou o apartamento da Mônica?

— Foi Roberta, ou melhor, o escritório.

— Então, faremos o seguinte: eu explicarei ao administrador que precisarei ficar fora por uns dias, e você diz que a Mônica ficará na casa de uns parentes.

— Está bem, depois explico a situação para Roberta. Estarei com ela hoje, no final da tarde. Ontem, houve uma série de problemas no escritório. Luciana me contou o que André fez com um dos assistentes. Roberta passou mal e foi para a casa dos pais.

Marcelo fez uma breve pausa e continuou:

— Falando nisso, Mônica, falei com meu pai sobre o anjo de pedra. Minha mãe lembrou-se de ter visto um anjo como você descreveu em uma casa em Campos do Jordão. Meu pai foi atender a um cliente, o doutor Gusmão, e minha mãe ficou no jardim para pegar uma planta com o jardineiro. Ela apenas não se lembra se o jardineiro se chama João ou Antônio. O nome do jardineiro da casa dos seus pais não era Antônio? — Marcelo questionou.

— Era sim. E Gusmão é o sobrenome do meu pai — Mônica tornou.

— Não é Burns?

— Não. Meu tio me registrou como Burns, porque esse é o sobrenome dele e, consequentemente, o da minha mãe. O nome do meu pai era René de Souza Gusmão.

— É muita coincidência, não? No escritório estão procurando por seu avô. Será que não é esse cliente do meu pai? Você sabe alguma coisa sobre ele?

— Não, Marcelo, sei apenas o nome do meu pai.

Eric perguntou:

— Você acha que seu pai nos ajudaria a encontrá-lo?

— Vou falar com ele. Ontem, jantei com meus pais e ganhei um presentão. Ele vai comprar uma casa para eu montar minha clínica.

Mônica exclamou:

— Que ótimo! Uma notícia boa no meio desse caos! Ele resolveu apoiá-lo?

Eric perguntou:

— Por quê? Ele não queria que você fosse veterinário?

— Não, meu pai queria que eu fosse advogado para ficar com o escritório que ele montou. Ontem nós conversamos bastante, e ele explicou o porquê de suas atitudes, elogiou meu trabalho e a forma como levo minha vida. Fiquei muito contente, pois fazia tempo que não nos entendíamos tão bem. Amanhã, se vocês não precisarem de mim pela manhã, irei com ele ver a casa.

— Fique tranquilo, Marcelo. Amanhã, Eric e eu sairemos com o Bud, mas hoje temos muito o que fazer. Você guardou o *pen drive*?

— Sim, mas não tive tempo de abri-lo. E você? Conseguiu ler o que ele continha?

— Quase tudo. Mas não tem muito mais do que sabemos. Existem algumas interrogações nos nomes dos meus avós. O escritório não os localizou.

— Vamos fazer o seguinte... Pegamos o carro e vamos ao novo *flat* onde vocês irão se hospedar. Depois, voltamos aqui, pegamos suas malas e fechamos a conta deste apartamento. Enquanto vocês se acomodam no novo endereço, eu vou me encontrar com Roberta, e mais tarde nos falamos pelo telefone. À noite, jantarei com Luciana.

Eric e Mônica perceberam que Marcelo ficara vermelho, mas não comentaram nada. Eles levantaram-se para voltar ao *flat*, e nesse momento Bud começou a rosnar:

Marcelo abaixou-se e perguntou:

— O que foi, amigão? Ele está por aí novamente?

Bud continuou rosnando e olhando na direção contrária a eles.

— Mônica, segure a guia do Bud. Marcelo, vá pela esquerda. Veja se percebe alguém fugindo.

Os dois se distanciaram de Mônica, que segurava a guia com firmeza. Bud continuava rosnando. Passados alguns minutos, ele sentou-se e ficou quieto. Algum tempo depois, Eric e Marcelo retornaram.

Eric perguntou:

— Você viu alguma coisa?

— Não, só pessoas caminhando e andando de bicicleta. E você?

— Havia alguém nos observando. Depois que saímos, vi um homem de calça jeans. Quando me viu, ele correu, e eu não consegui alcançá-lo. Não vejo mais ninguém vestido assim aqui no parque.

— Você acha que ele ouviu nossa conversa?

— Acho que não, senão o Bud teria nos alertado.

Marcelo abaixou-se e abraçou Bud:

— É, amigão, ainda bem que temos você. Mônica, deixe que levo o Bud. Você está tremendo?

Eric abraçou Mônica, que não conteve as lágrimas:

— Não chore. Nada de mal vai lhe acontecer. Nós a estamos protegendo.

— Desculpe, não consegui me controlar. Sei que nada vai me acontecer, mas e com vocês? E com o Bud? Não sabemos com quem estamos lidando.

— Olhe para mim. Acho que quem está fazendo isso quer apenas assustá-la para que desista dessa busca. Ninguém vai lhe fazer mal.

Marcelo completou:

— Eu penso da mesma forma. E, no que depender de mim, não deixarei nada acontecer a vocês. Agora vamos embora, ou não conseguiremos resolver tudo o que pretendíamos hoje.

Chegando ao *flat*, Eric procurou Adalberto, o administrador, e explicou que ficaria fora por alguns dias. O homem respondeu-lhe que não haveria problema, pois o apartamento estava com o aluguel pago para um mês e dentro desse período não seria ocupado por ninguém.

Eric arrumou suas coisas e pegou um táxi, dirigindo-se ao *flat* indicado por Marcelo. Algum tempo depois, ele telefonou para Mônica:

— Alô.

— Mônica, sou eu. Já estou instalado no *flat*. A indicação do Marcelo foi ótima. Você já arrumou suas coisas?

— Sim, já está tudo em ordem. Daqui a pouco, estaremos com você.

— Ok. Um beijo.

— Outro para você.

Dirigindo-se a Marcelo, Mônica disse:

— Eric já está no *flat*. Podemos ir.

— Você já separou tudo o que precisa levar?

— Sim, vamos levar essas duas bolsas. Quanto às malas, eu as deixarei aqui para que você pegue depois.

— Tem certeza de que não quer levar mais nada?

— Tenho sim. Não quero que desconfiem de que estou indo embora.

— Então vamos. Vou levar você e o Bud e mais tarde venho falar com o administrador e pegar suas coisas.

Quando chegaram ao novo flat, Eric já os esperava na recepção. Marcelo conhecia a equipe que trabalhava no flat. Ele apresentou Mônica e Bud aos recepcionistas, que ficaram encantados com o cão e se prontificaram a auxiliar Mônica e Eric no que precisassem. O casal agradeceu e foi para o apartamento, enquanto Marcelo os ajudava com a bagagem.

Chegando ao apartamento, Mônica perguntou:

— Marcelo, este apartamento é maior que o outro? Por que não viemos direto para cá?

— Porque o escritório havia determinado que você ficaria no *flat* perto do Ibirapuera, para que eu tivesse mais facilidade de andar com o Bud.

Eric perguntou:

— Mas este aqui também não dá para um parque?

— Sim, estamos perto do Parque da Aclimação. A diferença é que este *flat* é de um cliente do meu pai.

— Ah! Foi ele quem reservou o apartamento? — perguntou Mônica.

— Não, fui eu mesmo. Conheço o pessoal daqui e sei da relação do senhor Antunes com meu pai, mas não usei o nome dele. Apenas disse que um casal de amigos estava chegando a São Paulo e precisava se hospedar em um flat que aceitasse cães-guia.

— Eles não vão estranhar eu ter vindo sem malas?

Eric respondeu:

— Acho que não. Eu trouxe uma mala e a mochila, e ninguém me perguntou nada. E parece que aqui não há câmeras nos corredores.

Marcelo rebateu:

— Você acha isso ruim?

— Não, é que no outro flat fiquei com a sensação de que estavam nos vigiando.

— Você tem razão. Talvez não tenha nada a ver, mas tudo hoje nos parece estranho. Bem, se não precisarem mais de mim, irei embora. Preciso localizar Roberta.

— Não, Marcelo, pode ir. Nos falamos mais tarde. Eu levarei o Bud para passear à tarde, assim você poderá ficar sossegado para se encontrar com Luciana no horário marcado.

— Obrigado, Eric, mas antes disso ainda irei até o *flat* buscar as malas da Mônica. Se vocês não estiverem aqui, eu as deixarei na recepção. Combinado?

— Combinado. Ah! Já ia me esquecendo! Anote esses números. Comprei um celular para mim e outro para Mônica, para podermos nos comunicar com facilidade. Me dê seu número. E mais uma vez muito obrigado. Sua ajuda é preciosa para nós.

— Não precisa me agradecer, Eric. Gostei muito de conhecer vocês e quero ajudá-los a desvendar esses mistérios. Mônica é uma garota muito legal e não merece o que estão fazendo com ela.

— Não mesmo. Estou com ela há três anos, e pretendemos nos casar no fim deste ano. Espero que tudo se resolva a tempo.

— E o seu trabalho?

— Estou de licença, e meu supervisor conhece o problema da Mônica. Eu pedi a ele que investigasse o tio dela, pois pode ter alguma coisa errada lá também. Ela pode ter sido sequestrada aqui e levada por um casal que se diz tios dela. Precisamos saber de toda a verdade.

— Ela sabe disso?

— Não. Estou contando para você, porque ela está tratando do Bud e não pode nos ouvir. Não quero preocupá-la mais.

— Você está certo. Se despeça dela por mim. Assim que eu falar com Roberta e estiver com as coisas de Mônica, ligarei para você.

— Obrigado, Marcelo. Até mais.

— Até.

86

Os avós

Capítulo 5

Marcelo chegou ao apartamento de Luciana perto das nove horas da noite.

— Oi, Lu, boa noite. Cheguei muito cedo?

— Não, já estou pronta. Se você quiser, podemos ir.

Marcelo olhou para a jovem e lembrou-se das palavras de Mônica: "Você ainda não 'enxergou' Luciana".

— Marcelo? Aconteceu alguma coisa? Você ficou sério de repente.

— Não, desculpe-me. Lembrei de algo, mas que não tem nada a ver conosco. Você está linda!

— Ah, Marcelo! Obrigada! Você me deixou sem graça.

— Não foi minha intenção. No escritório, estamos sempre correndo e acabamos não prestando atenção direito uns nos outros.

— Você tem razão. Quer entrar para conversarmos ou vamos conversando no caminho?

— É melhor irmos andando. Fiz uma reserva e não quero perdê-la.

— Reserva? Aonde você vai me levar?

— No La Regina. Você conhece?

— Não. É aqui perto?

— É, sim. Achei melhor escolher um restaurante perto do seu prédio, porque eu poderia me atrasar. Acho que você vai gostar.

87

— Então, vamos.

— Você trocou de carro?

— Não. Estou com o da Roberta por causa da Mônica e do Bud. Meu carro é pequeno, então nós decidimos trocá-los enquanto a estamos atendendo.

— Você conhece Roberta há muito tempo?

— Sim. Nós nos conhecemos quando cursávamos Direito.

— Não sabia que você é advogado.

— Não sou. Apenas cursei o primeiro ano e depois mudei para Veterinária. No entanto, mantive contato com Roberta, pois temos alguns amigos em comum. Quando ela pegou o caso da Mônica, me contratou para cuidar do Bud. Mas por que você está me perguntando isso?

— Porque estou preocupada com ela. Trabalho com Roberta há dois anos, e nosso relacionamento sempre foi profissional e tranquilo. Nunca a havia visto gritar ou perder a calma com alguém, mesmo em uma situação terrível. Ontem, ela estava aos prantos e não quis conversar com ninguém. Hoje, ela chegou depois do horário habitual, trancou-se em sua sala e me pediu que não lhe passasse nenhuma ligação. Perguntei se queria um café ou um chá, e ela me respondeu que não queria nada e que a deixasse em paz. Isso não é o normal dela.

— Você a viu à tarde?

— Não, saí para almoçar. Além disso, doutor André me pediu que fizesse alguns pagamentos, pois disse não confiar no *office boy*. Pode uma coisa dessas? Ele nem conhece Felipe! Quando cheguei ao escritório, ela havia ido embora, e o silêncio naquele escritório estava sepulcral.

— Você não está exagerando, Lu? Silêncio sepulcral é um pouco forte para aquela turma.

— Não, Marcelo. Ninguém falava nada. Davam bom-dia ou boa-tarde, entravam nas salas e mantinham-se a portas fechadas. Para você ter uma ideia, ninguém tocou na garrafa de café.

— Chegamos.

Depois que Marcelo e Luciana fizeram os pedidos, voltaram a falar sobre o escritório:

— Lu, você acha que esse André ficará muito tempo aqui?

— Não sei, mas isso tudo tem a ver com Mônica e Roberta. E tem aquele tal de Luís também. Hoje, quando ele chegou, escutei o doutor André perguntar-lhe por que havia demorado tanto para chegar, e a resposta do tal Luís foi que "o cão atrapalhara tudo". Você sabe o que isso significa?

— Sei sim. Ele estava nos seguindo. Eu estava no Ibirapuera com Mônica, o namorado dela e o Bud. De repente, o cão levantou-se e começou a rosnar. Nós o deixamos com Mônica e corremos na direção para a qual ele estava olhando. Eu fui pela esquerda, e Eric pela direita. Não vi ninguém, mas Eric disse ter visto um homem correndo, que não estava com roupa de corrida ou caminhada.

— Ele devia estar de calça jeans e camisa bege. Luís chegou suado ao escritório.

— Não me lembro se o Eric falou da camisa, mas a calça era jeans.

— Eu não sabia que Mônica tinha um namorado.

— Tem sim. Ele é investigador de polícia em Nova Iorque, fala bem português e já esteve aqui no Brasil cuidando de uma investigação. É um cara legal. O que foi? Você ficou vermelha. Eu lhe disse alguma coisa que não deveria?

— Não, desculpe. É que achei que estivesse interessado nela.

— Confesso que por um momento também achei, mas Mônica me disse que eu estava enganado. Minha preocupação era com a deficiência dela, com a impossibilidade de ela se defender em uma situação de perigo. Depois, pensei bem e descobri que era isso mesmo. É muito fácil a gente se envolver com alguém por pena.

— Ela é uma mulher bonita, se veste bem, é educada, culta. São qualidades que devem superar o defeito físico.

— Sim, ela é tudo isso, mas também é apaixonada pelo namorado. Eles estão se preparando para casar, portanto, não preciso me preocupar com ela. Posso olhar para as garotas que estão à minha volta e de repente me apaixonar.

— Tomara que você encontre alguém bem legal!

Nesse momento, o garçom chegou com a comida, e os dois interromperam a conversa. Quando ele saiu, Marcelo perguntou:

— E você? Está com alguém no momento?

— Não, Marcelo. Se eu estivesse com alguém, não estaria aqui com você.

— Mas nós só falamos de trabalho! Que problema teria?

— Nenhum, mas isso não é certo. Jantar de trabalho na sexta à noite? Para mim não faz sentido. Jantar entre amigos, tudo bem, mas deixar o namorado para jantar com um amigo?

— É, você está certa... Seria indiscreto se lhe perguntasse por que você está sozinha?

— Não, Marcelo. Eu namorei Paulo, um colega de faculdade, por três anos. Nós brigávamos muito. Eu queria progredir profissionalmente. Sempre trabalhei para manter meus estudos, pois não queria depender dos meus pais, mas ele não. O pai trabalhava para mantê-lo na faculdade, e ele não dava valor a isso. Tinha vergonha dos pais porque eram operários. Paulo tinha dois irmãos, porém, só ele tinha esse pensamento. Dizia que gostaria que os pais fossem como os meus. Que os dele não tinham estudo e nunca saberiam se portar em minha casa. Meu pai ouviu quando Paulo fez esse comentário e, depois que ele foi embora, me pediu para convidar a família dele para um almoço. Eu não entendi o porquê até o dia do almoço. Papai investigou a vida do Paulo e descobriu que os pais dele trabalhavam numa fábrica de automóveis. Ele e minha mãe fizeram um almoço como o de todo domingo, e acredite que não aconteceu nenhum problema. Eles comeram tranquilamente e beberam com total moderação, como era o hábito da família. Eles não eram nada daquilo que Paulo dizia. Apenas eram pessoas simples, que não puderam fazer um curso superior, mas se esforçavam para dar a melhor educação possível para os filhos. O único que não trabalhava naquela família era Paulo.

Luciana fez uma breve pausa e depois continuou:

— Quando o almoço chegou ao fim, papai disse a Paulo que ele deveria ter muito orgulho da família que possuía, pois eram pessoas muito educadas e de convívio fácil. No dia seguinte, Paulo terminou nosso namoro. Eu quis saber por que ele estava terminando comigo, e a resposta foi que ele não havia gostado da atitude do meu pai e não queria a família dele convivendo com a minha. Eu não consegui dizer nada. Quando cheguei em casa, falei com papai sobre a atitude de Paulo, e ele me disse: "Filha, a família é nossa base, nosso porto seguro. Se ele não consegue ver isso na família dele, com certeza não conseguirá formar uma família sólida com você. Ele só sabe viver de aparência. Você não seria feliz com ele". E foi isso. Terminei a faculdade, consegui o emprego no escritório da Roberta e aqui estamos.

— Engraçado, eu nunca pensei assim. Meu pai queria que eu estudasse Direito e herdasse o escritório dele. Eu não quis, pois meu sonho era ser veterinário. Ele me deixou por minha conta e disse que, se eu quisesse ser veterinário, teria de trabalhar para conseguir o que queria. Fui à luta e acabei no escritório de Roberta, porque ela precisava de alguém para cuidar do Bud. Eu gostei da ideia, porque com o salário eu conseguiria terminar de juntar dinheiro para montar minha clínica. Ontem, meu pai me chamou, elogiou minha forma de vida e disse que eu mostrei ser um lutador, que sabia o queria e que conduzia minha vida de uma forma que o deixava orgulhoso. Ele vai comprar a casa de um cliente que vai embora para o Japão para que eu possa montar minha clínica.

— Que ótimo, Marcelo! Parabéns.

Marcelo perguntou:

— Obrigado. Posso pedir a conta?

— Pode sim, mas vamos dividi-la.

— Nada disso! Hoje, você é minha convidada.

— Então, vou convidá-lo outro dia, e você me deixará pagar a conta.

Enquanto esperavam o manobrista trazer o carro, Marcelo perguntou:

— Você quer ir para casa, ou podemos ir a um barzinho na Vila Madalena?

— Podemos ir à Vila. Está uma noite gostosa!

Pouco depois, os dois chegaram a um barzinho movimentado, mas conseguiram um lugar onde poderiam conversar. Luciana perguntou:

— E você? Não está namorando ninguém?

— Não, Lu, estou sozinho há algum tempo. Nunca me liguei a ninguém que me fizesse pensar em um relacionamento sério. Meu objetivo era terminar a faculdade e montar minha clínica. Eu trabalhava durante o dia num *pet shop* e à noite ia para a faculdade. Eu chegava em casa exausto.

— Você mora com seus pais?

— Não, eu moro sozinho, mas estou sempre com eles. Mamãe reclama, diz que os vejo pouco, no entanto, não é verdade. Quando não posso estar com eles, nos falamos por telefone.

— Falar por telefone não é a mesma coisa.

— Você mora sozinha?

— Não, aquele apartamento é dos meus pais. Eu tenho um irmão casado. Meus pais estão viajando. Eles fizeram trinta anos de casados e resolveram fazer um cruzeiro. Devem chegar na segunda-feira.

— Você nunca pensou em morar sozinha? Em ter mais liberdade?

— Já pensei sim, mas para quê ficar sozinha? Chegar do trabalho e não ter com quem conversar? Não, prefiro chegar em casa, abraçar minha mãe e lhe contar como foi meu dia.

— Ela não trabalha fora?

— Agora não. Ela trabalhou muitos anos em um banco, mas se aposentou. Diz que quer cuidar da família, curtir o neto e fazer compras sem se preocupar com horários. De vez em quando, ela vai ajudar papai no consultório. Ele é médico. O consultório está sempre cheio e muitas vezes ele fica até tarde trabalhando, então, mamãe vai lá para a secretária ir para casa. A secretária dele tem um bebê de um ano.

— Seus pais são atentos à família, não?

— São sim. À nossa e à de quem está à volta deles.

— Meu pai é advogado e minha mãe é professora. Ela se aposentou, mas dá aulas particulares para alguns garotos. Duas vezes por semana, ela ajuda na alfabetização de adultos na igreja do bairro. É um projeto do Padre Aldo que está dando certo. O número de alunos tem crescido. Mamãe ensina Português e a cuidar de plantas. Ela adora mexer com terra, plantas e flores. Nossa casa tem um pequeno jardim muito bem-cuidado.

— Nossa, Marcelo! Já é uma e meia da manhã. É melhor me levar para casa.

— Então, vamos! Vou pagar a comanda e já saímos.

Pouco depois, Marcelo acompanhava Luciana até a porta do apartamento:

— Lu, obrigado pela noite. Você é uma ótima companhia.

— Você também. Achei que iríamos falar sobre os acontecimentos do escritório e no fim falamos apenas de nós.

— Foi melhor assim. Pude conhecê-la.

— Não está aborrecido por eu ter pedido para me trazer para casa a esta hora?

— Lógico que não. Quer sair comigo amanhã? Ou melhor, quer ir comigo ver a casa onde montarei minha clínica?

— Quero sim. A que horas você passará aqui? Ou prefere que o encontre em algum lugar?

— Eu venho buscá-la às dez horas da manhã. Está bem para você?

— Estarei pronta.

— Então, até amanhã.

— Até, boa noite.

Marcelo virou-se para entrar no elevador, mas, tomado por um impulso, voltou e beijou Luciana, primeiro com doçura, depois com mais intensidade. Ela correspondeu ao beijo, e, quando se separaram, Marcelo disse:

— Lu, não sei o que me deu.

— Não precisa dizer nada. Vou estar lhe esperando amanhã às dez. É melhor você ir.

Luciana deu um beijo de despedida em Marcelo e entrou no apartamento, enquanto ele se virava e entrava no elevador. A moça encostou-se na porta do apartamento e disse para si mesma:

— Por que fiz isso? Será que foi a magia da noite, ou acontecerá alguma coisa entre nós? Ah, Marcelo, por favor, não me magoe.

Uma lágrima rolou dos olhos de Luciana, e ela dirigiu-se ao seu quarto, programando o despertador para acordá-la às nove horas. Queria estar pronta quando Marcelo chegasse.

Enquanto isso, Marcelo entrava no carro pensando no que fizera. Ele decidira não se envolver com ninguém até estar estabelecido na vida, mas não conseguira resistir aos encantos de Luciana. Ao jeito meigo, à voz suave de Luciana. Ele pensou: "Ah, Lu! Você me enfeitiçou". O rapaz ouviu uma buzina e percebeu que o sinal estava verde. Amanhã, ele veria Luciana e conheceria a casa destinada a ser sua clínica. Adormeceu pensando nelas.

Marcelo chegou às dez horas da manhã ao prédio onde Luciana morava. Ela já o esperava na portaria. Ao entrar no carro e antes que ele desse a partida, Luciana segurou o braço do rapaz e disse:

— Marcelo, sobre ontem à noite, eu pensei muito e não quero que se sinta culpado pelo que houve.

— Culpado? Do que você está falando?

— Do beijo que trocamos. Eu falei sobre meus sentimentos, você sobre os seus. Não quero parecer leviana, eu...

Marcelo não a deixou terminar, abraçou-a e beijou-a com doçura. E sem afastar-se dela, disse:

— Luciana, você está mexendo com minha cabeça, com meus sentimentos. Não consigo pensar em outra coisa que não seja ficar com você. Não ficar por ficar, mas estar com você, dividir minha vida com você. Se isso for amor à primeira vista, então, estou apaixonado.

— Marcelo, nós saímos juntos apenas uma vez... Como pode falar em amor?

— Lu, eu acabei de falar que não sei direito o que estou sentindo. Talvez você me ache meio irresponsável por não me conhecer direito ainda, mas não me compare com seu antigo namorado nem se feche. Dê uma chance para nós dois.

— Desculpe, tenho muito medo de me machucar. Não quero me apaixonar e sofrer novamente.

— Não sei se futuramente nós nos machucaremos. Sei apenas que quero ficar com você, que compartilhe desse momento de minha vida e que me deixe amá-la. Vamos deixar o tempo nos mostrar o que vai acontecer. Eu lhe prometo uma coisa: farei de tudo para fazê-la feliz. Se alguma coisa não estiver bem, nós conversaremos e tiraremos todas as dúvidas um do outro. Mas não me mande embora, pois preciso de você.

Algumas lágrimas desceram pelo rosto de Luciana:

— Eu também não sei se sou a mulher que você imagina, mas quero tentar. Quero muito ter alguém ao meu lado que me compreenda, me valorize e me ame pelo que sou e não por causa da minha família. Sempre tive muito medo de me envolver e me machucar, e foi exatamente isso que aconteceu.

— Não tenha medo de tentar novamente. Se não tentar, nunca saberá se será feliz ou não. Então? Vai me dar uma chance?

— Você terá paciência comigo?

— Toda paciência do mundo.

Os dois trocaram um beijo apaixonado e, já abraçados, ouviram quando o celular de Marcelo tocou. Ele comentou:

— Deve ser meu pai. Alô!

— Marcelo, você vai demorar? Estou aqui com o senhor Nakamura, e ele não dispõe de muito tempo para nos atender.

— Não, pai. Daqui a vinte minutos estarei aí.

— Por favor, meu filho, não demore.

— Vinte minutos, pai. Até já.

— Acabei atrasando você — Luciana lamentou.

— Não se preocupe, não é longe. Chegaremos antes dos vinte minutos que pedi de tempo.

Marcelo estacionou o carro em frente à casa indicada por seu pai. Ele e o proprietário já estavam diante do portão esperando-o.

— Pai, esta é Luciana.

— Muito prazer, senhor Adriano.

— O prazer é meu. Mas você não me disse que traria sua namorada, Marcelo.

— Resolvemos de última hora.

— Senhor Nakamura, este é meu filho Marcelo e esta é a namorada dele, Luciana.

— Muito prazer. Espero que gostem da casa. Você também é veterinária?

— Não, sou advogada.

Adriano olhou para Marcelo, que apenas sorriu. Examinaram a casa, e Marcelo gostou do que viu. A casa era grande, ficava no meio do terreno e tinha três dormitórios. A sala e a cozinha da residência eram grandes e bem arejadas e no quintal havia árvores, grama em volta de toda a propriedade e um jardim que apenas necessitava de cuidados. A casa não tinha garagem, mas nos fundos havia uma lavanderia coberta com o tamanho ideal para construir um lavatório para cães de grande porte.

Adriano perguntou:

— Então, Marcelo, o que achou?

— É perfeita, pai. Farei os reparos necessários e comprarei tudo o que for preciso.

— Você não precisará de garagem?

— Não. Acho que dá para adaptar a frente e construir um estacionamento. A rua parece ser tranquila e não deve haver problema para quem vier estacionar aqui.

— Não mesmo. Verifiquei essa questão na prefeitura. Você poderá montar sua clínica nesta rua, sem nenhum problema.

— Obrigado, pai. Você não sabe como estou feliz com o presente que você me deu.

— Você merece, meu filho. Tenho certeza de que vai se estabelecer aqui e será muito bem-sucedido.

Pai e filho se abraçaram. Adriano combinou com o senhor Nakamura de irem ao cartório para tratarem da documentação e do pagamento. O proprietário fechou a casa e despediu-se. Adriano perguntou se eles iriam almoçar em casa, e Marcelo disse que não sabia porque precisava ir ao *flat* ver Eric e Mônica.

— Se mudarem de ideia, me avise. Sua mãe e eu vamos almoçar fora e podemos ir todos juntos.

— A que horas vocês vão almoçar?

— Lá pelas 14 horas. Hoje é sábado. Ainda vou levar o carro para lavar, e sua mãe foi ao cabeleireiro.

— Ok, pai. Ligarei para você. Vamos, Lu?

— Vamos. Muito prazer em conhecê-lo, senhor Adriano.

— O prazer foi meu. Até mais.

Quando entraram no carro, Marcelo perguntou:

— Você gostou da casa?

— Gostei sim. É uma casa antiga e bem ampla. Vai dar uma ótima clínica. E eu reparei que por aqui há muita gente que tem cães.

— É mesmo? Não prestei atenção. Estava tão atento à construção que não vi nenhum cachorro.

— Eu vi. Passaram várias pessoas caminhando com seus cães.

— Estou me sentindo uma criança que ganhou um brinquedo novo. Vamos ao *flat* ver Mônica e Eric?

— Será que ela não vai estranhar me ver com você? Eu não a conheço bem.

97

— Não se preocupe com isso. Talvez você possa nos ajudar na busca pelos pais dela. Vamos. Daqui a pouco será horário de almoço, e não quero atrapalhar os dois.

Pouco depois, chegaram ao *flat* e foram recebidos por Mônica, que não estranhou o fato de Luciana estar com Marcelo. Os três começaram a conversar sobre a futura clínica veterinária, quando Eric chegou com Bud.

Eric retirou a guia, e o cão foi direto para o local onde Marcelo estava. O veterinário brincou com Bud e disse a Luciana:

— Não tenha medo! Ele é grande, mas é um bebê.

— Posso tocar nele?

— Claro! Assim, ele se acostuma com você.

Luciana afagou Bud, que logo colocou a cabeça sobre os joelhos da moça.

— Oi, Bud! Você é muito fofo, sabia?

Marcelo não se conteve e disse:

— Nós conversamos tanto com o Bud que qualquer dia desses ele vai falar alguma coisa.

Todos riram, e Eric ordenou a Bud que fosse deitar-se, pois eles precisavam conversar. O cão acalmou-se e deitou-se aos pés de Mônica.

Eric foi o primeiro a falar:

— Marcelo, você conversou com Roberta?

— Conversei sim. Ela foi comigo ao *flat* e informou à recepção que sua cliente estava voltando para casa. Eles não perguntaram nada, então, não demos muitas explicações. Peguei as malas e saímos. Conversamos bastante, e Roberta me explicou o que estava acontecendo. Mônica, ela me pediu que lhe dissesse que não sabia que André iria ao escritório. Ela tentou falar com a Stephanie, mas não conseguiu. Roberta está muito preocupada com você. Eu não disse a ela onde vocês estavam hospedados.

Luciana interveio:

— Mônica, estou a par do trabalho que o escritório está fazendo para você, porque ajudei Roberta a procurar pessoas e separar documentos. Eu ia conversar com Marcelo ontem, mas nós ficamos falando sobre nossas vidas e acabei não dizendo nada. Vou contar-lhes tudo o que sei e talvez possa ajudá-los. Há mais alguém aqui no Brasil que possa ajudá-los?

Eric respondeu:

— Sim. Tenho um amigo investigador que está me ajudando a entender o que houve no dia do incêndio e da morte do filho dos empregados dos pais de Mônica. O nome dele é Plínio Gonçalves. Você o conhece?

— Não, Eric, não me lembro desse nome.

Mônica, que até aquele momento nada dissera, argumentou:

— Luciana, Roberta gravou em um *pen drive* algumas informações que me pareceram desencontradas. Você teve acesso a elas?

— Mônica, eu teria de ver os arquivos. Passei a Roberta uma série de informações que são de domínio público. Nomes e endereços de pessoas que conviveram com seus pais, as que estão vivas e as que morreram. Nós tentamos localizar seus avós, mas estava sendo muito difícil. Não sei se ela conseguiu alguma coisa a mais. Depois que você chegou, passei a cuidar dos clientes do escritório, encaminhá-los aos advogados, e não participei mais de sua investigação. Vou contar-lhes tudo o que fizemos.

Luciana fez uma pausa e continuou:

— Stephanie mandou um *e-mail* pedindo a Roberta que localizasse as famílias de René Campos Gusmão e Andréia Burns. Eles eram casados, haviam residido em São Paulo e teriam morrido em um incêndio no início da década de 1980. Eles tiveram uma filha chamada Mônica Burns, que vivia em Nova Iorque com os tios Michel e Joanne Burns. Roberta me pediu que fosse aos jornais para pesquisar em arquivos daquela época possíveis incêndios e também procurasse algo nas colunas sociais. O casal era bem relacionado, então, deveriam sair notas sobre eles.

Luciana deteve-se por um momento e prosseguiu a narrativa:

— Achei notas sobre o casamento de seus pais, seu nascimento e sobre a morte dos dois, que teriam sido vítimas de um incêndio. Com a data da publicação na coluna social, procurei outros jornais que pudessem trazer mais informações sobre o assunto. Encontrei em um jornal popular fotos da casa antes e depois do incêndio. Havia nesse periódico um dado interessante, que depois confirmei em uma revista de arquitetura. Na frente da casa havia um anjo feito de pedra que não sofrera nenhum dano com o incêndio. Considerado uma obra de arte, ele foi transferido para a casa do doutor Gustavo Campos Gusmão, na cidade de Campos do Jordão. Doutor Gusmão era o pai do doutor René Campos Gusmão.

Marcelo perguntou:

— Roberta sabia disso?

— Sim, ela só não imaginava que Mônica pudesse se lembrar do anjo — Luciana tornou.

Mônica disse:

— O jornal ou a revista não explicou por que ele levou o anjo?

— Parece que o anjo foi feito por um cliente do doutor René, que era artista plástico. Acredito que foi uma espécie de presente. Li que os olhos do anjo pareciam ganhar vida quando alguém olhava fixamente para eles. Acredito que, sabendo da origem da estátua, doutor Gusmão deve tê-la levado para que não fosse destruída ou vandalizada. Marcelo, existe pichações nas paredes da casa ou no lado de fora dos muros?

— Tem sim. E a palavra assassino está escrita nos muros internos.

Mônica assustou-se:

— Assassino? Por que isso estaria escrito lá?

Luciana continuou:

— Isso eu não descobri, Mônica. Estava tentando contatar um conhecido que trabalha na delegacia daquele bairro, mas não consegui. Eric, como você tem um amigo investigador, talvez consiga descobrir alguma coisa. Se houver algum inquérito aberto no Ministério Público, eu tenho como saber o que houve. Do contrário, eu teria que explicar por que estou interessada neles. Com André no escritório, terei de explicar por que estou interessada nesse caso. Mônica, seu pai era advogado?

— Era sim, mas meus tios não falam dele.

Marcelo completou:

— Doutor Gusmão, o avô de Mônica, é médico e cliente do meu pai. Eles estiveram na casa dele em Campos do Jordão há alguns anos, e minha mãe reparou no anjo. Vou falar com ele e ver o que descubro.

Luciana continuou:

— Bem, voltando ao escritório... Na quinta-feira, André chegou acompanhado de Luís, que diz ser veterinário, mas eu sei que não é. Luís trabalhava numa delegacia em Santa Felicidade, onde houve um problema de sumiço de provas de um inquérito. Luís foi acusado de ter sido negligente com essas provas. Esse incidente, no entanto, beneficiou um cliente do escritório de Porto Alegre, e alguns meses depois um veterinário chamado Luís de Moraes passou a atender alguns casos do escritório que envolviam problemas agropecuários. Não sei a profissão desse rapaz, mas sei que o escrivão da delegacia de Santa Felicidade se chamava Luís de Moraes e que ele se demitiu depois de ter sido acusado de negligência no cumprimento de suas funções. Quem me passou as informações sobre Luís foi Rogério, o rapaz que foi demitido na quinta-feira à tarde por ter sido acusado de ter prejudicado um cliente.

Eric pediu a Luciana que explicasse melhor:

— Rogério não era advogado assistente? Como ele sabia disso?

— Rogério veio de Curitiba há mais ou menos dois anos... Ele se formou com Roberta, mas não pôde fazer o exame da Ordem junto com ela, porque o pai sofreu um derrame, e ele precisou voltar para Curitiba. Esse rapaz ficou trabalhando lá em um escritório, depois de descobrir que o pai não estava bem financeiramente. Ele levou uns três anos para colocar tudo em ordem. Casou-se, teve um filho e, quando a situação da família se estabilizou, ele resolveu voltar para São Paulo para tirar a carteira da Ordem. A esposa dele é professora e conseguiu um emprego para dar aulas em uma faculdade, o que o ajudou a estudar para fazer o exame da ordem.

Luciana fez uma pausa e prosseguiu:

— Há um mês, os pais de Rogério resolveram vir visitá-lo aqui em São Paulo, mas o ônibus em que eles viajavam sofreu um acidente. Eles e seis pessoas morreram na hora. Rogério ficou inconformado, porque sempre convidava os pais para virem a São Paulo, e me parece que eles nunca haviam saído de Curitiba. Os dois iriam comemorar o fato de o filho ter conseguido passar no exame da Ordem na primeira tentativa. Rogério ficou arrasado, e Roberta deu-lhe uma licença de quinze dias para que ele pudesse reorganizar a vida. Nesse espaço de tempo, saiu uma publicação que indicava que um dos nossos clientes deveria fazer um exame, mas ninguém do escritório viu. O cliente achou que estava demorando muito para marcarem a data e foi direto ao fórum para verificar o que estava acontecendo. Quando ele viu que o escritório não havia informado a data e que o exame teria de ser remarcado, ele ficou fora de si. Foi até lá, e a primeira pessoa que viu foi André, que o atendeu com total amabilidade. Depois que o cliente saiu, André fez um escândalo e mandou Rogério embora. Marcelo perguntou:

— Mas quando Rogério voltou ao trabalho, ele não viu isso?

— Viu sim. Ele havia mandado uma carta ao cliente e pedido a remarcação do exame. Essa carta, no entanto, não havia chegado ainda. Deu uma diferença de dez dias para o novo exame. A notificação saiu na sexta-feira.

— E Rogério?

— Rogério tentou explicar, mas André não deixou. Eu pensei que ele ia passar mal, afinal, ele não é um garoto, é um homem de trinta e cinco anos. Rogério foi ao departamento pessoal, e Marcos lhe pediu que fosse para casa e disse que depois conversariam. O *office boy* o acompanhou. Todo mundo ficou preocupado. Na sexta-feira, ninguém conseguia falar. Todos os advogados que trabalham lá chegavam, entravam em suas salas, fechavam a porta e só. Nem café tomaram. O único movimento aconteceu quando Luís chegou correndo e suado, e André reclamou que ele estava atrasado.

— Eric, Luciana me disse que Luís estava de calça jeans e camisa bege. Consegue se lembrar se o cara que você viu estava de camisa bege? — Marcelo questionou.

— Acho que sim... Havia muita gente no parque... Eu só tenho certeza da calça jeans.

Luciana continuou:

— Marcelo me falou disso. Deve ter sido ele mesmo. Vinte minutos depois que ele chegou, André me pediu que fizesse uma ligação para a Flórida.

Mônica perguntou:

— Você guardou o número?

— Guardei sim. Está em minha agenda pessoal. Quando eu voltar para meu apartamento, eu lhe telefonarei e lhe darei o número — Luciana respondeu.

— Você se lembra de quem atendeu à ligação?

— Não, Mônica. André me pediu que lhe passasse a ligação quando estivesse chamando.

— Eric, ele só pode ter ligado para meu tio. Eles já sabem que estamos juntos aqui no Brasil! — Mônica exclamou.

— Mônica, ele não pode fazer nada. Nós não estamos sozinhos aqui. Fique calma. Luciana, você acha que eles vão tirar Roberta do caso? — Eric questionou.

— Vão sim. André chamou Roberta para uma reunião na sexta-feira e disse que ela deveria cuidar dos clientes dela e de Rogério. Do seu caso, ele cuidaria pessoalmente. André ainda pediu que ela lhe entregasse os arquivos do caso e lhe comunicasse sobre todas as visitas e reuniões.

Mônica perguntou:

— E o que Roberta fez?

— Entregou-lhe os arquivos que continham as fotos da casa, seu endereço antigo, que seria o do *flat* onde você estava, os nomes de seus avós e dos empregados que conversaram com você, os relatórios da reunião e nada mais. Ela salvou a pesquisa no *pen drive*.

Eric perguntou:

— Luciana, você tem cópias desses documentos em seu computador no escritório?

— Não. Eu salvei no *pen drive* e entreguei a Roberta. Ela me pediu que não mantivesse nada gravado no computador para evitar especulações.

— Você não tem os *e-mails*?

— Os *e-mails* eu tenho como conseguir. Eu sempre mantenho uma cópia em meu arquivo pessoal — Luciana tornou.

— Mas e se rastrearem seu computador? — Eric questionou.

— Mesmo que descubram, nos *e-mails* não há nada que possa ajudá-los. Eu fiz muitos contatos por telefone e não anotei os números na agenda da empresa, pelo mesmo motivo que não deixamos nada gravado no computador. Como conheço Roberta, guardei os números porque sabia que ela iria me pedir novamente. Todos esses dados estão em minha casa.

— Não há perigo de entrarem lá e roubarem?

— Não. Só se tentarem assaltar o prédio e forem até meu apartamento. Mas eu não acredito que eles cheguem tão longe. Depois que Marcelo passou a trabalhar com Roberta, eu não a atendi mais. Fiquei apenas com os outros advogados.

— Marcelo?

— Eu não tenho nada. Todas as pesquisas que fiz foram sobre cães-guia e sobre o problema de visão da Mônica. Eles podem procurar o que quiserem na sala que eu ocupava, mas não encontrarão nada.

Mônica perguntou:

— Eric, o que você acha disso tudo?

— Preciso ver os arquivos que você recebeu de Roberta. Se estava escrito a palavra "assassino" na parede da casa dos seus pais, é possível que seu pai tenha prejudicado alguém que resolveu se vingar ateando fogo na casa. A morte de seus pais pode ter sido um acidente ou não. Ele podia estar com medo de alguma coisa, por isso mandou seu tio levá-la para os Estados Unidos. Temos que fazer uma investigação mais profunda, descobrir no que ele estava trabalhando... Ele provavelmente tinha um escritório, contatos com outros advogados, policiais, delegados.

Marcelo disse:

— Eric, meu pai é advogado e conhece o doutor Gusmão. É possível que meu pai saiba de alguma coisa e possa nos por em contato com ele. Alguém do escritório tentou entrar em contato com ele, mas a resposta de doutor Gusmão foi que ele não tinha neta nenhuma. Talvez meu pai consiga descobrir uma parte da história. Precisamos, no entanto, encontrar os Burns — Marcelo sinalizou.

Luciana falou:

— Nós sabemos que eles vivem em Curitiba. Rogério é de Curitiba. Quem sabe ele não possa fazer essa pesquisa? Talvez ele consiga o contato para nós.

— Boa ideia, Lu! O que vocês acham?

Eric respondeu:

— Acho as ideias ótimas, mas todos nós devemos tomar muito cuidado, pois não sabemos com quem estamos lidando nem por que o tio da Mônica, por intermédio de André, está interferindo nessa investigação.

Nesse momento, o celular de Marcelo tocou:

— Oi, pai. Diga.

— Vocês vêm? Estamos chegando ao restaurante — Adriano questionou.

— Espere um pouquinho, pai — e dirigindo-se ao grupo, Marcelo convidou: — Vocês querem ir almoçar conosco? Meu pai está na linha. Seria uma boa oportunidade de o conhecerem.

— O que acha, Mônica?

— Por mim tudo bem. E o Bud?

Voltando ao telefone, Marcelo retomou a conversa:

— Pai, precisamos levar o cão-guia da Mônica. No restaurante que vocês escolheram, eles não vão criar problemas?

105

— Não, porque estou vendo uma jovem com um cão no colo. Podem vir. Se houver algum problema, eu usarei meus recursos de advogado.

— Ok. Me diga onde vocês estão.

Adriano passou o endereço para Marcelo, que tornou:

— Levaremos meia hora para chegar aí. Pode reservar uma mesa para seis. Até mais — e dirigindo-se ao grupo, ele pediu: — Se estiverem prontos, podemos ir.

Mônica pediu alguns minutos para se arrumar, e Eric colocou a guia de trabalho em Bud. O carro que Marcelo estava dirigindo acomodava sete pessoas, então, não foi difícil acomodar Bud e os demais passageiros.

Quando chegaram ao restaurante, Adriano já os esperava na porta para que não houvesse nenhum contratempo com Mônica e seu cão-guia.

Depois das apresentações e de acomodarem Bud, Marcelo perguntou ao pai:

— Pai, qual é o nome completo do doutor Gusmão, seu cliente?

— O nome dele é Gustavo Campos Gusmão. Por quê?

— Porque ele é o avô de Mônica. Você acha que ele nos receberia ou conversaria com você sobre ela?

— Não sei, Marcelo. Ele é um homem muito reservado. Nós conversamos apenas sobre negócios, mas eu posso tentar. Você gostaria de conhecê-lo, Mônica?

— Senhor Adriano, tudo o que sabemos é que ele teria dito que não tem neta nenhuma. Sendo assim, não posso chegar à casa dele afirmando: "Sou sua neta. Sou a filha de René". Não tenho nem como provar com documentos, porque o nome do meu pai não consta neles — Mônica justificou-se.

— Roberta tentou falar com ele?

Luciana respondeu:

— Sim, fui eu quem ligou e pediu ao doutor Gusmão para agendar um horário. No entanto, quando disse que o assunto era sobre a vinda de sua neta ao Brasil, ele disse que não tinha nada para conversar conosco. Não foi rude, mas se despediu pedindo que não o procurássemos mais. André tentou falar com ele ontem, e pelo jeito a conversa não foi nada agradável.

— Pai, ele só tinha um filho? — Marcelo perguntou.

— Só. René era seu único filho. Eu sei disso porque ele fez um testamento cujo teor não posso revelar. Doutor Gusmão tem muitos bens e foi procurado mais de uma vez por pessoas que se diziam filhos do René.

Luciana falou:

— Por isso ele não nos atende, pois deve pensar que se trata de mais um golpe. Ele é médico?

— Sim, ele é oftalmologista.

Eric perguntou:

— Senhor Adriano, o que acha de o contatarmos como profissional? Ele ainda tem consultório?

— Tem sim. Ele atende a casos encaminhados pelos amigos. Ele está com setenta e cinco anos e com um vigor invejável. Ele fez muitos cursos, participou de muitas palestras. Mas quem iria consultá-lo?

Mônica respondeu:

— Eu.

Adriano perguntou:

— Desculpe, mas você não é cega?

— Não, senhor Adriano. Eu tenho uma doença degenerativa, que está me fazendo perder a visão, mas ainda enxergo alguma coisa. Posso ver o rosto de cada um de vocês quando estão pertos de mim. Não distingo dona Carolina, porque ela está mais distante. Eu ando com Bud para me adaptar à minha futura condição e porque cansei de trombar nas coisas e tropeçar em tapetes. Eu pedi a Roberta que não dissesse a ninguém que eu ainda posso enxergar um pouco. Só ela e Marcelo sabiam a verdade. Tem outra coisa... Eu conversei com os empregados da casa dos meus pais, e Maria Júlia me disse que sou muito parecida com minha mãe. Não sei qual seria a reação dele quando me visse.

Depois de pensar um pouco, Adriano disse:

— Mônica, a casa dos seus pais está à venda. Ela não fez parte do testamento. Ele me pediu que a oferecesse a algum conhecido e disse também que, se eu a quisesse, poderíamos fazer negócio. Posso dizer ao doutor Gusmão que você quer comprar a casa. Eric ou Luciana pode representá--la nisso.

Eric concordou:

— Acho sua ideia muito boa. Use meu nome. Sou americano, e isso pode despertar a curiosidade dele. Se houver oportunidade de ir à casa dele, posso chamar atenção sobre o anjo. Falar que minha esposa morou no Brasil e que na casa dela havia uma estátua parecida. Se nosso encontro for tranquilo, podemos falar do problema de visão da Mônica.

Adriano concordou:

— Acho sua ideia ótima. Amanhã cedo, falarei com ele para marcarmos um encontro. O que vocês acham? Mônica, você concorda?

— Concordo sim. Maria Júlia me disse que ele não queria o casamento dos meus pais, porque minha mãe era judia. Será que ele me receberá?

Eric explicou:

— Mônica, nós precisamos tentar. Não adianta imaginar o que poderá acontecer. Eu vou investigar a vida do seu pai, descobrir quem eram seus inimigos. A palavra "assassino", escrita no muro da casa, dá um indício forte de vingança.

Adriano falou:

— Espere aí... Quem disse que está escrito "assassino" no muro da casa?

Marcelo explicou:

— Eu vi, quando estive pela primeira vez na casa. Você sabe alguma coisa sobre isso, pai?

— Não, filho, não sei. René provavelmente tinha um escritório. Se tivéssemos acesso aos processos de que ele cuidava, talvez conseguíssemos obter alguma pista de quem incendiou a casa. Mônica, seus tios nunca comentaram nada sobre isso? — Adriano questionou.

— Não. Sempre que toco no assunto, eles desconversam. Alguém pode ter escrito apenas para assustar ou sugerir que eles morreram por causa de algum cliente do papai.

Adriano respondeu:

— Você pode ter razão. Eric, você disse que está investigando a vida do René?

— Sim. Trabalhei aqui no Brasil com o investigador Plínio Gonçalves da Polícia Federal. Na época, estávamos atrás de um americano que havia fugido para o Rio de Janeiro. Quando Mônica me contou o que estava acontecendo aqui, eu pedi ajuda a ele. Desde então, estivemos vendo os jornais da época para tentar descobrir algum indício do que aconteceu, mas, como Luciana disse, não encontramos quase nenhuma informação. Como Plínio tem acesso aos arquivos da polícia, ele vai tentar encontrar o delegado que cuidou das investigações do incêndio e do caso do filho dos empregados que morreu na prisão.

Carolina, que até aquele momento nada dissera, perguntou:

— Adriano, você acha possível que tudo isso tenha alguma motivação política?

— Não. Nos anos 1980, as coisas estavam diferentes dos primeiros tempos da ditadura. Se fosse por motivação política, alguém teria comentado alguma coisa. E quanto a seus avós por parte de mãe?

— Tudo o que sabemos é que moram em Curitiba. Luciana sugeriu que pedíssemos ao doutor Rogério que fosse até lá.

— Quem é doutor Rogério?

Luciana respondeu:

— O advogado que André mandou embora na quinta-feira. A família dele é de Curitiba.

— Você tem o nome dos avós da Mônica?

— Tenho sim. Chamam-se Samuel e Marieta Burns — Luciana tornou.

— É fácil falar com doutor Rogério?

— Eu sei onde ele mora. Podíamos passar na casa dele depois do almoço. O que acha, Marcelo?

— Acho que seria bom. Podemos saber como ele está e contratá-lo para trabalhar conosco. Mônica, não se preocupe com os honorários. Tenho certeza de que ele, sabendo do seu problema, vai querer ajudá-la.

— Não, Marcelo. Ele está desempregado, não vamos abusar — Mônica tornou.

— Meu filho, converse com ele e veja como ele se comporta. Se for um bom advogado e demonstrar interesse em nos ajudar, eu consigo colocá-lo no escritório — Adriano sugeriu.

— Puxa, pai! Você é ótimo.

— Obrigado! Agora, vamos terminar nosso almoço! Alguém quer sobremesa?

Capítulo 6

Depois do almoço, Marcelo e Luciana foram à casa de Rogério. Mônica preferiu ir descansar, e Eric a acompanhou. Enquanto voltavam para casa, Carolina comentou:

— Adriano, que história a dessa moça! Você acha que ela conseguirá descobrir o que pretende?

— Eu acho que sim. Doutor Gusmão e a esposa vivem sozinhos. Eles têm saúde, não aparentam a idade, mas, quando os conhecemos mais a fundo, percebemos uma tristeza profunda em seus olhos. Sabe aquele sentimento que parece vir da alma?

— Deve ter sido uma dor muito grande perder o único filho e não reconhecer a neta.

— Pois é! E ainda ter sobrinhos interessados em seus bens. Tem alguma coisa nisso. Vou tentar conversar com algumas pessoas da OAB. Alguém deve conhecer a história dele.

— Será que alguém ainda se lembra? — Carolina questionou.

— Se René estivesse vivo hoje, estaria talvez com minha idade ou um pouco menos. Não será tão difícil procurar.

— Tomara que você consiga.

— Gustavo, uma pessoa do escritório Silveira & Norton ligou para você. Deixaram o telefone para retornarmos a ligação.

— O que você disse a eles?

— Nada. Disse apenas que você não estava.

— Você tem ideia do que eles querem?

— Não. A pessoa que falou comigo se chama André. Ele foi muito educado, mas não adiantou o assunto.

— Flora, eu não vou falar com ele nem com qualquer outra pessoa de escritório algum. Estou cansado de ser procurado por pessoas que dizem ter encontrado minha neta. Segunda-feira, vou falar com Adriano. Quero por um fim nisso.

— E se ela estiver viva? Se dessa vez for verdade?

— Vou deixar Adriano descobrir. Estou farto dessa gente que só tem interesse naquilo que possuo. Por que não vão procurar o outro avô? Por que ficam atrás de mim? Estou farto disso. Você quer dar uma volta? Está uma tarde boa para irmos tomar um chocolate quente.

— Vamos sim. Vou pegar minha bolsa.

Marcelo e Luciana foram recebidos pela esposa de Rogério:

— Oi, Carminha. Como vai?

— Ah, Luciana! Mais ou menos. Rogério está arrasado. Mas entrem! Ele foi à padaria e já deve estar voltando.

— Carminha, este é Marcelo, meu namorado. Nós precisamos conversar com Rogério sobre uma proposta de trabalho. Você acha que ele estaria interessado?

Nesse momento, Rogério chegou:

— Oi. Que surpresa! O que vieram fazer aqui?

Carminha ralhou:

— Rogério, isso é jeito de falar?

— Desculpem, não quis ser grosseiro. Gente, estou muito fora de mim. Eu...

Luciana interrompeu:

— Rogério, nós viemos conversar com você para fazer-lhe uma proposta. Não estamos aqui por causa do escritório. Você conhece Marcelo?

— Oi, Marcelo. Eu me lembro de você no escritório. Mais uma vez, me perdoem. Tem acontecido tanta coisa ruim que não sei mais o que fazer nem o que falar.

— Enquanto vocês conversam, vou passar um café. Vocês aceitam? — Carminha ofereceu.

Marcelo respondeu:

— Aceitamos sim, obrigado. Rogério, você sabe que eu estava trabalhando no escritório para ajudar Roberta com o caso da Mônica Burns.

— Sim, a moça que veio dos Estados Unidos para descobrir o que houve com os pais — Rogério confirmou.

— Isso. Assim como você, eu também fui demitido, mas continuo trabalhando para ela. Nós estamos precisando de sua ajuda. Os avós maternos de Mônica moram em algum lugar em Curitiba. Precisamos de alguém que os encontre. Como você é de lá, pensamos que aceitaria trabalhar conosco.

— Luciana, você também saiu do escritório?

— Não, mas estou ajudando Marcelo nessa busca. Tenho nomes e possíveis lugares onde eles possam ser encontrados. Se você concordar, lhe passarei os dados por *e-mail* hoje ainda — Luciana tornou.

— Concordo, sim. Morei praticamente a vida toda em Curitiba e conheço muita gente. Acho que consigo encontrá-los.

Marcelo explicou:

— Você não deve dizer-lhes que é do escritório nem que está em contato com a neta deles até descobrir o que pensam sobre ela. Vou lhe contar toda a história.

Marcelo relatou tudo o que sabiam do passado da família de Mônica e o que estavam enfrentando com a chegada de André ao escritório.

Rogério disse:

113

— Marcelo, você não tem ideia de como me senti. Ele me humilhou de uma maneira que nunca imaginei que alguém pudesse fazer comigo ou com qualquer outro. Vou ajudá-los, sim. Aproveitarei para ver como está o inventário dos meus pais.

Luciana perguntou:

— Você tem onde ficar?

— Tenho sim. Ficarei na casa da minha irmã — Rogério tornou.

— Você precisa de dinheiro para as despesas?

— Sim, Luciana. Irei de carro, pois assim ficará mais fácil para me locomover. Se eu precisar de mais alguma coisa, devo ligar para você ou para o Marcelo?

Dessa vez, foi Marcelo quem respondeu:

— Acho melhor você ligar para mim, pois assim não comprometeremos Luciana. De qualquer forma, Lu, passe nossos celulares. Quanto mais meios de contato tivermos, melhor trabalharemos.

Carminha trouxe uma bandeja com café e biscoitos caseiros. Luciana elogiou:

— Nossa, Carminha! Estão uma delícia. Foi você mesma quem fez?

— Sim. Quando não estou trabalhando, gosto de me aventurar na cozinha.

— Está muito bom — disse Marcelo. — E, aproveitando, depois que você retornar de Curitiba, meu pai quer entrevistá-lo. Ele tem um escritório de advocacia e me pediu para lhe dizer que você será muito bem-vindo para trabalhar com ele.

— Puxa, Marcelo! Não sei o que lhe dizer.

Carminha recomendou:

— Meu amor, diga apenas obrigado. Eu não lhe falei que dias melhores estavam por vir? Então! Tenho certeza de que você conseguirá encontrar as pessoas que eles estão procurando e que se sairá muito bem na entrevista com o pai do Marcelo.

— Você tem razão. Muito obrigado, Marcelo. Farei de tudo para ajudá-los. E agradeça a seu pai. Vou me esforçar ao máximo para não decepcionar vocês.

— Sabemos disso e por essa razão viemos falar com você. Lu, vamos. Precisamos separar as informações para Rogério e para Eric. Rogério, obrigado por nos receber e sucesso em sua missão — Marcelo desejou.

— Obrigado. Vou revirar aquela cidade até encontrá-los.

Rogério abraçou Marcelo e Luciana e desejou-lhes um bom fim de semana. Luciana despediu-se de Carminha e agradeceu a hospitalidade.

— Não precisa agradecer. Vocês foram dois anjos bons, que vieram à minha casa para nos trazer esperança. Venham sempre.

— Obrigada, Carminha. Até qualquer hora.

No caminho para casa, Luciana disse a Marcelo:

— Fico feliz que pudemos ajudá-los. Você viu os olhos dele brilhando quando você falou do emprego?

— Vi sim. Sabe... não entendo por que tem gente que faz o que André fez. Que necessidade é essa de humilhar os outros? Ele não sabe que essas coisas voltam para quem as faz?

— Ele não deve se preocupar com isso. Bem... tem uma coisa que está me incomodando.

— O quê?

— Doutor Gusmão fez um testamento? Quem herdaria os bens dele?

— É, meu amor, alguém está de olho na fortuna dele. Será que André tem alguma coisa a ver com isso?

— Não sei. Ele nunca se envolveu com os casos do escritório e de repente aparece querendo cuidar de tudo. Tem alguma coisa errada aí.

— Meu amor, chegamos. Posso subir com você?

— Hum! Não sei não! Você vai se comportar?

— Prometo! Não farei nada que você não queira! Agora, me dê um beijo, afinal, sou seu namorado, e estamos falando de todos, menos de nós dois.

Luciana e Marcelo trocaram um beijo apaixonado e foram ao apartamento para enviar os *e-mails* para Rogério e Eric.

115

Mônica e Eric passeavam com Bud pelo Parque da Aclimação:

— Você acha que meu avô pode pensar que estou atrás do dinheiro dele?

— Mônica, toda as vezes em que existe herança, bens, dinheiro, há alguém interessado em recebê-los. Vamos imaginar que seu avô tenha tentado encontrá-la e que tenha encarregado algum detetive, algum escritório para isso... Quantas pessoas podem ter se aproveitado dessa situação? Você tinha ideia de que seu avô tinha bens?

— Eu nem sabia que ele estava vivo!

— Então, vamos esperar o senhor Adriano falar com ele. Quem sabe ele não descobre alguma coisa?

— Não vejo a hora de tudo isso acabar.

— Se você encontrar seus avós, sua vida vai mudar. Você terá uma família.

— E em que isso mudaria minha vida?

— Você não gostaria de viver aqui?

— Só se você se transferir para o Brasil.

— Você sabe que isso é muito difícil. Meu trabalho é em Nova Iorque.

— Então, voltarei para lá com você. Eu vim descobrir o que houve com meus pais, mas não pretendo fixar residência aqui. Você está pondo em dúvida meu sentimento por você?

— Não é isso, Mônica. É que você terá uma coisa que sempre quis: uma família grande. Eu não posso lhe dar isso. Meu pais são separados e meus dois irmãos são casados e moram fora de Nova Iorque. Quase não nos vemos.

— Eric, nós podemos formar nossa própria família e, caso eles me aceitem como neta, poderemos vir ao Brasil para visitá-los. Não tenha medo. Não vou deixá-lo.

— Eu não saberia viver sem você. Você é tudo o que tenho.

Eric beijou Mônica apaixonadamente. O sol estava se pondo, e os dois ficaram abraçados, vendo-o sumir no horizonte, tendo Bud deitado aos seus pés.

No domingo pela manhã, Gustavo telefonou para Adriano:

— Doutor Adriano, como vai?

— Doutor Gusmão, que prazer ouvi-lo! Espero que não seja nenhum problema grave.

— Não, não. Apenas preciso conversar com você. Seria possível me receber amanhã por volta das onze horas?

— Claro! Se o senhor preferir, posso ir até aí. Tenho uma pessoa interessada em comprar a casa do Jardim América.

— Não precisa vir, não. Tenho mais dois compromissos aí em São Paulo. Flora irá comigo.

— Está bem. Espero-o às onze horas, então. Vocês querem almoçar comigo?

— Será um prazer. Você reserva o restaurante?

— O de sempre?

— Sim, o de sempre.

— Combinado, então. Nos veremos amanhã.

— Até lá.

Gustavo dirigiu-se à esposa:

— Pronto, Flora. Vamos amanhã cedo conversar com Adriano. Ele nos convidou para almoçar. Tudo bem para você?

— Sim. Depois você me deixa no *flat*? Ou você quer que eu o acompanhe em suas visitas?

— Não precisa, não. Quero que você me acompanhe apenas no escritório de Adriano. Nos outros dois, não. Preciso passar na faculdade para pegar um documento e depois quero ir ao cemitério. Sei que você não gosta de ir lá.

— Não gosto mesmo. Você deveria mandar retirar aquelas fotos horríveis que estão lá.

— Talvez eu faça isso. Não tem sentido mesmo deixá-las lá. Não são do René nem da Andréia.

— Eu estava pensando naquele irmão dela... Como ele se chamava mesmo?

— Michel. Ele se chamava Michel.

— Você não se esquece, não é?

117

— Não consigo. Já conversei muito com padre José, mas não consigo. É mais forte do que eu.
— Não falemos mais sobre isso. Está na hora de irmos para Capivari. Fabiano e Maria Eduarda estão nos esperando.
— Você está certa. Vamos.

Na segunda-feira de manhã, André chegou ao escritório e pediu a Luciana que avisasse a Roberta que ele queria falar com ela.
— Doutor André, a doutora Roberta ainda não chegou.
— Como não chegou? São dez horas da manhã! Ela deveria ter chegado às nove! Roberta telefonou avisando que se atrasaria?
— Não. Tentei falar com doutora Roberta, mas o celular está fora de área, e ela não está em casa.
— Quando ela chegar, diga-lhe para ir imediatamente à minha sala. E o Luís? Onde está?
— Ele me pediu para avisar-lhe que iria se atrasar e que, quando chegasse, explicaria o motivo.
— Está bem. Se precisarem de mim, estarei em minha sala.

Depois que André deixou a recepção, Marcos aproximou-se de Luciana e perguntou:
— Luciana, cadê a Roberta? Preciso falar com ela sobre Rogério.
— Ela ainda não chegou, Marcos. Não sei o que houve. Posso ajudá-lo?
— Não, André quer manter a demissão do Rogério, e isso será péssimo para o escritório. Vou pedir a Roberta para falar com ele.
— Olha, Marcos, não quero desanimá-lo, mas ela não está bem com André. Em todo caso, quando ela chegar, eu lhe aviso.
— Não se esqueça disso, por favor.

— Fique sossegado. Não vou me esquecer.

Assim que Marcos saiu, Luís chegou e perguntou por André.

— Doutor André o está esperando na sala dele.

Luís entrou na sala de André e o cumprimentou:

— Bom dia. Você já soube que Mônica não está mais no *flat*?

— Já, Luís. Só não entendo por que você não soube disso no sábado. Você não a estava vigiando?

— Eu a estava vigiando por meio das gravações das câmeras dos corredores. A imagem só mostra o corredor vazio. Não aparece nenhum movimento.

— É porque ela não estava mais lá!

— Não, você não está entendendo. A câmera não registrou nenhum movimento no corredor, e naquele andar todos os apartamentos estão ocupados. As pessoas entram e saem dali a todo momento.

— Então, alguém mexeu no sistema. O que seu contato disse sobre isso?

— Ele não sabe o que aconteceu. E não podemos reclamar na administração, porque ele saiu da sala de controle e ficou na recepção na sexta-feira à noite.

— Luís, trate de encontrá-la! A mulher é cega, anda com um cão-guia, e ninguém sabe dizer onde ela está. Será que terei de cuidar de tudo pessoalmente. Estou cercado de gente incompetente!

Ouviram bater na porta, e André disse:

— Pode entrar.

Roberta entrou na sala e perguntou:

— Você quer falar comigo?

— Quero sim.

— Com ordem de quem você trocou Mônica de *flat*?

— De ninguém! Ela saiu do *flat* e foi embora. Eu apenas fui lá e fechei a conta que tínhamos com eles.

— Mas você não podia fazer isso! Ela não podia sair do *flat* sem nos avisar!

— Olhe aqui, André! Em primeiro lugar, não grite comigo! Em segundo lugar, foi você quem tirou o caso dela de minhas mãos e me mandou cuidar dos negócios do escritório. Quanto ao fato de Mônica ter saído do *flat*, isso foi decisão dela. Nós não podemos obrigá-la a morar onde queremos.

— E o que eu direi ao tio dela quando ele me ligar? Que os irresponsáveis dos meus funcionários deixaram ela sair e se perder em São Paulo?

— O que você vai dizer dos seus funcionários eu não sei. Quanto a mim, estou indo ao departamento pessoal assinar meu pedido de demissão. O único caso que eu estava cuidando era o da Mônica; os outros todos estão com os outros advogados. E em relação ao tio de Mônica, sinto muito! Ela não queria que ele soubesse onde ela estava. Vai ver que Mônica descobriu que você está trabalhando para ele e resolveu trocar de advogado.

— Você não pode sair assim! O que direi a Stephanie?

— Não precisa dizer nada. Eu já falei com ela e expliquei que minha decisão é irrevogável. Quer saber mais alguma coisa?

— Não, Roberta. Pode ir.

— Adeus, André.

Saindo dali, Roberta foi falar com Marcos:

— Bom dia, Marcos. Aqui está meu pedido de demissão.

— Roberta, você não pode fazer isso. Como nós ficaremos sem você?

— Vocês encontrarão alguém melhor do que eu.

— Já tem onde trabalhar?

— Não. Vou descansar por uns dias e depois verei isso. Acho que está na hora de ter meu próprio escritório. Não estou mais disposta a aturar chefes que acham que podem gritar conosco e nos humilhar como ele fez com Rogério.

— E Rogério? Mantenho a demissão?

— Peça ao Rogério para assinar um pedido de demissão. Eu estive com ele ontem e o aconselhei a fazer isso. Ele mandou o pedido por *e-mail*. Se André disser que você deve demiti-lo, mostre o pedido de demissão. Rogério fez a carta com data de um dia antes da chegada de André. Olhe em seu *e-mail*, a carta está lá.

— Vou olhar já. Posso ligar para você fora daqui?

— Claro, Marcos, trabalhamos juntos há tantos anos. Nossa amizade não será afetada por causa de minha saída do escritório.

— Você tem meu celular e o telefone de minha casa. Se precisar, pode deixar um recado que eu ligo assim que puder. Sucesso, Roberta. Tenho certeza de que você será bem-sucedida.

— Obrigada, Marcos. Até mais.

Marcos esperou Roberta sair e abriu seu *e-mail*. A carta de Rogério, com os dizeres muito parecidos com os da carta de Roberta, ali estava. Ele a imprimiu e pediu para sua assistente que calculasse a rescisão de contrato dos dois advogados.

— É uma pena, Janice. Perdemos dois excelentes funcionários.

— Mas vocês continuarão sendo amigos, não?

— As amizades de trabalho dificilmente se prolongam, quando as relações de trabalho acabam.

— Me desculpe, senhor Marcos, mas não acredito nisso. As relações de amizade só acabam quando brigamos com o amigo ou quando nos esquecemos deles. E se o senhor me permite dizer, ligue para doutora Roberta. Não perca a amizade dela.

— Por que está dizendo isso?

— Porque vejo a forma como o senhor olha para ela.

— Janice, eu olho para ela como olho para todas as outras pessoas.

— Desculpe, não quis ser intrometida. Vou preparar as rescisões.

Marcos pensou nas palavras de Janice. Ela tinha razão, mas ele sempre se achou inferior a Roberta. Ela era uma mulher de fibra. Formara-se em Direito com muita luta, trabalhando durante o dia e estudando à noite. Os pais pouco puderam

121

ajudá-la, mas ela os ajudou. Se eles tinham hoje uma vida confortável, isso se devia ao trabalho dela. E ele era um simples chefe de departamento pessoal, que chegara àquele cargo por promoções internas. Fizera um curso técnico em Recursos Humanos, mas a doença da mãe consumia quase tudo o que ele ganhava. Como poderia oferecer uma vida confortável para Roberta?

— Marcos? Marcos, tudo bem?

— Oi, Luciana, desculpe. Eu estava longe.

— Estava mesmo. Roberta pediu-me que lhe entregasse sua carteira profissional, pois, se possível, ela não gostaria de voltar aqui. Se puder telefonar-lhe quando tudo estiver pronto, ela marcará com você um encontro fora daqui.

— Obrigado, Luciana. Diga a Roberta que não haverá problemas. Eu levarei os documentos para ela assinar.

— Obrigada, Marcos.

— Luciana, posso lhe fazer uma pergunta pessoal sobre Roberta?

— Se eu puder responder, claro.

— Ela tem namorado ou noivo?

— Não, Marcos. Roberta trabalha muito. Não sei se você sabe que ela sustenta os pais. O pai dela teve um derrame há mais ou menos seis meses. Ele está acamado e quase não se move. Ela paga um enfermeiro e um fisioterapeuta para cuidarem dele. As despesas da casa são altas.

— E a mãe dela?

— A mãe dela é uma senhora muito delicada, que faz tudo o que pode para ajudar Roberta, mas também já tem idade. Ela dá aulas particulares de piano.

— Ela era musicista?

— Sim. Ela chegou a trabalhar em uma orquestra, mas o grupo se desfez. O teatro em que eles se apresentavam fechou, e não houve mais trabalho para ela. Hoje em dia, poucas pessoas se interessam em aprender a tocar piano. Preferem mais os instrumentos eletrônicos. Quando você estiver com

Roberta, pergunte-lhe sobre seus pais, pois ela tem muito orgulho deles. Ajudei-o com minhas informações?

— Ajudou sim, Luciana. Obrigado.

Gustavo Gusmão e a esposa chegaram ao escritório de Adriano às onze horas em ponto.

— Doutor Gusmão, como vai? Fizeram boa viagem?

— Sim, doutor Adriano. Nosso motorista é muito bom.

— Dona Flora?

— Estou bem, e você? Como vai a família?

— Todos estão bem, graças a Deus. Mas sentem-se aqui. Querem café, água?

— Eu quero um café. E você, Flora?

— Eu quero um café e um pouco de água.

— Vou servi-los. Açúcar ou adoçante?

— Açúcar para mim, e três gotas de adoçante para Flora, por favor.

— Pronto, aqui está — Adriano entregou os cafés.

— Você não nos acompanha?

— Vou tomar água, pois tomei café há pouco tempo. Doutor Gusmão, em que posso ajudá-lo?

— Adriano, preciso de um favor pessoal, e é muito importante que isso se mantenha entre nós.

— Quanto a isso, o senhor não precisa se preocupar.

— Adriano, você sabe que eu tive um filho e que ele morreu num incêndio?

— Sim, o senhor já me falou sobre ele.

— Meu filho se casou contra minha vontade e teve uma filha. Quando a casa pegou fogo, só foram encontrados os corpos dele e da esposa, mas não foi encontrada nenhuma criança. Procurei informações com a polícia, mas nada. Ninguém sabia me dizer onde a criança poderia estar, e, como tudo se queimou, não consegui saber nem o nome da criança para procurá-la. Alguns anos depois, fui procurado por

123

um advogado que dizia ter encontrado meu neto e a família que, informada sobre minha procura, queria fazer contato comigo. Eu sabia que era mentira, pois eu tinha uma neta, não um neto. Botei, então, o tal advogado para correr e procurei esquecer o fato. Há dois meses, no entanto, tenho sido procurado novamente por outro advogado, agora do escritório Silveira & Norton, que insiste em dizer que minha neta está no Brasil. Eu gostaria que você verificasse isso para mim. Eu não quero reviver o passado, mas não quero ser injusto. Minha preocupação é que algum espertalhão esteja de olho em meu patrimônio e nos bens que minha neta herdaria. Eu não confio no tal tio que a teria criado, irmão da mãe dela. Ele pode estar querendo ficar com os bens da família. No dia do enterro do meu filho e da minha nora, ele me disse coisas horríveis! Acusou-me de ser responsável pela morte deles. Eu tinha conseguido esquecer isso, mas, com a ligação desses advogados, o pesadelo voltou. Por favor, cuide disso para mim.

— Fique tranquilo, doutor Gusmão. Farei contato com o escritório e assim que possível posicionarei o senhor.

— Obrigado, Adriano. Fui injusto com meu filho e carrego esse remorso comigo. Não gostaria de maltratar a filha dele... se é que ela existe.

— O senhor ficará quantos dias aqui em São Paulo?

— A princípio, por uma semana. Tenho dois compromissos hoje e, durante a semana, acompanharei Flora a alguns lugares aos quais ela quer ir.

— Onde vocês estão hospedados?

— Em um *flat* na Aclimação, onde sempre ficamos hospedados. Você me disse que tem uma pessoa interessada na casa. É verdade?

— Sim, marcarei uma reunião com essa pessoa aqui no escritório amanhã. Depois, confirmarei tudo com o senhor.

— Está bem, Adriano. Você conseguiu reservar uma mesa para nós almoçarmos?

— Consegui sim. Podemos ir?

— Claro. Flora, você não diz nada? — Gustavo questionou.

— Eu estava pensando em tudo o que vivemos. Às vezes, somos exigentes demais com nossos filhos e no fim os perdemos. Você tem um bom relacionamento com seu filho, doutor Adriano?

— Sim, eu queria que ele fosse advogado e seguisse com meu escritório, mas não consegui. Ele quis ser veterinário. Eu não apoiei a ideia, mas, mesmo assim, ele trabalhou, se formou e já estava juntando um capital para montar sua clínica. Ele provou para mim que é um homem responsável e que sabe o que quer, então, Carolina e eu resolvemos ajudá-lo. Compramos uma casa para ele montar sua clínica. Vamos ver como se sairá.

— Você fez bem, doutor Adriano. Se não ajudarmos nossos filhos, quem o fará? Gustavo achou que estava protegendo René, e, no fim, vivemos uma tragédia que não conseguimos esquecer.

— Dona Flora, não perca as esperanças. Quem sabe não encontramos sua neta?

— É, doutor Adriano, quem sabe...

— Adriano, vamos no meu carro. Depois, o deixaremos aqui e vamos para o *flat*.

— Como o senhor quiser.

— Doutor Adriano, que prazer em recebê-lo!

— Como vai, Genaro? Viemos comer aquele seu talharim especial.

— Ah! Eu preparei uma mesa especial para vocês. Venham por aqui!

— Obrigada, senhor Genaro — Flora agradeceu.

— Os senhores vão tomar vinho?

— Eu não, Genaro. Prefiro um suco de laranja. Doutor Gusmão? — Adriano perguntou.

— Quero uma taça de vinho. E você, Flora?

— Também quero um suco de laranja. Vou deixar o vinho para o jantar.

— Está bem, trarei as bebidas e providenciarei o talharim.

— Obrigado, Genaro.

Pouco depois, Genaro trouxe a comida e perguntou sobre Marcelo:

— Ele está bem, Genaro. Ele tem vindo aqui?

— Sim, ele esteve aqui com uma amiga, que anda com um cão-guia.

— É, Marcelo tem uma amiga que tem um sério problema de visão. Você recebe os cães sem problema?

— Sim, eu tenho um espaço para receber qualquer pessoa com deficiência. E o cão é muito bem treinado. Ele fica o tempo todo aos pés dela. Mande um abraço para ele.

— Obrigado, Genaro. Direi a ele.

Doutor Gusmão perguntou:

— Você sabe qual é o problema da amiga do seu filho?

— Eu não sei direito. É uma doença degenerativa, que a está fazendo perder a visão aos poucos. Ela tem apenas trinta por cento de visão num olho e dez no outro.

— Peça ao Marcelo para levá-la ao meu consultório. Quem sabe não consigo ajudá-la?

— Obrigado, doutor Gusmão. Falarei com ele hoje mesmo.

Depois do almoço, doutor Gusmão deixou Adriano no escritório e levou Flora para o *flat*.

O motorista ajudou-os com as malas e, quando desceu para voltar ao carro, foi de encontro com uma moça que entrava no elevador com um cão:

— Desculpe-me. A assustei?

— Não, às vezes isso acontece. A porta do elevador se abre e nos assustamos quando vemos uma coisa óbvia, que é alguém saindo dele.

— E esse cão bonito? Como se chama?

— Bud. Ele é meu cão-guia.

— Quer que eu a ajude?

— Não, obrigada. Já estamos acostumados a andar de elevador. Você é hóspede aqui?

— Não, eu trouxe meu patrão e a esposa, que ficarão aqui em São Paulo por uns dias. Talvez nos vejamos novamente, senhorita...?

— Mônica. E você?
— Gilberto.
— Então, até qualquer hora, Gilberto! Venha, Bud, não podemos prender o elevador por tanto tempo.
— Até logo, senhorita Mônica. Até logo, Bud.
Bud levantou a cabeça e apenas abanou o rabo.
Gilberto entrou no carro sorrindo:
— O que houve, Gilberto?
— Na saída do elevador, encontrei-me com uma moça cega e seu cão-guia. É um labrador muito bonito.
— Ela está hospedada no *flat*?
— Sim, no quinto andar.
— Então, nós a veremos com frequência.
— Com certeza, doutor Gusmão. Aonde o senhor quer ir primeiro?
— Ao cemitério, Gilberto.

— Marcelo?
— Tudo bem, pai?
— Sim. Onde você está?
— Estou com Eric na sala do investigador Plínio. Você precisa de alguma coisa?
— Eu almocei com doutor Gusmão no restaurante do Genaro. Ele se lembrou de você e contou-me sobre sua amiga cega com o cão. Doutor Gusmão pediu para você levá-la ao consultório dele para fazer um exame. Marcelo, me diga uma coisa, em que *flat* Mônica está?
— No da Aclimação, perto do parque. Por quê?
— Eu acho que ela está no mesmo *flat* em que doutor Gusmão e a esposa estão hospedados.
— Hum! Vou avisar Eric.
— Está certo, meu filho. Se acontecer alguma coisa, me ligue.
— Ok, pai. Até mais.

127

Marcelo voltou-se para Eric e disse:

— Meu pai acha que vocês estão hospedados no mesmo *flat* em que o doutor Gusmão está hospedado com a esposa.

— Será? É muita coincidência, não?

Plínio respondeu:

— Você acredita em destino?

— Não sei não, nunca parei para pensar nisso.

— Então, comece a fazê-lo, meu amigo. As coincidências estão apenas começando a surgir. Olhe isto aqui. O último caso em que doutor René estava trabalhando era a defesa deste homem, Antônio de Jesus. Olhe o nome do assistente de acusação: André Silveira.

— Esse caso foi julgado no início de 1983, e o incêndio foi em 1984. René deveria ter uns vinte e oito anos, e André deveria ter a mesma idade, e estava trabalhando como assistente da promotoria.

Eric perguntou:

— Você consegue levantar o processo?

— Consigo sim. Vou verificar outros casos da época. René devia estar atuando na área criminal. Vamos ver em que outros processos ele trabalhou e se o assistente da promotoria era o mesmo.

— Plínio, você vai fazer essa busca ainda hoje?

— Sim, Eric. Aproveitarei a chance de consultar esses arquivos. Se você quiser ir embora, não tem problema. Eu terminarei o que começamos e amanhã levarei as informações para você no *flat*.

— Estou preocupado com Mônica. Ela passou o dia todo sozinha. Marcelo, você pode me dar uma carona?

— Lógico, Eric. Estou aqui para isso. Será que Mônica saiu com Bud?

— Ela deve ter saído sim. Caminhar faz bem a ela.

— Podemos fazer assim... Eu o deixo no *flat* e desço com Bud, assim ele anda um pouco sem a guia. O que acha?

— Acho ótimo. Plínio, posso levar essas cópias?

— Claro, Eric. Encontrei mais um processo. Deixe-me ver aqui. Advogado, assistente da promotoria: André Silveira.

Promotor: Antônio Sampaio. Esse promotor hoje é juiz e está no tribunal. Espere eu tirar essas cópias, Marcelo. Vou lhe entregar uma para que você possa mostrar a seu pai. Ele deve conhecê-lo. Se conseguirmos falar com ele, talvez não precisemos continuar procurando os processos.

— Nós esperamos sim, Plínio. Quer que o acompanhemos?

— Não. Pode ficar aqui mesmo que eu volto já — Plínio tornou.

— Eric, meu pai falou que o dono do restaurante onde estive com Mônica falou sobre mim, ela e o Bud. O doutor Gusmão interessou-se pela história dela e pediu que marcássemos um horário para examiná-la. O que você acha disso?

— Acho que seria ótimo! Há dois anos, Mônica desistiu de procurar ajuda médica. Eu tenho tentado levá-la a especialistas, mas ela está irredutível. Não quer mais se submeter a exames, para ouvir que o caso dela não tem solução. Se conseguíssemos que ele a examinasse, quem sabe ela não teria uma chance?

— Quando a conheceu, Mônica ela já havia perdido parte da visão?

— Sim. Foi por causa disso que nos conhecemos.

— Como assim?

— Eu estava fazendo uma investigação com minha equipe, e Mônica vinha caminhando em nossa direção. De repente, escutei o grito do guarda mandando ela parar porque estava pisando em uma das provas. Ela parou e não saiu do lugar. O policial continuou mandando ela sair dali, mas nada acontecia. Eu me aproximei dele e disse: "Você assustou a jovem. Não vê que ela está parada sem saber para onde ir? Pare com essa gritaria!". Ele não gostou muito, e eu fui até ela. Perguntei-lhe se não tinha visto a faixa amarela, e ela me respondeu quase chorando que estava voltando do oftalmologista e que havia dilatado as pupilas. Ela não estava enxergando nada e não sabia quem havia gritado, por isso ficara sem saber para onde ir.

129

Eric fez uma pausa e continuou:

— Eu a conduzi para longe da cena do crime e me ofereci para chamar um táxi. Quando ele chegou, Mônica me agradeceu e estendeu a mão para me cumprimentar, sem perceber, no entanto, que estava levando a mão para o lado contrário ao que eu estava. Foi assim que percebi que ela não estava enxergando. Pedi a Mônica que me dissesse seu endereço para passar ao motorista e solicitei a ele que, depois que a deixasse em casa, voltasse ali, pois eu precisaria dele novamente. Quando o taxista retornou, pedi que me contasse o que havia acontecido com ela, como ela tinha descido do carro e se ele a ajudara. O que ele me disse confirmou minhas suspeitas.

Nesse momento, Plínio retornou com as cópias:

— Eric, aqui estão. Marcelo, por favor, entregue estas cópias ao seu pai. Quem sabe ele não consegue nos ajudar?

— Entregarei hoje mesmo. Posso deixar seu telefone com ele? — Marcelo questionou.

— Pode. Eu ainda ficarei por aqui para conversar com meu supervisor. Quero verificar se ele sabe alguma coisa sobre esses casos que localizamos. Eric, quer que eu vá ao *flat* amanhã cedo?

— Quero sim, Plínio. Vou ler esse material, e depois poderemos conversar sobre ele com mais calma. Amanhã, quero ver se encontro o senhor Gusmão no *flat*. Quero ver como ele é — Eric tornou.

— Estarei lá por volta das dez horas da manhã.

— Está ótimo. Até amanhã.

— Até amanhã, Eric. Até amanhã, Marcelo.

Enquanto dirigia rumo ao *flat* da Aclimação, Marcelo perguntou a Eric:

— Você foi procurá-la no mesmo dia?

— Não, eu não pude por causa do trabalho. Voltei a encontrá-la duas semanas depois numa livraria. Ela não me viu de imediato, então a segui e observei que ela estava procurando livros em braille. Ela comprou um livro e dirigiu-se a um café. Lá, sentou-se a uma mesinha reservada e começou a ler. Eu comprei dois cafés e fui até ela. Mônica lembrou-se da minha voz e do meu perfume e perguntou:

— *Por que você está me seguindo?*

— *Eu a vi por acaso, e, como se sentou aqui e não pediu nada para beber, achei que poderíamos tomar um café e conversar. O que acha? Naquele dia, tudo estava muito confuso*, justifiquei.

— *Estava mesmo. Eu fiquei tão assustada... Minhas pupilas dilatadas, o sol forte, eu não estava enxergando nada*, ela disse.

— *Mas deve ter acontecido mais alguma coisa. Você é uma pessoa cuidadosa. Observei isso enquanto estávamos na livraria. O mais sensato seria que você andasse com calma.*

— *Você é policial?*

— *Sim, trabalho na polícia científica. Hoje, no entanto, estou de folga. Podemos conversar à vontade.*

— *Não vou poder mentir para você?*

— *Certamente não, pois sou muito bom em pegar mentiras.*

— Marcelo, ela respirou fundo e me contou sua história. Fiquei estarrecido e devo ter demonstrado isso. Saímos dali, eu a levei para casa, e começamos a nos ver com frequência. Hoje, sei que a Mônica foi a melhor pessoa que encontrei em minha vida. A fibra e a força de vontade dela impulsionam quem estiver por perto. Eu só a vi fraquejar aqui no Brasil, quando me disse que estava querendo desistir de procurar os pais.

— Você a convenceu a ficar? E o seu trabalho?

— Meu trabalho está sob controle. Meu supervisor conhece Mônica e apoiou seu projeto de vir para o Brasil. Tanto que, quando falei que precisava vir para cá, ele colocou o departamento todo para me ajudar com passagens e documentos, resolvendo tudo em poucas horas. Conversei muito com ela e não vou deixá-la desistir. Se ela voltar para os Estados Unidos sem saber a resposta do que veio procurar, não conseguirá ser feliz.

— Chegamos. Vou deixar o carro no estacionamento e subir para pegar o Bud.

— Vou esperá-lo na recepção.

Quando chegou à recepção, Eric encontrou um senhor que parecia aflito, pois sua esposa saíra e não lhe deixara nenhum recado. O homem falava:

— Senhorita, ela não tem o hábito de sair sem me avisar.

— Senhor Gusmão, será que ela não está aqui no *flat*? Ela não tem celular?

— Ela deixou o celular no carro. Estou muito preocupado.

— O senhor já olhou no salão? Estamos oferecendo aos moradores e hóspedes um lanche da tarde. Talvez ela esteja lá.

— Onde fica o salão?

— No corredor, à sua esquerda.

Quando Gustavo se virou na direção indicada pela recepcionista, viu sua esposa e uma jovem acompanhada de um cão.

— Mas o que é isso?

Eric respondeu:

— Senhor, é minha namorada e seu cão-guia. Algum problema?

— Não, desculpe. Não quis ser grosseiro. É que Flora não sai com ninguém que não conheça, e nós não conhecemos aquela jovem.

— Vamos até elas?

Eric e Gustavo aproximaram-se de Flora e Mônica:

— Flora, por que não me disse que estaria aqui em baixo?

— Porque achei que você viria mais tarde. Deixe-me apresentá-lo a Mônica. Ela é uma jovem muito simpática, e seu cão, o Bud, é adorável.

Gustavo apertou a mão que Mônica lhe estendia e disse:

— Muito prazer. Conheci seu namorado na recepção. Flora, este é Eric, o namorado de Mônica.

— Muito prazer. Passei uma tarde ótima com sua namorada.

Nesse momento, Marcelo aproximou-se deles, e Eric apresentou-os:

— Marcelo, este é o senhor Gusmão e sua esposa, a senhora Flora.

Marcelo cumprimentou-os sem saber direito o que fazer. Percebendo o embaraço do rapaz, Eric disse:

— Mônica, Marcelo vai levar o Bud para dar um passeio. É melhor subirmos para pegar a guia. Senhor Gusmão, senhora Flora, os senhores ficarão por aqui?

Gustavo respondeu:

— Vamos sim. Vou aproveitar para tomar um chá. Você me acompanha, Flora?

— Claro. Mônica, foi um prazer conhecê-la. Quero tornar a vê-la, antes de voltarmos para Campos do Jordão.

Mônica respondeu com a voz embargada:

— Nos veremos sim, dona Flora. Até qualquer hora.

Eric disse:

— Vamos subir, então. Venha, Mônica. Eu a ajudo. Marcelo, você pega o Bud?

— Pego sim. Venha, Bud. Vamos subir e trocar essa guia. Até logo, senhor Gusmão.

Gustavo voltou-se à esposa e perguntou:

— Flora, quem é aquela moça?

— Vamos até o salão de chá que eu lhe contarei com detalhes. Venha.

133

Capítulo 7

— Mônica, você está tremendo!

— Eric, por favor, me abrace forte.

Eric abraçou Mônica e esperou que ela se acalmasse.

— Você está mais calma?

— Estou sim. Achei que não conseguiria sair dali sem revelar quem sou.

— Por que foi tomar chá com sua avó?

— Foi casual. A recepcionista ligou dizendo que o *flat* estava oferecendo um chá da tarde para os moradores e hóspedes. Eu perguntei-lhe se poderia levar o Bud, e ela me disse que não haveria problemas e explicou-me como deveria proceder. Resolvi descer, então. Quando saí para o elevador, havia uma senhora lá. Ela começou a conversar comigo, brincou com o Bud, e descemos juntas. Ela me disse que estava sozinha e pediu-me que dividisse uma mesa com ela. Conversamos sobre São Paulo e Nova Iorque, mas em nenhum momento imaginei que ela poderia ser minha avó. Só descobri isso quando você se aproximou e me apresentou ao senhor Gusmão. Onde você o encontrou?

— Na recepção. Ele estava aflito, porque a esposa não estava no quarto e não o avisara de que sairia. A recepcionista lhe pediu, então, que fosse até o salão de chá. Eu sabia quem ele era, porque ouvi seu nome. Decidi me oferecer para levá-lo até o salão, porém, não imaginei que você estaria voltando de lá com a esposa dele. E tem outra coisa, Mônica... Doutor Adriano, o pai de Marcelo, levou os dois para almoçar num restaurante em que você esteve. O dono do restaurante perguntou-lhe sobre Marcelo e a amiga que sempre estava acompanhada de um cão-guia. Doutor Adriano, então, disse que vocês estavam bem, e, no decorrer do almoço, senhor Gusmão quis saber mais detalhes sobre seu problema de visão. Ele não soube explicar direito o problema, então senhor Gusmão pediu ao doutor Adriano que pedisse a Marcelo para marcar um exame no consultório dele.

— Eric, isso não vai dar certo.

— Quando você disse seu nome, ela não comentou nada?

— Não. Ela começou falando sobre o Bud e depois perguntou se eu estava aqui de passagem. Conversamos sobre vários assuntos. A conversa foi totalmente impessoal.

— Você não tirou os óculos?

— Não. Você acha que ela me reconheceria?

— Não sei. Já se passaram mais de vinte e cinco anos. Eu acredito que senhor Gusmão a reconhecerá. Você se parece muito com a sua mãe. Ele tem uma mágoa profunda sobre tudo o que houve.

— Como você sabe?

— Mônica, em meu trabalho eu observo muito as pessoas. Existem as que tentam esconder o que são ou o que sentem, as que demonstram claramente seus sentimentos, as que mentem achando que nunca descobriremos a verdade, e as que têm feridas que não fecham. Há sempre uma casquinha que se rompe, e a ferida abre novamente. Assim é o senhor Gusmão. Ele foi conversar com o pai do Marcelo hoje. Eles falaram sobre o escritório que está tentando contatá-lo para falar de uma possível neta. Certamente ele falou sobre o filho e reviveu tudo novamente. A ferida está aberta!

— Você tem razão. Deve ser muito difícil para eles também. Você teve sucesso em sua investigação?

— Temos algumas novidades. Seu pai era advogado criminalista. Em um processo que encontramos, descobrimos que um cliente dele foi condenado e que o assistente da promotoria era André Silveira. Num outro processo, encontramos a mesma situação e o mesmo assistente da promotoria. Além disso, o promotor está vivo e é possível falar com ele. Plínio pediu a Marcelo que conversasse com o pai para ver se conseguimos saber o que houve.

— Será que prejudicaram meu pai?

— Não sabemos ainda, mas vamos descobrir. Eu trouxe um material para ler, e Plínio ficou de passar aqui amanhã com mais informações. Quer sair para jantar?

— Não, Eric. Vamos pedir alguma coisa e ficar por aqui. Não estou com disposição para sair. Você se importa?

— Claro que não. Quantas vezes você fez isso por mim?

— Isso o quê?

— Ficar em casa, quando eu levava trabalho.

— Obrigada, Eric. Amo você.

— Eu também a amo demais. Tente não ficar tão nervosa, pois isso pode prejudicar ainda mais sua visão. E confie em mim. Nada vai lhe acontecer.

— Eu confio, Eric. Vou tomar um banho e relaxar.

— Ótimo. Marcelo estará aqui com o Bud daqui a pouco. Vou ficar à espera dele.

Mônica beijou Eric e foi tomar banho. Nesse momento, a campainha tocou.

Eric abriu a porta e disse:

— Puxa! Vocês demoraram! Ah! Desculpe-me! Eu estava certo de que era Marcelo com o Bud.

— Não precisa se desculpar. Eu deveria ter ligado antes de vir.

— Entre, senhor Gusmão. Mônica está no banho.

— Não precisa incomodá-la. Eu queria falar com você. Flora me falou do problema dela e, coincidentemente, fiquei sabendo durante o almoço que uma amiga do filho do meu advogado tem um sério problema de visão. Como o rapaz que levou o cão para um passeio se chama Marcelo, vim perguntar-lhe se Mônica é essa moça.

— É sim, senhor Gusmão. É ela.

— Flora está muito preocupada e me pediu para examiná-la. Vocês ficarão aqui até quando? Ela me disse que vocês moram em Nova Iorque.

— Estamos resolvendo alguns assuntos da família da Mônica, então, ainda não temos previsão de quando voltaremos para casa.

— Meu consultório é em Campos do Jordão, a poucas horas daqui. Ficarei aqui durante uma semana, e estamos no mesmo andar. Assim que souber a data do meu retorno a Campos, lhe aviso. Podemos ir no meu carro, e depois meu motorista os traz de volta.

— Senhor Gusmão, eu lhe agradeço muito. Vamos combinar, sim. Talvez seja melhor irmos em dois carros, pois Mônica não sai sem o Bud e não temos como deixá-lo aqui sozinho. Um momento. A campainha. Me dê licença por um instante.

— Oi, Eric. Desculpe a demora. Encontrei um conhecido e perdi a hora, mas o Bud está aqui são e salvo.

— Marcelo, senhor Gusmão está aqui. Por favor, dê água ao Bud.

— Oi, senhor Gusmão. Como vai?

— Marcelo, você é filho do doutor Adriano de Almeida?

— Sou sim.

Bud aproximou-se de Gustavo, que estava sentado, e colocou a cabeça em seu colo. Marcelo disse:

— Não, Bud! Venha cá. Venha tomar água.

Gustavo passou a mão na cabeça de Bud e disse:

— Oi, Bud! Você faz um trabalho muito bonito. Cuide bem dela, pois ela precisa muito de você.

Bud latiu e levantou-se para acompanhar Marcelo. Gustavo disse:

— Parece que eles entendem tudo o que falamos.

Eric respondeu:

— É, eles são muito especiais.

— Eric, não quero mais tomar seu tempo. Fale com Mônica e lhe diga que gostaria de conversar com ela antes da consulta. Creio que esse contato médico-paciente é muito importante.

— Vou falar com ela, e depois marcamos um encontro com o senhor. De antemão, eu já lhe agradeço. Seria muito bom se Mônica pudesse voltar a enxergar pelo menos um pouco mais.

— Eu os aguardo. Boa noite.

— Boa noite, senhor Gusmão.

Marcelo voltou para a sala e perguntou:

— Ele já foi?

— Foi sim, e por pouco não pegou Mônica sem os óculos aqui na sala.

— Eric, será que se ele a vir vai lembrar-se da nora?

— Não sei, Marcelo. Ele era contra o casamento do filho. Será que conheceu a nora?

— É... você tem razão.

— Ele quer conversar com Mônica e levá-la a Campos do Jordão para fazer um exame mais completo no consultório. O que você acha? Preciso que vá conosco. Ele ofereceu o carro, mas nós não podemos deixar o Bud.

— Vou sim, Eric. É só me dizer quando — Marcelo tornou.

— Vou combinar com Mônica e depois nos falamos.

— Está certo. Agora preciso ir embora. Vou levar aqueles papéis para meu pai. Até amanhã, Eric.

— Até amanhã! E muito obrigado pela ajuda.

— Não tem de quê. Amanhã, virei pegar o Bud para o passeio matinal, pois assim você poderá conversar sossegado com Plínio.

— Obrigado, Marcelo. Até amanhã.

Rogério chegou à casa de Alessandra no fim da tarde.

— Como você está? — Alessandra perguntou.

— Estou bem, mana, apenas um pouco cansado. Não dirigia por muitas horas há muito tempo.

— Carminha me ligou avisando que você viria. E você? Como está?

— Estou bem. João Paulo e Júnior, como estão?
— Todos nós estamos bem. Quer comer alguma coisa?
— Não, mana, estou sem fome. Mais tarde, tomarei um banho para descansar. Agora, quero lhe contar o que houve, pois precisarei de sua ajuda.

Rogério contou tudo o que lhe acontecera e o motivo da viagem. Depois de ouvir o relato do irmão com atenção, Alessandra disse:

— Nossa, mano! Acho que não vai ser fácil, mas não é impossível. João Paulo conhece muita gente aqui, e esse sobrenome não é comum. Olhe, ele está chegando.

— Rogério, como vai? — João Paulo perguntou.
— Estou bem, e você?
— Estou bem. Ainda estamos sentindo os efeitos do acidente. Júnior sentiu muito a perda dos avós. Ele está na casa de um amiguinho e já sabe que você está aqui.

Alessandra disse:

— João, Rogério precisa encontrar uma família de sobrenome Burns. Você acha que conseguiremos ajudá-lo?
— Burns? Eu conheço esse sobrenome. Qual é o primeiro nome da pessoa que está procurando?
— São duas pessoas. Samuel e Marieta Burns.
— Rogério, se eu não estiver enganado, eles são clientes do depósito.
— Você tem certeza disso?
— Quase. Eles moram num sítio aqui perto e são clientes antigos. Preciso apenas confirmar o nome deles. Amanhã cedo, iremos ao depósito, e eu checarei minhas fichas. Se forem eles, eu o levo até lá.
— Obrigado, João. É muito importante que os encontremos. Agora, se me permitirem, vou tomar um banho.
— Fique à vontade. Vou buscar Júnior para jantarmos.

— Oi, pai. Tudo bem? — Marcelo perguntou.
— Oi, filho. Você não avisou que vinha. Janta conosco?

— Não, pai. Vou à casa de Luciana. Vim trazer-lhe essas cópias. Plínio e Eric estavam buscando os processos em que o pai de Mônica estava trabalhando antes de morrer. Eles encontraram esses dois. O assistente da promotoria na época era André Silveira, que hoje é o sócio do escritório onde estava trabalhando. Nesse outro caso aqui, Plínio acha que o promotor está vivo e pediu para você tentar entrar em contato com ele. Talvez esse homem possa esclarecer alguma coisa sobre o pai da Mônica. O que acha?

— Eu conheço esse promotor. Ele está no Tribunal. Deixe esses documentos comigo que amanhã mesmo irei procurá-lo.

— Ah, pai, outra coisa! Os avós de Mônica estão hospedados no mesmo *flat* e no mesmo andar que ela. Eles se conheceram hoje numa coincidência que não sei se foi feliz ou infeliz.

— Eles acharam Mônica familiar?

— Não, ela não tirou os óculos. Assim fica difícil ver o rosto. No entanto, senhor Gusmão está muito interessado no problema dela. Ele pediu para Eric levá-la ao consultório dele em Campos do Jordão. Pai, isso não vai dar certo... Não vai dar para esconder dele quem ela é.

— Você tem razão. Vamos acelerar essas buscas, pois assim teremos como ajudá-los. Rogério foi para Curitiba?

— Foi sim. Bem, vou indo... Onde está mamãe?

— Ela foi dar aula. Não vai esperá-la?

— Não, pai. Diga a ela que lhe deixei um beijo. Vou ver Luciana. Tchau, pai.

— Tchau, meu filho.

— Oi, Lu. Desculpe o atraso, o dia hoje foi corrido.

— Tudo bem. Meus pais chegaram há pouco. Venha, vou apresentá-lo a eles.

— Vou sim, mas antes me dê um beijo.

Marcelo abraçou-a e beijou-a com paixão. Depois, sem soltá-la disse:

— Você me conquistou! Estou apaixonado!

— Hum! É muito bom ouvir isso. Eu também estou apaixonada por você. Hoje o dia foi muito comprido. Não via a hora de reencontrá-lo.

A mãe de Luciana a chama:

— Luciana?

— Venha! É minha mãe.

Ao encontrar a mãe, Luciana diz:

— Mamãe, este é Marcelo.

— Muito prazer, dona Lúcia.

— Oi, Marcelo. Como vai?

— Tudo bem.

— Venham, Otávio os está esperando para jantar.

Lúcia apresenta Marcelo ao marido:

— Otávio, este é o namorado da nossa filha.

— Ah! O famoso Marcelo!

— Famoso? Por quê?

— Ouvi falar de você desde a hora em que cheguei. Muito prazer.

Marcelo sentiu-se corar, e Luciana foi auxiliá-lo:

— Não ligue, Marcelo. Papai é assim mesmo.

Otávio completou:

— Sou assim mesmo, Marcelo. Vá se acostumando! Você toma vinho?

— Só uma taça, senhor Otávio. Estou dirigindo, não quero problemas.

— Muito bem, meu jovem. Venha! Sente-se aqui, e vamos conversar! Luciana me disse que vocês estão trabalhando para ajudar uma jovem a encontrar a família.

— Isso mesmo. E por uma dessas coincidências do destino, ela e os avós estão hospedados no mesmo *flat*.

Luciana perguntou:

— Eles se encontraram?

— Sim, mas Mônica não tirou os óculos, então, eles não a reconheceram. Ela tomou chá com a avó, e, quando saíam do salão, encontraram Eric e o senhor Gusmão.

141

Otávio perguntou:

— Esse senhor Gusmão é o doutor Gustavo Gusmão, o oftalmologista?

— Sim, ele mesmo.

— Meu Deus! Eu conheci o filho dele, o René. Aquilo foi um absurdo. A filha de René está viva?

— Sim, ela foi levada pelo tio para os Estados Unidos, e, como eles não lhe contam o que houve, Mônica decidiu vir ao Brasil para descobrir — Marcelo explicou.

— Luciana, este é o caso sobre o qual você estava comentando? — Otávio perguntou.

— Isso mesmo, papai. Precisamos protegê-la do chefe do escritório em que trabalho. Sem que ele saiba, a estamos ajudando a conhecer seu passado.

— Você vai perder o emprego?

— É possível. Marcelo perdeu, e Rogério e Roberta se demitiram. Não vou muito longe lá. Não vou pedir demissão agora, porque estando lá consigo saber o que eles estão tramando — Luciana explicou.

— Senhor Otávio, Eric, o namorado de Mônica, conseguiu informações sobre um dos processos em que o pai dela estava trabalhando. O promotor hoje está no tribunal, e meu pai o conhece. Descobrimos também que, em uma das ações que o pai dela perdeu, o assistente do promotor era André Silveira — Marcelo explicou.

— Minha nossa... Será que ele fez alguma coisa para prejudicar René? — Otávio questionou.

— Isso nós ainda vamos descobrir. Como foi o dia hoje, Lu? — Marcelo perguntou.

— Foi confuso pela manhã. André teve que se explicar a alguns clientes que procuraram Roberta. Dois deles disseram que ou ela volta ao escritório, ou vão tirar seus documentos de lá. Luís sumiu, e não sei por onde ele andou.

— Ele estava rondando o Parque da Aclimação. Fui levar o Bud para passear e o vi. Acabei me atrasando, porque queria ver aonde ele estava indo. É muito fácil localizar Mônica.

142

Eu não disse nada a eles, mas amanhã eu sairei com Bud pela manhã e darei outra olhada. Depois, avisarei Eric sobre isso. Mônica não pode ficar sozinha — Marcelo explicou.

— Papai, você sabe alguma coisa sobre eles?

— Eles frequentavam a sociedade. Ele era um advogado conhecido, bem-sucedido, e a esposa era uma excelente professora. Alguma coisa, no entanto, aconteceu quando ela ficou grávida. Eles chegaram a brigar em público.

Lúcia, que até aquele momento apenas ouvia a conversa, disse:

— Alguém fez um comentário maldoso de que o filho não era dele. Como eles brigavam em qualquer lugar, o comentário se espalhou. Eu a conhecia, mas não era próxima. Não vai ser difícil encontrar quem fale sobre eles. O problema é que precisamos saber a verdade, pois há muita fofoca envolvendo os dois.

— Mamãe, você tem contato com alguém que os conheceu? — Luciana perguntou.

— Eu conheço uma pessoa que se dizia amiga de Andréia. Se não estiver enganada, ela ainda trabalha na biblioteca da faculdade.

— A senhora poderia falar com ela?

— Vou tentar, Marcelo, mas não espere muito. Como lhe disse, havia bastante fofoca envolvendo os dois.

— E você, papai, o que acha? — Luciana questionou.

— Hoje é muito fácil saber se uma pessoa é filho ou não de uma pessoa, pois basta fazer o exame de DNA. Vocês disseram que ela é parecida com a mãe?

Marcelo respondeu:

— Segundo a empregada da casa dos pais dela, ela é a mãe escrita.

— Mamãe, você poderia ir comigo visitá-la, assim saberíamos se são parecidas ou não. O que acha? — Luciana perguntou.

— Quando você quiser. Eu não era íntima de Andréia, mas ela não merecia o que fizeram com ela.

143

— Ótimo, vou combinar uma visita com Mônica amanhã mesmo.
Otávio disse:
— Vou ver se descubro alguém que possa ajudá-los. Bem, que tal se fôssemos jantar agora?
Lúcia respondeu:
— Vamos sim. A comida já deve estar fria.

Adriano chegou cedo ao escritório, pois tinha dois assuntos a tratar aos quais queria dar prioridade. Um era sobre o escritório que estava telefonando para o senhor Gusmão e o outro era sobre encontrar o promotor que participara das audiências com o pai de Mônica. Ele resolveu telefonar primeiro para o escritório.
— Escritório Silveira & Norton, bom dia.
— Bom dia. Luciana?
— Sim, quem fala?
— Oi, Luciana. É Adriano de Almeida, pai do Marcelo. Como vai?
— Estou bem, obrigada. Desculpe não ter reconhecido sua voz. Em que posso ajudá-lo?
— Preciso falar com doutor André Silveira. Ele está?
— Não, doutor Adriano, ele deve chegar por voltas das onze horas. O senhor quer deixar algum recado?
— Sim, por favor. Peça a ele que ligue para meu escritório. Você tem o número?
— Tenho sim. Fique tranquilo que darei o recado.
— Obrigado, Luciana. Até mais tarde.
— Até logo, doutor Adriano.
Nesse momento, Luís entrou no escritório:
— Luciana, tem algum recado para mim?
— Não. Só tenho para o doutor André.
— Pode me dizer quais são?
— Senhor Luís, me desculpe, mas são recados para o doutor André. Não tenho ordens de passá-los a ninguém.

— Está bem. Vou me encontrar com André daqui a pouco. Poderia levar-lhe os recados.

— Obrigada, senhor Luís, mas nenhum deles disse ter urgência em falar com doutor André. Não precisamos incomodá-lo.

— Você trabalha aqui há muito tempo?

— Três anos. Por quê?

— Você, além de muito bonita, parece ser muito eficiente. Não gostaria de sair para jantar qualquer dia desses?

— Não, senhor Luís, obrigada.

— Você é sempre direta assim?

— Não gosto de fazer rodeios.

— Poderíamos nos conhecer melhor? Você pode me chamar apenas de Luís.

— Senhor Luís, não tenho interesse em conhecê-lo. E se o senhor me der licença, preciso atender ao telefone. Escritório Silveira & Norton, bom dia.

Luís saiu do escritório para encontrar-se com André. Os dois pretendiam ir ao *flat* onde Mônica estava hospedada.

Quando se encontraram, Luís disse:

— André, você estava certo. A Luciana recusou meu convite.

— Precisamos ficar atentos e observá-la. Ela pode levar informações do escritório para Mônica e seus amigos. Me diga... onde você viu Mônica?

— Ela entrou em um *flat* próximo ao Parque da Aclimação. Você conhece o caminho?

— Conheço sim.

— Eu vi Mônica por acaso.

— E como conseguiu identificar o bairro?

— O motorista do táxi estava empenhado em me mostrar as belezas da cidade, quando vi Mônica com o cachorro. É impossível não a identificar. Quando perguntei ao motorista onde estávamos, ele fez questão de contar a história do parque. Eu saltei do carro, mas não consegui descobrir o número do prédio onde ela está. Contudo, como ela estava no parque, não deve ser difícil encontrá-la novamente.

145

André e Luís foram direto ao parque para fazer o caminho a pé. Durante o trajeto, André percebeu que Luís estava mais quieto do que o habitual.

— O que você tem? Está quieto.

— Estou aborrecido, porque Luciana não aceitou meu convite para sair. Ela é uma garota bonita, atraente, e estou interessado nela. Acredita que ela disse que não tem interesse em me conhecer?

— É, meu amigo, acho melhor você desistir. Interesse-se por outra garota. Cultivar essa raiva de Luciana não vai nos ajudar, e se você fizer alguma bobagem, não poderei defendê-lo. Lembre-se de que o pai do namorado dela é advogado e é um homem muito bem-relacionado.

— Não se preocupe, André, não vou fazer nada que possa prejudicar a mim ou a você. Mas vou pensar em alguma coisa. Nenhuma mulher diz *não* para mim.

— Cuidado, Luís. Há sempre uma primeira vez para tudo. Ah! Olha só que sorte! Marcelo está passeando com o cachorro.

— É melhor o observarmos daqui, pois o cachorro pode dar o alarme.

— Você tem razão. Vamos ver aonde ele vai.

— Escritório do doutor Antônio Sampaio, bom dia.

— Bom dia. Posso falar com o doutor Sampaio? Sou Adriano de Almeida.

— Um momento, por favor.

— Doutor Sampaio, o senhor Adriano de Almeida deseja falar-lhe.

— Pode passar a ligação.

— Senhor Adriano, em que posso ajudá-lo?

— Doutor Sampaio, preciso conversar com o senhor pessoalmente. Poderíamos agendar um horário?

— Mas do que se trata o assunto?

— É sobre o doutor René Gusmão. Não sei se o senhor se recorda dele. Ele era um advogado criminalista, que morreu em um incêndio.

— Eu me recordo vagamente. Isso foi há uns vinte, vinte e cinco anos?

— Exatamente.

— E por que o senhor quer conversar comigo sobre ele?

— Porque precisamos de algumas informações sobre um processo em que ele atuou como advogado e o senhor como promotor.

— O senhor é o advogado Adriano de Almeida?

— Sim. O senhor poderá me receber?

— Doutor Adriano, não sei se poderei ajudá-lo, mas vamos marcar para quarta-feira às nove e meia da manhã?

— Perfeitamente, doutor Sampaio.

— O senhor tem o endereço do meu escritório?

— Tenho sim. Muito obrigado por sua atenção.

— Espero poder ajudá-lo.

— Eu acredito que sim. Até quarta, doutor Sampaio.

— Até breve, doutor Adriano.

Plínio chegou ao *flat* onde Mônica e Eric estavam hospedados logo depois que Marcelo saiu com Bud.

— Bom dia, Eric. Espero não ter chegado muito cedo.

— Não, Plínio, estamos acordados há algumas horas. Marcelo saiu com o Bud, e os dois já devem estar voltando.

— Fiz mais algumas pesquisas e encontrei mais alguns casos em que doutor René trabalhou. Os clientes dele na área criminal eram pessoas sem recursos. Já na área cível, eram da alta sociedade paulista. É interessante ver um advogado de ricos trabalhando para pobres.

— Como assim um advogado de ricos trabalhando para pobres?

— Veja esses clientes ricos: família Alcântara, família Nogueira, família Mendonça. Todas essas famílias são influentes na sociedade, famílias tradicionais. Contudo, quando observamos os clientes da área criminal, notamos que são em geral presos sem condições de pagar um advogado em início de carreira, quanto mais um advogado na posição dele.

— Será que ele não fazia um trabalho voluntário ou algo parecido? — Eric questionou.

— Pode ser. Ainda não consegui obter todas as informações de que preciso.

— Marcelo entregou ao pai aquelas cópias que você fez ontem. Vamos aguardar mais um pouco. Ele pode ter conseguido conversar com doutor Sampaio. E quanto à investigação do incêndio?

— Não achei nada, e o delegado de plantão era novo no bairro. Ele disse que iria procurar em casos não resolvidos. Vamos ver.

— Você acha que ele se interessaria pelo caso?

— Olhe, Eric, eu soube que ele é filho de um ex-policial. Talvez ele descubra alguma coisa.

Nesse momento, os dois homens ouviram um barulho no corredor. Eric abriu a porta e viu Marcelo e Bud ofegantes:

— Marcelo, o que houve?

— Eu corri com o Bud para tentar despistar um cara. Acho que ele estava nos seguindo.

— Marcelo, isso não é sua imaginação? — Eric perguntou.

— Não, Eric, era o mesmo cara do parque. Tenho certeza de que era Luís. Não queria que ele visse onde iríamos entrar, por isso fiz o Bud correr. Quando descemos do elevador, eu acabei tropeçando e derrubei aquele vaso, por isso vocês ouviram esse barulho.

— Entrem. Vou ligar para a recepção para pedir que limpem o corredor e ponham o vaso na minha conta — Eric pediu.

— Obrigado — Marcelo agradeceu.

Eric discou para a recepção do *flat*:

— Aqui é Eric Miller do apartamento 502. Houve um acidente aqui no corredor, e quebramos um vaso. Por favor, peça para alguém vir retirar os cacos e anotem o custo na minha conta.

— Pode deixar, senhor Miller. Mandarei um funcionário fazer a limpeza e depois lhe informarei o valor do vaso. Aproveitando, o senhor está esperando alguma visita?

— Não, por quê?

— Um homem alto, de aproximadamente cinquenta anos, cabelos escuros, e de terno esteve aqui perguntando se estávamos hospedando uma jovem de vinte e poucos anos, com deficiência visual e acompanhada por um cachorro. Como achei estranho, perguntei quem era ele. Esse senhor me disse que era um amigo da jovem e queria fazer-lhe uma surpresa. Eu disse a ele que aqui não havia ninguém com esse perfil, e ele saiu. Logo em seguida, o senhor Marcelo chegou com o Bud. Não sei dizer se ele o viu.

— Como é seu nome?

— Rita, senhor. Fui eu quem os atendeu no dia em que chegaram aqui.

— Muito obrigado, Rita. Não estamos esperando ninguém. E, por favor, não deixe ninguém subir sem nos avisar.

— Fique tranquilo, senhor Miller. Passarei essa informação às outras recepcionistas também.

— Muito obrigado, Rita.

Eric voltou-se para Marcelo e disse:

— Você estava certo. Alguém o seguiu, e talvez tenha sido Luís.

Eric contou a conversa que tivera com Rita. Marcelo perguntou:

— Onde está Mônica?

— Aqui, Marcelo.

Nesse momento, Bud levantou-se e foi até ela, que se abaixou para fazer um carinho no cão:

— Ei, meu amigo, você está tendo mais trabalho do que deveria.

Mônica sentou-se próxima a Eric, e Bud deitou-se aos seus pés.

149

— Desculpe, não queria assustá-los. Ontem, quando saí com Bud, pensei tê-lo visto, mas hoje eu tenho certeza — Marcelo afirmou.

Eric perguntou:

— Ele estava de terno?

— Não. Estava de calça jeans e camisa bege.

— Então, só pode ter sido André quem esteve aqui.

Marcelo sugeriu:

— Que tal se ligássemos para Luciana e perguntássemos se eles estão lá?

— Boa ideia — disse Eric.

Marcelo discou o número do escritório:

— Lu, bom dia, é Marcelo. Não responda, se for comprometê-la.

— Ok.

— André e Luís chegaram há pouco tempo?

— Sim, mas a senhora se enganou. É o escritório do doutor Silveira.

— Obrigado.

— Não há de quê.

Marcelo voltou-se para o grupo dizendo:

— Eles acabaram de chegar.

Plínio recomendou:

— Mônica, você não deve sair sozinha até conseguirmos entender o que está acontecendo.

— Eu ficarei com ela. Plínio, você pode trazer o que encontrar até aqui? — Eric perguntou.

— Sim, quanto a isso não se preocupe.

Nesse momento, o celular de Plínio tocou:

— Alô.

— Senhor Plínio?

— Sim, quem é?

— É o delegado Antunes. O senhor poderia vir à delegacia? Precisamos conversar.

— Você descobriu alguma coisa?

— Talvez. Meu pai gostaria de conversar com o senhor. Ele está aqui agora.

— Antunes, estou saindo da Aclimação e irei direto para a delegacia.

— Obrigado. Estamos esperando-o.

Plínio dirigiu-se a Eric dizendo:

— Vou para a delegacia. Antunes deve ter alguma informação para nós.

Marcelo interveio:

— Não tenho compromisso. Posso ficar aqui com Mônica.

— Mônica, você ficará bem?

— Claro, Eric. Vá com Plínio. Não sairei daqui.

— Então, vamos.

André apareceu no momento em que Luciana falava com Marcelo e perguntou:

— Quem era?

— Uma senhora perguntando se era do escritório do doutor Oliveira.

— Hum! Tem algum recado para mim?

— Tenho sim, aqui estão.

— Esses recados são todos de clientes? Não conheço nenhum doutor Almeida.

— Os clientes estão querendo saber da doutora Roberta, e o doutor Almeida é um advogado que deseja falar-lhe.

— Vou para minha sala. Em meia hora, você pode retornar as ligações. Comece por esse doutor Almeida.

— Perfeitamente, doutor André. O senhor quer que eu mande lhe servir água ou café?

— Por favor, Luciana. Obrigado.

Luís, que acompanhava André, ficou o tempo todo olhando para Luciana. Depois que André entrou na sala, ele abordou a moça:

— Você não vai mesmo sair comigo?

— Não, senhor Luís. Por favor, não insista.

Nesse momento, André saiu à porta de sua sala e o chamou:

— Luís, venha aqui, por favor.

Quando Luís entrou, André disse:

— Eu pedi a você que descobrisse se ela tinha um namorado, não para dar em cima dela. Isso vai nos criar problemas.

— Está bem, André. Não vou insistir... por enquanto.

Nesse momento, o telefone tocou:

— Doutor André, o doutor Almeida está ao telefone. O senhor irá atendê-lo?

— Eu não lhe pedi meia hora?

— Foi ele quem ligou.

— Está bem, pode passar a ligação.

— Doutor André Silveira?

— Sim, em que posso ajudá-lo?

— Meu nome é Adriano de Almeida. Represento o doutor Gustavo Campos Gusmão. Ele me pediu que fizesse um contato com o senhor. Alguém do seu escritório tem telefonado para ele pedindo para marcar uma entrevista.

— Doutor Almeida, nós temos telefonado sim, mas ele não nos atende. É apenas para conversarmos. Não se trata de um caso jurídico.

— O senhor se importa de me adiantar o assunto? Talvez eu consiga ajudá-lo.

— Não, doutor Almeida. Eu gostaria de falar diretamente com ele. É um assunto particular.

— Doutor André, não quero ser insistente, porém, ele me disse que o assunto é sobre a neta dele. Seria isso mesmo?

— Doutor Almeida, como lhe disse, trata-se de um assunto particular. Só estou autorizado a falar com ele. É uma recomendação da pessoa que vai procurá-lo.

— Muito bem, doutor André. Conversarei com meu cliente e depois voltaremos a nos falar. Não quero tomar seu tempo. Boa tarde.

— Boa tarde, doutor Almeida.

Luís perguntou:

— Quem é esse Almeida?

— O advogado do avô da Mônica.

152

— E o que ele quer?

— Doutor Gusmão pediu-lhe que fizesse contato conosco. O velho está interessado em saber da neta, mas está fazendo joguinho.

— E você?

— Não vou aceitar intermediários. Só falarei com o doutor Gusmão. E você? Conseguiu descobrir onde aquele veterinário e o cachorro entraram?

— Não. Eles me viram, e, como não conheço bem aquelas ruas, acabei perdendo-os de vista. E você? Teve sorte naquele *flat*?

— Não. A recepcionista me disse que não havia nenhuma jovem cega hospedada ali com um cachorro, mas não vou desistir. Só existe um *flat* perto do parque. Ela só pode estar lá.

— Será que o namorado dela não está com ela?

— Não sei. Tentei falar com Michel, mas não consegui. O telefone dele chama e acaba caindo na caixa postal. Mais tarde, tentarei novamente — André concluiu.

— Você precisa cuidar do escritório. Vou voltar àquele *flat* e ficarei de plantão para ver se descubro alguma coisa.

— Vá com meu carro.

— Não, eu posso me perder. Pegarei um táxi. É mais fácil.

— Você é quem sabe. Me ligue, se tiver alguma novidade.

— Fique sossegado. Mais tarde, voltamos a nos encontrar no hotel.

— Está bem, Luís. O telefone está tocando.

— Vá atendê-lo. Já estou saindo.

— Doutor Gusmão, bom dia. Como vai?

— Bom dia, Adriano, estou bem. Em que posso ajudá-lo?

— Eu falei com André Silveira, e ele me disse que só falaria com o senhor. Disse tratar-se de assunto particular e que não estava autorizado a passar nenhuma informação.

153

— O que você acha? Devo atendê-lo?

— Doutor Gusmão, espere mais alguns dias. Eu quero me informar mais sobre o escritório dele.

— Está bem, Adriano. Ficarei aqui até o início da próxima semana. Aguardarei suas informações.

— Obrigado pela confiança, doutor Gusmão.

— Não por isso. Você sempre foi merecedor dela. Até logo.

— Até logo, doutor Gusmão.

Flora perguntou ao marido:

— Quem era, Gustavo?

— Era Adriano. Ele fez contato com aquele escritório que estava me procurando, e disseram que só falarão comigo. Ele vai levantar algumas informações sobre eles e depois me dirá se devo ou não os atender.

— Você está preocupado?

— Estou sim, Flora, mas não com esse escritório; estou preocupado com a jovem aqui ao lado. É estranho o sentimento que ela me desperta.

— Sentimento?

— Sim, parece que a conheço de algum lugar. Sei que não é possível, porque você me disse que ela mora nos Estados Unidos desde os dois anos de idade. Contudo, há alguma coisa nela que me é familiar.

— Você a viu sem os óculos?

— Não, e você?

— Também não. Isso eu achei estranho. Ela não é totalmente cega, Gustavo. Por que usa os óculos em locais escuros?

— Você também notou? — Gustavo questionou.

— Sim. Ela não usou o braille para indicar o número do andar.

— Você vai tomar chá com ela hoje à tarde?

— Não, vou visitar uma amiga que não vejo há tempos. O marido dela teve um derrame, e ela passou a dar aulas de música em casa. Falei com ela por telefone ontem. Você vai precisar do carro?

— Vou, mas pode ir. Irei até a faculdade, pois quero saber quais são as novidades em pesquisas oculares.

154

— Gilberto pode levá-lo e depois vir me buscar. Só sairei às duas da tarde.

— Está bem, Flora. Vou me trocar. Combinei de almoçar com doutor Antero. Você ficará bem sozinha?

— Claro, Gustavo. Mande Gilberto de volta, assim que puder. Quando ele chegar, sairei para fazer algumas compras. Quero dar um presente para Cândida.

— Está bem, Flora. Vai a alguma livraria?

— Sim, você quer alguma coisa?

— Quero sim. Traga-me o jornal do dia. Tem um caderno sobre ciência que me interessou.

— Trarei sim, Gustavo.

Gustavo aproximou-se de Flora, deu-lhe um beijo e disse:

— Tenha um bom-dia.

— Você também.

Capítulo 8

Flora chegou à casa de Cândida no horário combinado:

— Flora, você é pontual como uma inglesa. É um prazer recebê-la.

— O prazer é meu de estar aqui. Fiquei muito contente de o Gustavo ter concordado de passar uma semana aqui em São Paulo, pois assim posso rever minhas amigas. O que tem feito?

— Não tenho feito muita coisa. Cuidar do Armando me ocupa quase todo o dia.

— Você não tem quem a ajude?

— Tenho sim, mas minha ajudante cuida da casa. Dele prefiro cuidar pessoalmente. Ele tem dificuldade para falar, e apenas eu o compreendo. Tenho dado algumas aulas também. Roberta me ajuda muito.

— E ela como está?

— Está bem fisicamente, mas teve um sério problema no escritório em que trabalhava. Discutiu com o sócio da empresa e pediu demissão. Ela estava sob forte pressão. Talvez tenha sido melhor assim. Roberta me disse que vai descansar por uns dias e depois vai procurar se estabelecer. Ontem, ela esteve aqui e me disse que alguns clientes do escritório a procuraram e querem que ela cuide de seus negócios. Isso a deixou mais animada. Mas e você? O que tem feito?

— Envelhecido. Minha vida não tem muita graça. Continuo sendo a esposa do doutor Gusmão. Desde que meu filho morreu, nossa vida ficou parada.

— Como parada?

— Gustavo continuou trabalhando, mas sem o mesmo entusiasmo. Parou de dar aulas e agora atende alguns clientes que não querem mudar de médico. Eu gostei de conhecer uma moça com problema de visão e notar que ele se interessou pelo problema dela. Fazia tempo que não o via animado.

— Mas vocês têm problemas de saúde?

— Não, Cândida. Nossa saúde vai bem. Estou com setenta anos e sinto saudade do tempo em que tocávamos na orquestra sinfônica. Lembra-se disso?

— Claro! Como poderia me esquecer? Você me incentivou tanto. Foi uma pena que a vida tenha nos separado. Você ainda toca piano?

— Sim, sempre que posso. Não tenho essa disposição que você tem para ensinar, mas ainda toco. Você sabe que tornaram a procurar Gustavo para falar que encontraram um neto nosso?

— Novamente isso? E ele?

— Passou o assunto para nosso advogado, o doutor Adriano de Almeida. Ele fica muito abalado quando se lembra do passado. Da intolerância que teve com René. Muitas vezes, Gustavo se culpa pelo que aconteceu.

— E você? Como se sente quando esse assunto vem à tona?

— Fico muito triste, Cândida. Fiz o que pude para demovê-lo, mas ele não me ouviu. Eu não tenho remorso. Tenho saudade do meu filho e pena de não ter conseguido conviver com ele, a mulher e minha neta. Eu nem pude conhecê-la.

— Flora, será que essa menina não está viva e procurando por vocês?

— Não sei, Cândida. Hoje, ela estaria com vinte e sete anos. A polícia não soube informar por que houve o incêndio e ninguém achou a criança. Parece que nossa vida ficou suspensa. Ficamos parados naquele dia. Nossa vida não teve mais sentido.

— Se eu fosse você, procuraria sua neta.

— Mas e se os rumores daquela época forem verdadeiros? Se ela não era filha do René, como diziam?

— Flora, sou mais jovem que você e devo ter a idade que sua nora teria hoje, talvez apenas alguns anos a mais... Lembro-me de que ela era uma mulher muito bonita e que, quando ela e o René começaram a namorar, algumas pessoas ficaram com raiva. Talvez essas pessoas tenham iniciado uma fofoca, que acabou desencadeando aquela tragédia. Eu não acredito que ela traiu seu filho. Eu conheci sua nora, Flora. Ela só tinha olhos para ele. Vocês deviam reabrir o processo e voltar a investigar o caso. Comecem ouvindo esse advogado que está tentando um contato com vocês.

— Ah, Cândida! Não sei, não, mas vou falar com Gustavo. Quem sabe, não é mesmo?

— Fale com ele. Talvez Roberta possa ajudá-los.

— Você falaria com ela?

— Claro, ela é advogada, conhece muita gente. Por que não tentar? Por medo de ouvir um não? Quantos *nãos* vocês já ouviram? Talvez seja o momento de encontrar uma explicação para tudo o que houve.

— Cândida, foi muito bom eu ter vindo aqui. Você me devolveu o ânimo para recomeçar. Sabe o que vou fazer? Vou falar com sua filha mesmo que o Gustavo seja contra. Acha que ela me receberia?

— É lógico! Vamos tomar nosso chá, e eu pedirei a ela para vir até aqui conhecê-la. Tenho certeza de que vocês se darão muito bem.

— Eu lhe serei eternamente grata.

— Não me agradeça ainda. Venha! Vamos para a sala de jantar. Vou telefonar para Roberta.

— Em que posso ajudá-la, senhora?

— Mariângela, você não está me reconhecendo?

— Meu Deus, Lúcia! Há quanto tempo não a vejo?

— Faz tempo mesmo. Tomei a liberdade de telefonar hoje cedo para cá e perguntei sobre você. Não tinha certeza de que ainda estava trabalhando aqui. Disseram-me que você saía às quatro da tarde, então, vim nesse horário para podermos conversar. Você está livre?

— Claro. Você me parece preocupada.

— Estou sim. É uma história antiga e longa. Será que poderíamos ir a algum lugar para conversar.

— Claro, eu não tenho nenhum compromisso. Você está de carro?

— Estou sim, e você?

— Hoje não estou de carro, pois meu filho deixou o dele na revisão e ficou com o meu. Aonde gostaria de ir?

— A um lugar onde pudéssemos conversar sem sermos interrompidas.

— Se quiser, podemos ir à minha casa. É aqui perto.

— Ótimo, vamos sim — Lúcia concordou.

No caminho para casa de Mariângela, as duas amigas foram conversando sobre maridos, filhos e viagens até que Mariângela disse:

— É ali, Lúcia. Naquela casa de muro branco. Pode parar na frente. Meu filho só chegará por volta das dez da noite. Venha, vamos entrar. Enquanto conversamos, vou passar um café.

Depois de instaladas na cozinha de Mariângela, Lúcia perguntou:

— Mariângela, você se lembra da professora Andréia Burns?

— Claro que me lembro. Ela se casou com o advogado mais cobiçado daquela época, o René Gusmão.

— Você se lembra de que os dois morreram num incêndio?

— Sim, Lúcia, nem me fale! Foi uma tragédia sem precedentes. A faculdade ficou de luto, pois todos gostavam muito dela. Os alunos não se conformavam. Alguns chegaram a cobrar das autoridades que solucionassem o caso, no entanto, ninguém conseguiu nada. Mas por que você está tocando nesse assunto, depois de todos esses anos?

— Mariângela, vou lhe contar tudo, mas antes preciso que me responda uma coisa... Ela traiu René alguma vez?

— Não! Imagine! Ela amava aquele homem. Eu convivia com Andréia e sei que era um amor capaz de mover céus e terras. Eu soube do boato de que ela estaria grávida de outro homem, porém, não acreditei. Alguns professores estavam interessados nela, mas, depois que ela comunicou a todos a data do casamento, eles se afastaram. Eu sei de um que ficou muito aborrecido, pois era apaixonado por Andréia. No entanto, tenho certeza de que entre eles nunca houve nada.

— Alguém sabia disso?

— Sim, alguns alunos e professores. Paulo Eduardo não fazia segredo da paixão que nutria por Andréia, mas ela nunca o encorajou. Ele marcou um encontro com ela na biblioteca, disse que queria despedir-se, pois estava indo embora para o Rio de Janeiro. Ela chegou um pouco antes e me pediu que ficasse por perto, temendo que ele tentasse alguma coisa. Eu fiquei com Andréia o tempo todo, e ele não apareceu. Nunca soubemos o que houve.

— Isso foi depois do casamento?

— Sim. Logo depois que ela nos contou que estava grávida. Para ser exata, isso aconteceu no dia seguinte à notícia da gravidez.

— Mariângela, a filha dela está no Brasil.

— Meu Deus, Lúcia, não me diga! A menina não havia sido levada para os Estados Unidos por um tio?

— Foi sim, mas ela veio ao Brasil para descobrir a verdade sobre a morte dos pais e também por que os tios não lhe contam nada. Minha filha trabalha no escritório que está tratando de encontrar os avós dela e esclarecer o que houve, mas um dos donos do escritório brigou com a advogada responsável pelo caso e ela pediu demissão. O namorado dessa moça é investigador em Nova Iorque e está com ela, pois teme que ela esteja correndo algum perigo. Minha filha e o namorado acham que pode ter acontecido alguma coisa de muito grave aos pais dela, e, pela quantidade de pessoas que vivia à volta deles, não podemos duvidar de nada.

— Lúcia, você tem razão. René tinha como clientes pessoas influentes e fazia um trabalho voluntário defendendo presos que não podiam pagar um advogado. Deve ter despertado a ira e a inveja de muita gente. Alguém deve ter tentado separá-los e lançou essa fofoca. Eu nunca mais soube do Paulo Eduardo, mas vou tentar localizá-lo e saber se ele tem conhecimento de alguém que quisesse prejudicá-la.

— Mariângela, por favor, faça isso com muita discrição. Essa moça pode estar correndo perigo. A casa em que eles viveram não foi vendida. Só as paredes restaram em pé, mas a palavra assassino está escrita em uma delas.

— Meu Deus, quem faria uma coisa dessas? Em que mundo estamos vivendo? Você já conhece a moça?

— Ainda não. Pretendo visitá-la amanhã. Vou deixar meus telefones com você. Por favor, poderia me avisar se por acaso se lembrar de alguma coisa ou se conseguir contato com esse professor? É muito importante.

— Fique sossegada, Lúcia, farei tudo o que estiver ao meu alcance para ajudá-los.

— Alô?
— Roberta, é Marcos. Como você está?
— Estou bem, e você?
— Bem também. Posso passar em seu apartamento para lhe entregar os documentos de sua rescisão?
— Pode sim, Marcos. Não vou sair.
— Ótimo, estarei aí às seis de meia da noite.
— Estarei o esperando. Até lá.
— Até mais.

161

Roberta desligou o telefone e ficou pensando em Marcos. Ele era um homem bonito e inteligente. Sabia que tivera alguns problemas que o impediram de cursar uma faculdade, mas ele era muito competente em seu trabalho no RH. Ela decidiu preparar-lhe um lanche para retribuir a gentileza. "Afinal, eu deveria ir ao escritório".

Enquanto pensava em Marcos, ouviu o telefone:

— Roberta?

— Mamãe? Aconteceu alguma coisa?

— Não, querida. Ou melhor, aconteceu, mas não é comigo nem com seu pai. Lembra-se de uma amiga minha chamada Flora, que mora em Campos do Jordão?

— Sim. É uma senhora que tocava com você na orquestra?

— Isso mesmo.

— Sim, mamãe, e o que houve?

— Eles perderam o filho e a nora em um incêndio. Na época, eles tinham uma neta, que deveria estar com dois anos quando essa tragédia aconteceu. Eles foram procurados por um escritório de advocacia que diz saber do paradeiro da jovem, mas o marido dela não quis conversar com eles. Ele acha que é um golpe, mas ela está querendo saber mais sobre o assunto. Então, sugeri que você a ajudasse. O que você acha?

Como Roberta não respondeu de imediato, Cândida imaginou que a ligação tivesse caído:

— Roberta? Você está me ouvindo?

— Sim, mamãe. Você não vai acreditar... Era o escritório em que eu trabalhava. Eu os estava procurando até pedir as contas, lembra-se? Eu comentei com você.

— É mesmo! Enquanto conversava com ela, a história me pareceu conhecida, mas eu não conseguia me lembrar direito disso. Estou ficando esquecida. Acha que poderemos ajudá-los?

— Mamãe, ela sabe se o marido dela fez algum contato com eles?

— Ah, Roberta, não tenho certeza. Apenas sei que eles estão hospedados num *flat* na Aclimação. Posso telefonar para ela e marcar um encontro para amanhã. O que você acha?

— Pode marcar, mamãe. Estou com tempo livre. Marque para amanhã em um horário que for melhor para vocês e depois me avise.

— Está bem, minha filha. Nem perguntei como você está!

— Estou bem, e você? O papai?

— Seu pai está do mesmo jeitinho. Eu estou bem. Não se preocupe conosco. Preciso desligar, pois ele está me chamando.

— Está bem, mamãe. Um beijo.

— Outro para você, filha. Até amanhã.

Roberta desligou o telefone e ficou pensando no que ouvira. Estava tão perto de encontrar os avós de Mônica, mas será que valeria a pena? Não seria melhor deixar por conta do escritório? O som do interfone trouxe-a de volta à realidade.

— Dona Roberta? O senhor Marcos está aqui.

— Pode autorizar a entrada. Estou descendo para encontrá-lo.

— Sim, senhora.

Pouco depois, Roberta apareceu e disse:

— Marcos, como vai?

— Vou bem, e você?

— Mais ou menos. Entre, vamos conversar lá dentro.

— Gostei do seu prédio.

— Ele é pequeno, todos se conhecem, e não tenho problemas com vizinhos.

— Não ter problemas com vizinhos é ótimo. Eu moro num condomínio maior que esse, mas quase não fico em casa, então, não tenho problemas com ninguém.

Os dois riram e entraram no apartamento de Roberta, que ficava no segundo andar. O condomínio em que ela morava era composto por três prédios de quatro andares cada um. Roberta perguntou:

— Como está o ambiente no escritório?

— Você está fazendo muita falta. Trouxe o nome dos clientes que pediram seu telefone para Luciana. Eles não aceitaram a desculpa que André lhes deu sobre sua saída e querem continuar com você.

163

— O que ele disse?

— Que você estava estressada e precisava descansar, mas isso não convenceu ninguém. Ele é muito arrogante.

— E o caso de Mônica? Você tem alguma notícia?

— Tenho sim. Luciana está namorando Marcelo, e os dois estão ajudando Mônica. André colocou Luís para procurá-la, mas não tiveram sucesso. Parece que ele seguiu Marcelo, porém, foi visto. O namorado de Mônica está no Brasil. O interessante é que os pais de Luciana e os pais de Marcelo acabaram se envolvendo nessa história também e os estão ajudando. A mãe de Lu conhecia a mãe de Mônica, e o pai de Marcelo é advogado do avô de Mônica. Por coincidência, os avós e a neta estão hospedados no mesmo *flat*.

— E minha mãe é amiga da avó de Mônica.

— Como é?

— Quando você chegou, eu estava preparando um lanche para nós. Vamos até a cozinha, e eu lhe contarei tudo.

Roberta contou a Marcos toda a história de Mônica, desde o primeiro contato que tivera com ela até o telefonema que recebera da mãe naquela tarde.

— Que história! O que você vai fazer?

— Não sei ainda. Pedi à mamãe que marcasse um encontro com a avó de Mônica para amanhã à tarde, mas estou pensando em ligar para Luciana primeiro. O que acha? Não gostaria que André soubesse que estou em contato com a Mônica.

— Ele não tem como saber. Luciana pode lhe dar mais detalhes, inclusive por que Rogério foi para Curitiba procurar os pais da mãe da Mônica. Ele está trabalhando com Lu e Marcelo.

— Meu Deus! E André?!

— Ele não sabe de nada.

— Além de você, quem mais sabe sobre isso no escritório? — Roberta questionou.

— Ninguém.

— Não? Então, como você sabe de todos esses detalhes?

— Nós temos conversado fora do escritório.

Marcos respirou fundo e disse:

— Roberta, eu preciso lhe dizer algumas coisas. Por favor, não me interrompa, senão não saberei continuar.

— Você está me deixando preocupada.

— Não fique. Não é nada grave... É que preciso lhe confessar uma coisa e não sei se terei coragem.

— Pode falar, Marcos. Prometo que não vou interrompê-lo.

— Roberta, estou trabalhando no escritório praticamente desde sua abertura. Não sei se você sabe que não pude fazer a faculdade que desejava, porque sou filho único e sustento minha mãe em uma clínica de repouso há vários anos. Meu pai nos deixou quando eu era muito jovem, e minha mãe fez tudo que pôde por mim. Quando a conheci, fiquei encantado com seu jeito forte e sua personalidade de mulher independente, que sabe o que quer. Você é uma advogada muito competente e bem-sucedida, a ponto de os clientes deixarem o escritório que cuida de seus documentos há tantos anos para a buscarem para auxiliá-los. Eu a admiro muito e só estou lhe dizendo isso, porque sua saída do escritório mexeu muito comigo. Aquele lugar está sem vida sem sua presença. Sei que você não vai voltar para lá... Nem deve, na verdade, pois aquilo lá virou um inferno. André grita por uma vírgula mal colocada ou quando alguém demora para atender ao telefone. Todos irão embora logo... Ainda não posso me dar ao luxo de pedir demissão, porque, como lhe disse, preciso pagar a clínica em que minha mãe está. Ela sofre de Alzheimer. Não posso interná-la em qualquer lugar e não tenho como cuidar dela em casa. Estou procurando outro emprego. Talvez conseguindo uma coisa melhor e voltando a estudar, não terei receio de lhe falar de meus sentimentos...

— Marcos, não fale assim. Você precisa acreditar em si mesmo. Quantos anos você tem?

— Tenho trinta e cinco.

— Nunca se casou?

— Não, Roberta, eu namorei várias pessoas, mas não foi nada sério. Quando me apaixonei por você, percebi que não era bom o suficiente para lhe falar de meus sentimentos. Por favor, não me tire da sua vida... Apenas me deixe ser seu amigo.

— Marcos, você é um bom homem, mas precisa aprender a se valorizar. Você é muito competente naquilo que faz. Quantos problemas com empregados foram evitados graças ao seu trabalho? Procure fazer cursos em sua área, e tenho certeza de que se sairá bem. Procure um novo emprego, contudo, demonstre convicção. Se você for para uma entrevista achando que vão lhe dar o emprego porque não há outro candidato, estará fadado ao insucesso. Confie em sua competência profissional. Seu currículo é muito bom.

— Tentei alguns contatos, mas fazem tantas exigências que fica difícil pensar em sucesso.

— Eu sei que é difícil, mas você precisa se valorizar. Talvez você esteja procurando emprego nos lugares errados. Já pensou em abrir uma consultoria em RH para atender a pequenas empresas ou em se associar a alguém para abrir seu próprio negócio?

— Não, Roberta. Nunca pensei em ter minha empresa. Tenho uma reserva financeira, mas não sei se é suficiente.

— Marcos, você me disse que há clientes do escritório que querem trabalhar comigo... Você sabia que a maioria tem problemas com funcionários? Vou procurá-los para passar o endereço do meu escritório, e, se você resolver abrir a consultoria, posso indicá-lo a eles. O que acha?

— Você faria isso por mim?

— Claro que sim. Já lhe disse mais de uma vez que você é um profissional muito competente. O problema é que você não acredita em si mesmo e assim ficará muito difícil de ter sucesso na carreira. Às vezes, precisamos nos arriscar, senão como saberemos se dará certo ou não? Faça assim... procure saber como fazer para abrir a consultoria antes de sair do escritório. Organize-se para saber onde você vai trabalhar.

É o que posso lhe dizer, pelo menos por enquanto. Se me lembrar de algo, lhe direi. Devemos lutar por aquilo que acreditamos, pois, se não fizermos isso, não valerá a pena viver.

— Você é uma mulher incrível. Amanhã mesmo, me informarei sobre o que devo fazer para abrir uma consultoria. Quero que se orgulhe de mim.

— Marcos, não preciso que seja um profissional de sucesso para me orgulhar de você. Eu o conheço há muitos anos. Você apenas tem um modo errado de olhar a vida. A vida coloca em nosso dia a dia pessoas, obstáculos, problemas, alegrias e tudo mais que seja necessário para nosso crescimento interior. Olhe o que a vida está colocando à sua frente. Não se sinta inferior, ou será sempre inferiorizado. Valorize o que possui e as pessoas que estão próximas a você, seus amigos, as pessoas que lhe querem bem. Quando você pensa apenas em derrota, não vê o que está à sua volta.

— Interessante... Janice me disse isso. Ela não usou essas palavras, mas falou que eu não deveria me afastar de você e que deveria procurá-la.

— Se não tivesse que me trazer esses documentos, você não me procuraria?

— Roberta, eu tenho medo de ser rejeitado, de fazer papel de bobo.

— E assim você vai levando a vida. E com trinta e cinco anos, está sozinho e em um emprego que não gosta, usando como desculpa a doença da sua mãe. Janice está certa.

— Você não está aborrecida comigo?

— Por que eu estaria?! Você é um homem bonito, inteligente, culto e com um grave defeito: não sabe dar valor a si mesmo. Quantas vezes conversamos sobre os mais variados assuntos no escritório e em alguns *happy hours*? Você sempre teve opinião formada sobre tudo. O que aconteceu com aquele homem com quem trabalhei durante todos esses anos?

— Não sei o que lhe dizer... Quando você saiu do escritório, eu me senti perdido. Acho que sempre procurei dar o melhor de mim para agradá-la, e, no entanto, você se foi. Não consegui dizer o que sentia.

— Marcos, você está exagerando. Você deu o melhor de si, porque tem muito a oferecer para qualquer mulher. Se você tivesse me confessado seus sentimentos, isso não teria mudado minha situação no escritório. Eu não saí de lá por sua causa. Minha demissão foi por causa do André. Não mudei de cidade, não morri, estou aqui na sua frente, e você está me falando de seus sentimentos. Se eu tivesse continuado no escritório, você provavelmente não falaria comigo como está fazendo agora.

— Não sei o que lhe dizer. Você está certa. Eu sempre me achei inferior a você e tive medo de ser rejeitado. A possibilidade de vê-la com algum daqueles advogados que trabalham no escritório me tirava o sossego, contudo, eu não conseguia falar dos meus sentimentos. E mesmo agora, estou aqui falando do que sinto sem saber se você tem alguém ou se estou sendo inoportuno.

— Não, Marcos, eu não tenho ninguém. Sempre trabalhei muito e nunca tive muito tempo para sair, viajar... Além disso, você sabe que também ajudo meus pais financeiramente. Papai teve um derrame e está acamado há muito tempo. Mamãe é musicista, mas a orquestra em que ela trabalhava já não existe mais. Hoje, ela dá algumas aulas e cuida do papai. Ela tem ajuda de uma diarista e de um fisioterapeuta, mas é só. Ele só consegue se comunicar com ela. Eu sempre esperei por alguém que chegasse e me levasse para longe desses problemas, algo como um príncipe encantado, mas há muito tempo cheguei à conclusão de que príncipes não existem. Foi assim que passei a trabalhar com afinco para me manter e ajudar meus pais. Quem sabe um dia eu consiga fazer a viagem dos meus sonhos?

— Agora você está parecendo comigo. Desculpe se não sou o príncipe dos seus sonhos, mas acredito que você seja a princesa que me salvou do bruxo mau. Podemos nos ver mais vezes?

— Claro, Marcos! Amanhã, vou me encontrar com a possível avó de Mônica. Está tarde, não vou ligar para a Luciana. Pode dar um jeito de avisá-la?

— Amanhã cedo, falarei com Luciana, e podemos marcar para você conversar com ela e com Marcelo. O que acha?
— Seria ótimo. Eu gostaria muito de poder ajudar Mônica, mas não sei qual é a real intenção de André. Não deixe que ele ouça a conversa de vocês.
— Não se preocupe, sei como falar com ela sem que ele perceba. Agora é melhor eu ir embora, pois já passa das dez horas.
— Eu não assinei os papéis.
— Não tem problema. Veja-os com calma, e eu os pegarei amanhã.
Roberta acompanhou Marcos até a saída do condomínio.
— Roberta, não deixe de ligar para os clientes. Eles estão aflitos.
— Ligarei amanhã cedo. Pode ficar sossegado.
Marcos beijou-lhe o rosto delicadamente. Não quis assustá-la, afinal, ela não lhe falara nada sobre seus sentimentos. Ele, no entanto, saiu do condomínio sentindo-se renovado, com a certeza de que conseguiria conquistá-la e de que seria bem-sucedido em sua vida profissional. Conversar com Roberta aliviara seu coração.
Ela, por sua vez, entrou em casa pensando em tudo o que ouvira de Marcos. Convivera com ele durante anos e jamais suspeitara dos sentimentos do colega. Enquanto arrumava a louça na cozinha, Roberta pensava: "Falamos tanto em olhar à nossa volta e nunca vemos verdadeiramente quem está ao nosso lado. Talvez seja cedo para me entregar a esse sentimento, mas não vou deixar que nada atrapalhe minha vida. Vou me dar uma chance. Sempre tive medo de amar... Quem sabe Marcos não será o homem da minha vida?".
Com esses pensamentos, Roberta foi deitar-se, pois precisaria levantar cedo no dia seguinte.

Eric chegou ao *flat* quando já passava das dez da noite. Marcelo e Luciana faziam companhia para Mônica:
— Eric, o que houve? Você passou o dia na delegacia?

Marcelo e Luciana olhavam fixamente para ele, cuja expressão era de cansaço e tristeza.

— Mônica, desculpe. Eu me envolvi com os documentos e com a conversa com o pai do delegado, e não sentimos a hora passar.

— Mas você conseguiu descobrir alguma coisa sobre eles?

— Consegui pouca coisa. Descobri que o filho do casal que trabalhava na casa dos seus pais morreu na cadeia. Marcelo, você ficou aqui o dia todo?

— Sim, eu fiquei aqui. Saí apenas com Bud e aproveitei para dar uma volta pelo bairro. Não vi Luís nem André por aqui. Parece que está tudo calmo. Eu gostaria muito de saber o que você encontrou, mas acho que vocês precisam conversar sozinhos. Vamos, Lu, amanhã eu venho cedo para cá, e nós conversamos. Ou você vai sair cedo?

— Não, amanhã eu devo ficar por aqui. Tenho muitas informações que precisam ser organizadas e preciso ligar para meu supervisor. Ele me mandou um recado, e preciso contatá-lo. Vocês descobriram mais alguma coisa?

Luciana respondeu:

— Hoje, Marcos, que trabalha no RH, foi ver Roberta. Estamos tomando muito cuidado com André. Aquele escritório está um caos sem ela. Marcos me ligou há pouco dizendo que esteve com Roberta e que amanhã ele me contará sobre o que conversaram.

Eric perguntou a Mônica:

— Roberta não é aquela moça que estava cuidando de você e que havia criado alguns problemas?

— Eric, ela não criou problemas. Roberta foi também prejudicada por André. Eu gostaria de revê-la, pois assim poderíamos esclarecer possíveis mal-entendidos.

— Você é quem sabe. Marcelo, muito obrigado por sua ajuda — Eric agradeceu.

— Vamos, Lu. Eric, não fique preocupado com Roberta. Eu a conheço há muito tempo e sei que ela jamais faria alguma coisa para prejudicar Mônica. Até amanhã.

— Até, eu os acompanho.
Quando Eric voltou, Mônica disse:
— Quer jantar?
Eric abraçou-a e disse:
— Senti sua falta. O que você fez hoje?
— Nada. Eu não saí, não desci para o restaurante, fiz algumas pesquisas na internet e assisti a um pouco de televisão. Quando você está aqui, me sinto mais segura. Marcelo é uma ótima companhia, contudo, ele precisa cuidar das coisas dele. É uma situação horrível! Pareço uma prisioneira.
— Sei que é difícil para você, mas logo, logo, isso terminará. Você havia me perguntado se eu queria jantar... O que tem de bom?
— Pizza fria!
— Hum! Requentada?
— No micro-ondas!
— Ei, cadê o Bud?
— Está ali. Ele passeou muito e deve estar exausto.
Mônica deu um beijo em Eric e foi para a cozinha. Ele abaixou-se para brincar com Bud, que se levantou correspondendo à brincadeira.
— Venha, Bud! Vamos à cozinha comer a pizza de sua dona.
Eric acomodou-se na cozinha com Bud ao seu lado. Enquanto comia, contava a Mônica a conversa que tivera com o pai do delegado Antunes.

— Marcelo, Eric não gosta de Roberta?
— Não é bem isso. Roberta ficou meio estranha no dia em que fomos ver a casa de Mônica. Quando ele soube disso, ficou preocupado. Eu não tiro a razão dele, porque também me preocupei com o comportamento dela. Depois, Roberta ajudou Mônica, então, não sabemos direito o que houve. Eric é detetive e logicamente nota qualquer mudança de comportamento.

— E o que será que houve? — Luciana questionou.

— Você falou que Marcos foi à casa dela?

— Sim, ele foi levar para Roberta a rescisão de contrato para que ela a assinasse e o telefone dos clientes que querem trabalhar diretamente com ela. Marcos é apaixonado por Roberta.

— Ele lhe contou?

— Não, mas o jeito dele, a preocupação com ela e alguns comentários de Janice me deram essa certeza. Ele foi à sua casa para que você assinasse a rescisão?

— Não, mas ele foi muito correto comigo — Marcelo tornou.

— Então! Preciso lhe dizer o que Marcos me falou sobre Roberta! Não quis falar sobre isso na frente de Mônica.

— O que aconteceu?

— A mãe de Roberta é amiga da avó de Mônica, e elas vão se encontrar amanhã.

— Meu Deus! Será que esse encontro não trará mais problemas para Mônica?

— Não sei, Marcelo. Marcos vai me contar os detalhes amanhã. Depois que eu falar com ele, ligarei para você, e, se houver necessidade, avisaremos Eric.

— Está certo. Vou esperar seu telefonema. Tenha cuidado para André não ouvir a conversa de vocês.

— Fique tranquilo. Estamos tomando cuidado com tudo o que falamos no escritório.

— Chegamos. Vou acompanhá-la até seu apartamento.

— Você quer entrar? — Luciana perguntou.

— Não, está tarde. Amanhã, teremos um dia cheio. Tenha cuidado com o tal Luís e não deixe de me ligar, Lu. Esses dois não são de confiança.

— Fique tranquilo. Não acontecerá nada.

O casal se abraçou e trocou um longo beijo. Marcelo disse:

— Você me enfeitiçou, não consigo deixá-la.

— Eu também quero ficar com você, mas...

172

— Eu sei... O doutor Otávio...

— Pois é. Daqui a pouco abrirá a porta. Não seria legal!

— Eu sei disso, já estou indo. Até amanhã, amor.

— Até amanhã, Marcelo, e por favor tome cuidado também.

— Não se preocupe. Durma bem.

Luciana entrou em casa e ouviu a voz da mãe:

— Lu, é você? Marcelo não quis entrar?

— Oi, mamãe, ele foi embora. Amanhã, todos nós teremos de levantar cedo.

— Não é tão tarde.

— É sim. São onze horas.

— Nossa! Eu estava lendo e não senti o tempo passar.

— Papai não está em casa?

— Não, ele foi se encontrar com os amigos naquela reunião semanal.

— Ah, sei.

— Já jantou?

— Sim, comemos pizza com Mônica. Mãe, eu adoro aquele cão! Ele fica sentado esperando que alguém lhe dê um pedaço de pizza. Pode?

— Eu preciso conhecê-lo! Agora, vamos conversar sobre o encontro que tive hoje. Consegui falar com uma amiga que trabalhava na faculdade no tempo em que Andréia dava aula lá. Mariângela me falou sobre um professor que era apaixonado por Andréia e que foi embora da faculdade quando soube da gravidez.

— Ele gostava dela tanto assim?

— Sim. Tanto que chegaram a dizer que eles tinham um caso ou algo parecido.

— Por isso os comentários sobre a gravidez?

— Não sei. Mariângela ficou de entrar em contato com ele para tentar descobrir o que motivou a transferência dele. Talvez não tenha nada a ver com a história de Mônica.

— É, pode ser... Olhe, mamãe, essa história está mexendo com a vida de muita gente. Hoje à noite, fiquei sabendo que a avó de Mônica é amiga da mãe de Roberta. Elas tocavam juntas na orquestra sinfônica da cidade. Depois que o grupo se dissolveu, elas continuaram a se ver sempre que a tal senhora vinha a São Paulo. Roberta e a mãe vão encontrá-la amanhã.

Nesse momento, as duas mulheres ouviram um barulho da porta. Otávio chegou e perguntou:

— Meus amores, vocês estão bem? Tenho novidades sobre René.

— Que ótimo, papai! Espero que sejam boas e que possamos dá-las a Mônica.

— Conversei com dois amigos, e eles se lembram de René e do pai dele. Doutor Gusmão sempre foi um médico muito conceituado. Ele era professor na faculdade e tinha a clientela mais seleta de São Paulo. Como todo pai, ele queria que o filho seguisse seus passos, porém, René era apaixonado pela advocacia. René estudou nos melhores colégios, era um excelente aluno e não demorou a ter um escritório prestigiado, contudo, naquela época, havia muitos problemas com o regime político no Brasil e ele acabou se envolvendo com alguns movimentos. E foi em um desses movimentos que ele conheceu Andréia.

Lúcia falou:

— Naquela época, os movimentos estudantis eram muito fortes. Andréia era professora, e deve ter sido por isso que doutor Gusmão não quis o casamento. Acredito que não tenha nada a ver com o fato de ela ser judia.

— Exatamente. Porém, quando eles começaram a namorar, Andréia abandonou esses movimentos. Aparentemente, ela não perdeu suas convicções políticas, mas parou de ir a essas reuniões a pedido de René. Em troca, ele defendia gratuitamente o preso que não conseguisse um advogado. Pouco depois, René teve um problema de saúde, e o médico lhe disse que ele não poderia gerar filhos. Quando Andréia lhe contou sobre a gravidez, ele ficou desesperado, mas não procurou o médico para falar sobre a gravidez da esposa. René e o pai tinham o mesmo temperamento, e isso dificultou muito a vida do casal.

Otávio fez uma breve pausa e continuou:

— Havia um professor na faculdade que era apaixonado por Andréia, e alguém insinuou que ela poderia estar grávida dele. A pessoa que me contou isso não soube dizer se ele descobriu que era o pai da criança ou quem fez a intriga; disse apenas que, depois do nascimento da menina, o casal se isolou dos compromissos sociais e que René continuou trabalhando, porém, sem a garra dos primeiros tempos. Alguma coisa aconteceu entre eles, mas ninguém sabe dizer o que houve.

— Puxa, papai, já é um começo. Mas será que ele não podia mesmo ter filhos? Ele continuou vivendo com Andréia e com a filha... Como será que viviam?

— Pois é, não consegui descobrir mais nada. E você, Lúcia? Falou com Mariângela?

— Falei sim. Ela me falou sobre esse professor e ficou de entrar em contato com ele ainda esta semana. Quem sabe não conseguimos saber a outra parte da história?

— Tomara! Tenho muita pena dessa moça. Agora, meninas, vou tomar um banho e cair na cama. Boa noite — Otávio despediu-se.

— Boa noite, papai. Mamãe, vou me deitar também. Você vai ficar acordada?

— Vou ficar mais um pouco. Este livro está muito bom, e amanhã não terei de me levantar cedo. Boa noite, filha. Durma bem.

Lúcia ficou refletindo sobre tudo o que ouvira. Ela estava lendo um romance sobre vidas passadas. "Será?", pensava ela. "Será possível que a vida nos coloca em situações para reconhecermos nossos erros em outras vidas? Mas por que tanto sofrimento? Será que não há uma forma de aprendermos sem tanta tristeza? Sem tanta dor? E essa moça? Que destino, meu Deus?! E nós? Por que estamos envolvidos nessa história toda? Amanhã, vou procurar alguém que possa me esclarecer essas questões".

175

Capítulo 9

Lúcia levantara-se cedo, pois estava incomodada com os pensamentos que tivera na noite anterior. Ela lembrou-se de uma conversa que tivera com seu médico, doutor José Luiz, e resolveu marcar uma consulta com ele. Ligou para o consultório e foi informada que ele poderia atendê-la às 16 horas na última consulta do dia. Lúcia agradeceu e achou ótimo ser a última, pois assim poderiam conversar sem a preocupação de deixarem pessoas esperando.

Enquanto resolvia o que faria durante o dia, ouviu o telefone tocar:

— Lúcia? Oi, é Mariângela. Tudo bem?

— Sim, tudo bem. E você?

— Tudo bem. Liguei para avisá-la de que o professor Paulo Eduardo está vindo para uma palestra aqui em São Paulo. Falei com ele ontem à noite. Ele ficará por aqui durante uma semana e terá tempo de conversar conosco.

— Você adiantou o assunto com ele?

— Sim. Ele me disse que Andréia foi muito criticada na época, mas que a conhecia muito bem e tinha certeza de que o pai da criança era René. Ele conhecia os dois.

— Você já sabe quando ele chegará a São Paulo?

— Depois de amanhã. Ele ficou de me telefonar assim que estiver hospedado para marcarmos um encontro.

— Muito obrigada, Mariângela. Vou falar com minha filha, e aguardaremos sua ligação.

— Fique sossegada, Lúcia. Assim que eu tiver a data, ligarei para você. Um abraço.

— Outro para você. E mais uma vez, muito obrigada.

Depois que desligou o telefone, Lúcia foi tomada por uma sensação de paz. Ajudar Mônica era algo que ela estava gostando de fazer. Não sabia explicar a razão, mas, mesmo sem conhecer a jovem, sentia carinho por ela. Pensou em ligar para Luciana, porém, tinha receio de que alguém ouvisse a ligação e pudesse prejudicá-la. Decidiu, então, que conversariam à noite.

Eric acordou com a campainha tocando.

— Marcelo? O que houve?

— Bom dia, Eric. Vim buscar o Bud, e na portaria me informaram que Mônica saiu com ele. Fiquei preocupado.

— Como assim saiu com ele? Desculpe, eu nem o mandei entrar, pois acordei com o barulho da campainha. Que horas são?

— São 9 horas. Ela não falou com você? — Marcelo perguntou.

— Não, ontem nós ficamos conversando até tarde.

— Vou dar uma volta e ver se a encontro.

Nesse momento, ouviram a chave da porta girar. Eric e Marcelo perguntaram ao mesmo tempo:

— Por que você saiu sozinha com Bud?

— Ei! Não precisam se apavorar! Bom dia para os dois. Marcelo, por favor, me ajude com o Bud.

— Venha, Bud, vamos tirar essa coleira.

— Eric, resolvi não ficar me escondendo. Não cometi crime nenhum e não tenho o que temer.

Abraçando-a, Eric disse:

— Eu sei disso. É que nós tememos por sua segurança. Não sabemos o que aquele tal de André quer com você.

177

Voltando da cozinha com Bud, Marcelo disse:

— Tenho algumas informações sobre seus pais, Mônica. O pai da Lu conversou com alguns amigos ontem à noite e descobriu algumas coisas.

— Vamos para a cozinha. Vou preparar um café para nós, e aí conversamos.

— Boa ideia, Mônica. Eu acordei com Marcelo tocando a campainha.

— Então, vamos. Você também, Bud, venha.

Enquanto tomavam o café da manhã, Marcelo contou o que o sogro lhe dissera. Quando ele terminou, Eric perguntou:

— Você acredita em tudo o que disseram?

— Sim, o doutor Otávio é uma pessoa séria e está interessado em nos ajudar. Não só ele como a esposa também. Ela foi à faculdade procurar uma pessoa conhecida de sua mãe, Mônica, que também está atrás de algumas informações sobre aquela época. Eu acredito que logo, logo, esse mistério será esclarecido. A propósito, ela gostaria de conhecê-la.

— Marcelo, você pode trazê-los aqui, não tem problema. Por enquanto, só não quero me apresentar para meus avós, pois não sei como reagiriam. Gostaria de ter mais informações sobre meu passado, antes de falar com eles.

— Vou combinar de irmos à casa deles. O que acham? Eric respondeu:

— Iremos sim. É só você marcar.

Mônica perguntou:

— Acha que poderemos levar o Bud? Não gosto de deixá-lo sozinho.

— Vou falar com Lu, mas acho que não haverá problema nenhum. E hoje? Vocês precisam de mim?

Eric respondeu:

— Não, Marcelo, não tenho nenhum compromisso hoje. Fique à vontade para cuidar dos seus negócios. Vou rever algumas anotações e telefonar para Raymond.

— Vou ver o pessoal que está cuidando da reforma da clínica. Se precisarem de mim, é só me ligar. Assim que eu falar com Luciana, ligarei para vocês. Até mais.

— Eu o acompanho até a porta.

— Tchau, Mônica.

— Tchau, Marcelo. Tenha um bom-dia.

— Obrigado.

Quando estavam à porta, Marcelo perguntou:

— Está tudo bem? A conversa de ontem ajudou em alguma coisa?

— Em relação à Mônica não alterou nada, mas conseguimos obter algumas informações sobre o filho dos empregados, aquele que morreu na prisão. O pai do delegado Antunes estava de plantão quando o rapaz foi preso. Prenderam várias pessoas, e houve também demora na averiguação de quem foram os culpados pelo tumulto que havia acontecido. Enquanto aguardavam os antecedentes de cada um, houve uma briga, e o rapaz foi ferido. Não conseguiram identificar o agressor. Ele foi levado ao posto médico, atendido e devolvido à cela. O médico que o atendeu não identificou uma ruptura no baço, e o rapaz acabou morrendo devido a uma hemorragia interna.

— E não aconteceu nada? Ninguém denunciou o caso? Não se preocuparam em buscar o culpado, nada?

— Não, Marcelo. Abafaram o caso, e, como a família não tinha recursos para contratar um advogado, nada aconteceu. O doutor René estava em busca de informações sobre o rapaz, mas aí aconteceu o que já sabemos. Se ele não tivesse morrido, provavelmente teria tomado as providências cabíveis.

— Meu Deus! São tantos mistérios e problemas envolvendo essa família! Só não consigo entender o que André tem a ver com isso.

— Não se preocupe com André, pois no tempo certo saberemos. Não estamos mais sozinhos nessa procura. Agora temos a ajuda dos seus pais, dos pais da Luciana, e aos poucos tudo se esclarecerá.

Mônica aproximou-se e perguntou:

— Por que vocês não conversam aqui dentro?

Marcelo respondeu:

— Desculpe, Mônica, eu me despedi e retive o Eric aqui no *hall*. Agora, eu vou embora mesmo. Até a noite.

Depois que Marcelo entrou no elevador, Mônica perguntou a Eric:

— Vocês estavam falando sobre alguma coisa e não queriam que eu os ouvisse?

— Não, estávamos falando sobre o que conversamos ontem à noite. Marcelo está preocupado com a proporção que o caso está tomando.

— E ele tem razão. Talvez eu não devesse ter começado isso.

Abraçando-a, Eric disse:

— Não pense assim. Você tem o direito de conhecer seu passado. Vou repetir o que disse ao Marcelo: não estamos sozinhos. Outras pessoas se uniram a nós e estão nos ajudando. Em breve, todos esses mistérios serão solucionados.

— Espero que esteja certo, pois estou perdendo minha segurança.

— Não diga isso, Mônica. Chegamos até aqui! Você é forte e vai superar todos os problemas que porventura surjam. E agora, sua fujona, me dê um beijo, pois não gostei de acordar sem vê-la ao meu lado.

Mônica beijou Eric, demonstrando a confiança e o amor que sentia por ele.

Roberta e Cândida chegaram ao *flat* no horário combinado com Flora, que as informara que o marido saíra e não voltaria cedo, o que permitiria que conversassem à vontade.

— Vocês querem descer para tomar o chá, ou posso servi-lo aqui no apartamento?

Cândida respondeu:

— Talvez seja melhor ficarmos aqui, pois assim teremos mais liberdade.

Roberta concordou:

— Eu também acho. Não seria bom conversarmos sobre um assunto tão delicado na presença de pessoas estranhas.

Flora providenciou o chá, e as três mulheres começaram a conversar sobre amenidades. Ela perguntou a Roberta:

— Sua mãe lhe contou meu problema?

— Sim, dona Flora. É sobre sua neta?

— É, Roberta. Eu não a conheci. Meu filho e minha nora morreram em um incêndio que aconteceu na casa deles, e nós não tivemos mais notícias da menina.

— Dona Flora, fui contratada para auxiliar uma jovem americana a encontrar sua família. Ela nasceu aqui no Brasil e foi levada para os Estados Unidos quando tinha dois anos. Não sabia dos pais, porque foi criada por um tio que não falava sobre o assunto. Ela tinha contato com a sócia americana do escritório em que eu trabalhava e organizamos a vinda dela para o Brasil.

Roberta contou a Flora tudo o que aconteceu desde que Mônica chegou ao Brasil. Falou do encontro que a moça teve com os ex-empregados dos pais, da visita à casa incendiada, da mudança ocorrida no escritório, que culminou com sua demissão e o abandono do caso. Comentou ainda sobre o trabalho de Marcelo e afirmou que acreditava que ela estava bem, uma vez que o noivo estava no Brasil e que outras pessoas a estavam auxiliando. Depois, a advogada perguntou:

— A senhora acredita que seja sua neta?

Emocionada, Flora respondeu:

— Meu filho colocou em dúvida a paternidade dessa menina, meu marido não aceitou o casamento, aconteceu toda essa tragédia, e eu não pude ajudar minha neta.

Cândida interveio:

— Flora, eu já lhe disse que René era o pai da criança. Fizeram alguma intriga. Eu conheci Andréia, e, em seu lugar, eu tentaria conhecer essa moça. Se ficarem em dúvida, façam um teste de DNA, mas não deixe de procurá-la.

— Ah, Cândida, eu não preciso procurá-la. Ela está aqui no *flat*.

Roberta perguntou:

— Como a senhora sabe?

— Você não disse que ela se chama Mônica e tem um cão-guia chamado Bud?

— Sim, mas...

— Eles estão hospedados no apartamento aqui ao lado. Eu a conheci por acaso no dia em que serviram o primeiro chá da tarde aqui no *flat*. Ela não tirava os óculos escuros, e agora entendo o porquê. Ela já sabia quem eu era.

Flora não conseguiu controlar a emoção, e Roberta e Cândida temeram que ela pudesse passar mal. Roberta queria telefonar para Gustavo, mas ela não deixou.

— Não, Roberta, eu já estou mais calma. Desculpe-me, a emoção foi muito forte. Quando conheci Mônica, o sorriso dela me encantou. Conversamos muito sobre viagens e sobre Nova Iorque. Falei sobre ela com Gustavo, e ele quer examiná-la. Ele já conversou com o namorado dela, e combinamos de que eles iriam conosco para Campos do Jordão, onde ela fará exames.

— Eu não sabia que ela estava hospedada aqui. Não falei mais com Marcelo. Sei apenas que ele e a namorada estão buscando encontrar a família de Mônica. A senhora quer que eu fale com ela?

— Não, Roberta. Gustavo pediu ao nosso advogado para cuidar desse assunto, e eu não sei em que pé as coisas estão. Tenho medo da reação dele e não tenho coragem de pedir a Mônica que faça um exame de DNA. Seria humilhante. Vou pensar em tudo o que você me contou e tentarei falar com ela sem revelar o que sei. Vamos ver o que acontece.

— Dona Flora, eu estarei à disposição para o que a senhora precisar. Não vou procurar Mônica sem sua autorização, mas vou procurar Marcelo e me informar sobre o que estão fazendo. Tentarei descobrir se encontraram alguma pista que os conduz à senhora e a seu marido.

— Obrigada, Roberta. Tenho certeza de que conseguiremos resolver essa situação da melhor maneira possível.

— Dona Flora, Mônica foi bem tratada pelos tios, contudo, sente muito a falta dos pais. Ela quer saber em que circunstâncias eles morreram e por que ela foi levada do Brasil. Apenas isso. Sei que sua família tem posses, mas creia que Mônica não veio atrás de dinheiro. Ela apenas quer saber a verdade sobre o passado dela.

— Roberta, eu acredito em você, mas não sei se Gustavo vai acreditar sem ter provas concretas. Vou esperar o melhor momento para falar com ele. Talvez depois que Gustavo a examinar. De qualquer maneira, por favor, me avise se souber de mais alguma coisa.

— Não se preocupe, dona Flora. Pode contar comigo. Mamãe, preciso ir. Você quer ficar mais um pouco? — Roberta perguntou.

— Não, filha, eu também preciso ir. Flora, você ficará bem?

— Ficarei sim, Cândida. Vão em paz e mais uma vez muito obrigada. Vocês me fizeram um bem enorme.

Eric voltava com Bud do passeio da tarde e começou a estranhar o comportamento do cão. Ele soltou a guia, deixando o animal farejar a vontade. De repente, Bud parou em frente ao apartamento de Gustavo e começou a latir. Eric sabia que a esposa do oftalmologista estava sozinha, então, bateu na porta. Como ninguém respondeu, ele pediu ajuda à equipe da recepção.

O gerente do *flat* abriu a porta e encontraram Flora caída na sala. Imediatamente, chamaram o resgate, e Eric, após deixar Bud com Mônica, acompanhou Flora ao hospital, enquanto o gerente do *flat* entrava em contato com Gustavo.

Quando Gustavo chegou ao hospital, encontrou Flora dormindo e Eric fazendo-lhe companhia. Em desespero, ele perguntou:

— O que houve?

— Fique calmo, doutor Gusmão. Ela está bem. Sua esposa está medicada e dormindo. Bud começou a latir em frente à sua porta, e eu achei melhor chamar o gerente do *flat* para abrirmos o apartamento. Ela estava desmaiada, então, chamamos o resgate. Eles fizeram os primeiros socorros e a trouxeram para cá. Eu tomei a liberdade de procurar o cartão médico na bolsa de sua esposa.

— Mas o que aconteceu para Flora desmaiar?

— Não sabemos, doutor Gusmão. O médico diagnosticou uma queda de pressão. Acho que nós a encontramos logo depois do desmaio. De qualquer forma, ele explicou que dona Flora teve muita sorte. Ela só precisa descansar agora.

— Não sei como lhe agradecer. Flora é tudo o que tenho na vida. Perdi meu único filho, em parte por causa da minha intransigência. Se eu perdê-la, não sei como conseguirei viver.

— O senhor precisa se acalmar. Sente-se aqui. Vou chamar o médico que a atendeu.

Enquanto Eric saía em busca do médico, Gustavo sentou-se próximo à cama e, segurando a mão de Flora, disse:

— Flora, meu amor, não me deixe. Sem você, minha vida não tem sentido. Por favor, não me castigue assim. Cometi muitos erros na minha vida, mas você sabe que foi a única mulher que eu amei. Não me deixe, Flora.

Eric e o doutor José Luiz entraram no quarto. O médico disse:

— Doutor Gusmão, o senhor não pode se emocionar desse jeito, senão terei de interná-lo também.

— Desculpe-me, doutor, eu me descontrolei. Nunca vi Flora dessa maneira. Por favor, me diga o que houve.

— Ela apenas teve uma queda de pressão; só precisa descansar. Bem, me deixe examiná-lo.

— Eu estou bem — Gustavo tornou.

— Mesmo assim, vou medir sua pressão e auscultar o coração.

— Então, doutor, como estou?

— A pressão está um pouquinho acima do normal. O senhor se alimentou hoje?

— Não, doutor. Eu estava em uma reunião e acabei perdendo o horário do almoço.

— Vou mandar lhe servir uma dieta leve. Dona Flora está tomando soro e não precisará de alimentos sólidos. Se ela acordar e pedir para comer alguma coisa, pode atendê-la.

— Eric, você vai ficar por aqui?

— Não, doutor, pois preciso ir ao *flat*. Mônica está sozinha.

— Não se preocupem, estou bem e passarei a noite aqui com Flora. Vou pedir ao meu motorista que o leve ao *flat* e me traga roupas limpas. Se eu sentir alguma coisa, chamarei a enfermeira.

— Está bem, doutor Gusmão. Vou pedir que fiquem atento ao senhor. Preciso ir para meu consultório, pois uma paciente está me esperando. Se acontecer qualquer coisa, não hesite em chamar as enfermeiras — disse José Luiz.

— Pode deixar, doutor. Não vou fazer nenhuma bobagem. Eric, vá cuidar de Mônica e muito obrigado. Não vou me esquecer da atenção de vocês nem do Bud. Aquele cachorro tem alguma coisa de especial!

— Doutor Gusmão, se o senhor precisar de alguma coisa, pode me ligar. Deixei meu telefone anotado naquele bloco de recados. Quer que eu peça ao motorista para vir aqui?

— Por favor, Eric, e mais uma vez muito obrigado.

Quando saíram do quarto, Eric perguntou:

— Eles estão bem mesmo?

— Estão sim. Eu os conheço há muito tempo, e todos os anos eles fazem um *checkup* comigo. Alguma coisa aconteceu para que dona Flora passasse mal. Você sabe se ela recebeu alguém? Ou alguma notícia ruim?

— Ela fez o lanche da tarde com alguém. Havia três xícaras na mesa e todas estavam sujas de batom.

— Você é observador.

— Faz parte da minha profissão. Acaba sendo automático notar que alguma coisa está fora do normal.

— Deve ter sido isso. Provavelmente, dona Flora recebeu alguém para um lanche e recebeu alguma notícia desagradável. Quando essas pessoas saíram, ela passou mal. Ainda bem que você estava atento.

185

— Não, doutor, ainda bem que temos o Bud. Foi ele quem deu o alarme.

— É! Os cães têm um faro muito bom para encontrar pessoas. Bem, Eric, preciso ir. Tenho pacientes à minha espera.

— Até logo, doutor.

Chegando ao consultório, José Luiz chamou a secretária:

— Suzana, tenho quantos pacientes?

— Dois, doutor. O senhor Abelardo e dona Lúcia. Ela pediu para ser a última consulta.

— Ela disse o motivo?

— Não, doutor. Posso mandar o senhor Abelardo entrar?

— Pode sim. Essa emergência me deixou muito atrasado.

Depois de atender ao senhor Abelardo, José Luiz pediu a Lúcia que entrasse. Depois de cumprimentá-la, ele perguntou:

— Em que posso ajudá-la, dona Lúcia?

— Doutor José Luiz, não estou doente. Vim conversar com você sobre um assunto que me chamou a atenção na última consulta.

— Do que se trata?

— Você falou sobre um grupo de estudos da espiritualidade. Lembra-se?

— Sim, eu me lembro. Falávamos sobre livros, e eu comentei sobre esse grupo que frequento. Você não precisava marcar uma consulta para me perguntar sobre ele. Era só me telefonar, dona Lúcia.

— Não é exatamente sobre o grupo que desejo lhe falar, doutor. Eu gostaria que você me orientasse sobre o livro que estou lendo e sobre uma situação que estou vivendo com minha família. Você tem tempo? A conversa pode ser longa?

— Tenho tempo sim. Estou com uma paciente internada e ficarei aqui no hospital até mais tarde. O que quer saber?

Lúcia contou detalhadamente a José Luiz o que sabia sobre a história de Mônica e, quando terminou, perguntou:

— Estou lendo uma obra sobre vidas passadas e não consigo deixar de pensar que a história dessa moça tenha alguma coisa a ver conosco. Acha que estou me deixando levar pela fantasia?

O médico pensou um pouco e por fim respondeu:

— Lúcia, eu estudo e me interesso muito por tudo o que diz respeito à espiritualidade e isso inclui vidas passadas. Não tenho como lhe provar que a reencarnação é uma verdade absoluta, mas concordo quando você diz que voltar a viver para pagar por erros cometidos não faz sentido. Afinal, eu acredito que Deus é perfeito, nos ama e não nos faria sofrer para aplacar a tristeza com a vingança. Eu acredito em vida após a morte. O universo é imenso, e não faz sentido que haja vida apenas aqui na Terra. Tudo na vida tem um motivo para acontecer. Se vocês estão ligados a essa família por acontecimentos de vidas passadas, é possível que tenham voltado para refazer antigos laços, crescer espiritualmente e ajudá-la por algum motivo que talvez nunca venham a saber.

— Há uma maneira de descobrir isso? E quanto às terapias de regressão?

— Lúcia, as terapias de regressão não são tão simples como parecem. Você não se deita num divã, e um médico a faz dormir para depois a conduzir aos recônditos de sua consciência. Há todo um trabalho para que isso se realize. Por algum motivo, a vida uniu vocês, e todos estão ajudando essa moça. Pelo que você me contou, além da morte trágica dos pais da menina, há outros problemas que ainda precisam ser resolvidos. O fato de os pais do René não aceitarem o casamento do filho não foi bem esclarecido, o desaparecimento da menina e o fato de René acreditar que a filha não era dele. Tudo isso precisa ser explicado, e ela não teria como fazer isso sem ajuda. Vocês são as pessoas que Deus colocou no caminho dessa moça. Um caminho que ela terá de percorrer para descobrir a verdade. É alguma coisa espiritual? É só uma coincidência? Isso nós nunca saberemos. Estamos sempre buscando a verdade ou o motivo pelo qual estamos agindo desta ou daquela maneira. Todos nós temos livre-arbítrio, podemos dizer sim ou não. E pelo que entendi, você disse sim. Então, não se preocupe com porquês; apenas siga seu coração. Faça o que sua consciência mandar, e você verá que sua vida ganhará um novo sentido. Devemos ajudar quem nos procura, se isso estiver ao nosso alcance. Do contrário, devemos deixar o outro seguir seu caminho sem nos envolver ou poderemos atrapalhar quem nos procurou.

— O senhor tem razão, doutor José Luiz. Eu fiquei tão presa a esse assunto que não pensei em nada a não ser em justificar o que estávamos fazendo. Nunca me envolvi em uma situação como essa e tenho certeza de que deve ter acontecido uma grande injustiça com essa família.

— Você sabia disso naquela época?

— Nós não éramos próximos. Eu os conhecia superficialmente e ouvi os comentários, mas não quis me envolver. Estava preocupada com minha vida pessoal.

— Talvez seja por isso que a vida os aproximou: para você ajudar a reparar uma injustiça. Sabe, Lúcia, a vida nos coloca diante de fatos que nos ajudam a crescer. Tudo o que vivemos ou situações não resolvidas que relegamos ao esquecimento voltam um dia. Não para nos assombrar como parece a princípio, mas porque naquele momento não tínhamos maturidade para tomar certas decisões. Hoje, você está de volta ao mesmo problema, contudo, está convicta de que pode ajudá-los. Naquela época, no entanto, você não estava. Faça o seu melhor e deixe que a vida se encarregue de recolocar tudo em seu lugar.

— Obrigada, doutor José Luiz. Foi muito bom ter vindo procurá-lo.

— Venha sempre que sentir necessidade e se quiser conhecer o grupo de estudo ao qual pertenço. Me avise, e terei prazer em apresentá-la a eles. Posso adiantar-lhe que são pessoas que superaram grandes dificuldades e que hoje se dispõem a ajudar quem precisa.

— Posso levar o Otávio comigo?

— Claro que pode. Vocês encontrarão amigos nesse grupo. As reuniões são feitas em minha casa. Vão quando quiserem.

— Vou conversar com ele e depois eu lhe telefonarei.

— Ficarei aguardando, Lúcia. Agora vá em paz. Vou pedir a Suzana que lhe devolva o dinheiro da consulta.

— Não é necessário. Afinal, eu o retive em seu trabalho.

— Lúcia, meu trabalho é atender às pessoas, estejam elas doentes ou não. Se você estivesse com um mal físico, eu receberia seu dinheiro, mas não é o caso. Você veio em busca de um conselho espiritual, e espero ter-lhe atendido.

— Você me atendeu, sim. E me disse coisas que sozinha eu jamais compreenderia. Sou-lhe muito grata.

José Luiz acompanhou Lúcia até a recepção e pediu a Suzana que fizesse a devolução do valor da consulta. Lúcia despediu-se e saiu sentindo-se bem mais calma do que quando chegara ao consultório.

Suzana comentou:

— Doutor, não entendi o que você fez. Eu não deveria ter cobrado a consulta?

— Não, Suzana. Dona Lúcia não está doente fisicamente; ela apenas precisava conversar e esclarecer algumas dúvidas. Não fazia sentido cobrar-lhe a consulta. Bem, vou ver a dona Flora e depois vou para casa. Você pode terminar seus afazeres e ir na sequência.

— Sim, doutor. Pode ir tranquilo.

Depois que o médico saiu, Suzana ficou pensando: "Doutor José Luiz deve ser uma pessoa muito especial. Não é a primeira vez que o vejo fazer isso".

Adriano chegou ao escritório do doutor Antônio Sampaio no horário marcado. A secretária o conduziu a uma sala de reuniões e pediu-lhe que aguardasse. Tão logo ela saiu da sala, Antônio Sampaio entrou:

— Doutor Adriano de Almeida?

— Muito prazer, doutor Sampaio.

— Em que posso ajudá-lo?

— Doutor Sampaio, estou ajudando um cliente e uma amiga do meu filho a solucionar um problema familiar antigo. O senhor se lembra do advogado doutor René Gusmão?

— Sim. Eu fiquei pensando sobre o que você me disse pelo telefone. Ele morreu num incêndio, não foi?

— Isso mesmo. A morte dele não foi bem esclarecida.

— O senhor a está investigando?

— Não diretamente. Meu filho foi contratado para ajudar a filha dele a buscar informações sobre o passado da família.

— Então, a menina existe?

— Existe sim. O senhor sabe alguma coisa sobre ela?

— Talvez... Primeiro, gostaria de ouvi-lo.

Adriano contou-lhe tudo o que sabia sobre Mônica e as investigações que foram feitas e por fim falou sobre André Silveira.

— André Silveira trabalhava como assistente da promotoria e participou de algumas ações judiciais com René. O senhor se lembra dele?

— Lembro-me sim. André optou pela promotoria, e René pela advocacia geral. Ele defendeu alguns réus presos, mas todos acabaram sendo condenados. Isso aconteceu não por imperícia dele, mas porque essas pessoas realmente haviam cometido os crimes de que eram acusadas. Ele trabalhava na assistência judiciária e sempre foi muito responsável em seu trabalho. André trabalhou comigo por dez anos e depois pediu transferência para Porto Alegre, deixando a promotoria para dedicar-se à advocacia geral.

— O senhor se recorda se houve algum problema entre eles?

— Por que você precisa dessa informação?

— Porque o escritório que estava cuidando desse assunto pertence a ele — Adriano tornou.

190

— Mas ele não está em Porto Alegre?

— Estava. Ele é sócio de uma advogada americana. Os dois possuem escritórios aqui, em Porto Alegre, no Rio de Janeiro e em Nova Iorque. Quando ele soube da chegada da filha do René, veio de Porto Alegre para São Paulo e demitiu meu filho. A advogada que cuidava do caso acabou pedindo demissão também. O que André não esperava é que a jovem, a filha de René, fugisse dele.

— Fugisse?

— Sim, fugisse. Ela se sentiu ameaçada pela presença dele e pediu ao meu filho que a ajudasse. O namorado dela veio de Nova Iorque para investigar o passado da família dessa moça. Meu filho me falou sobre o caso, e eu me dispus a ajudá-los. Nesse meio tempo, o doutor Gustavo Gusmão, meu cliente, recebeu uma ligação do escritório de André dizendo que precisavam falar-lhe sobre sua neta. O doutor Gusmão me pediu para cuidar desse assunto. Ele não sabe que a moça está no Brasil e que o advogado do escritório, que é André Silveira, se recusou a falar comigo. O homem disse que conversará apenas com doutor Gusmão.

— Então, estamos num impasse. Você disse que o namorado da moça veio investigar o passado da família?

— Sim, Eric é investigador da polícia científica de Nova Iorque. Ele trabalhou aqui no Brasil durante algum tempo e é bem relacionado, por isso conseguiu algumas informações que nos fez chegar ao senhor. Descobrir o que houve entre André Silveira e René Gusmão nos ajudaria muito.

— Vou lhe contar o que sei, mas não terei como provar com documentos. São fatos, situações do dia a dia, comentários de pessoas que conviveram com eles.

— Posso dizer que foram contados pelo senhor?

— Pode sim. Acredito que não haverá problema, porque não estamos caluniando ninguém. René e André eram muito amigos, contudo, tinham divergências quanto ao comportamento de algumas pessoas e a movimentos políticos. Quando conheceram Andréia Burns, os dois se apaixonaram por ela,

191

mas a moça se interessou por René. Lembro que André teve uma reação violenta quando soube do namoro dos dois. Ele estava conversando com uma pessoa e não percebeu que eu havia chegado. Ele dizia: "Isso não vai ficar assim! Ela o escolheu porque ele é rico, e o idiota nem percebe que está fazendo papel de bobo". Eu tossi para mostrar que estava ali, e ele ficou encabulado e me perguntou se fazia tempo que eu estava ali. Respondi-lhe que a tempo de ouvir seu desabafo e o aconselhei a deixar René viver a vida dele. Lembro-me de ter dito a André que dinheiro não era problema para a jovem, pois ela vinha de uma família de boa situação econômica.

Antônio fez uma breve pausa e continuou:

— Eu conhecia as duas famílias. Não tínhamos amizade, mas eu sabia de quem se tratava. Passado algum tempo, foi comentado no escritório que o pai de René se posicionara contra o casamento, pois não queria o filho casado com uma judia. Eu não dei importância ao comentário, contudo, me lembro de ter dito que eles estavam enganados. Doutor Gusmão não era esse tipo de pessoa. Alguns meses depois do casamento, surgiu um novo comentário. O de que Andréia estava grávida e o filho não era do marido. Eu chamei minha secretária e perguntei-lhe o que estava acontecendo com todos ali, pois não queria aquele tipo de comentário em meu gabinete. Eu disse a ela: "Somos profissionais da justiça, não um bando de desocupados". Ela defendeu-se dizendo que quem fazia esses comentários era André. Fui, então, falar com ele, mas André se esquivou dizendo que devia haver algum engano. Eu acreditei nele, pois ele sempre foi um bom profissional. Deixei o assunto de lado, e nunca mais se falou sobre esse casal. Até o dia do incêndio pelo menos.

— Doutor Sampaio, o senhor acredita que André possa ter espalhado esses comentários por ciúme?

— Não sei, doutor Adriano. André não falava sobre sua vida pessoal e seu comportamento como assistente da promotoria era impecável. Eu não tinha como desconfiar dele e sinceramente não quis me envolver nesses assuntos. Considerava tudo aquilo maledicência.

192

— André Silveira era de família rica?

— Não, ele era bolsista. Era um excelente aluno, e, se eu não estiver enganado, René o ajudava financeiramente. Se não era René quem o ajudava, outro amigo o fez. Ele frequentava os lugares da moda como todos os outros alunos. Um aluno bolsista não tem como fazer extravagâncias. E pelo que sei ele participava de todas as atividades desse grupo. Bem, doutor Adriano, espero tê-lo ajudado.

— Ajudou sim. Eu pedirei ao doutor Gusmão que converse com André, e vamos ver o que ele quer. Se o senhor se lembrar de mais algum detalhe, por favor, me avise. É muito importante que consigamos esclarecer todo esse passado. Tenho uma última pergunta... O incêndio da casa do René não foi investigado?

— Foi sim. O laudo dos bombeiros concluiu que aconteceu um curto-circuito, e por isso não houve investigação criminal.

— O senhor não acha estranho a filha do casal ter viajado no dia seguinte para os Estados Unidos com uma tia e o tio ter ficado para providenciar o funeral, indo embora antes desse laudo sair?

Antônio respirou fundo e respondeu:

— Por Deus, doutor Adriano, eu não sabia disso! Quem me passou o resultado do laudo foi André. Nem por um momento desconfiei de que pudesse ter algo errado.

— Podemos reabrir o caso?

— Já se passaram mais de vinte anos. Podemos reabri-lo, mas apenas para investigações. Se houve crime, este já está prescrito.

— O senhor nos ajudaria? É muito importante esclarecermos o que houve.

— Vou pedir para levantarem os documentos daquela época. Mas, por favor, não comente esse assunto com outra pessoa. Assim que eu estiver com eles, o chamarei e juntos analisaremos o caso.

— Pode contar comigo, doutor Sampaio. Obrigado por me receber.

— Obrigado por ter vindo. Acredito que precisamos reparar uma grande injustiça.

— Luciana, venha até minha sala.
— Pois não, doutor André.
— Luciana, o que está havendo neste escritório?
— Desculpe, doutor André, mas não entendi a pergunta.
— Houve uma redução em nossa carteira de clientes, e ninguém me avisou sobre isso.
— Doutor André, os clientes estão divididos entre os advogados que trabalham aqui, e só eles poderiam informá-lo sobre essa redução.
— Isso eu sei, Luciana. Acontece que a carteira de clientes de Roberta está incompleta, e você deve saber o que houve. Perdemos quatro clientes.
— Doutor André, esses clientes telefonaram e disseram que não têm mais interesse em trabalhar conosco. Apenas isso.
— Eles se esqueceram de que têm um contrato conosco e que existem prazos que devem ser cumpridos?
— Não, doutor André, eles disseram que a saída da doutora Roberta, advogada com quem trabalhavam, os impede de continuar conosco. Talvez se o senhor reconsiderar e chamá-la de volta...

Exaltado, André respondeu:
— Nem pense nisso! Traga-me os contratos desses clientes. Vou cuidar disso pessoalmente. Eles não sabem com quem estão lidando! Vamos, menina, traga-me os contratos!

Luciana saiu da sala tremendo e encontrou Marcos no corredor. Ele a amparou:
— Luciana, o que houve? Que gritaria é essa?
— Doutor André quer os contratos dos clientes que deixaram o escritório por causa da saída de Roberta. Eu não consigo me acostumar com ele. Precisa gritar comigo desse jeito?
— Venha até minha sala. Vou providenciar um copo d'água para você beber.

— Não, Marcos, estou bem. Vou pegar os contratos, senão ele vai sair daquela sala e berrar conosco.

— Tem certeza disso?

— Tenho.

— Vou acompanhá-la até sua sala.

— Você esteve com Roberta? Como ela está?

— Ela está bem. Eu lhe contei sobre os clientes que deixaram o escritório por causa dela. Roberta deve procurá-los ainda hoje — Marcos tornou.

— Que bom. Eles vão precisar de quem os defenda do doutor André. Pronto, Marcos, pode ir para sua sala. Vou providenciar os documentos que doutor André me pediu.

— Luciana, me avise se acontecer qualquer coisa.

— Está bem. Vá sossegado.

Quando Luciana retornou à sala de André, Luís conversava com ele:

— Você ainda não conseguiu encontrá-la? Não pode ser tão difícil!

— Não posso ficar parado em frente ao *flat* sem levantar suspeitas. Tenho que ser cauteloso, André.

André fez-lhe um sinal para que parasse de falar.

— O que você quer, Luciana?

— Trouxe os contratos que o senhor pediu.

— Muito bem, deixei-os aí. Pode sair e feche a porta.

Quando Luciana saiu, Luís disse:

— Você confia nessa moça? Ela não passa informações daqui para a Mônica?

— Acho que não. Além do mais, como ela faria isso?

— Ela namora o veterinário.

— Eu tinha me esquecido desse detalhe.

— Eu falei que ela tinha um namorado. Lembra-se?

— Ela não tem o que falar para ele. Você deveria se aproximar dela e tentar descobrir alguma coisa.

— Eu? Para ser maltratado novamente? Não, meu amigo. Ela é uma mulher bonita, mas eu sei quando tenho que "sair fora". Não vou perder meu tempo.

— Então, veja se descobre logo onde essa moça está hospedada. Preciso mandar informações para Michel.

— Você tem falado com ele?

— Não. Tentei duas vezes ontem, mas não consegui nada. Nesse momento, o telefone tocou.

— Doutor André, o doutor Adriano de Almeida está ao telefone.

— Pode passar.

Adriano iniciou a conversa:

— Doutor André, boa tarde. Conversamos há alguns dias sobre meu cliente, o doutor Gustavo Gusmão. O senhor havia me dito que gostaria de conversar com ele pessoalmente. Seria isso mesmo?

— Sim. Ele concordou em me receber?

— Concordou. Podemos marcar a conversa em meu escritório?

— Eu prefiro conversar com doutor Gusmão aqui, pois tenho alguns documentos que gostaria de mostrar a ele. Ficaria mais fácil.

— Poderia ser amanhã às 9 horas?

— Pode sim.

— Então, estaremos aí amanhã.

— O senhor virá também?

— Sim, meu cliente concordou em lhe falar, mas desde que eu esteja junto. Não há outra possibilidade. Se é tão importante que o senhor fale com ele, eu o aconselho a aceitar a condição.

— Está bem, doutor Adriano. Espero os senhores amanhã.

— Obrigado, doutor André. Até amanhã.

André desligou o telefone com raiva.

— Mais essa! O velho só falará comigo na frente do advogado dele.

— E o que tem isso?

— Como o que tem isso, Luís? Preciso ter muito cuidado com o que vou dizer. Ele não gostava da nora, não acreditava que a neta era dele, então, preciso falar tudo com muito jeito, ou ele perceberá alguma coisa.

— Você já deveria esperar por isso, André. Tem muito dinheiro em jogo.

— Exatamente por isso, Luís, trate de achá-la!

— Está bem, voltarei ao meu posto. Quem sabe hoje não terei mais sorte?

— Não se trata de sorte, mas de trabalho. Encontre essa moça!

— Mariângela? Paulo Eduardo, como vai?

— Oi, Paulo. Quando você chegou?

— Agora há pouco. Pensei muito sobre o que você me falou e resolvi antecipar minha vinda a São Paulo. Quando poderemos nos encontrar?

— Me dê seu telefone. Vou ligar para Lúcia e combinarei o encontro com ela.

— Pode me ligar a qualquer hora. Não vou sair do hotel.

— Está bem. E muito obrigada pela atenção, Paulo.

— Não tem de quê, Mariângela. Andréia não merecia o que lhe aconteceu. Se eu puder ajudar a filha dela, tenha certeza de que o farei.

— Obrigada, Paulo. Ligarei para você mais tarde.

Depois de falar com Paulo, Mariângela telefonou para Lúcia:

— Oi, Mariângela, tudo bem?

— Tudo bem, Lúcia. Liguei para avisá-la de que Paulo Eduardo já está em São Paulo.

— Ele já chegou?

— Sim. Ele me disse que ficou preocupado e resolveu antecipar a vinda a São Paulo. Quando você poderá falar com ele?

— Marque para amanhã. Combine um jantar lá pelas 20 horas. É um bom horário para você?

— É sim. Vai dar tempo de passar em casa antes de encontrá-los. Marcamos no hotel?

197

— Sim, podemos nos encontrar lá e depois saímos para um restaurante.

— Ótimo, Lúcia, vou avisá-lo. Se houver algum contratempo, lhe aviso.

— Obrigada, Mariângela. Até amanhã.

A família

Capítulo 10

Em Curitiba, Rogério e João Paulo chegavam à fazenda da família Burns.

— Senhor Samuel, boa tarde. Podemos entrar?

— João Paulo? O que faz aqui?

— Senhor Samuel, eu trouxe meu cunhado, Rogério, pois ele precisa conversar com o senhor.

Rogério estendeu a mão para cumprimentar Samuel, que não retribuiu ao cumprimento. Rogério olhou confuso para João Paulo, que lhe fez um sinal explicando que Samuel não enxergava. Nesse momento, uma senhora apareceu na varanda. João Paulo cumprimentou-a e apresentou Rogério:

— Dona Marieta, este é meu cunhado, Rogério. Eu falei com Cláudio, seu genro, e ele me disse que poderíamos vir hoje.

— Sim, ele me disse. Só não sei do que se trata o assunto.

— Cláudio está ai?

— Estou sim, João!

— Oi, Cláudio. Pensei que você tinha falado com dona Marieta e com seu Samuel...

— Não, João, eu preferi deixar que você explicasse o assunto a eles. Acredite que eu sei o que estou fazendo.

Marieta convidou:

— Venham! Vamos entrar.

199

Ela pegou no braço do marido e indicou aos outros que a acompanhassem.

João Paulo aconselhou:

— Rogério, é melhor você lhes explicar a situação. Seu Samuel, sua visão não melhorou?

— Não, meu filho. Estou praticamente cego. Reconheço as pessoas pelo andar, pela voz, mas não vejo mais nada.

Marieta explicou:

— Samuel tem uma doença degenerativa. Ele fez vários tratamentos, fomos a especialistas fora do Brasil, mas não conseguimos nada. A doença o venceu.

— Não, Marieta, a doença pode ter vencido, mas não estou derrotado. Ainda tenho esperanças de rever meu filho e minha neta.

Cláudio completou:

— Meus sogros tiveram três filhos: Sandra, que está casada comigo, Michel, que foi tentar a vida nos Estados Unidos, e Andréia, que infelizmente faleceu muito jovem.

Rogério perguntou:

— Vocês não têm notícias do rapaz que está nos Estados Unidos?

— Ele nos escreve, manda postais, mas não nos envia seu endereço para que possamos ir até onde ele está.

Rogério disse:

— Bem... Vou lhes explicar por que estou aqui e talvez possa ajudá-los a encontrá-lo. Quando Andréia faleceu no incêndio...

Samuel não deixou Rogério terminar a frase e disse irritado:

— Tudo por culpa daquele maldito advogado! Ele destruiu a vida da minha filha!

Marieta interveio:

— Calma, Samuel! Cuidado com sua pressão.

Rogério continuou:

— Por favor, me deixem terminar. Talvez vocês desconheçam alguns fatos, e estou aqui para mostrá-los. Exatamente no dia seguinte ao incêndio, a esposa de Michel seguiu para os Estados Unidos levando sua neta. E Michel seguiu para o país depois do funeral.

Samuel interrompeu novamente:

— Esposa? Que esposa? Quando Michel se casou? Que história absurda é essa?

— Senhor Samuel, deixe Rogério terminar. Continue por favor — Cláudio pediu.

— Não tem problema. Sei que o que vou dizer pode chocá-los, mas preciso que me escutem. Michel e Joanne criaram Mônica como se ela fosse filha deles. A jovem sempre os questionou sobre sua ascendência e a história da família, mas, como eles sempre se esquivavam do assunto, ela resolveu vir ao Brasil procurá-los.

Rogério contou toda a história desde a chegada de Mônica ao Brasil até ele ter sido procurado por Marcelo e Luciana pedindo-lhe que os ajudassem. Marieta não conseguia esconder a emoção, e ninguém conseguia entender o que Michel fizera, pois souberam da morte da filha uma semana depois que ela fora enterrada.

Samuel disse:

— Não é possível. Por que Michel faria isso conosco? E nossa neta? Por que não soubemos dela? Meu jovem, você tem certeza de que tudo isso é verdade? Que não tem ninguém querendo nos enganar e tirar proveito dessa situação?

— Senhor Samuel, eu não estive ainda com sua neta, mas posso lhe garantir uma coisa... Ela tem uma doença degenerativa nos olhos e está quase cega. É uma jovem bem-sucedida profissionalmente. As pessoas que me contrataram estão muito preocupadas com a segurança dela, principalmente porque estão cientes de que há bens em sua família e na família Gusmão. Vocês iriam comigo para São Paulo?

Emocionado, Samuel disse:

— Não sei. Já fomos procurados por um escritório e só nos fizeram perder tempo.

Marieta perguntou:

— Samuel, e se for verdade? E se essa menina existe? Em breve, não poderemos mais sair daqui. Por que não tentamos?

Sandra chegou nesse momento e foi colocada a par de toda a conversa:

— Papai, mamãe está certa. Vamos para São Paulo. O que custa? Se for necessário, pediremos a ela que faça um exame de DNA. Hoje em dia isso é tão simples.

— Vocês não entendem? Terei de me encontrar com o homem que causou tanto sofrimento à minha filha. Tenho certeza de que, se nos encontraram, o velho Gusmão também sabe que essa moça está em São Paulo.

— Senhor Samuel, ele ainda não sabe sobre ela. O que sabemos é que ele se arrepende muito de não ter dado ouvidos ao filho e de ter sido intransigente. O senhor tem mais filhos, porém, ele só tinha o René.

— Está bem, vamos para São Paulo. Não posso vê-lo, mas sua voz me passa confiança, meu rapaz. Precisamos de um dia ou dois para arrumar tudo por aqui. Sandra, eu gostaria que você e Cláudio viessem conosco.

— Quem vai cuidar da fazenda?

Cláudio respondeu:

— Nosso pessoal está bem treinado. João, se precisarem de alguma coisa, posso mandarem pegar na loja?

— Pode sim, Cláudio. O que vocês precisarem.

Sandra perguntou:

— Vamos levar as crianças?

— Não se preocupe com elas. Tenho certeza de que mamãe ficará feliz de tê-las por perto por alguns dias.

— Então, está bem. Vou conversar com eles e preparar tudo.

Rogério disse:

— Vou marcar as passagens e depois os aviso do horário. Está bem assim?

Cláudio respondeu:

— Vou lhe dar o dinheiro para as passagens.

— Deixe-me ver primeiro quanto ficará.

— Não, Rogério, somos quatro. Eu lhe darei o dinheiro, e depois você me devolve se sobrar algo ou me cobra a diferença.

— Está bem. Amanhã cedo providenciarei as passagens. Vou marcar o voo para depois de amanhã. Dá tempo de vocês se organizarem?

— Sim. O quanto antes viajarmos será melhor para todos, principalmente para o senhor Samuel e para dona Marieta.

— João, vamos embora. Já resolvi tudo o que precisava — Rogério pediu.

— Vamos sim. Senhor Samuel, dona Marieta, obrigado por nos receber.

Samuel respondeu:

— Não por isso, meu filho. Espero que dessa vez seja tudo verdade. Há mais de vinte anos, espero descobrir a verdade sobre a morte de minha filha. Quem sabe agora tudo será esclarecido?

Chegando à casa de João Paulo, Rogério telefonou para Luciana e pediu-lhe que avisasse a todos que os avós de Mônica seguiriam para São Paulo em dois dias. Rogério pediu-lhe também que providenciasse hotel para todos e que Marcelo os fosse esperar no aeroporto.

Luciana falou com Rogério por monossílabos, pois André estava ao lado da moça observando-a falar ao telefone.

— Algum problema, Luciana?

— Não, doutor André.

— Posso perguntar com quem estava falando?

— Com minha mãe.

— Luciana, se eu souber que você está ajudando Roberta, vou demiti-la por justa causa.

— Não entendi, doutor André. Como eu poderia ajudá-la?

— Transferindo clientes nossos para ela. Não brinque comigo.

— Doutor André, o senhor está sugerindo que estou faltando com profissionalismo e está me ameaçando? O que o senhor pensa que eu sou? Uma funcionária que não conhece seus direitos?

— Você me entendeu mal. Eu não a estou ameaçando de nada.

— Não foi o que eu ouvi. O senhor disse claramente "não brinque comigo". Nunca fui tratada assim.

— Luciana, esqueça o que eu lhe disse e volte ao trabalho. Estou indo embora. Até amanhã.

André virou-se e saiu. Muito nervosa, Luciana levantou-se e foi até o departamento pessoal.

— Luciana, o que houve? Você está pálida.

— Marcos, não posso mais trabalhar aqui. Por favor, veja o que tenho que assinar. Não suporto mais o doutor André.

— Venha, Luciana, sente-se aqui e me conte o que houve. Janice, por favor, traga um pouco de chá para Luciana.

— Vou buscar.

Luciana contou para Marcos a conversa que tivera com André e o que ouvira da conversa entre ele e Luís.

— Tome o chá, pois vai lhe fazer bem. Ele foi embora?

— Foi sim. Disse que iria para casa. Vou para casa também, e amanhã ligarei para você. Não dá mais, Marcos. Não consigo trabalhar com esse homem.

— Eu sei que é difícil, mas você sabe o que é melhor para você. É uma pena. Todos estão saindo daqui. Este escritório vai se transformar num deserto. Quer que eu peça para alguém vir buscá-la?

— Não, Marcos, estou com meu carro. Não se preocupe, estou mais calma. Seu chá me fez bem.

— Vá com cuidado, Lu. Ligue para cá quando você chegar em casa. Promete?

— Prometo. Obrigada, Marcos. Obrigada, Janice.

Luciana saiu, e Janice comentou:

— Marcos, estou procurando emprego. Assim que achar um, deixarei o escritório. Não quero estar aqui quando tudo isso terminar.

— Janice, você está certa em procurar algo melhor. Confesso-lhe que estou fazendo o mesmo. Como pode uma pessoa em tão pouco tempo destruir um escritório do tamanho do nosso?

— Olhe, Marcos, tem gente para tudo. Doutor André não me desce. Tem alguma coisa errada com ele. A sócia dos Estados Unidos sabe o que ele está fazendo aqui?

— Janice, acho que você encontrou a saída!

— Como assim?

— O que temos a perder se falarmos com ela?

— Acho que nada, já que estamos querendo sair daqui.

— Então me aguarde! Vou tentar dar um jeito nisso.

— O que você vai fazer?

— Me aguarde, Janice. Depois eu lhe conto.

— Eric, minha avó já saiu do hospital?

— Sim, Mônica, ela está aqui no *flat*, e o senhor Gusmão está com ela.

— Você acha que seria inconveniente se eu fosse visitá-la?

— Não sei. Ela pode reconhecê-la. Já pensou nisso?

— Penso nisso todos os dias. Mesmo assim, embora tenhamos conversado apenas uma vez, confesso que sinto carinho por ela. Se ao menos ele saísse do apartamento...

— Vamos esperar até amanhã. Vou procurá-los para saber como estão, e depois você resolve o que quer fazer. O que acha?

— Me sinto uma inútil. Vim ao Brasil para resolver minha vida e no final você e pessoas que eu ainda nem conheci estão trabalhando para me ajudar. Vamos sair. Este apartamento está me sufocando.

— Você quer ir ao parque?

— Não, vamos a um shopping, a um cinema, a qualquer lugar onde eu possa me movimentar.

— Está bem. Vou ligar para Marcelo e combinar alguma coisa. O que acha? Ele poderia nos levar a algum lugar onde pudéssemos comer alguma coisa diferente.

— Boa ideia. Você não tem nenhum compromisso hoje?

— Não, Mônica, minhas investigações não evoluíram. Plínio está tentando buscar alguma informação nova, e doutor Adriano já deve ter conversado com o promotor hoje. Vou ligar para Marcelo.

Eric discou o número de Marcelo:

— Oi, é Eric quem está falando. Como vai?

— Vou bem, e você? Como está Mônica?

— Estamos bem. Mônica quer sair, e não sei direito para onde poderíamos ir. Você e Luciana não querem sair conosco?

— Boa ideia, Eric. Luciana teve uma discussão no escritório. Acho que será bom sair um pouco.

— Problemas com o tal André?

— Ele mesmo. Contarei tudo para vocês mais tarde. A que horas vocês querem sair?

— Lá pelas 20 horas. Está bem para vocês?

— Está sim. Vou ligar para Lu, e um pouco antes desse horário estaremos aí. Vocês vão levar o Bud?

— Claro, não saímos sem ele.

— Ótimo, posso dar uma volta com ele nas redondezas. Até mais, Eric.

— Até, Marcelo.

Eric voltou-se para Mônica, que brincava com Bud:

— Pronto, amor, eles estarão aqui antes das 20 horas. Marcelo vai dar uma volta com o Bud pelas redondezas.

— Então, é melhor eu ir me arrumar. Já são 18 horas.

— Enquanto você se arruma, vou ver se o senhor Gusmão precisa de alguma coisa.

Eric beijou Mônica e saiu. Ele foi até o apartamento de Gustavo, que o recebeu com simpatia:

— Boa tarde, doutor Gusmão. Vim saber se precisam de alguma coisa.

— Boa tarde, Eric. Entre. Flora está aqui na sala.

— Dona Flora, como a senhora está se sentindo?

— Estou melhor, obrigada. Eu estava dizendo a Gustavo que precisávamos agradecer corretamente a você e a Bud.

— Dona Flora, se importaria de me contar o que houve? Eu notei que a senhora recebeu visitas e fiquei preocupado. Talvez seja meu instinto de detetive, mas sempre achei que sua saúde fosse boa.

— Minha saúde é boa, sim. Não sei o que houve. Eu recebi duas amigas para o chá, nós conversamos, e, depois que elas saíram, eu desmaiei. Não sei o que houve. Ainda bem que Bud me achou.

— Ele tem um ótimo faro. Mônica pediu-me que verificasse se a senhora a receberia amanhã para uma visita.

— Claro, meu filho, claro. Eu não a vi mais desde aquele dia. Diga a ela que pode vir quando quiser.

Gustavo, que saíra para atender ao telefone, disse:

— Eric, eu ouvi o fim da conversa. Mônica quer vir visitar Flora amanhã?

— Sim, o senhor vê algum problema?

— Não, ao contrário. Preciso me encontrar com meu advogado amanhã por volta das nove da manhã. Será que ela se importaria de ficar com Flora até eu voltar? Poderíamos almoçar juntos depois.

— Gustavo, não precisamos incomodá-la. Estou bem.

— Dona Flora, não será incômodo algum. Tenho certeza de que Mônica ficará muito contente em poder ajudá-la. Eu estarei aqui ao lado. Se acontecer qualquer problema, Mônica poderá me chamar.

Gustavo disse:

— Eu lhe agradeço muito, Eric. Não quero deixar Flora sozinha, mas o assunto que preciso resolver amanhã é muito importante. Se não fosse sobre minha família, tenha certeza de que eu pediria ao doutor Adriano para resolver tudo sozinho.

— Não se preocupe, senhor Gusmão. Estaremos aqui antes das nove para que o senhor possa ir sossegado ao seu compromisso.

— Obrigado, Eric.

— Eu preciso ir. Temos um compromisso com amigos. O senhor precisa de alguma coisa?

— Não, Eric. E mais uma vez, muito obrigado por tudo.
— Não tem de quê. Até amanhã.
— Até amanhã, Eric.

Marcelo chegou à casa de Luciana às 19 horas e estava preocupado com a namorada. Quando conversaram pelo telefone, ela estava chorando.

Luciana abriu a porta, e ele abraçou-a com ternura:
— Lu, meu amor, o que houve? Não fique assim por causa daquele idiota.
— Marcelo, é tão difícil entender o que está acontecendo. Eu trabalho lá há cinco anos. Foi meu primeiro emprego. É difícil aceitar que alguém que nunca vimos chegue aqui e comece a destruir o trabalho de um grupo.
— Ninguém pensou em ligar para o escritório de Nova Iorque?
— Acho que não. Quem tinha contato com eles era Roberta.
— Vamos fazer o seguinte.... Hoje, nós sairemos com Mônica e Eric, então tente relaxar. Amanhã cedo, vou procurar Roberta. Quem sabe ela não consegue virar essa situação?
— Acha que é possível? Roberta não será prejudicada?
— Não vejo como, Mônica. Roberta não está mais lá.
— Você tem razão.
— Já está pronta?
— Vou retocar a maquiagem e já volto. Minha mãe está aqui. Você quer entrar para cumprimentá-la?
— Claro! Não precisa correr, pois temos tempo.
— Mamãe, Marcelo está aqui — Luciana avisou.
— Oi, Marcelo, entre. Como vai?
— Vou bem. E a senhora?
— Tudo bem, estou preocupada com Luciana. Veja se consegue animá-la. O trabalho no escritório era muito importante para ela. Quando Otávio chegar, vou conversar com ele. Precisamos fazer alguma coisa, pois isso não pode continuar.

— Dona Lúcia, vou falar com Roberta, nossa antiga chefe. Talvez ela consiga falar com a sócia do escritório em Nova Iorque e resolver o problema.

— Boa ideia, Marcelo. Acho que vocês já deveriam ter feito isso.

— A senhora tem razão. Estamos tão preocupados com Mônica que não pensamos em ligar para Stephanie.

— Por falar nisso, aquele professor que conhecia Andréia já está em São Paulo. Vou me encontrar com ele logo mais. Acho que, quando vocês voltarem, teremos novidades.

— Que ótimo, dona Lúcia. Estou torcendo para que tudo se resolva logo.

Luciana apareceu dizendo:

— Marcelo, estou pronta. Vamos?

— Vamos. Até mais, dona Lúcia.

— Até logo, Marcelo. Cuide bem de minha filha.

— Tchau, mamãe. Acho que voltaremos tarde.

— Não tem problema. Divirtam-se!

A caminho do *flat*, Luciana explicou a Marcelo o que combinara com Rogério:

— Onde você acha que poderíamos hospedá-los?

— Não sei, Lu. No *flat* não, pois as famílias se conhecem. Vou pedir uma dica para meu pai. Precisamos de um lugar bom, onde eles fiquem em segurança. Amanhã, meu pai vai acompanhar o doutor Gusmão ao escritório do André. Ele falou com o promotor que atuava com René e descobriu que não houve investigação sobre o incêndio. O laudo dos bombeiros concluiu que houve um curto-circuito, e ficou por isso mesmo.

— Mas não tinham que realizar um inventário, procurar a filha deles? Como ficou tudo isso?

— Pois é, não fizeram nada. Adivinha quem cuidou de tudo isso?

— André?

— Ele mesmo. André deve ter feito alguma tramoia e se aproveitado da briga entre os pais de Mônica e os avós dela.

— É estranho, não? A menina foi levada para fora do país por uma tia, e o tio seguiu depois... Como saíram daqui? Com que documentos? — Luciana questionou.

— Pois é, precisamos saber de tudo isso, ou vai parecer que Mônica voltou ao Brasil por causa de uma possível herança. Não se esqueça de que os avós dela são pessoas de posses e que onde tem dinheiro envolvido há problemas.

— Você tem razão. Vou ficar alguns dias sem trabalhar e, se Mônica quiser, posso acompanhá-la em alguns passeios, pois assim ela não fica presa no *flat*. O que acha?

— Acho ótimo! Assim, Eric e eu conseguiremos investigar mais alguma coisa sobre o passado deles. Você acha que André desistiu de procurá-la? — Marcelo questionou.

— Não, ele tem cobrado Luís diariamente, que, no entanto, só tem dado várias desculpas. Para nossa sorte, Luís não encontrou nada ainda.

— Chegamos! Vou estacionar aqui, pois será mais fácil sairmos. Ah! Não acredito! Não olhe para trás! Desça do carro e ande na direção contrária a que viemos. Depois, eu lhe explico o porquê.

Luciana fez o que Marcelo pedira. Ele fechou o carro, abraçou-a, e seguiram andando em direção ao Parque da Aclimação.

— Marcelo, o que houve?

— Luís está encostado em uma árvore quase em frente ao *flat*.

— E agora? O que faremos?

— Vou ligar para Eric e pedir que saiam pelo restaurante. Nós voltamos para o carro e os pegamos pela saída de trás.

Marcelo telefonou para Eric e combinou com ele a forma de sair e enganar Luís.

Pouco depois, quando todos já estavam juntos, Marcelo disse que usariam o mesmo caminho para voltar.

— Marcelo, eles fecham por volta das 22 horas — Mônica informou.

— Não tem problema, Mônica. Podemos passar em frente ao *flat* e, se ele estiver no mesmo local, seguimos em frente. Depois, veremos o que fazer.

210

Eric respondeu:

— Se ele não sair dali, eu telefonarei para Plínio. Vamos ver o que ele fará, se for abordado por um carro da polícia.

— Boa ideia, Eric. Agora, vamos jantar. Que tal a cantina do Genaro?

Luciana disse:

— Eu nunca estive lá.

— Eric, para você e Mônica tudo bem? — Marcelo questionou.

— Perfeito, lá podemos ficar sossegados em relação a Bud.

— Então, está resolvido! Vamos à cantina do Genaro.

Na cantina, Genaro os recebeu com a alegria de sempre. Ele brincou com Bud e depois acomodou o grupo em um reservado.

— Podem escolher o que vão beber, enquanto pego água para meu amigo aqui.

Luciana comentou:

— Que lugar gostoso! Eu não conhecia. E parece que Genaro gosta do Bud.

Marcelo respondeu:

— Gosta sim. E passou a gostar mais depois que viu a forma como Bud defende Mônica. Observe que ele trará água para Bud e um pedaço generoso de pão italiano.

— Bud conquista todo mundo! Mônica, ele é muito fofo! — Luciana exclamou.

— É um excelente guardião! Ontem, quando voltava do passeio da tarde com Eric, Bud percebeu que havia alguma coisa errada no apartamento do doutor Gusmão. Eric conseguiu abrir a porta e viu que dona Flora estava desmaiada. A pressão dela baixou de repente, ela teve de ser socorrida.

Passando a mão na cabeça de Bud, Marcelo disse:

— Bom garoto! Você sabe das coisas.

Nesse momento, Genaro apareceu trazendo as bebidas e um pedaço de pão italiano para Bud.

— Coma, amigão! Foi feito hoje à tarde. Vocês querem fazer os pedidos, ou preferem esperar um pouco?

Eric respondeu:

— Vamos esperar um pouco. Hoje, não estamos com pressa. Senhor Genaro, apreciamos muito seu gesto, mas Bud não pode comer tanto pão.

— Não se preocupe. O pão foi feito hoje! E veja como ele come com gosto!

Todos riram da forma como Genaro falou e, quando ele os deixou, voltaram a conversar sobre os últimos acontecimentos envolvendo André e os avós de Mônica.

Lúcia e Otávio foram se encontrar com Paulo Eduardo e Mariângela. Depois das apresentações, Paulo sugeriu que jantassem no hotel onde ele estava hospedado, pois isso evitaria que perdessem tempo no trânsito. Todos concordaram, e, depois de se acomodarem e solicitarem as bebidas, Mariângela pediu a Lúcia que explicasse a Paulo o que estava acontecendo.

Lúcia contou o que sabia da história de Mônica e sobre a dúvida que pairava em relação à paternidade da filha de Andréia e René:

— Paulo, sei que é um assunto delicado e que você não nos conhece, mas nós estamos buscando todas as formas possíveis de ajudar essa moça. Minha filha, o namorado dela, os pais do namorado e outras pessoas estão procurando informações sobre o passado da família de Mônica. Informações que possam desvendar esses mistérios.

Otávio continuou:

— Eu conversei com dois conhecidos que acompanharam a vida do casal, e eles me disseram que alguns comentários feitos na época do casamento de Andréia e René não são verdadeiros. Foram fofocas criadas por pessoas que desejavam separá-los. Você sabe alguma coisa sobre isso?

Mariângela disse:

212

— Paulo, tenho inteira confiança em Lúcia e Otávio. Por favor, conte a eles o que você sabe.

— Bem... conheci Andréia na faculdade. Ela era uma mulher muito bonita, corajosa, inteligente e culta, que procurava se informar sobre tudo, principalmente sobre política. Muitos a cortejavam, mas ela não estava interessada em romance. Andréia queria desenvolver pesquisas sobre o comportamento das pessoas, principalmente as que haviam sido torturadas na ditadura. Quando ela conheceu René, ele tentou afastá-la dos movimentos políticos, pois tinha medo de que ela fosse presa ou de algo pior. Andréia acabou cedendo, depois que René se comprometeu a defender pessoas que não tivessem como pagar um advogado em algumas causas. Assim, eles iniciaram o namoro e logo marcaram o casamento. As famílias foram contra. Alguém espalhara um boato de que os pais de René não queriam o casamento, porque ela era filha de judeus. René ficou desesperado, discutiu com o pai e soube por ele que haviam inventado aquela história. A preocupação do pai de René, no entanto, era com o envolvimento de Andréia em movimentos políticos.

Paulo fez uma breve pausa e continuou:

— Ele temia pelo filho, e acredito que todos os pais daquela época pensavam da mesma forma. Os pais de Andréia, não sei exatamente por que, também foram contra o casamento. Os dois, então, se casaram em segredo e depois avisaram as famílias. Nenhuma das duas aceitou o casamento e se afastou dos dois. Quando Andréia ficou grávida, isso gerou outro problema. René tivera caxumba depois dos dezoito anos, e o médico que o atendeu disse que ele deveria fazer exames para saber se a doença tinha afetado sua fertilidade. Ele achou que era bobagem, acreditou que não poderia ter filhos, mas, quando soube que Andréia estava grávida, desesperou-se. Eu o encontrei por acaso na época. René sabia de minha amizade com a esposa e me perguntou se eu sabia se ela tinha um caso na faculdade. Eu tentei tranquilizá-lo, afirmando que Andréia o amava. Lembro-me de ter dito a ele: "René, se eu tivesse certeza de que Andréia não o amava, não tenha dúvidas de que eu teria tentado conquistá-la antes de vocês se casarem". Foi então que lhe perguntei por que ele estava daquele jeito, e René me contou a história da caxumba. Eu disse que conhecia casos de homens que tiveram a doença e mesmo assim conseguiram ter filhos. Eu perguntei se ele havia feito o exame que o médico mandara, e René respondeu que não achara necessário, pois sempre soube que em casos como o dele os homens ficavam estéreis.

Paulo fez uma nova pausa e prosseguiu com sua narrativa:

— Lembro-me de ter dito: "René, os homens ficavam estéreis, mas a medicina, avançada como está, deve ter uma resposta para sua dúvida. Vamos, homem! Se você quiser, eu o levo agora mesmo ao médico com quem me consulto, pois assim você terá certeza do que estou falando". René concordou, então fomos ao médico. Ele fez os exames, e foi comprovado que não era estéril. Depois de algum tempo, ele me disse que ficara muito envergonhado de ter duvidado de Andréia, que lhe pedira perdão e que ela entendera o desespero dele. Os dois, então, seguiram vivendo, e, quando a menina nasceu, foi um momento de felicidade único para o casal. Passado algum tempo, eu encontrei Andréia muito nervosa na faculdade. René estava trabalhando muito, e três de seus clientes tinham sido condenados por crimes que não cometeram. Ela me falou alguma coisa sobre provas que haviam sumido e depoimentos contraditórios e disse estar muito preocupada com o marido. Eu estava de partida para o Rio de Janeiro, pois conseguira um emprego em uma universidade. A oportunidade de morar na cidade maravilhosa me deixara muito contente. Combinamos de nos encontrar para um último café, mas tive um contratempo, e acabamos nos desencontrando. Eu voltei a ter notícias de Andréia quando soube do incêndio que matou os dois.

Otávio perguntou:

— Você vai ficar muitos dias aqui em São Paulo?

— Eu farei uma palestra no fim da próxima semana. Antecipei minha vinda, porque fiquei preocupado com o pedido de Mariângela.

— Se for necessário, você poderia repetir essa história para os pais de René e de Andréia? Minha filha está tentando localizá-los.

— Claro, Otávio! Podem me procurar quando quiserem. Eles não mereciam aquilo. E o mais estranho é que ninguém investigou o que aconteceu para saber se foi crime.

— Por que está dizendo isso?

— Um dos clientes de René que foi condenado era filho de um importante negociante de joias. O homem ficou desesperado e ameaçou René dizendo: "Você vai me pagar! A vida do meu filho não vai acabar assim!". O jovem morreu na cadeia quinze dias depois.

Otávio e Lúcia se entreolharam.

— Você acha que pode ter sido vingança? — Otávio perguntou.

— Eu tentaria descobrir, afinal, nas paredes da casa está escrita a palavra "assassino".

Mariângela perguntou:

— Como você sabe disso?

— A foto estava estampada no jornal que noticiou a morte do casal. Eu pensei que vocês soubessem disso.

Otávio respondeu:

— Nós soubemos sim, mas não naquela época. Minha filha descobriu esse dado recentemente, enquanto fazia pesquisas para localizar a casa dos pais de Mônica.

Lúcia, que apenas ouvia, disse:

— Parece que alguém que não gostava do casal fez tudo isso. Talvez não tenha sido nem o pai do jovem que morreu quem fez, mas alguém que queria prejudicá-los.

Otávio respondeu:

— Você pode ter razão, Lúcia. Vamos passar essas informações para Marcelo, pois tenho certeza de que ele e o pai saberão investigar.

Paulo perguntou:

— Quem é Marcelo?

— O namorado de minha filha. O pai dele é advogado, e Marcelo é o veterinário que cuida do cão-guia de Mônica, a filha de René e Andréia.

— Meu Deus! Ela é cega?

— Parcialmente. O cão a ajuda a caminhar e a protege de pessoas que queiram prejudicá-la. É como se ele sentisse o cheiro da maldade.

— Vocês já o viram?

Lúcia respondeu:

— Ainda não, mas minha filha gosta muito dele.

Otávio falou sobre os cães-guia, e a conversa transcorreu amena durante o jantar. Já a caminho de casa, ele disse a Lúcia:

— Foi bom Luciana sair daquele escritório.

— Por que diz isso? — Lúcia questionou.

— Alguém falou algo sobre o tal André Silveira ter amizade com René. Não me lembro de quem foi, mas essa pessoa advogava aqui em São Paulo na mesma época em que René atuava na área.

— É melhor falarmos com Marcelo. Talvez o pai dele consiga descobrir alguma coisa.

— O que você acha disso tudo, Lúcia?

— Fui conversar com doutor José Luiz sobre isso. Talvez eu tenha ficado impressionada com o livro que estou lendo sobre vidas passadas, mas deve ter algum motivo para estarmos envolvidos nessa história. Eu me lembro de Andréia, mas não éramos amigas. Não me preocupei com os comentários sobre eles. Doutor José Luiz me falou sobre um momento em que a vida une as pessoas para resolver problemas não solucionados. Segundo ele, admitir que voltamos à vida para pagar por erros antigos não tem um sentido muito lógico, e isso fugiria da bondade atribuída a Deus. Por algum motivo, a vida nos aproximou dessa moça, então, vamos fazer por ela o que pudermos. E quem sabe um dia não saberemos o porquê disso tudo?

— É. Acho que ele tem razão. José Luiz não é aquele médico que estuda espiritualidade?

— Sim, e ele nos convidou para participar de seu grupo de estudos. O que acha?

— Eu nunca fui muito ligado em religião, mas tenho visto algumas coisas que estão despertando minha curiosidade para esse assunto. Ontem, atendi a uma jovem que estava muito aborrecida, porque nenhum médico descobria o que ela tem. Os exames estão todos normais. Ela foi encaminhada a mim por um psicólogo. Essa moça me disse: "Doutor Otávio, eu não sou louca. Eu sinto dores muito fortes, e todos me dizem que não tenho nada. Será que o senhor não pode me ajudar?". Sinceramente, não sei o que fazer. Eu fiquei com os exames que ela me trouxe para examinar melhor. Quando saí do consultório, havia duas pessoas conversando sobre a força da oração. Eu fiquei curioso e perguntei para minha secretária quem eram aquelas pessoas e o que faziam ali. Eles estavam esperando o doutor José Eduardo. Segundo ela, todas as semanas essas pessoas vão conversar com ele e passam pelo menos uma hora em seu consultório. Levam livros, falam de orações, e o médico não lhes cobra a consulta. Depois que começaram a frequentar o consultório, José Eduardo passou a ficar mais calmo, mais atento aos diagnósticos, e conseguiu superar a perda de uma paciente que morrera numa cirurgia.

— Você nunca falou com ele sobre isso? — Lúcia questionou.

— Não, pois nossos horários na clínica não coincidem. Estou sempre saindo, quando ele está chegando. Os corredores estão sempre cheios de pacientes. Bem, acho que irei com você conhecer o grupo do José Luiz e depois darei um jeito de conversar com José Eduardo. O que acha?

— Acho ótimo. Sempre quis estudar esse assunto, mas nunca tive oportunidade. Chegamos. Será que Luciana já está em casa?

— Espero que não.

— Por que esse "espero que não"?
— Porque assim aproveito para ficar sozinho com você.
— Hum! Parece que a noite de hoje lhe fez bem!
— Você não sabe como!

Depois de fechar a porta do apartamento, Otávio abraçou Lúcia e disse:

— Meu amor, estamos juntos há tantos anos, e eu quero que saiba que a amo exatamente como quando a vi pela primeira vez.

— Eu nunca duvidei disso. Você foi o único homem que eu amei.

Otávio beijou-a com paixão, demonstrando todo o amor que sentia pela esposa.

Marcelo contornou o *flat* e não viu Luís. Eric ajudou Mônica a descer do carro e, depois de se despedir dos amigos, ele ficou de pedir ajuda a Plínio para saber o que Luís pretendia rondando o prédio daquela forma.

Marcelo levou Luciana para casa e combinaram de que ele iria buscá-la para seguirem até o aeroporto. Teriam que usar dois carros, mas iriam juntos. Chegando à porta do apartamento, ele abraçou-a e perguntou:

— Você vai ficar bem?
— Vou sim, Marcelo, fique tranquilo.

Marcelo beijou Luciana com paixão:

— Não queria ir embora.
— Eu também gostaria que você ficasse, mas como faremos com doutor Otávio e com dona Lúcia? — Luciana questionou.
— Você quer se casar comigo?
— Não é cedo para pensarmos em casamento?
— Não consigo ficar longe de você, Lu. Quero estar com você, sem ter que me preocupar com horário. Nunca pensei em me casar, mas com você é diferente. Você me enfeitiçou.

— Marcelo, eu o amo. Também quero ficar com você, sem ter que dar satisfação a ninguém. Vamos solucionar o caso de Mônica e depois decidiremos nossa vida.

— Pensei que você quisesse ficar comigo...

— Eu acabei de falar que quero ficar com você. Eu amo você, Marcelo, e tenho certeza de que seremos felizes juntos.

Marcelo beijou-a ternamente e depois de forma intensa. Luciana correspondeu ao beijo, e ele disse com a voz rouca.

— É melhor eu ir embora, senão, não responderei por mim.

— Eu também acho. Não gostaria que papai nos encontrasse aqui.

— Amanhã cedo, estarei aqui.

— Estarei à sua espera.

— Boa noite, amor.

— Boa noite, meu bem.

Capítulo 11

— Eric? Você ouviu minha pergunta?

— Não, Mônica, desculpe. Estou ao telefone e ainda não consegui falar com Raymond.

— Ainda não? Será que aconteceu alguma coisa?

— Não sei. Ele não está no escritório. O que você tinha dito?

— Eu liguei a televisão, e estavam mostrando um acidente provocado por uma tempestade na Flórida. Não consegui ouvir o nome da estrada.

— Vou ligar para o escritório. Alguém deve saber de alguma coisa.

— Não é muito tarde?

— Não, há sempre detetives de plantão. Fique aqui perto de mim. Consegui. Alô? Ryan, sou eu, Eric.

Do outro lado da linha, Ryan perguntou:

— Oi, Eric, como você está?

— Estou bem, e você?

— Estou bem. Estamos nos revezando no plantão, pois houve um acidente na estrada principal que liga Flórida a Miami. Raymond foi para lá, pois estão precisando de toda a ajuda disponível.

— Raymond me ligou, mas não consegui falar com ele. Você sabe o que ele queria?

— Mônica está aí perto?

— Está sim, mas pode falar.

— Os tios dela estão hospitalizados; eles também foram vítimas do acidente. Raymond foi para Flórida para vê-los.

— Você sabe como eles estão?

— Só sei que o estado deles é grave. O acidente aconteceu por causa de uma tempestade. O governador decretou estado de emergência e pediu que todos os policiais que pudessem ajudar fossem para lá.

— Ryan, você consegue falar com Raymond?

— Vou tentar. Assim que eu tiver notícias, ligarei para você.

— Obrigado, amigo, ficarei aguardando.

— Não por isso. Não deixe Mônica sozinha. Há repórteres brasileiros mostrando o que está acontecendo aqui.

— Pode deixar, não sairei de perto dela.

— Mônica?

Eric encontrou a namorada olhando fixamente para a televisão:

— Mônica? Você está bem?

— Eric, meus tios estavam nesse acidente, não estavam?

— Você ouviu minha conversa com Ryan?

— Não, Eric, mas essa estrada leva à casa de praia dos meus tios. Não consigo enxergar direito.

Eric colocou-se de frente para Mônica e, abraçando-a, disse:

— Eles sofreram um acidente e estão hospitalizados. Raymond foi para Flórida para saber onde eles estão e para vê-los. Ele nos enviará todas as informações que obter sobre seus tios.

— Por que Raymond não ligou para mim para me avisar do acidente?

— Mônica, ele não quis assustá-la. Por favor, não fique assim. Raymond vai encontrá-los e nos dará notícias. Ele não os deixará sozinhos.

Mônica começou a soluçar, e Eric permaneceu abraçado a ela, esperando que a namorada se acalmasse.

— Venha, vamos nos sentar aqui. Está mais calma?

— Eric, o que vou fazer se eles morrerem? Eu queria muito saber minha origem, mas nunca desejei que nada de mal lhes acontecesse.

— Não repita isso. Eu sei que, embora não tenham lhe dado informações sobre seus pais, eles a amavam. Você era a filha deles. O que houve foi um acidente, uma fatalidade. Não se culpe por isso.

— Se eu não tivesse vindo ao Brasil, nada disso teria acontecido.

— Como você pode saber? Você poderia estar com eles no acidente, ou poderia estar comigo, e eles estariam sozinhos da mesma forma. Nunca saberemos. Por favor, não se martirize assim.

— Por que essas coisas acontecem comigo? Primeiro, meus pais morrem em um incêndio, agora meus tios podem estar mortos num acidente, e eu estou longe deles.

— Mônica, pare! Estou aqui com você. Nós ainda não sabemos em que circunstâncias seus pais morreram no incêndio, mas seus tios estavam cientes de que nesta época do ano não é aconselhável ir para a Flórida devido às tempestades. Fique aqui. Vou lhe preparar um chá e depois vou colocá-la na cama. Se quiser chorar, fique à vontade, pois talvez isso lhe faça bem. Mas, por favor, não se culpe pelo que aconteceu.

Eric foi para a cozinha preparar um chá para Mônica, e a moça ficou sentada no sofá, deixando que as lágrimas corressem livremente. Bud aproximou-se e colocou a cabeça no colo da dona e não se mexeu até Eric voltar com o chá.

— Beba, amor, isto vai lhe fazer bem. Bud, venha cá. Vá se deitar. Eu cuidarei de Mônica.

Bud recolheu a cabeça do colo de Mônica e deitou-se aos seus pés. O cão parecia entender que sua dona estava sofrendo muito e não queria deixá-la sozinha.

Nessa noite, depois que Eric e Mônica foram se deitar, Bud acomodou-se próximo à porta do quarto do casal e ali adormeceu.

Eric levantou-se cedo, preparou o café e acordou Mônica:

— Meu amor, você está melhor?

— Estou sim. Seu chá me fez bem.

— Você quer ficar aqui? Direi ao doutor Gusmão que você não passou bem a noite.

— Não, Eric, eu preciso fazer alguma coisa. Ficando aqui, não conseguirei pensar em outra coisa. Quando Ryan vai ligar para nos dar notícias?

— Vou ligar para ele daqui a pouco.

Bud entrou no quarto e apoiou a cabeça na cama, próximo a Mônica:

— Ei, Bud, bom dia!

Eric comentou:

— Ele dormiu perto da porta do quarto. Acho que estava preocupado com você.

Mônica fez um carinho em Bud e disse:

— Ele é especial. Parece que percebe ou sente tudo o que sinto. Não sei como lhe explicar.

Nesse momento, ouviram a campainha tocar.

— Deve ser Marcelo. Venha, Bud! Vamos deixar Mônica se levantar.

O cão o acompanhou sem oferecer resistência. Eric abriu a porta, e Marcelo entrou dizendo:

— Bom dia, Eric. Luís está em frente ao *flat*. Por que não liga para seu amigo e lhe pede que envie alguém da polícia até aqui? Eu sairei com Bud pelos fundos.

— Eu não conheço Luís. Talvez seja melhor você esperar Plínio na recepção e mostrar a ele quem é o cara.

— Você tem razão.

— Vou ligar para Plínio.

Enquanto Eric falava ao telefone com Plínio, Mônica entrou na sala. Marcelo logo percebeu que ela havia chorado.

— Mônica? Você está bem?

— Mais ou menos, Marcelo. Ontem, fiquei sabendo que meus tios sofreram um acidente na estrada da Flórida e que o supervisor do Eric ainda não os havia localizado. Não sabemos

223

se meus tios estão vivos, feridos, hospitalizados. Quando vi a notícia, não consegui me controlar.

— Pronto, Marcelo! Falei com Plínio, e ele já está vindo para cá.

— Por quê? O que houve? — Mônica questionou.

— Marcelo disse que Luís está parado em frente ao *flat*. Vamos esperá-lo chegar e depois desceremos com Bud.

— E dona Flora? Nós não estamos atrasados para visitá-la?

— Você tem razão. Venha. Vou levá-la até ela e depois descerei à recepção com Marcelo e Bud — Eric tornou.

Mônica e Eric foram até o apartamento de Gustavo e Flora:

— Bom dia, dona Flora, tivemos um contratempo e por isso nos atrasamos.

— Bom dia. Vocês não precisavam se incomodar, eu estou bem. Gustavo já saiu, pois precisava estar no escritório do doutor Adriano antes das nove. Mas entrem! Não fiquem parados aí à porta.

— Dona Flora, eu ficarei com a senhora. Eric vai levar o Bud para dar seu passeio matinal.

— Então, venha. Eu a ajudo. Eric, traga o Bud aqui quando você voltar.

— Trarei sim, dona Flora. Até logo.

Eric beijou a namorada e disse que voltaria logo. Mônica acompanhou Flora até a cozinha para tomarem o café da manhã juntas.

— Mônica, você já se alimentou? Está tão pálida!

— Não se preocupe, dona Flora, estou bem. Eu tive uma dor de cabeça ontem e não me alimentei direito. Foi isso.

— Então, venha! Vamos tomar o café da manhã. Eu ainda não comi nada, pois a estava esperando.

Enquanto as duas mulheres se entretinham falando sobre Bud e a atenção que Eric dispensara a Flora no hospital, o detetive descia para a recepção com Marcelo e Bud. Logo depois, Plínio chegou acompanhado de um policial.

— Bom dia, Eric, este é o sargento Rubens.

— Bom dia, Plínio. Bom dia, sargento. Este é Marcelo, o veterinário que está nos ajudando.

— Bom dia, Plínio. Muito prazer, sargento Rubens.

Plínio disse:

— Você dever ser o Bud.

Bud latiu e abanou o rabo, e Eric completou:

— Ele gostou de você.

Plínio fez um carinho no cão e pediu a Marcelo que lhe mostrasse onde Luís estava. Pela janela, o veterinário indicou onde Luís estava. O sargento Rubens disse que iria até ele e pediu que eles não saíssem dali.

Quando percebeu a presença do policial, Luís tentou agir com naturalidade. Acendeu um cigarro e começou a andar devagar, indo em direção contrária ao parque. De repente, chamou um táxi e forneceu ao motorista o endereço do escritório.

O sargento Rubens voltou ao hotel comentando:

— Ele pode ter ficado desconfiado de minha presença ali. Vou passar a descrição dele para a viatura que patrulha esta região e pedir que fiquem aqui por perto. Eles não poderão ficar muito próximos ao hotel, senão ele perceberá que está sendo vigiado e terá a certeza de que vocês estão hospedados aqui.

Plínio concordou:

— O sargento tem razão. Tentem agir com naturalidade e, se virem alguma coisa estranha, me avisem, pois tenho como entrar rapidamente em contato com Rubens.

Eric agradeceu:

— Obrigado, Plínio. Sargento Rubens, eu acredito que logo resolveremos tudo o que viemos fazer aqui. Pessoas amigas estão nos ajudando, e tenho certeza de que Mônica não correrá nenhum perigo.

— Você a deixou sozinha?

— Não, ela está com dona Flora. Marcelo, você pode levar o Bud? Preciso ligar para meu departamento e saber se eles têm notícias dos tios de Mônica.

225

— Vá sossegado, Eric. Eu cuidarei do Bud.

— Eric, se não precisar mais de mim, voltarei à delegacia com Rubens.

— Pode ir, Plínio. Ficarei aqui hoje. Ontem, nós soubemos que os tios de Mônica sofreram um acidente. Ela ficou muito abalada. Preciso falar com pessoas que conheço em Nova Iorque para tentar conseguir notícias de Michel e da esposa.

— Está bem, Eric. Se precisar de alguma coisa, é só me ligar.

— Obrigado.

— Eric, vou colocar uma patrulha circulando por aqui. Se Luís voltar, nós o abordaremos. Informarei ao Plínio caso isso ocorra — Rubens prometeu.

— Obrigado, sargento. Fico-lhe muito grato pela atenção.

— Não por isso, filho. Tenha um bom-dia.

— Bom dia, sargento.

Depois que Plínio e Rubens saíram do *flat*, Eric voltou ao apartamento e telefonou para Nova Iorque, tentando obter notícias para Mônica. Tinha medo de que ela não suportasse a carga emocional que estava vivendo e sua perda de visão acelerasse.

— Ryan? É Eric. Bom dia.

— Oi, Eric, bom dia. Acabei de falar com Raymond. Ele me disse que os tios de Mônica estão hospitalizados e que o estado deles é grave. A tia está em coma, ligada a aparelhos, pois teve uma fratura no crânio. Os médicos estão esperando o cérebro desinchar para analisarem a extensão dos danos causados pelo acidente. O tio está sedado e não corre risco de morte, mas teve várias fraturas. O carro em que eles viajavam capotou e atingiu outro que vinha em sentido contrário.

— A tempestade atingiu as casas?

— Atingiu, mas ainda não sabemos a extensão dos prejuízos. Raymond está seguindo para lá. Assim que ele der notícias, eu ligarei para você. Mônica já sabe?

— Sabe sim. Enquanto eu falava com você ao telefone, ela assistia a uma matéria na televisão sobre o acidente. Ela entrou em choque.

— Meu Deus, Eric! E as investigações? Você descobriu alguma coisa?

— Descobri muita coisa. O incêndio não foi investigado, e ninguém sabe como os tios de Mônica a tiraram do Brasil. Me ocorreu uma coisa, Ryan... Peça ao Raymond para buscar na casa de Michel alguma correspondência que possa esclarecer esse mistério.

— Pode deixar, Eric. Raymond está indo para lá com Nathália. Eles não vão só visitar os tios de Mônica. Vou pedir-lhes que façam uma investigação minuciosa na casa da praia.

— Obrigado, Ryan. Sabia que poderia contar com vocês.

— Fique tranquilo, Eric, afinal nós somos como uma família.

— Obrigado mais uma vez. Aguardarei notícias suas.

— Até mais, meu amigo.

— Bom dia. Por favor, poderia avisar ao doutor André Silveira que os doutores Adriano Almeida e Gustavo Gusmão estão aqui?

— Um momento, por favor. A recepcionista pediu demissão, e eu estou um pouco atrapalhada aqui.

Nesse momento, André saiu da sala e disse:

— Janice, estou esperando duas pessoas que já deveriam ter chegado. Quando chegarem, leve-as à minha sala imediatamente.

Com voz trêmula, Janice disse:

— São os doutores Gustavo Gusmão e Adriano Almeida? Eles estão aqui.

— Ah! Desculpem-me! Eu não os vi. Não sabia que já haviam chegado.

— Doutor André, sou o doutor Adriano Almeida, e este é o doutor Gustavo Gusmão.

— Por favor, venham por aqui. Aceitam um café, água?

Gustavo respondeu:

227

— Não, doutor André, nós acabamos de tomar café. Eu gostaria que o senhor fosse direto ao assunto. Por que nos chamou aqui?

— Bom dia, Luciana, desculpe o atraso. Eles já desembarcaram?
— Não, Marcelo. O voo está vinte minutos atrasado. O que houve?
— Luís estava em frente ao *flat*. Eric chamou Plínio, que trouxe um sargento da polícia com ele. Sargento Rubens foi tentar abordar Luís.
— E conseguiram?
— Não. Luís percebeu a presença do policial e se afastou tranquilamente para não levantar suspeitas. Sargento Rubens vai colocar uma viatura policial fazendo ronda por ali. Se os policiais o virem, vão interrogá-lo.
— Isso não é perigoso?
— Depende de como eles agirem. O sargento disse que os orientaria para não termos problemas. Ele me pareceu ser uma pessoa muito sensata. E você? Alguma novidade?
— Sim, meus pais conversaram ontem à noite com o professor Paulo Eduardo, que era amigo de René e Andréia. Ele lhes contou como os dois se conheceram, a história da dúvida sobre a paternidade de Mônica e o porquê de Paulo ter se afastado dos dois. Ele colocou-se à disposição para esclarecer um pouco a história dos dois.
— Ótimo! Não vejo a hora de descobrir a verdade e ver Mônica tranquila. Ontem, ela ficou sabendo que os tios sofreram um grave acidente.
— Espere aí! O acidente que aconteceu na Flórida?
— Esse mesmo. O chefe do Eric foi para lá para obter notícias. O acidente foi muito grave.
— Meu Deus, Marcelo! Quantos problemas! Ah! Olhe ali! São eles. Melhor não comentarmos nada sobre o acidente.

— Sim, vamos deixar isso para depois. Venha, vamos encontrá-los.

Enquanto o casal ia ao encontro do grupo, Cláudio perguntou:

— Rogério, alguém virá nos buscar?

— Sim, Cláudio. Lá estão eles.

O casal se aproximou, e Rogério os cumprimentou:

— Bom dia, Marcelo. Bom dia, Luciana. Deixe-me apresentar-lhes o senhor Samuel, dona Marieta, Cláudio e Sandra. Eles são, respectivamente, os pais, o cunhado e a irmã de dona Andréia.

Marcelo falou primeiro:

— Bom dia. Sejam bem-vindos. Vamos levá-los ao hotel em dois carros.

Cláudio respondeu:

— Não tem problema. Eu e meu sogro iremos com você. Rogério, você poderia acompanhar dona Marieta e Sandra ao carro da Luciana?

— Claro, vamos. Onde vocês estacionaram os carros? — Rogério perguntou.

— Eu estacionei aqui perto. Marcelo, não é melhor trazer o carro até aqui para o senhor Samuel não precisar caminhar muito?

— Não se preocupe, Luciana. Andar vai me fazer bem. Cláudio me ajudará — Samuel tornou.

— Como o senhor preferir. Marcelo, o espero na saída do aeroporto.

— Ok, Lu, até já.

Enquanto Mônica tomava uma xícara de chá, Flora perguntou:

— Mônica, como você se sente sem o Bud?

— Sinceramente, dona Flora, me sinto perdida. Ele me guia para que eu não me machuque. Quando estou em lugares

229

familiares, consigo me movimentar sem ele. Minha cegueira não é de nascença, então, tenho noção do tamanho das coisas e, tateando objetos e paredes, vou me protegendo. Mas por que a senhora está me perguntando isso?

— Porque reparei que você pegou a xícara com facilidade.

— A senhora acha que estou mentindo?

— Não, Mônica, me desculpe. É que Gustavo havia me dito que sua perda de visão não era total e por isso gostaria de examiná-la. O que me intriga é o fato de usar esses óculos escuros, mesmo enxergando pouco. Eu não consigo ver seus olhos.

— Eu me habituei a eles por causa da claridade. Eu enxergo muito pouco. É difícil caminhar sem a ajuda do Bud e, de certa forma, os óculos me protegem de perguntas embaraçosas.

— Como as que estou fazendo?

— Desculpe-me, dona Flora, não quis ofendê-la. Estou com Bud há alguns meses, pois minha perda total de visão pode acontecer de um dia para o outro. Se eu fosse esperar estar totalmente cega para começar a andar e conviver com Bud, seria muito difícil. Antes de tê-lo comigo, eu tinha muita dificuldade para me locomover. Se eu for explicar tudo isso a pessoas desconhecidas, elas provavelmente pensarão que estou fingindo e me tomarão por uma impostora.

— Mônica, eu não acho que você seja uma impostora e sei que o acesso aos cães-guias é bem maior nos Estados Unidos do que no Brasil. Você se importaria de tirar os óculos para que eu possa ver seus olhos?

Mônica tirou os óculos, aproximou sua mão ao rosto de Flora e pôde perceber que lágrimas brotavam dos olhos da avó. Emocionadas, as duas mulheres abraçaram-se como se não quisessem mais se soltar.

— Mônica, minha filha, você é idêntica à sua mãe! Meu Deus, como eu queria conhecê-la, poder abraçá-la e cuidar de você! Quanto tempo perdido por causa de nossa intolerância.

230

— Dona Flora, eu não sei o que lhe dizer. Vim ao Brasil para conhecer minha história, mas nunca me passara pela cabeça que iria encontrá-los dessa maneira. Eu nem sabia que vocês estavam vivos. E quando descobri que estavam, não sabia se me receberiam. O escritório apenas me havia informado de que meus avós, paternos e maternos, não tinham sido localizados. Por fim, uma série de coincidências me trouxe até aqui. Preciso que a senhora e o senhor Gustavo entendam que não vim lhes cobrar nada. Apenas quero conhecer a história dos meus pais e entender o que houve com eles, por que fui levada do Brasil e meus tios nunca me falaram de vocês.

— Mônica, vamos nos sentar aqui no sofá. Vou lhe contar a parte da história que eu conheço, pois isso talvez a ajudará a conhecer um pouquinho de seu pai.

As duas mulheres sentaram-se no sofá. Segurando a mão de Mônica, Flora começou a contar-lhe a história de René, o filho que morrera tão jovem.

No escritório, André tentava explicar a Gustavo como ele encontrara a jovem que provavelmente era a neta do médico.

— Doutor Gusmão, foi um trabalho difícil. Precisei colocar investigadores de fora do Brasil para localizá-la.

— Doutor André, eu não entendi por que o senhor resolveu procurá-la sem falar comigo antes e sem saber se eu teria interesse em conhecer essa moça.

— Doutor Gusmão, eu trabalhei com René durante muitos anos, conheci a esposa dele e a filha. Depois do incêndio, fiquei sabendo que apenas dois corpos haviam sido encontrados e tive certeza de que a menina sobrevivera. Então, me ocorreu que o tio dela, que mora fora do Brasil, pudesse tê-la levado embora. Durante muitos anos, tentei localizá-lo, afinal, entendo que, se nós a encontrássemos, sua neta estaria amparada por vocês e lhes traria alguma alegria, uma vez que o senhor perdeu seu único filho em condições trágicas.

Gustavo ficou em silêncio, ouvindo o advogado sem interrompê-lo. Adriano acompanhava os movimentos que o médico fazia com o rosto, pois conhecia-o suficientemente bem para saber que ele não estava gostando do que André dizia. Passados alguns minutos, o advogado terminou de explicar o que o motivara a procurar a neta de Gustavo, que disse:

— Muito bem, doutor André, o senhor encontrou minha neta. Diga-me onde ela está hospedada, se é que essa moça está aqui no Brasil mesmo, e quando poderei vê-la.

— Ela está aqui no Brasil, e o senhor poderá vê-la em breve. Eu precisava falar-lhe antes de marcar o encontro, pois ela é uma jovem voluntariosa e deficiente.

— Como assim deficiente?

— Ela é cega. Fui informado de que ela tem uma doença degenerativa congênita, que a fez perder a visão, e se locomove com a ajuda de um cão-guia.

— E como terei certeza de que ela é minha neta? Ela teria que fazer um exame de DNA.

— Certamente, doutor Gusmão. Podemos providenciar isso em um laboratório de nossa confiança. Pediríamos urgência no resultado do exame, afinal, a jovem precisa voltar para Nova Iorque, uma vez que ela tem emprego e não pode ficar definitivamente no Brasil.

— Mas se ela veio procurar a família dos pais, por que concordaria em fazer o exame e voltar para Nova Iorque sem antes ver o resultado?

— Teríamos o resultado antes de ela retornar a Nova Iorque. Tenho como agilizar o procedimento.

— E depois de comprovarmos que essa moça é minha neta? Ela irá embora para casa, e cada um seguirá seu destino? Não criaremos laços afetivos, não nos veremos mais? Sinceramente, não estou entendendo aonde o senhor quer chegar.

— Isso depende de como o senhor e ela reagirão depois de se conhecerem. Tenho certeza de que conseguirão resolver essa relação de família.

— E o senhor? Qual é o seu interesse nisso? Ela está lhe pagando honorários por seus serviços?

— Não, senhor Gusmão! Assim o senhor me ofende! Eu já lhe disse que minha intenção é apenas corrigir um erro do passado. Afinal, René e eu éramos amigos.

— Doutor André, vou pensar em tudo o que me contou, e o doutor Adriano entrará em contato com o senhor para dar minha resposta sobre o encontro com essa moça. A partir de agora, trate de tudo diretamente com ele.

— Claro, doutor Gusmão. Aguardarei sua ligação.

— Ótimo, agora precisamos ir. Passe bem, doutor André.

— Até logo, doutor Gusmão. Doutor Adriano, foi um prazer conhecê-lo.

— Obrigado, doutor André, entraremos em contato. Até logo.

Quando saíram do escritório, Gustavo perguntou a Adriano:

— O que você achou dessa história? Ele a está inventando?

— Está sim, doutor Gusmão. Ele não sabe onde está sua neta.

— Como pode ter tanta certeza disso?

— Vamos ao meu escritório. Lá, eu lhe contarei tudo o que sei sobre sua neta e esse advogado.

⚜ · ⚜

Luciana e Marcelo chegaram juntos ao hotel e ajudaram Cláudio e a família com as malas. Depois, combinaram de voltar à noite para conversarem com o grupo.

Cláudio pediu ao casal que esperasse, pois queria conversar com eles depois que os sogros estivessem acomodados. Rogério, Luciana e Marcelo aguardaram-no na recepção.

— Por favor, me expliquem o que vai acontecer hoje à noite. Temo pela saúde do meu sogro.

Marcelo explicou:

— Cláudio, estamos tentando descobrir o que aconteceu com Andréia e René, em que circunstâncias eles morreram e por que a filha deles foi levada para os Estados Unidos de uma maneira estranha. Ela está aqui no Brasil, mas precisamos de mais algum tempo para saber o que aconteceu. Meu pai, os pais de Luciana, Rogério e Roberta, todos nós estamos buscando a verdade. Assim, uma vez esclarecidos os fatos, Mônica conhecerá o passado dos pais e terá, eu acredito, o carinho dos avós. É muito importante, no entanto, que eles saibam que ela desconhece totalmente a situação financeira deles. Não queremos que fique dúvidas em relação a isso.

— Não se preocupe com isso. Rogério já tinha tocado nesse assunto conosco. Eu lhes peço apenas que liguem para mim antes de falar com o senhor Burns. Assim, eu posso preveni-lo do que irá acontecer.

— De acordo, Cláudio. Ligaremos para você no fim da tarde. Agora, precisamos ir, pois meu pai me pediu que fôssemos ao escritório dele. Até mais tarde.

— Até logo, Marcelo. Obrigado, Luciana. Obrigado, doutor Rogério.

Eles se despediram e foram em direção aos carros estacionados. Luciana perguntou:

— Seu pai está chamando você?

— Não, pediu que nós três fôssemos para lá. Ele e doutor Gusmão conversaram com André hoje pela manhã.

— Então, vamos. Rogério, você virá comigo ou com Marcelo?

— Com você. Quero saber como está o escritório. Você não se importa, não é, Marcelo?

— Não, estarei logo atrás de vocês. Luciana, você tem o endereço?

— Tenho sim. Até já.

Eles chegaram rapidamente ao escritório de Adriano, que já começara a explicar a Gustavo a história de Mônica.

— Que bom que vocês chegaram. Doutor Gusmão, este é meu filho Marcelo e esta é a namorada dele, Luciana. E este é o doutor Rogério.

Gustavo respondeu:

— Muito prazer em conhecê-los, mas não estou entendendo por que precisamos reunir tantas pessoas para conversar sobre uma pessoa que nem sei se existe.

— Doutor Gusmão, meu filho vai lhe explicar tudo. Marcelo, por favor, conte a história de Mônica ao doutor Gusmão.

— Mônica? Por acaso é uma moça que anda acompanhada de um cão chamado Bud?

Marcelo respondeu:

— Ela mesma, doutor Gusmão. É a moça que está hospedada no mesmo *flat* em que o senhor e sua esposa estão hospedados.

— Meu Deus, Adriano, essa moça está com Flora! O que poderá acontecer?

Luciana respondeu:

— Fique tranquilo, doutor Gusmão. Dona Flora não poderia estar em melhor companhia. Deixe Marcelo contar-lhe a história de Mônica, para que o senhor compreenda o que está acontecendo.

— Está bem, Marcelo. Por favor, conte-me o que preciso saber.

Marcelo contou a Gustavo toda a história de Mônica, desde o preparo de sua vinda para o Brasil até a ida para o *flat*, as coincidências, o que André fizera a todos eles, o que aquele grupo estava fazendo para descobrir o que acontecera no dia do incêndio que vitimou René e sua esposa e, por fim, a forma como Mônica fora levada para os Estados Unidos.

Quando Marcelo terminou, Gustavo respirou fundo e disse:

— Adriano, que história é aquela que acabamos de ouvir?

— A história de um homem que aparentemente quer se aproveitar da situação e que provavelmente prejudicou seu filho. Só não podemos fazer nada quanto a isso até entendermos o que aconteceu naquela noite. René nunca falou com o senhor sobre André ou sobre os casos em que ele trabalhava?

— Não, Adriano. Eu não queria que ele se casasse com aquela moça, pois ela estava sempre envolvida em movimentos políticos. Eu tinha medo de que acontecesse alguma coisa

235

a ele. Nós discutimos, e René me disse que se casaria com Andréia com meu consentimento ou não. Ele sempre foi muito independente. Era um bom filho, estudioso, e foi um dos melhores alunos de sua turma. Quando ele conheceu Andréia, apaixonou-se por ela, e não houve quem o demovesse da ideia do matrimônio. Tanto que eles se casaram e só depois comunicaram às famílias.

Gustavo fez uma breve pausa e continuou em seguida:

— Na época, espalharam que eu não queria o casamento porque ela era judia. Eu nunca disse isso. Minha única preocupação era o envolvimento político de Andréia. Você sabe... Muitas pessoas foram presas, torturadas, e eu temia por meu filho. Depois, eu soube que ela havia deixado de participar desses movimentos e que René estava trabalhando para pessoas que não podiam pagar um advogado. Procurei me informar sobre quem seriam essas pessoas e soube que se tratavam de presos acusados de assassinatos. Eu tentei falar com René, porém, não consegui. Só voltei a ter notícias de meu filho no dia do incêndio. Confesso que fiquei com muita raiva dele, da mulher, da vida e do sofrimento que aquela noite terrível causou a todos nós. Quando me telefonaram, anos depois, dizendo que eu tinha uma neta e que ela sobrevivera ao incêndio, eu não acreditei. Não perguntei nem quem estava falando e desliguei o telefone. Eu queria apagar aquele sofrimento e apagar o passado, mas isso é impossível. O passado está sempre voltando, me acusando, me lembrando de que deixei para trás algo que poderia ter evitado essa tragédia. Flora nunca me acusou, mas eu me acuso. Eu devia ter cuidado do meu filho e de minha nora. Se eu tivesse feito isso, eles poderiam estar vivos hoje e minha neta, que não sei como sobreviveu, não teria perdido sua família.

O desabafo de Gustavo emocionou a todos. Adriano foi o primeiro a falar:

— Doutor Gusmão, não se martirize. Não conhecemos os desígnios de Deus, não sabemos por que tragédias acontecem na vida de uma família, mas talvez possamos descobrir o que houve. Assim, o senhor poderá conviver com sua neta, conhecê-la e lhe dar o amor que ficou tanto tempo guardado. Tente se perdoar, pois o senhor não tinha como saber o que houve. Ninguém consegue impedir os caminhos que o destino traça para nós. O senhor, dona Flora e Mônica tinham de passar por isso e agora estão juntos para encontrar a verdade e punir os responsáveis, se houver, pelo que aconteceu.

— Obrigado por suas palavras, Adriano. Eu não sei, no entanto, se conseguirei me perdoar, pois é algo muito difícil. Eu abandonei minha fé em Deus, parei de rezar, não consegui e não consigo entender o que aconteceu. Por que eu tinha de passar por tanto sofrimento? Eu não sou perfeito, contudo, sei que não merecia passar por tanto sofrimento. E quanto a Flora? O que ela pode ter feito de tão ruim para perder o filho da forma que perdeu?

Luciana, que até aquele momento apenas observava a cena, disse:

— Doutor Gusmão, tente não pensar nisso agora. Deus não castiga ninguém. Nós fazemos nossas escolhas e colhemos os frutos do que semeamos ao longo de nossa vida. Pense sobre isso com calma. Nós estamos aqui para ajudá-los. Mônica chegou ao Brasil tendo apenas Bud para protegê-la. Hoje, ela tem, além dele, o namorado, Marcelo, eu, meus pais, o doutor Adriano e a esposa dele, Roberta, Rogério e agora o senhor e dona Flora. Pense nisso. Hoje, todos nós estamos unidos por causa dela. Eu acredito que a mão de Deus nos está guiando, ou não estaríamos aqui. Tente pensar dessa forma e nos deixe ajudá-lo a entender tudo o que aconteceu. Com o tempo, essa dor diminuirá, e o senhor conseguirá fazer as pazes com Deus.

— Obrigado, minha filha. Você tem razão. Adriano, eu vou para casa. Quero conhecer Mônica e saber como ela tem vivido. E, por favor, continue trabalhando para esclarecer o que aconteceu no passado. Não se preocupe com despesas, pois faço questão de pagar os honorários de todos vocês.

— Doutor Gusmão, vá tranquilo. Eu o deixarei a par de tudo o que está acontecendo. E não se preocupe com André. Eu ficarei em contato com ele até tudo isso terminar. Quero ver até onde ele irá com aquela história. Quer que alguém o acompanhe?

— Não, Adriano, obrigado. Estou com meu motorista. Vou direto para o *flat*.

Gustavo abraçou Adriano e tentou conter as lágrimas. Depois, despediu-se de todos e agradeceu por tudo o que vinham fazendo pela neta.

Depois que Gustavo saiu, Marcelo virou-se para Luciana e disse:

— Eu não sabia que você era religiosa.

— Não sou religiosa.

— Então, por que você disse aquilo ao doutor Gusmão?

— Não sei, Marcelo. As palavras vieram à minha cabeça, e eu apenas as fui repetindo. Não sei explicar o que aconteceu. Mas agora eu gostaria de ir almoçar. Vamos?

Adriano e Rogério olhavam atentos para Luciana e Marcelo.

Luciana tornou a perguntar:

— Afinal, vamos ou não vamos almoçar?

Adriano respondeu:

— Vamos sim! Venham! Vamos no meu carro. Que tal a cantina do Genaro?

Capítulo 12

Gustavo chegou ao *flat* esperando encontrar Mônica em seu apartamento, mas não encontrou nem Flora nem a moça. Ele sentiu-se estremecer, então, foi ao apartamento de Mônica e tocou a campainha com insistência. Eric abriu a porta e assustou-se:

— Doutor Gusmão, o que houve? O senhor está pálido.

— Eric, onde elas estão?

— Acalme-se. Elas foram dar uma volta no parque e estão com Bud. Mas entre e sente-se. Vou buscar um copo d'água para o senhor.

Gustavo sentou-se, respirando com dificuldade. Eric deu-lhe água e o fez bebê-la devagar, alternando a bebida com o controle da respiração. Percebendo que ele se acalmava e aos poucos voltava a respirar normalmente, Eric perguntou:

— O senhor não que me contar o que houve? Talvez eu possa ajudá-lo.

Gustavo, que até aquele momento continha as lágrimas, deixou-as sair livremente. Eric esperou que ele se acalmasse e perguntou:

— O senhor já sabe quem é Mônica, não é?

Ainda soluçando, Gustavo respondeu:

— Sim, eu soube agora há pouco. Por que não me contaram quando eu vim aqui falar do problema que ela tem na vista? Por que ficaram ao nosso lado durante tantos dias e não nos procuraram?

— Doutor Gusmão, não sabíamos que reação o senhor e sua esposa teriam. Nós nos hospedamos aqui um dia antes de sua chegada. Não foi nada planejado. Mônica não imaginou que teríamos tantos problemas. Tudo parecia tão simples, mas tudo acabou fugindo ao nosso controle. Ela não voltou para Nova Iorque, porque eu e os amigos que fizemos aqui no Brasil queremos que ela conheça o passado dela. Se Mônica voltar comigo sem conhecer a verdade, ela nunca encontrará paz. E se vocês não a aceitarem, ela só terá a mim.

— E o tio com quem ela vivia nos Estados Unidos?

— Ele e a esposa sofreram um acidente no fim da semana e estão hospitalizados em estado grave. Meu supervisor está na Flórida, tomando as providências necessárias para que eles tenham atendimento hospitalar, verificando documentos e cuidando dos pertences que ficaram na casa da praia, após uma tempestade que destruiu muitas residências. Pelo que pude perceber, o encontro de Mônica com dona Flora foi muito bom. Elas estavam conversando tranquilamente e, depois de um forte momento de emoção, vieram falar comigo. As duas acabaram levando o Bud para passear, porque ele não parava quieto. Então, Mônica pegou a guia e o chamou para um passeio.

— Desculpe, Eric, eu não costumo me descontrolar, mas tenho tantas perguntas a fazer a ela. Eu sempre me culpei pelo que aconteceu. Hoje, depois que estivemos no escritório do André, fomos ao escritório do meu advogado, e lá fiquei sabendo de tudo o que vem sendo feito para descobrir em que circunstâncias meu filho morreu. Você está ajudando nas investigações? De que maneira?

— Não queria que Mônica viesse sozinha para o Brasil. Quando ela me ligou dois dias depois de sua chegada e me contou o que estava acontecendo, eu pedi uma licença em meu departamento e vim imediatamente para cá. Eu estive aqui há alguns anos resolvendo um caso que envolvia um fugitivo americano e fiz amizade com um investigador. Eu pedi a ele que me ajudasse a descobrir o que havia acontecido e se o incêndio havia sido investigado. Conseguimos descobrir que o incêndio não foi investigado e que André, o advogado que o senhor conheceu hoje, trabalhava com seu filho, mas como assistente da promotoria.

Eric fez uma ligeira pausa e continuou:

— Doutor Adriano, o pai de Marcelo, foi conversar com o promotor que atuava na época, para saber se seu filho tinha algum inimigo ou se havia alguém que quisesse lhe fazer mal de alguma forma. O promotor ficou de levantar os documentos daquela época e, tendo-os em mãos, ele e o doutor Adriano vão verificar processos antigos para identificar pessoas que participaram das audiências, assistentes etc. Da mesma forma, os pais de Luciana foram conversar com um professor que trabalhava na mesma faculdade onde sua nora trabalhava. Os comentários de que o filho que ela esperava não era do René eram apenas boatos. Ele se prontificou a contar toda a história para o senhor e também para os pais de sua nora.

— Eles sabem o que está acontecendo?

— Sabem de uma parte da história. Eles chegaram hoje pela manhã de Curitiba.

— E o que vocês pretendem fazer? Reunir todo mundo para que saibamos a verdade?

— Ainda não sei, doutor Gusmão. Preciso esperar o doutor Adriano confirmar todas as nossas suposições. Sem provas, não poderemos acusar ninguém.

— Você acha que alguém provocou o incêndio na casa do meu filho?

— Doutor Gusmão, eu ainda não sei. Não quero levantar suspeitas nem fazer acusações. Por favor, tenha um pouco mais de paciência, pois logo teremos todas as informações para montar esse quebra-cabeça.

Nesse momento, ouviram um barulho na porta. Mônica, Flora e Bud entravam sem imaginar que Gustavo estaria ali.

241

Ele dirigiu-se a Mônica e delicadamente tirou os óculos que ela estava usando:

— Já lhe disseram que você é muito parecida com sua mãe?

— Já, doutor Gusmão. Já ouvi essa frase.

— Será que um dia você vai conseguir me chamar de avô e me perdoar pela maneira como tratei sua mãe?

— Eu não sei se tenho esse poder ou se existe algo a ser perdoado, doutor Gusmão. Dona Flora me contou o que aconteceu. São muitas informações ao mesmo tempo. Eu preciso de um tempo para absorver todas elas. Por essa razão, vou lhe pedir o mesmo que pedi a ela: deixemos o tempo passar. Tudo é muito novo para todos nós. Precisamos nos conhecer, e assim acredito que poderemos compreender tudo o que houve ou o porquê da situação chegar aonde chegou. Eu não tenho por que culpá-lo sobre o que aconteceu; não tenho o direito de julgar sua atitude. O senhor fez o que lhe pareceu melhor naquele momento. E tenho certeza de que, se fosse possível, o senhor teria impedido aquela tragédia.

Mônica terminou de falar e ficou esperando a reação do avô. Gustavo segurava-lhe as mãos e lágrimas desciam de seus olhos, enquanto ele pensava: "Quanta sabedoria em uma pessoa tão jovem".

— Mônica, eu vou esperar o tempo que for necessário para que venhamos a ser uma família. Errei muito, e minha consciência sempre me faz recordar-me de meus erros. Posso lhe dar um abraço?

Mônica abraçou o avô e sentiu-se protegida por ele. Dentro dela alguma coisa a fez ter uma breve recordação do pai, e ela permitiu que lágrimas descessem por seu rosto. Gustavo perguntou:

— O que houve? Machuquei você?

— Não, me desculpe. Seu abraço fez eu ter acesso às pouquíssimas lembranças que tenho de meu pai, por isso não consegui conter as lágrimas. Acho que hoje estamos muito sensíveis.

Gustavo passou a mão no rosto da neta e disse:

— Chorar faz bem, mas agora vamos deixar as lágrimas de lado e tentar conversar. Gostaria de saber mais sobre você, sobre sua vida nos Estados Unidos e também sobre seu problema de visão. Podemos ficar conversando, ou você prefere descansar? Talvez eu esteja sendo inconveniente, afinal foi um dia de emoções para todos.

— Não, o senhor não está sendo inconveniente. Podemos conversar sim, mas antes eu gostaria de preparar um chá ou um café, pois assim posso me refazer para conversarmos tranquilamente.

Flora, que apenas olhava o marido e a neta, disse:

— É uma boa ideia, Mônica. Eu a ajudo a preparar o chá.

Eric completou:

— Vou pedir à recepção que mande uns sanduíches para nós. Vocês têm alguma preferência?

Mônica, Flora e Gustavo fizeram algumas sugestões, e Eric providenciou os pedidos. Enquanto as duas mulheres preparavam café e chá, Eric e Gustavo se entretinham brincando com Bud. Era o início de uma nova amizade e de um tranquilo convívio em família.

Depois de telefonar para Cláudio para combinar de almoçarem juntos no dia seguinte, Marcelo seguiu com Luciana e Rogério para o *flat* onde Mônica estava hospedada. Quando eles chegaram, Gustavo e a esposa já haviam saído. Marcelo perguntou por Eric, e Mônica respondeu-lhe que ele fora passear com Bud e contou como fora o encontro com os avós.

Luciana perguntou:

— Vocês devem ter se emocionado muito. Como você se sentiu?

— A emoção foi grande, e ao mesmo tempo parece que tirei um peso enorme do coração. Não imaginei que eles

243

me receberiam tão bem. Vocês souberam que meu avô esteve no escritório de André e que ele lhe contou uma história sem o menor sentido?

Luciana respondeu:

— Soubemos sim. Seu Adriano nos contou. Marcos e Roberta estão tentando falar com Stephanie, mas, com os problemas que aconteceram no fim de semana, eles estão encontrando dificuldade. Você teve notícias de seus tios?

— Sim, o supervisor de Eric está com eles. O estado deles é grave, mas estão reagindo e não correm risco de morte. Em breve, voltarei para Nova Iorque e poderei cuidar deles.

Marcelo perguntou:

— Você já sabe quando vai?

— Não, Marcelo. Só viajarei depois que souber o que aconteceu com meus pais. Não quero parecer egoísta ficando aqui enquanto eles estão hospitalizados, mas não há nada que eu possa fazer.

Nesse momento, o grupo ouviu a voz de Eric que vinha do *hall* de entrada. Marcelo abriu a porta e ajudou-o com Bud.

Eric fez um sinal para que fizessem silêncio, enquanto ele falava ao telefone:

— Está bem, Raymond, falarei com ela. Guarde com você e, quando voltarmos a Nova Iorque, você nos entrega. Vou pedir a Mônica que o autorize a tomar conhecimento desses documentos e dessas cartas. Dessa forma, se houver nesse material alguma coisa que nos ajude aqui, você nos informa. Obrigado, Raymond. Um abraço.

Todos os olhares estavam fixos em Eric. Depois de cumprimentá-los, ele abraçou Mônica e disse:

— Mônica, a casa da praia está destruída. Raymond apenas conseguiu retirar de lá documentos, algumas joias e um baú com cartas trocadas entre Michel, o seu tio, André Silveira e René Gusmão. Se você o autorizar, ele lerá as cartas e verá se tem algo que possa nos ajudar a entender o que aconteceu no passado. Do contrário, ele poderá despachar essas cartas aqui para o Brasil.

— Eric, peça a ele para ler e verificar se esse material pode nos ajudar. Não precisa mandar nada para cá, a menos que seja algo que desvende esse mistério.

— Certo, Mônica, vou ligar agora mesmo para ele. Deem-me licença por um instante.

Eric foi até o telefone, e Luciana sentou-se ao lado de Mônica dizendo:

— Você deve estar exausta.

— Estou sim. Estou vivendo situações inesperadas e sentimentos que eu desconhecia. Desculpe, estou a deixando confusa.

— Não, fale à vontade.

— Vou lhe explicar melhor, Lu. Eu vim ao Brasil para conhecer minha origem, mas não tinha certeza de que meus avós estavam vivos e nem que seriam encontrados com tanta rapidez. Achei que resolveria tudo com Roberta e, no entanto, estou aqui com você, com Marcelo e com o doutor Rogério. Sei também que seus pais e os pais do Marcelo estão tentando descobrir o que aconteceu no passado de minha família. Só não tenho Roberta, a pessoa que deveria estar aqui me ajudando a resolver esses problemas, perto de mim.

— Mônica, Roberta demitiu-se do escritório. Doutor André começou a mandar, gritar, ofender, e ela não aguentou. E tenha certeza de que ela não deixou nenhum documento sobre você no escritório.

Rogério, que apenas observava, disse:

— Mônica, acredite no que Luciana está dizendo. Doutor André me tratou muito mal por uma falha que poderia ter acontecido com qualquer um. Eu já havia resolvido o que fazer, e ele não quis me ouvir. Roberta me defendeu e me orientou para que eu não perdesse meus direitos trabalhistas. Aquele escritório era a vida dela.

— Não me entendam mal, eu soube o que houve. Sei que ela não tem culpa da vinda do André para o escritório, mas eu gostaria que ela estivesse aqui conosco e me explicasse por que havia ficado insegura quando visitamos a casa de meus pais. Isso me incomodou e me fez pensar que ela estava escondendo alguma coisa.

Marcelo, que a tudo ouvia, interveio:

— Mônica, eu acho que ela foi pega de surpresa em relação ao anjo de pedra. Luciana tem tido notícias dela por meio de Marcos. Amanhã, vou procurá-la e talvez consiga trazê-la aqui. Você a receberia?

— Lógico! Quero apenas esclarecer esse mal-entendido.

— Então, está combinado. Vou falar com ela e depois ligarei para você para combinarmos o horário. Posso confirmar o almoço de amanhã com seus avós maternos?

— Pode sim. Doutor Rogério, como eles são?

— Mônica, pode me chamar apenas de Rogério. Eu cheguei agora, mas me sinto entre amigos.

— Está bem, Rogério. Agora me diga o que achou deles.

— Bem, seu Samuel, seu avô materno, tem uma mágoa muito grande de seu pai e o culpa pelo que aconteceu a vocês. Sua avó materna é mais tranquila, mais ponderada. Eles não sabem nada sobre Michel. Quando houve o incêndio, eles estavam fora do Brasil. Seu avô tem um problema de visão que o deixou completamente cego. Eles buscaram tratamentos fora do Brasil, contudo, não adiantou. Eles recebem cartas e postais de seu tio Michel, mas sem endereço de remetente, e não se falam por telefone. Marcelo falou com Cláudio, o genro de seu Samuel, sobre o acidente, porém, ele não deu mais informações além do que sabíamos. Amanhã, vocês poderão explicar a ele o que houve.

— Você acha que meus avós maternos me receberão bem? — Mônica questionou.

— Eu acredito que sim. Eles não têm ideia de como você é. Já foram procurados por pessoas que diziam saber do paradeiro da neta, mas eles nunca as atenderam. Seu avô tem uma bela fazenda em Curitiba, cria gado, e esses bens são atraentes e fariam qualquer um se intitular neto dele.

— Meu Deus, nunca pensei nisso. Tudo o que eu queria era conhecer meus pais, minha origem e saber por que fui separada deles. Jamais pensei em bens e herança. Não preciso disso.

Enquanto eles conversavam, Marcelo brincava com Bud. Eric voltou para a sala e disse:

— Mônica, falei com Raymond. Demorei, porque estava difícil completar a ligação. Eles estão com problemas por causa das chuvas. Raymond ficará mais alguns dias em Miami e, assim que ler os documentos, entrará em contato conosco. Seus tios continuam estáveis, contudo, ainda sob efeito de sedativos. Os hospitais estão cheios, mas eles estão sendo bem assistidos. Raymond está em contato permanente com os médicos.

— Obrigada, Eric. Raymond é uma pessoa incrível. Ele está sempre preocupado conosco e com os outros detetives que trabalham com ele.

— É, nós temos sorte. Raymond ficou viúvo e o filho está no Iraque, então, ele acabou cuidando de todos nós como se fosse nosso irmão mais velho.

Luciana chamou Marcelo e disse:

— Marcelo, está na hora de irmos. Mônica e Eric precisam descansar.

— Você tem razão. Amanhã, virei buscá-los às 13 horas para almoçarmos com seus avós.

Eric respondeu:

— Está ótimo, Marcelo. Estaremos esperando. A propósito, você pensou no Bud?

— Pensei sim. Acho melhor irmos todos à cantina do Genaro. O que acham?

Mônica respondeu:

— Acho ótimo. A comida dele é muito boa, e poderemos ficar naquele reservado, onde ninguém fique nos observando. Não é melhor avisar que iremos? Formaremos um grupo grande.

— Você tem razão. Eu telefonarei amanhã cedo para seu Genaro e combinarei tudo com ele. Tchau, Mônica, Eric — despediu-se Marcelo.

Abraçando Mônica, Luciana disse:

— Boa noite. Tente dormir e descansar, pois amanhã teremos um dia cheio.

— Obrigada, Lu. Não sei se conseguirei, mas vou tentar. Obrigada por sua ajuda. Você acabou perdendo seu emprego por minha causa.

— Não se preocupe com isso. Logo, logo arranjarei outro.

— Obrigada por tudo, Lu, boa noite.

Mônica agradeceu a Rogério pelo empenho em ajudá-los e, depois que os amigos saíram, disse a Eric:

— Sou responsável pela perda de emprego de quatro pessoas. O que faremos com eles?

— Não se preocupe com isso, Mônica. Marcelo me contou que está muito feliz com a clínica e que Luciana e Rogério vão trabalhar com o doutor Adriano. Quem é a quarta pessoa?

— Roberta.

— Não pense nela agora. Pelo que soube, ela é uma advogada experiente e bem relacionada. Quem sabe não era o momento de ela sair do escritório e ter o dela?

— Você está certo. Agora, quero ir me deitar, pois o dia foi muito cansativo.

— Você não quer comer nada?

— Nossa, Eric! Nem me lembrei de providenciar alguma coisa para o jantar. Quero apenas uma xícara de chá. Você quer jantar?

— Não se preocupe comigo. Vá se deitar que eu levarei um chá para você.

Mônica beijou Eric com ternura.

— Não sei o que faria sem você — ela disse.

— Gostei de ouvir isso. Mônica, você é uma mulher muito especial. Eu amo você.

— Com todos esses problemas?

— Esses e outros que possam surgir.

— Também amo você. Se não estivéssemos juntos, eu não conseguiria seguir nessa busca. Obrigada, amor. Você é muito importante na minha vida.

Eric beijou-a com ternura, e, abraçados, foram para o quarto:

— Voltarei daqui a pouco com seu chá.
— Vou ficar esperando.

Alguns minutos depois, quando Eric retornou com o chá, Mônica já dormia tranquilamente. Ele colocou a xícara na mesinha, ficou olhando aquela mulher tão doce e ao mesmo tempo tão corajosa e pensava: "O que mais estará reservado para ela?". Depois, acomodou-se ao lado de Mônica e ficou observando-a dormir.

— Luís? Até que enfim! Por onde você andou o dia todo?
— Fugindo, André. Eles puseram a polícia atrás de mim.
— E onde você está agora?
— No hotel onde você me colocou. Eu passei o dia aqui. Mônica está naquele *flat* onde lhe disseram que não havia ninguém acompanhado por um cão-guia.
— Como você sabe?
— Porque eu estava em frente ao *flat* quando duas pessoas, uma delas um policial, entraram lá. E logo depois, o policial saiu e veio em minha direção. Não posso ter problemas com a polícia, e você sabe disso. Resolva o que quer fazer, pois lá eu não volto mais.
— Está bem, Luís. Amanhã cedo, eu passarei aí para conversarmos.
— Ok. Até amanhã.

André desligou o telefone, pegou uma taça com vinho e disse em voz alta:

— Agora, dona Mônica Burns, a senhora não vai escapar! Eu sei onde você está morando, e essa brincadeira vai acabar.

Mônica levantou-se cedo, e Eric encontrou-a sentada no banquinho da cozinha e percebeu imediatamente que a namorada estava chorando. Ele abraçou-a, e os dois ficaram em silêncio por alguns instantes. Ela afastou-se para ficar em frente a ele e perguntou:

— Eric, por que tudo isso está acontecendo comigo? Estou com uma sensação horrível... Não sei se o correto é continuar aqui no Brasil ou ir para Flórida ficar com meus tios. Eles me criaram e me amaram como se eu fosse filha deles... E agora estou aqui, e eles hospitalizados, sozinhos. Sinto como se os tivesse abandonado, é horrível. Se eu não tivesse vindo ao Brasil, nada disso teria acontecido.

— Mônica, não fique assim e não se culpe dessa forma. Nós sabemos que essa é a pior época para ir a Flórida, e seu tio sabe disso. Ele já esteve lá tantas vezes e viu o que acontece quando é época de tempestades. Se ele não tivesse lhe escondido o passado de sua família, provavelmente não teríamos vindo ao Brasil. Raymond conseguiu fazer contato com o irmão de sua tia, e ele já está a caminho do hospital. Eles não estão desamparados.

— Você não tinha me dito que Raymond estava procurando a família de minha tia.

— Ele me falou disso ontem, mas, com tudo o que aconteceu, acabei não lhe contando. Agora, tente se acalmar. Hoje, você conhecerá mais uma parte de sua família! Quem sabe não conseguimos resolver tudo e voltamos para Nova Iorque? Onde está aquela jovem corajosa que veio ao Brasil sozinha em busca do passado da família?

— Desculpe, Eric. Você tem razão quanto a termos de terminar o que comecei, mas a moça corajosa deve ter se perdido em algum lugar no Brasil. Se você não estivesse comigo, acho que já teria desistido.

— Mônica, eu a amo. Você é a mulher de minha vida. Nunca vou deixá-la nem vou permitir que algo lhe aconteça. Vamos ficar juntos e desvendar toda a verdade.

Em resposta, Mônica beijou-o demonstrando todo o amor que sentia por Eric. O telefone tocou, e Bud agitou-se começando a latir. Eric disse:

— Deixe que eu atendo. O que será que deu em Bud?

— Não sei. Venha, Bud. O que você tem, garoto?

— Alô? — Eric falou ao telefone.

— Por favor, a senhora Mônica Burns.

Eric não reconheceu a voz da pessoa do outro lado da linha, mas foi tomado por uma sensação desagradável.

— Quem gostaria de falar com ela?

— Doutor André Silveira, sou advogado dela.

— Sinto muito, mas ela não está aqui. O senhor quer deixar algum recado?

— Diga-lhe para entrar em contato comigo, pois ela tem um contrato de prestação de serviços com meu escritório, que precisa ser cumprido. E o senhor quem é?

— Sou o namorado dela. Por quê?

— Porque a senhora Mônica pode estar sendo enganada por ex-funcionários deste escritório, e eu não gostaria que algo de mal lhe acontecesse.

— Não se preocupe que nada de mal acontecerá a ela. Assim que Mônica chegar, entraremos em contato com o senhor.

— Obrigado, senhor...

— Eric. Tenha um bom-dia.

Eric não esperou a resposta de André e desligou o telefone. Mônica aguardava ao lado dele para saber quem telefonara.

— Era André. Ele sabe que estamos aqui. Ontem, o policial que foi atrás do Luís deve ter sido visto por ele. Você quer ir para outro *flat*?

— Não, Eric, eu não preciso me esconder. Eu estou com você, e meus avós estão aqui ao lado. O que André não deve saber é que me encontrei com meu avô paterno e que vou encontrar meu avô materno.

— Vou falar com Plínio e saber dele se tem algum policial rondando o *flat*. Precisamos falar também com Marcelo e com o pai dele.

— Eric, talvez seja bom avisar ao senhor Gusmão, pois não gostaria que algo de mal lhes acontecesse.

251

— Você tem razão. Vou ligar para eles e perguntar se podem nos receber. Acho que devemos contar-lhes que você vai encontrar com seus avós maternos.

— Você está certo. Vou me arrumar. Você vai descer com o Bud?

— Vou sim, depois de deixá-la com seus avós.

Eric ligou para o quarto de Gustavo:

— Senhor Gusmão, é Eric.

— Oi, Eric. Como vocês estão?

— Estamos bem, obrigado. Vou descer com Bud. Mônica pode ficar com vocês?

— Claro que pode. Vocês já tomaram café?

— Ainda não.

— Então, diga a Mônica que nós também não tomamos café. Podemos tomá-lo juntos.

— Está bem, senhor Gusmão, direi a ela. Até daqui a pouco.

— Até, Eric.

Gustavo dirigiu-se à esposa e disse:

— Flora, vamos tomar o café da manhã com Mônica. Eric vai descer com Bud, e ela virá para cá. Precisa providenciar alguma coisa?

— Não, Gustavo, eu estava terminando de arrumar a mesa.

Passados alguns minutos, ouviram a campainha:

— Bom dia, senhor Gusmão. Espero não estar atrapalhando.

— Nem pense nisso, Mônica. É um prazer tê-la conosco. Mas entre, vamos até a cozinha. Flora está lá. Mas e o Eric?

— Ele desceu com Bud. Eles devem estar de volta em uns quarenta minutos. Bom dia, dona Flora.

— Bom dia, Mônica, venha sentar-se aqui. Você toma leite?

O café da manhã transcorreu com tranquilidade. Eric e Bud chegaram e foram direto para o apartamento de Gustavo e Flora. Enquanto isso, na recepção do *flat*, André discutia com a recepcionista:

— Senhorita, tente novamente. Eu liguei há menos de uma hora, e eles estavam no apartamento.

— Senhor? Como é mesmo seu nome?

— Doutor André Silveira. Eu tenho urgência em falar com a senhora Mônica Burns.

— Doutor André, eu não posso fazer nada. Ninguém atende ao telefone no apartamento dela. Se o senhor quiser, pode deixar um recado, e eu o entregarei assim que ela retornar ao apartamento.

— Não vou deixar recado nenhum. Voltarei mais tarde.

— Como o senhor quiser.

Enquanto tomavam café, Mônica contou aos avós que iria almoçar com os avós maternos. Gustavo perguntou:

— Será que eles não irão maltratá-la? Talvez seja melhor irmos juntos.

— Não é preciso, senhor Gusmão. Eu estarei com Eric, Marcelo e Luciana. Segundo eles me disseram, meu avô materno está cego e também não sabe direito o que aconteceu. Eles estavam fora do Brasil quando o incêndio aconteceu.

Flora perguntou:

— Você vai falar sobre o acidente do seu tio?

— Sinceramente, não sei. Eric ainda não falou com Raymond hoje, e não sabemos se houve alguma alteração no estado de saúde de meus tios. Confesso-lhes que estou muito preocupada e não vejo a hora de esclarecer tudo o que houve com meus pais para voltar para Nova Iorque.

— Pensei que você iria ficar aqui no Brasil.

— Não, dona Flora. Minha vida é lá. Eu praticamente fugi de Nova Iorque para vir ao Brasil conhecer meu passado. Eu não tinha esperanças de conhecê-los nem de conhecer meus avós maternos. Cheguei aqui acreditando que meus tios escondiam informações importantes sobre meu passado e estava muito decepcionada. Depois do acidente, no entanto, comecei a pensar na vida que eles me proporcionaram. Eu fui a filha que eles não tiveram e sinto que lhes devo alguma coisa.

253

Gustavo disse:

— Mônica, você gosta deles. Eles a criaram, isso é natural. Seus tios sofreram um acidente sério, e você está longe, mas não se culpe. Se está aqui hoje, isso se deve a uma situação criada por eles. O tempo se encarregará de colocar as coisas em seu lugar.

— Eric, você quer café ou café com leite?

— Café com leite.

Nesse momento, Bud, que estava deitado aos pés de Mônica, levantou-se e latiu. Sorrindo, Flora disse:

— Desculpe, Bud, não perguntei o que você queria.

Mônica respondeu:

— Não se preocupe com ele, dona Flora. Bud está sendo muito mimado. Bud, deite-se aqui perto de mim.

Flora não resistiu e deu ao cão um pedaço de bolo, que ele comeu com prazer.

— Dona Flora, não precisa.

— Um pedacinho de bolo não lhe fará mal, não é, Bud?

Como se estivesse respondendo à pergunta de Flora, Bud latiu. Todos riram, e Eric falou:

— Quero ver o que faremos quando voltarmos para casa.

Gustavo disse:

— Ele vai sentir falta daqui, assim como nós sentiremos falta de vocês. Encontrá-la depois de tantos anos e perdê-la tão depressa...

Mônica interrompeu o avô:

— Vocês não vão me perder. Agora que os conheci, não deixarei de estar em contato com vocês. Posso vir mais vezes ao Brasil, e vocês podem ir para Nova Iorque passar uma temporada conosco.

Gustavo respondeu:

— Iremos sim, Mônica. Precisamos aproveitar o tempo para estarmos juntos, afinal, somos uma família.

Eles conversaram mais um pouco até que Eric lembrou Mônica de que deveriam ir, pois Marcelo provavelmente já estava chegando para levá-los até a família Burns. Gustavo pediu:

— Eric, se vocês acharem oportuno, marquem um jantar com eles hoje ou amanhã, pois assim poderemos conversar e esclarecer os problemas do passado. Eu preciso voltar a Campos do Jordão e gostaria muito que vocês fossem comigo para lá. Quero examinar os olhos da Mônica, mas não disponho de material adequado aqui.

— Falarei com eles, senhor Gusmão. Fique tranquilo — Eric prometeu.

Depois que Mônica e Eric saíram, Flora disse ao marido:

— Gustavo, você acha que pode ajudar Mônica a recuperar a visão?

— Eu tenho fé que sim, Flora. Conversei com vários colegas aqui de São Paulo, e eles me deram algumas sugestões. É uma pena que eles não fiquem aqui no Brasil.

— A vida deles é em Nova Iorque. Não podemos retê-los aqui.

— A culpa disso tudo é minha, Flora. Se eu não tivesse sido tão intransigente, tão egoísta, nada disso teria acontecido.

— Não diga isso, Gustavo. Não foi culpa sua. Talvez tudo isso tivesse que acontecer por alguma razão que desconhecemos.

— Ouvi isso ontem no escritório do Adriano. São os desígnios de Deus. Mas por que será que ele está me punindo? O que fiz de tão ruim para sofrer assim?

— Gustavo, não diga isso. Deus não pune ninguém. Nós fazemos isso, quando seguimos nossos caminhos. Lembre-se de que temos o livre-arbítrio para decidir o que queremos e quando queremos. Deus nos deu a oportunidade de conhecer nossa neta e talvez tenha lhe dado a chance de curá-la de uma doença que parece irreversível. Pense nisso.

— Será que algum dia ela vai nos chamar de avós?

— Claro que vai. Ela só precisa conviver conosco. Você mesmo disse a ela: "Dê tempo ao tempo". Lembra?

— Você tem razão, Flora. Não sei o que seria de mim sem você.

Flora abraçou o marido, e ele beijou-a ternamente. Estavam juntos há tantos anos, mas o amor que sentiam um pelo outro não se modificara. Passaram por momentos difíceis e alegres, viveram a tragédia de perder um filho e a alegria de encontrar a neta que pensavam nem existir mais. Nunca se separaram e, por maior que fossem os problemas, sempre souberam apoiar um ao outro.

Eric e Mônica estavam brincando com Bud, quando entraram no apartamento. Ele percebeu que a luz do interfone estava piscando, então ligou para a recepção, sendo informado de que André Silveira estivera no *flat* à procura de Mônica.

— O que faremos? Ele não vai desistir — Mônica questionou.

— Vou ligar para Marcelo e pedir a ele que nos pegue na saída do restaurante. Não gostaria de encontrar com André antes de tudo ser esclarecido.

— Você ligou para Plínio?

— Não. Vou fazer isso agora. Primeiro vou falar com Marcelo.

Eric discou o número do amigo:

— Marcelo?

— Oi, Eric, bom dia. Aconteceu alguma coisa?

— Por que você está perguntando isso?

— Porque estou aqui embaixo há meia hora, esperando André ir embora para poder subir e conversar com vocês.

— Ele o viu?

— Não, mas, se eu entrar no hotel, ele virá atrás de mim.

— Vamos fazer o seguinte. Em meia hora, você nos pega na saída de trás do hotel. Na saída do restaurante.

— Está bem, eu sei qual é. Darei uma volta e seguirei para lá.

— Ok. Até já.

Eric disse a Mônica:

— Mônica, deixe tudo pronto, pois desceremos em meia hora. André a está esperando aqui em frente. Marcelo vai nos encontrar na saída do restaurante.

256

— Estou pronta, só preciso retocar a maquiagem.

— Ótimo, vou ligar para Plínio, e desceremos em seguida.

— Talvez seja bom prevenir o vovô. O que acha?

— Por que não liga para ele? Pode usar o interfone.

— Ligo sim.

Mônica avisou Gustavo sobre o que estava acontecendo. Ele disse que não pretendia sair do hotel, mas que iria pedir para a recepção que não informasse a André que ele estava hospedado ali.

Logo depois, Mônica, Eric e Bud saíram pelo restaurante e não foram vistos por André, que os aguardava em frente ao *flat* com Luís.

— André, estamos perdendo tempo.

— Luís, eu preciso encontrá-la. Roberta ligou para Stephanie e me deixou em uma situação bastante complicada. Preciso falar com Mônica, antes que mais alguma coisa dê errada.

— E quanto ao avô dela?

— Não sei. Tentei falar com o advogado dele, mas não consegui. O escritório de Porto Alegre não localizou o outro avô... Não consigo acreditar! Estava tudo tão certo! Eu tinha tudo sob controle, e agora isso!

— Não o estou entendendo, André. O que você tinha sob controle?

— Nada, Luís, nada! Fique atento ao movimento do *flat*.

Marcelo estava aflito. Quando Mônica, Eric e Bud entraram no carro, ele perguntou:

— O que aconteceu?

Eric respondeu:

— Luís deve ter visto o policial que estava com Plínio saindo do hotel. Ele deve ter contado para André, que veio atrás de Mônica.

— Ele sabe que vocês estão juntos?

— Sabe sim. Ele ligou para o quarto, e eu atendi à ligação. Eu disse a ele que Mônica não estava. Talvez seja por isso que você o viu à porta do *flat*. Ele deve estar imaginando que ela chegará a qualquer momento. Ele não viu você?

— Não, eu troquei de carro com Luciana. Como os vidros são escuros, ele não podia me ver.

— Ótimo, mas isso está ficando perigoso. Eu avisei Plínio do que está acontecendo, e ele ficou de verificar se há alguma patrulha rondando o *flat*. Ele não pode deixar policiais de plantão, mas há sempre uma viatura passando por aquele local.

— Vocês querem trocar de *flat*?

Mônica respondeu:

— Não, Marcelo, não tenho por que me esconder. Estou protegida por vocês. Meus avós estão naquele *flat*. Vamos esperar e ver o que acontece. Se ele está me procurando é porque alguma coisa aconteceu. Você teve notícias de Roberta?

— Sim, falei com ela ontem depois de sair de sua casa. Ela ligou para Stephanie e contou-lhe o que aconteceu. Stephanie disse que não mandou André para São Paulo e não sabia o que estava acontecendo. Ela virá ao Brasil e deverá chegar amanhã ou depois.

— Você contou a Roberta sobre meus avós?

— Contei sim, mas ela já sabia. Lembra que falei que a mãe de Roberta era amiga da sua avó? Elas estiveram com dona Flora uma tarde dessas, e Roberta contou a ela sobre você.

— Quando foi isso? — perguntou Eric.

— Não sei direito, mas não faz muito tempo.

— Então foi isso!

Mônica perguntou:

— Você acha que foi na tarde em que Bud encontrou a vovó desmaiada?

— Só pode ter sido! Havia três xícaras sujas de batom!

— Vovó me disse que havia tomado chá com uma amiga e a filha. Não pensei em Roberta.

Eric fez um sinal a Marcelo, e os dois riram.

— Posso saber do que os dois estão rindo? — Mônica perguntou.

258

— Você está chamando dona Flora de vovó. Lembra-se do que conversamos hoje de manhã?

— Você tem razão. Parece que está ficando mais fácil.

— Vai ficar, meu amor, vai ficar. Marcelo, vamos ao restaurante ou ao hotel onde os Burns estão hospedados?

— Ao hotel. Luciana e Rogério estão com eles.

— Marcelo, quem está pagando essas despesas?

— Que despesas, Mônica?

— Hotéis, passagens de avião, os honorários do doutor Rogério, de Luciana, seu trabalho, carros, combustível?

— As passagens e o hotel quem pagou foi o senhor Burns. Quanto aos honorários da Lu, do Rogério e o meu, nós acertaremos isso com você depois que tudo for resolvido.

— Você não quer que eu lhe dê algum dinheiro para as despesas?

— Não, Mônica, fique sossegada. Está tudo sob controle. Nesse momento, o celular de Eric tocou:

— Eric? É Raymond.

— Ray? Tudo bem?

— Eric, eu li as cartas que encontrei e não tenho boas notícias. Vou escaneá-las e enviá-las ao seu e-mail. Aparentemente, Mônica foi sequestrada como você suspeitava.

— Meu Deus, Ray! Você vai mandar isso hoje?

— Já estou mandando. Não diga nada a ela, por enquanto. Essas cartas foram trocadas entre o tio dela e alguém chamado André Silveira. Você o conhece?

— Pessoalmente não, mas ele está aqui em São Paulo. É o sócio de Stephanie Morgan no escritório. Você tem notícias dos tios de Mônica?

— Sim, eles continuam sedados. O irmão da tia de Mônica chegou pela manhã. Ele vai ficar no hospital, e eu voltarei para Nova Iorque. Todos os documentos que encontrei ficarão comigo. Vou verificar os antecedentes dos tios dela e em que eles trabalham. Talvez eu descubra alguma coisa.

— Obrigado, Ray. Assim que eu tiver uma oportunidade, abrirei os *e-mails*.

— Eric, mais uma coisa, não apresse a volta de Mônica até tudo estar resolvido. Quero ter certeza de que o tio dela, Michel Burns, é a pessoa que está internada naquele hospital.

— Fique tranquilo, Ray. Não vou apressar nada.

— Não se preocupe. O pessoal está trabalhando para nos ajudar e disse que você não precisa se preocupar. Apenas cuide de Mônica.

— Ok. Obrigado, Ray.

— De nada. Me ligue, quando você ler as cartas. Adeus.

Capítulo 13

Marcelo parara o carro em frente ao hotel em que estavam hospedados os avós maternos de Mônica e ficou aguardando Eric conversar com o supervisor. Quando ele desligou o telefone, por sua expressão, Mônica percebeu que mais problemas haviam surgido.

— O que houve, Eric? Ray deu notícias dos meus tios?

— Deu sim, Mônica. Eles continuam sedados, e o irmão de sua tia já está no hospital. Ray mandou por *e-mail* cópias de algumas cartas trocadas entre seu tio e André Silveira.

— Você terá de voltar para Nova Iorque?

— Por enquanto não. O pessoal está dando conta do serviço. Mandaram-me cuidar de você. Mas vamos pois seus avós estão nos esperando. É melhor não comentar com eles sobre o acidente.

Mônica não ficara satisfeita com a resposta de Eric, mas não insistiu. Ela o conhecia bem e, pelo tom de voz do namorado, sabia que Raymond dissera mais coisas do que ele lhe contara. Eles estavam juntos por tempo suficiente para ela reconhecer uma mudança na voz de Eric. Sabia que algo não estava bem.

Luciana já os esperava à entrada do hotel e ajudou-os a entrar, enquanto Marcelo estacionava o carro:

— Oi, Mônica, tudo bem?

— Acho que sim, Luciana. Meus avós estão aí?

— Não, mas seus tios estão. Venha. Vou apresentá-los, e depois sua tia irá buscar seus avós.

As duas mulheres e Eric caminharam até uma sala reservada. Bud usava a guia e ia ao lado de Mônica. Eric, do outro lado, segurava o braço da namorada. Na recepção, os funcionários haviam sido informados de que uma moça estaria acompanhada de seu cão-guia e eles se prontificaram a atendê-la no que precisasse.

Cláudio e Sandra levantaram-se para cumprimentá-los. Mônica tirou os óculos e, embora com tremenda dificuldade, reconheceu seu rosto na pessoa que estava diante dela.

— Você era a irmã caçula de minha mãe?

— Isso mesmo, Mônica. Você se parece muito com ela.

— Vendo você, eu agora consigo entender isso. Eu não tenho nenhuma foto de minha mãe.

— Nós trouxemos um álbum antigo. Depois eu entregarei a você. Este é meu marido, Cláudio — Sandra apresentou o marido à sobrinha.

Mônica esticou a mão para cumprimentá-lo.

— Desculpe-me perguntar, mas você enxerga? — Cláudio questionou.

— Cláudio, por favor! — Sandra repreendeu o marido.

— Não se preocupe, Sandra, normalmente eu não tiro meus óculos. Tenho trinta por cento de visão no olho direito e dez no olho esquerdo. Estou com Bud há seis meses. Segundo os médicos, meu problema de visão é irreversível e posso ficar cega de uma hora para outra, por isso tenho o Bud comigo.

Cláudio e Sandra olharam para o cão, que estava em pé ao lado de sua dona, como se tentasse protegê-la. Ele perguntou:

— Ele fica sempre nessa posição? Parece que vai impedir alguém de chegar perto de você.

— É assim mesmo. Quando me sento, ele se posiciona aos meus pés.

Sandra disse:

— Ele é lindo.

— É, geralmente é essa reação que ele provoca nas pessoas. Este é Eric, meu namorado.

— Muito prazer, Cláudio. Muito prazer, Sandra — Eric cumprimentou.

Luciana acomodou a todos, e Cláudio foi buscar os sogros. Mônica perguntou a Sandra:

— Ele vai preveni-los de minha condição?

— Não, ele foi apenas buscá-los. Você deve ter herdado esse problema de visão do papai, pois ele está cego há alguns anos. A visão foi desaparecendo com o tempo, e hoje ele anda com uma bengala. Não sei se papai se adaptaria a um cão-guia.

Enquanto conversavam sobre Bud, Cláudio retornou com os avós maternos de Mônica.

Marieta olhou para Mônica e perguntou:

— Posso lhe dar um abraço?

Mônica sentiu imediatamente simpatia por aquela senhora de cabelos grisalhos e aparência simples.

— Pode sim.

Ela levantou-se e abraçou a avó, e as duas mulheres não contiveram as lágrimas. Marieta exclamou:

— Quanto tempo! Se eu soubesse onde você estava, teria ido buscá-la. Você é muito bonita! Alguém já deve ter dito que você é igualzinha à sua mãe, minha Andréia.

— Já ouvi isso sim, vovó, mas não tem problema. Eu nunca vi uma foto dos meus pais, então, saber que me pareço com ela me deixa muito feliz.

Cláudio ajudou Samuel a aproximar-se de Mônica:

— Minha filha, eu não posso vê-la. Deixe-me tocar seu rosto.

Mônica aproximou-se do avô, e, quando passou os dedos pelo rosto da neta, Samuel não conteve a emoção e abraçou Mônica, comovendo a todos.

— Eu não quis acreditar quando me procuraram para dizer que você estava viva. Eu não sei o que dizer. Se eu

263

pudesse imaginar, se nós tivéssemos ouvido o advogado que nos procurou...

— Vovô, não se preocupe com isso. Agora, eu estou aqui, e poderemos conversar sobre mamãe, sobre mim, sobre vocês.

Cláudio ajudou Samuel a sentar-se e fez o mesmo com Mônica. Ao sentar-se, Samuel sentiu que tocava em algo e perguntou:

— Quem está aqui no chão? É uma almofada?

Cláudio respondeu:

— Não, senhor Burns. Cuidado, me dê a bengala. É o Bud, o cão-guia de Mônica.

Samuel abaixou-se para tocar o cão, que se levantou e colocou a cabeça no colo do avô de Mônica. Luciana disse a Marcelo:

— Parece que ele sabe que o senhor Burns também precisa de ajuda.

— Ele é muito inteligente. Acredito até que ele note quando a pessoa não enxerga.

Eles conversaram durante algum tempo, e Mônica sentiu-se mais à vontade com os avós maternos do que com os avós paternos. Enquanto se dirigiam para o restaurante, ela disse a Eric:

— Não sei por que, mas me sinto mais à vontade com eles do que com meus outros avós.

Quando chegaram ao restaurante, Genaro saudou a todos com seu costumeiro bom humor. Depois de os acomodar e anotar o pedido das bebidas, ele deixou-os à vontade para conversarem.

Samuel quis saber por que eles escolheram aquele restaurante, e Marcelo explicou-lhe que Genaro mantinha um ambiente reservado no restaurante e falhou-lhe sobre a amizade que surgira entre eles. Logo depois, Genaro voltou com as bebidas e com um belo pedaço de pão italiano para Bud.

Olhando para Eric e Mônica, Genaro disse:

264

— Não se preocupem, não fará mal a ele. É só um pedacinho de pão.

Todos riram do jeito de Genaro, e Mônica desistiu de pedir-lhe que não desse mais pão ao cão. Bud ficaria mal-acostumado.

Cláudio, que ouvira toda a conversa e não fizera nenhum comentário, disse:

— Mônica, talvez este não seja o momento certo, mas não sei quanto tempo poderei ficar aqui em São Paulo. Tenho meu trabalho em Curitiba, e deixamos as crianças com minha mãe. Eu gostaria que você me explicasse por que você chama Michel de tio, se ele a registrou como filha.

Samuel perguntou:

— Mônica, você viveu esse tempo todo com Michel? Ele nunca falou da família?

— Eu vou lhes explicar como descobri que não era filha deles. Minha tia não demonstrava nenhum carinho por mim, e, quando passei a conviver com minhas colegas de escola, comecei a achar o comportamento dela estranho. As mães estavam sempre presentes, porém, a minha não estava. Eu devia ter uns dez anos na época. Falei com minha tia sobre isso, e ela não me deu nenhuma resposta. Alguns dias depois, acordei tarde da noite e ouvi os dois discutindo. Meu tio pedia a ela que tivesse paciência, e minha tia reclamava que eu fazia cobranças a toda hora e queria que ela fosse à escola, coisa que ela não queria fazer. Eu a ouvi dizer: "Não tenho responsabilidade sobre ela. Não me interessa se ela vai bem ou mal na escola! Ela não é minha filha!". Quando minha tia terminou de falar, eu já estava próxima a eles. Meu tio gritou: "Veja o que você fez!", e eu voltei correndo para meu quarto. Ele foi atrás de mim, e lembro que me pegou no colo, tentando me consolar, enquanto dizia que conversaríamos no dia seguinte. Minha tia, por sua vez, estava muito nervosa. Eu olhei para ele e perguntei se o que ela havia dito era verdade. Meu tio disse que sim, mas afirmou que eu era sua filha do coração e que não deveria me preocupar, porque ele sempre estaria ao meu lado.

Mônica fez uma breve pausa e depois continuou:

— Depois desse dia, mudei meu comportamento, e ela também. Meu tio me explicou que meus pais tinham morrido num incêndio e que eles tinham me adotado. Disseram-me também que não queriam que eu soubesse a verdade, porque tinham medo de que eu ficasse traumatizada com a notícia. Não parei mais de pensar nisso e, sempre que estava sozinha em casa, entrava no quarto deles ou no escritório tentando encontrar algum documento que me revelasse a verdade. Só consegui encontrar algo na casa da praia, alguns anos depois. Encontrei minha certidão de nascimento tirada aqui no Brasil, contudo, não pude prosseguir com minha busca, porque meu tio chegou e me pegou mexendo nas gavetas do escritório. Ele ficou bravo e me proibiu de entrar ali. Consegui esconder a certidão, mas não sei se meu tio deu por falta dela, pois nunca tocou nesse assunto comigo.

Ela fez uma nova pausa e continuou:

— Quando conheci Eric, contei-lhe minha história e mostrei-lhe a certidão de nascimento brasileira. Ele me ajudou a descobrir quem eram meus pais e onde viveram. Pedi a Stephanie que me ajudasse a vir ao Brasil, porque queria descobrir o que tinha acontecido. Se meus tios soubessem que eu viria para cá, me impediriam. Eu perguntei várias vezes sobre meus avós e sobre a família de minha tia, mas as respostas eram sempre as mesmas: "Esqueça-se deles. Sua família somos sua tia e eu". Vim ao Brasil para saber o que havia acontecido aos meus pais, e minha esperança era de que houvesse algum engano e de que eles ainda estivessem vivos, mas infelizmente não houve nenhum engano. O que não calculei foi o transtorno que causaria ao escritório que estava me ajudando e que encontraria meus avós da forma que encontrei.

— E o que você pretende fazer agora? — Cláudio questionou.

— Ainda não sei em que circunstâncias meus pais morreram, mas, assim que tudo estiver esclarecido, voltarei para Nova Iorque. Lá, eu tenho meu apartamento, onde moro sozinha desde meus dezoito anos. Tenho meu emprego, ou pelo menos tinha até vir para cá, e tenho Eric. Não se preocupem que não pedirei nada a vocês. Sei que tanto vocês como meus avós paternos foram procurados por advogados interessados no patrimônio das famílias, contudo, garanto--lhes que não estou preocupada com isso. Tenho o suficiente para viver.

— Desculpe-me, Mônica, não quis dizer que você está atrás de dinheiro. Eu apenas fiquei sem entender por que você insistiu tanto em conhecer seu passado.

— Porque eu posso ter sido sequestrada, e meus pais podem ter sido assassinados. Será que é um bom motivo para eu estar aqui?

— Você não está levando essa história longe demais?

Eric interveio e questionou:

— Cláudio, você acha que estamos mentindo? Que viemos ao Brasil apenas para brincar com os sentimentos das pessoas?

— Não, eu só acho essa história de sequestro e assassinato fantasiosa demais. Uma história que envolve advogados, investigadores e dois possíveis crimes. Vocês podem estar inventando tudo isso apenas para tirar alguma vantagem financeira de toda a tragédia pela qual meus sogros passaram. E mesmo que você seja neta deles, eu ainda não acredito nessa história.

Marcelo interveio:

— Cláudio, a história de Mônica é verdadeira. Meu pai está investigando essa história com o doutor Antônio Sampaio, que hoje é desembargador. Há muita coisa a ser esclarecida, e essa discussão não vai nos levar a lugar algum.

Marieta, que até aquele momento nada dissera, ponderou:

— Cláudio, você deveria ouvir Marcelo. Eu acredito que Mônica esteja dizendo a verdade, pois Michel foi embora para tentar a vida nos Estados Unidos e esteve no Brasil na semana em que Andréia morreu num incêndio, cujas causas não foram esclarecidas. Ele nunca nos procurou e sabia que naquela semana estaríamos nos Estados Unidos, pois Samuel iria consultar-se com um especialista. Foi ele quem procurou o médico americano, agendou a consulta e providenciou nossa ida para lá. Quando chegamos ao aeroporto, uma jovem nos aguardava e disse que estava à nossa disposição, porque Michel precisou ir com urgência ao Brasil. Nós nunca mais o vimos. Escondida do meu marido, eu mandei seguidas cartas para ele. Uma dessas cartas foi respondida pela moça que nos acompanhou naquela semana, e ela me dizia que eles já não trabalhavam mais juntos. As cartas que enviei a Michel foram todas devolvidas por ela. Ele nunca as leu. Nunca soubemos o que acontecera de verdade naquela noite. Fomos informados de que minha filha e o marido haviam morrido no incêndio e que nenhuma criança fora encontrada nos escombros. Eu sabia que Andréia tinha dado à luz a uma menina, pois ela me escrevera mandando uma foto de Mônica. Eu guardo essa carta e o retrato comigo até hoje.

Todos ficaram em silêncio, e Samuel foi o primeiro a falar:

— Cláudio, eu sei que você nos quer bem e que jamais permitiria que fôssemos enganados, mas aguardemos o fim das investigações, senão nunca conheceremos a verdade. Você imagina como me sinto, sabendo que meu filho pode ter contribuído de alguma forma para a morte da irmã? Você tem dois filhos, Cláudio. Pense nisso.

Cláudio respondeu:

— Peço-lhes que me desculpem. Não quero parecer intransigente ou cético demais quanto a tudo isso. Mônica, eu sei o quanto eles sofreram quando chegaram ao Brasil e descobriram que a filha estava morta. Eu tentei descobrir o que havia acontecido, mas não tive sucesso, pois não conhecia ninguém em São Paulo que pudesse me ajudar. Com o tempo, não se falou mais no assunto. Quando doutor Rogério esteve em nossa casa, todo aquele pesadelo voltou. Peço-lhe, então, que entenda o que sua vinda ao Brasil significa para todos nós.

— Eu imagino que saiba, Cláudio, e, como lhes disse antes, não estava preparada para enfrentar tudo o que aconteceu depois que cheguei ao Brasil e principalmente depois que o advogado André Silveira apareceu. Só não desisti de tudo, porque fiz amigos que me pediram para continuar. Como acha que me sinto sabendo que Marcelo, Luciana, Rogério e Roberta perderam o emprego por minha causa? Os pais de Luciana e os pais de Marcelo estão me ajudando, o supervisor de Eric, o investigador brasileiro também. Enfim, todos estão tentando descobrir o que houve. Não posso desistir agora, mesmo que não acredite em mim. Alguma coisa de muito séria aconteceu aos meus pais, e eu tenho o direito de saber o que houve, mesmo que isso pareça loucura. Não posso parar agora.

Nesse momento, Bud ergueu-se e começou a rosnar. Marcelo voltou-se em direção à porta e, tentando acompanhar o olhar do cão, notou que Luís e André estavam no balcão. Eric perguntou:

— O que houve?

— Não dá para vocês virem, mas Luís e André estão parados próximo ao balcão. Genaro está conversando com eles. Não sei se Genaro se lembra do pedido que lhe fiz de nos avisar quando Luís aparecesse.

Todos ficaram em silêncio. Marcelo observava o movimento do restaurante, enquanto Bud permanecia na mesma posição de atenção, porém, em silêncio. Marcelo viu quando os dois homens saíram, e Bud voltou a deitar-se. Um garçom foi até onde o grupo estava.

— Por favor, quem é Marcelo?

— Sou eu.

— Senhor Genaro pediu-me para avisá-lo que estão procurando a moça com o cão-guia. Ele disse ao homem que não havia ninguém aqui com aquela descrição. Daqui a pouco, ele virá falar com o senhor.

— Obrigado.

Quando o garçom saiu, Eric dirigiu-se a Cláudio e questionou:

— Você entende agora por que temos certeza de que algo muito grave aconteceu com os pais de Mônica?

— Quem são aqueles homens que a estavam procurando?

— Doutor André Silveira e Luís, que prejudicou doutor René Gusmão em casos que ele trabalhava. Sumiram provas de processos em que ele trabalhava como advogado de defesa.

Cláudio respirou fundo e não disse nada. Genaro chegou logo em seguida e revelou:

— Marcelo, um dos homens que esteve aqui agora é o mesmo que esteve aqui outro dia.

— Eu sei, Genaro. De onde estou consigo ver o movimento da entrada. Eles disseram se irão voltar, ou estão nos esperando lá fora?

— Não, eles disseram que estavam procurando uma moça cega com um cão-guia. Eles acham que ela está correndo perigo e precisam encontrá-la o mais rápido possível. Alguém deve ter visto vocês entrarem. Mônica e Bud chamam atenção.

— Obrigado, Genaro, mudaremos a forma de sair daqui.

— O pedido de almoço de vocês está pronto. Posso servir?

Marcelo olhou para todos, e Samuel concordou com a cabeça.

— Pode sim, Genaro. Obrigado.

Todos almoçaram em silêncio. A gravidade da situação perturbara a todos. Na saída, Marcelo trocou a guia de Bud e saiu do restaurante com Cláudio e Sandra. Luciana e Eric ajudavam Samuel, enquanto Mônica vinha logo atrás de braços dados com Marieta. Elas andavam devagar, e Mônica estava sem óculos, pois o objetivo era passarem despercebidos pelo restaurante, evitando que Luís e André os vissem.

Seguiram para o hotel onde os avós maternos de Mônica estavam hospedados, e no caminho Cláudio disse a Marcelo:

— Você entendeu minha preocupação?

— Entendi sim, Cláudio, mas me escute. Mônica precisa de toda a ajuda possível. Eric me avisou que o supervisor dele encontrou cartas trocadas entre Michel e André

Silveira, e entre os assuntos abordados na correspondência havia menções à dívida de jogo e sequestro. Se você quiser acompanhar esse processo e poupar seu sogro, podemos nos encontrar amanhã para que veja toda a documentação que possuímos.

— Está bem. Eu gostaria sim. Quem sabe eu possa ajudá-los também?

— Eu pego você amanhã às 9 horas. Sandra, os pais de René gostariam de conversar com seus pais. Seria possível?

— Não sei, Marcelo, pois vão reabrir feridas. Não sei se papai vai querer encontrar-se com ele.

Cláudio disse:

— Sandra, isso talvez seja bom, pois assim os dois poderão dizer tudo o que pensam um do outro e esclarecer os mal-entendidos. Você não acha, Marcelo?

— Acho sim. Vou combinar com meu pai, e veremos se o melhor lugar para esse encontro seria o escritório dele ou em nossa casa. Todos poderão falar livremente dessa forma.

— Vocês têm razão. Vou falar com eles mais tarde, e amanhã Cláudio combina com você — Sandra prometeu.

— Marcelo, como consegue ser tão rápido em relação ao Bud? — Cláudio questionou.

— Estou cuidando do Bud desde que Mônica chegou ao Brasil. Sou veterinário e confio muito no faro do Bud. Se ele percebe alguma coisa errada ou faz algum movimento que não é habitual, pode ter certeza de que algo precisa ser feito.

— Mas isso qualquer cachorro faz.

— Mas o cão-guia é treinado para proteger seu dono. Quando ele está com a guia de trabalho, ele não age como um cachorro comum. E se você prestou atenção, eu só tirei a guia de trabalho quando saímos do restaurante.

— Acho que tenho muito que aprender.

— Tem sim, mas não se preocupe, você aprenderá logo. É só observá-lo.

— Obrigado, Marcelo, ficarei esperando por você amanhã aqui na entrada.

— Até amanhã, Cláudio. Até amanhã, Sandra.

— Obrigada, Marcelo, e tenha paciência com Cláudio. Ele gosta muito dos meus pais.

— Fique sossegada, Sandra. Todos nós entendemos a preocupação dele.

Luciana deixou os Burns no hotel e levou Mônica e Eric para o *flat*. Eric perguntou:

— Você vai subir conosco?

— Não, Eric, eu preciso ir para casa. Marcelo vai entrar com Bud pela porta do restaurante e depois nos encontraremos na casa dele. Vocês não querem vir conosco?

Mônica respondeu:

— Não, Lu, eu quero descansar.

— Tomem cuidado, pois André pode voltar a procurá-los.

Eric assentiu:

— Não é difícil, mas nós ficaremos bem.

— Liguem se precisar.

— Ok. Até mais, Luciana.

— Até, Eric. Até mais, Mônica.

Quando Eric e Mônica chegaram ao andar em que estavam hospedados, Marcelo e Bud já os esperavam.

Marcelo perguntou:

— Mônica, você está bem?

— Entre um pouco, pois não quero falar no corredor.

Marcelo acomodou Bud e voltou-se para Mônica:

— Então?

— Fiquei nervosa com Cláudio, mas consegui entender a preocupação dele. Não se preocupe, estou bem.

— Vou para casa de Luciana e amanhã cedo vou buscar Cláudio para levá-lo ao escritório de meu pai. Eric, você virá conosco?

— Sim, e Mônica também. Não quero deixá-la sozinha.

— Eu acho que meu pai tem um encontro com doutor Gusmão amanhã cedo. Vou me certificar disso, e depois combinamos tudo. Talvez Lu tenha de vir junto.

— Não se preocupe. O doutor Gusmão tem carro e motorista. Não será necessário ela vir até aqui.

— É mesmo, eu havia me esquecido. Você quer que eu passeie com Bud?

— Não, Marcelo, vá descansar. Eu farei isso mais tarde.

— Está certo, então. Tchau, Mônica. Até amanhã, Eric.

— Até amanhã, Marcelo, e mais uma vez obrigado por tudo.

— De nada. Estou tão envolvido nessa história que quero ver tudo resolvido logo.

Depois que Marcelo saiu, Eric perguntou a Mônica:

— Como você está?

— Se eu lhe disser que não sei, você vai acreditar em mim? Quando Cláudio começou a fazer aquelas perguntas, fiquei indignada a princípio, mas depois, refletindo, talvez tenha sido melhor. Ninguém tinha questionado minha história. Assim, eu pude contar tudo o que estava guardado. Acho que me fez bem.

Eric abraçou-a e disse:

— Preciso lhe mostrar uma coisa. Talvez você fique ainda mais decepcionada com seu tio.

— O que houve?

— Lembra-se das cartas?

Mônica fez que sim com a cabeça.

— Ray mandou algumas cópias por *e-mail*. É melhor lermos e depois levá-las para o pai de Marcelo.

— Está bem, Eric. Não vejo a hora de acabar com isso tudo.

Quando Luciana e Marcelo chegaram à casa da moça, encontraram um bilhete dos pais de Luciana avisando que tinham ido assistir a uma palestra. Marcelo abraçou a namorada e perguntou:

— Então, eu tenho você só para mim?

— Parece que sim. Faz tempo que não ficamos sozinhos.

— É mesmo. Estamos tão envolvidos com Mônica e Eric que acabamos nos esquecendo de nós.

Os dois trocaram um beijo apaixonado e deixaram-se ficar um nos braços do outro.

— Lu, o que acha de viajarmos depois que tudo estiver resolvido?

— Acho uma boa ideia. Já pensou em algum lugar?

— Não, mas quero ir a um lugar onde possamos ficar sozinhos por alguns dias. Depois, preciso retomar minha vida e você a sua. Já pensou no que vai fazer?

— Já, mas não tomei uma decisão definitiva.

— Você quer trabalhar com meu pai?

— Não sei, Marcelo. Além disso, não podemos ir todos para o escritório de seu pai. Ele prometeu emprego para Rogério, lembra-se?

— É verdade. E se você abrir seu próprio escritório?

— Meu pai disse a mesma coisa. Vou pensar nisso com calma. Estou com vontade de procurar Roberta. O que acha?

— Talvez seja bom. Ela vai abrir o escritório dela, e vocês poderiam trabalhar juntas.

Nesse momento, ouviram um barulho vindo da porta.

Marcelo foi o primeiro a falar:

— Seus pais chegaram? Acho que me esqueci da hora!

Otávio e Lúcia entraram na sala e cumprimentaram a filha e Marcelo. Ele perguntou:

— Então? Como foi o almoço?

— Papai, foi difícil. O tio da Mônica começou a interrogá-la sobre o passado. Ele perguntou por que ela chamava os pais adotivos de tios, e eu pensei que teríamos problemas.

Lúcia disse:

— Talvez ele esteja certo. Vocês conhecem Mônica, trabalham para ela, mas ele só a viu agora. É natural que pense que Mônica possa estar tentando dar um golpe neles.

— Mamãe, você não está sendo muito dura com ela? — Luciana questionou.

— Não, Luciana, sua mãe está certa. Você e Marcelo acompanharam a vinda dela ao Brasil, nós estamos envolvidos nessa história e em nenhum momento questionamos sua veracidade.

Marcelo completou:

— O senhor tem razão, senhor Otávio, mas Mônica explicou tudo com muita segurança. Cláudio ficou balançado. Ele vai me acompanhar amanhã ao escritório do meu pai para ver os documentos que encontramos e se informar sobre o que está acontecendo.

— Vocês já jantaram?

— Não, mamãe. Nós almoçamos tarde. Quer comer alguma coisa, Marcelo?

— Não, Lu, obrigado. Mais tarde, eu farei um lanche. Vou dormir na casa do meu pai hoje.

— Papai, como foi a palestra?

— Muito interessante! Vocês deveriam assisti-la também. O doutor José Luiz falou sobre vidas passadas e reencarnação. Não sobre o fato de voltar para pagar por erros passados, coisa que acho que não faz o menor sentido, mas sobre ajudar a quem precisa. Ter um sentido para estar vivo.

— Como assim "ter um sentido para estar vivo"?

Lúcia explicou:

— Estar vivo, Lu, é olhar para as pessoas como elas são, sem julgá-las e tentando compreendê-las. É lógico que, quando se fala em compreender alguém, logo se pensa em como compreender um assassino, um bandido, e o assunto acaba morrendo sem que se chegue a alguma conclusão. Veja o que está acontecendo com você e Marcelo. Vocês dois ficaram desempregados, porque estão ajudando Mônica, porém, não se revoltaram nem a culparam. Vocês entenderam o que aconteceu e estão tentando ajudá-la. Vocês não pararam para pensar em suas vidas, mas pararam suas vidas para resolver o problema dessa moça. Quanta coisa vocês estão aprendendo com isso? Tenho certeza de que, quando tudo isso acabar, vocês saberão o que fazer de suas vidas e não permitirão que ninguém atrapalhe o seu relacionamento.

— Engraçado você falar isso, mamãe. Marcelo e eu estávamos justamente falando sobre isso quando vocês chegaram.

Otávio perguntou:

— E?

— Decidimos viajar por uns dias e depois retomaremos nossas vidas. Marcelo vai cuidar da clínica, e eu vou decidir se abro meu escritório ou se vou trabalhar com Roberta.

Lúcia perguntou:

— Vocês conseguem perceber o que a vinda dessa moça ao Brasil fez a vocês dois?

Marcelo e Luciana se entreolharam, e ele disse:

— A senhora tem razão. Nós nos aproximamos, eu me entendi com meu pai, e ele entendeu que não precisa me forçar a ser advogado para que eu seja uma pessoa responsável. Quanto a Lu, ela deixou de ser a recepcionista para exercer a profissão que escolheu seguir.

— Entendeu por que estamos interessados em aprender mais sobre esse assunto? O que une as pessoas? Por que alguém que nunca vimos de repente muda nossas vidas? Por que viemos ao mundo?

Otávio, que até aquele momento só os ouvia, completou:

— Eu sempre fui muito cético em relação à religião. Não concordo com a teoria de que devemos dar a outra face a quem nos faz mal. Não digo que devemos nos vingar, mas quero sempre saber por que estou sendo agredido. Perdoar e não esquecer não é perdoar. Deixar de lado ou esquecer o mal que alguém nos fez também não é uma situação confortável para mim. Existem muitos mistérios no mundo, e, frequentando as palestras do doutor José Luiz, talvez eu consiga entender algum desses mistérios ou pelo menos consiga conversar com alguém que me ensine a acreditar em um poder maior. Acreditar em um ser superior que nos orienta e nos guia, respeitando nosso livre-arbítrio e sempre deixando que façamos nossas escolhas, sejam elas certas ou erradas.

Marcelo perguntou:

— O senhor não acredita em Deus?

— Marcelo, eu fui criado dentro dos preceitos da religião católica, porém, toda vez que eu ouvia algo envolvendo uma situação ruim, como o assassinato de alguém, ou a história de uma mãe muito pobre que tinha mais de um filho e um deles era deficiente, eu ficava me perguntado onde está Deus? Por que ele permitia que esse tipo de coisa acontecesse? Por que ele era capaz de permitir guerras e mortes por ações de terroristas? Até que um dia, conversando com um médico lá da clínica sobre prédios que haviam sido incendiados em São Paulo, ele me disse onde estava Deus: "Nas mãos daqueles que fizeram de tudo para salvar as vidas que estavam enterradas naqueles escombros; nas mãos dos médicos que salvam vidas; nas mãos daquelas pessoas que apenas com uma palavra devolvem a vontade de viver àqueles que perderam a fé em si mesmos". Eu não duvido da existência Dele, Marcelo. Apenas quero aprender mais e entender melhor o que leva as pessoas a serem como são.

As palavras de Otávio comoveram a todos, e Luciana foi a primeira a falar:

— Puxa, papai, não imaginei que você se preocupasse tanto assim com as pessoas. Você sempre foi um bom pai e um bom médico, mas não consigo vê-lo como alguém que precisa estudar para ser melhor.

— Todos nós precisamos estudar para entender os que estão à nossa volta. As pessoas de quem nós nos aproximamos e que entram em nossa vida não fazem isso por acaso. Há uma razão que muitas vezes não percebemos. Nada acontece por acaso.

— O senhor tem razão. Não adianta irmos à igreja rezar, se não conseguimos mudar ou crescer como seres humanos. Todos nós temos muito a aprender. Foi muito bom conversar com o senhor. Gostaria de assistir a uma palestra do doutor José Luiz. Por favor, senhor Otávio, poderia me avisar quando for novamente à uma palestra?

— Sim, Marcelo. Podemos ir juntos.

— Lu, vou embora, pois amanhã teremos um dia cheio.

— Vou com você até a porta.

Lúcia abraçou Otávio e disse:

— Você disse palavras belíssimas. Estou muito contente por você ter aceitado meu convite para irmos à casa do doutor José Luiz.

— Me fez muito bem, principalmente a conversa que tive com doutor Eduardo. Eu nunca tinha pensado dessa forma; sempre achei que as pessoas tinham fé, e era isso que as impulsionava, contudo, existe mais do que isso. Algo que talvez esteja acima de nossa compreensão.

— Talvez, Otávio, mas não devemos nos acomodar. Nós precisamos progredir espiritualmente, e a palestra do doutor José Luiz me deixou bastante confiante de que conseguiremos.

— Obrigado por me levar até ele. Me fez muito bem.

Lúcia beijou Otávio com carinho e ofereceu-lhe uma xícara de chá.

— Ótima ideia! Ainda tem bolo de chocolate?

— Tem sim. Vamos para a cozinha.

Ainda abraçados, Otávio e Lúcia se dirigiram à cozinha. Estavam tranquilos e muito confiantes nas palavras ditas por José Luiz na palestra daquela noite.

Enquanto se despediam, Luciana disse a Marcelo:

— Nunca vi papai assim.

— Ele disse coisas muito verdadeiras. Você não gostou?

— Não é isso, Marcelo, é que ele nunca falou sobre religião. Achei que ele estava nos transmitindo um recado.

— Igual ao que você passou para o doutor Gusmão?

— Eu não passei nenhum recado para ele.

— Passou sim. Você disse a ele: "Deus não castiga ninguém. Nós fazemos nossas escolhas e colhemos os frutos do que semeamos ao longo de nossa vida". Isso foi um recado. Foi uma forma de fazê-lo ver que o mundo é maior do que imaginamos e que precisamos nos preocupar com as pessoas que estão à nossa volta. Olhar para elas e enxergá-las.

— Você tem razão. Eu não tinha pensado nisso.

— Viu? Estou atento a você e não vou deixá-la nunca. Só se você não me quiser mais.

Em resposta, Luciana beijou-o apaixonadamente:

— Eu não vou deixá-lo. Quero ficar com você para sempre.

— Lu, isso é muito sério. Você está me pedindo em casamento?

Ela riu e disse:

— É isso mesmo. Você aceita se casar comigo?

Abraçado à namorada, Marcelo respondeu:

— É o que mais quero na vida. Quem sabe não faremos nossa viagem em lua de mel, quando tudo isso terminar?

— Seria ótimo. Mas doutor Otávio não vai me deixar casar sem oferecer pelo menos uma pequena recepção.

— Não tem problema. Meus pais também vão querer fazer alguma coisa.

— Vamos agradá-los?

— Por quê não? Você ficará linda vestida de noiva.

— Eu amo você.

— Eu amo você, Lu, mas agora preciso ir. Você vai ao escritório amanhã cedo?

— Vou sim. Precisa que eu pegue alguém?

— Não, pode ir direto ao escritório.

Eles se despediram com um beijo apaixonado e com a certeza de que o amor que sentiam um pelo outro duraria para sempre.

Capítulo 14

No dia seguinte Luciana e Rogério foram os primeiros a chegar ao escritório de Adriano.

— Bom dia, Luciana. Bom dia, Rogério. Vamos aproveitar para conversar, antes que Mônica chegue. Consegui obter informações importantes sobre os últimos processos em que René esteve trabalhando. Ele perdeu uma causa cujo réu era herdeiro de uma família importante da sociedade paulistana. Segundo pudemos apurar, o rapaz matou um amigo acidentalmente durante uma briga de rua. Ele defendeu a tese de que o réu não tivera a intenção de matar o amigo, que fora um acidente. O rapaz caiu e bateu com a cabeça numa quina de calçada. Uma pessoa testemunhara o fato, mas ela não compareceu ao julgamento. Era a testemunha principal, e não há justificativa para ela não ter comparecido. O rapaz foi condenado e morreu na prisão dois meses depois. Fatos como esse se repetiram em dois outros julgamentos, e os réus foram igualmente condenados. Como havia agravantes no processo, um foi condenado a trinta anos de prisão, e o outro a quarenta e cinco anos de prisão.

Rogério perguntou:

— Eles ainda estão vivos?

— Um está, o outro morreu. Um deles conseguiu liberdade condicional, mas acabou se envolvendo em um acidente. O outro, Aldo Ribeiro, teve a condicional revogada. Ele está na penitenciária. Acredito que conseguiremos falar com ele. Rogério, você pode cuidar disso para mim? Aqui tenho alguns dados, contudo, estão desatualizados. Sei que ele está na penitenciária, porque falei com o doutor Carlos Albuquerque, e ele confirmou a prisão. Eu lhe disse que você iria procurá-lo, e ele pediu para você estar lá às 13 horas.

— Irei sim. O processo dele está com o senhor?

— Não, Rogério, eu tenho alguns dados apenas. Ligue para esta delegacia e fale com o Plínio Gonçalves. Ele é o investigador que está ajudando Eric e poderá lhe fornecer todas as informações de que precisa.

— Vou fazer isso agora. Onde posso trabalhar?

— Venha que eu lhe mostrarei. Luciana, por favor, aguarde aqui que eu já volto.

— Pois não, doutor Rogério.

Nesse momento, chegaram Eric, Mônica, Marcelo e Cláudio. Depois que eles cumprimentaram Luciana, Marcelo perguntou:

— Meu pai está ocupado?

— Sim, ele foi levar Rogério a uma sala onde ele possa trabalhar num caso antigo do doutor René. Ele precisa telefonar para o senhor Plínio, e ficaria complicado fazer isso aqui enquanto conversamos.

Mônica perguntou:

— Caso antigo do meu pai?

— Sim, o doutor Adriano levantou três casos em que seu pai atuara como advogado e os réus foram condenados.

— São os casos que Plínio investigou?

— Eu acho que sim, Eric. Ele pediu a Rogério para telefonar para Plínio.

Adriano entrou na sala e cumprimentou a todos:

— Bom dia, meu filho. Bom dia, Mônica. Olá, Eric.

— Papai, este é Cláudio, o genro do senhor Burns.

— Muito prazer. Meu filho me disse que você viria acompanhar nosso trabalho.

— Sim, doutor Adriano. Meu sogro não tem condições físicas de participar de uma reunião assim, então, me ofereci para vir até aqui e me inteirar de todos os fatos que envolvem a morte de minha cunhada e do marido dela.

— Muito bem! Rogério está trabalhando num dos casos em que René advogou e o réu foi condenado. Nós levantamos três casos: o caso de um jovem que morreu dois meses depois da condenação; o caso de um homem que foi condenado a trinta anos de prisão e que, quando ganhou liberdade condicional, acabou se envolvendo num acidente e veio a falecer; e o caso de um réu que foi condenado a quarenta e cinco anos de prisão e que perdeu a liberdade condicional. Ele está na penitenciária, e eu pedi a Rogério que fosse falar com ele.

Eric entregou alguns papéis a Adriano:

— Estas são as cartas que meu supervisor encontrou entre os pertences de Michel, o tio de Mônica. Ele enviou esse material por *e-mail*. Nós lemos tudo ontem à noite e decidimos que vocês deveriam conhecer o conteúdo. Michel e a esposa estão internados num hospital na Flórida. O estado deles é estável, contudo, eles estão sob efeito de sedativos. Os tios de Mônica não sabem que meu supervisor foi à casa deles e retirou de lá o que podia ser aproveitado. A residência e as casas vizinhas foram destruídas pela chuva e pelos fortes ventos que acometem aquela região todos os anos. O que foi retirado da casa está sob a responsabilidade da polícia científica de Nova Iorque.

Adriano perguntou a Mônica:

— Você sabe o que tinha na casa, Mônica? Tudo foi retirado sem mandado, e podem surgir algumas complicações.

— Sei sim, doutor Adriano. Essas cartas deviam estar em um baú no escritório. Eu tentei abri-lo, mas meu tio me flagrou e me proibiu de entrar ali. Não tinha nada de muito valioso na casa, porque ele sabia que talvez não pudesse retirar nada de lá caso ela fosse atingida por um tufão. Isso já havia acontecido há alguns anos. Era uma casa simples com móveis de madeira. Não tinha nada luxuoso.

— Por que você achou que encontraria cartas ali?

— Porque foi assim que encontrei minha certidão de nascimento emitida aqui no Brasil, mas meu tio não percebeu que eu estava com ela. No apartamento em que morávamos, não havia nada que o ligasse aos meus pais. Eu vasculhei tudo antes de me mudar.

— Vou ler a carta em voz alta, pois assim todos ficaremos sabendo de seu conteúdo.

Eric pediu a Adriano que lesse a carta mais antiga e a mais esclarecedora de todas as outras.

— A carta está datada de abril de 1984 e foi escrita por André Oliveira e endereçada a Michel Burns.

Prezado amigo, recebi sua carta e estou tomando as providências necessárias para que seu cunhado não consiga o sucesso que ele tanto almeja como advogado. Ele perdeu várias ações, e seu prestígio tem diminuído. Não vai demorar para que ele abandone a advocacia, e assim poderemos por seu plano em prática. Quanto ao boato que espalhamos de que ele não é o pai do filho que sua irmã espera, não tivemos sucesso. Um professor amigo de Andréia conversou com René, e ele passou a acreditar nela. Não sei qual foi o teor da conversa, mas o promotor para quem trabalho proibiu que o assunto fosse comentado aqui no escritório. Já tenho parte do dinheiro que você precisa para regularizar sua situação. Escreva-me dizendo como quer que o envie. Não mande a carta para o escritório. Utilize o endereço que está no envelope.

Um abraço,
André Oliveira.

Quando terminou a leitura, Adriano explicou a todos que o promotor a quem André se referia na carta era atualmente desembargador no Tribunal e que eles já tinham conversado sobre esse assunto.

— Ele proibiu as pessoas no escritório de falarem de René e depois disso não ouviu mais comentários. O assunto

283

morreu. O desembargador está investigando o incêndio que aconteceu na casa de seus pais, Mônica. O processo foi concluído como incêndio acidental, e o pedido de arquivamento foi feito por André.

— O que será que meu pai fez para ser tão odiado?

Luciana respondeu:

— Mônica, meus pais procuraram informações sobre seus pais. Eles eram muito queridos, mas, antes de se casarem, eram cobiçados por algumas pessoas da sociedade. O professor que conversou com seu pai está em São Paulo para fazer algumas palestras e poderá lhe dar mais explicações. Meus pais estiveram com ele, e foi assim que eu soube que alguém tentou estragar o casamento deles, mas não conseguiu.

— Eu gostaria de conhecê-lo. Quero saber tudo o que for possível sobre meus pais. Como viveram, quem eram seus amigos, quem frequentava nossa casa e também o significado do anjo de pedra.

— Você sabe onde ele está? — perguntou Adriano.

— Sim, está na casa de meus avós em Campos do Jordão — respondeu Mônica.

Eric disse:

— Nas outras cartas, eles falam de dinheiro. Michel diz que havia recebido remessas, mas que ainda precisava de mais. Meu supervisor está investigando o envolvimento de Michel com jogos, cassinos, drogas, contudo, ainda não temos nenhuma resposta.

— Bom, nós precisamos saber como André conseguia o dinheiro. Sem essa informação, não temos como acusá-lo de nada. Cláudio, você sabe qual era o relacionamento de Michel com André Oliveira?

— Com André não, mas sei de uma discussão que ele teve com meu sogro. Ele queria dinheiro para associar-se a um empreendimento com uma construtora. Vou lhe explicar melhor. Michel foi para os Estados Unidos ganhar dinheiro. Ele trabalhava numa construtora, que estava se associando a uma empresa americana. Passados uns dois meses, meu sogro ficou sabendo que ele havia perdido dinheiro em cassinos. Michel voltou ao Brasil e disse que o senhor Burns estava enganado, pois ele havia investido na construtora, contudo, os negócios não tinham dado certo. Meu sogro deu a quantia que ele pediu e avisou que, caso tornasse a perder no jogo, Michel não receberia mais nenhum centavo. Alguns meses depois, o gerente da tal construtora procurou meu sogro dizendo que Michel tinha pegado dinheiro da empresa para fazer um investimento e que eles não conseguiam localizá-lo. Meu sogro disse que não sabia do filho e que também havia lhe dado uma boa soma em dinheiro para ele realizar investimentos na empresa americana. O gerente da construtora disse ao meu sogro que o departamento jurídico da empresa iria processar Michel e que as leis para esse tipo de crime nos Estados Unidos eram severas. Por fim, ele concluiu dizendo que não se responsabilizaria pelo que viesse a acontecer com Michel.

Cláudio fez uma breve pausa e continuou:

— Quando o tal gerente foi embora, meu sogro chamou o advogado que cuidava de seus negócios e relatou o que havia acontecido. Tentaram fazer contato com Michel, mas isso só foi possível um ano depois, quando ele retornou ao Brasil e pediu mais dinheiro para concluir o empreendimento no qual estava trabalhando. Michel disse aos pais que tinha acontecido um engano e que ele tinha entregado à construtora todos os documentos que eles haviam solicitado. Meu sogro o chamou de mentiroso e disse que a construtora tinha ido à falência alguns meses depois de terem procurado Michel na casa dele. O senhor Burns foi duro com o filho e disse que não lhe daria mais nem um centavo. Todo o dinheiro e bens que ele possuía seria divido entre suas filhas Andréia e Sandra. Minha esposa tinha uns dez anos na época e presenciou a discussão, contudo, quem me contou toda a história foi minha sogra. Sandra não conviveu com os irmãos. Quando ela nasceu, Andréia já estudava em São Paulo, e Michel não vivia com eles. Meu sogro mora na fazenda de Curitiba, mas tem imóveis em São Paulo e uma fazenda de criação de gado no Mato Grosso. A fortuna que será dividida entre Mônica e minha mulher provavelmente é muito superior ao dinheiro que ele pegou com o pai.

Eric perguntou:

— Você sabe se ele fez alguma ameaça ao senhor Burns?

— Não, Eric. Minha sogra não falou nada sobre isso, contudo, talvez devêssemos perguntar a ela, pois dona Marieta pode ter omitido esse fato. E vocês se lembram de ela dizer ontem que o filho havia providenciado médico para o pai, hotel etc. Ela deve ter mantido algum contato com o filho.

— É bem possível. As mães sempre nutrem a esperança de que um dia o filho que brigou com o pai volte para casa e que eles se entendam.

Marcelo olhou para o pai, e Adriano, percebendo o jeito do filho, disse:

— Não se preocupe. Esse não é o nosso caso.

Todos olharam para os dois, e Adriano explicou:

— Eu e Marcelo tivemos alguns problemas, porque eu queria que ele estudasse Direito e ele queria ser veterinário, contudo, eu vi o esforço que ele fez para se manter e concluir a faculdade e resolvi ajudá-lo. Tenho certeza de que não teremos os mesmos problemas que o senhor Burns e o filho tiveram.

— Obrigado, pai. Por um momento, você me deixou preocupado.

Adriano fez um carinho no filho, que estava sentado ao seu lado, e disse:

— Vamos continuar a leitura das cartas. Precisamos descobrir se há mais algum indício que precise ser investigado.

Eric começou a leitura da carta enviada depois do nascimento de Mônica:

— Nessa carta, André menciona a briga que Michel teve com o pai e diz ter uma ideia para ele recuperar o que havia perdido. Ele sugere que Michel simule o sequestro da filha de René e lhe peça a quantia mais alta que puder. Com René sem dinheiro, fatalmente o sogro o ajudaria, uma vez que René e o pai não se falavam desde o casamento. Essa

286

carta não está datada, portanto, não sabemos quando foi escrita e se realmente Mônica foi sequestrada.

Cláudio perguntou:

— Mônica, como você foi levada do Brasil para os Estados Unidos?

— Não sei, Cláudio. Eles fizeram um novo registro para mim, quando me levaram para lá, contudo, não tenho nenhum comprovante ou documento que mostre como isso foi feito.

Fez-se silêncio, e depois Adriano perguntou a Mônica:

— Você quer continuar acompanhando essas leituras e discussões? Você pode ouvir coisas desagradáveis sobre seus tios. Se preferir, Luciana pode sair com você.

— Não se preocupe, doutor Adriano. Ontem, Eric leu essas cartas para mim. Daqui a pouco, meus avós virão para cá, e prefiro saber tudo o que está acontecendo. Só gostaria que vocês providenciassem água para o Bud.

Marcelo levantou-se para atender ao pedido de Mônica.

— Me desculpem. Estou tão ansioso para resolver essa situação que nem me lembrei de lhes oferecer um café, um copo de água, um suco. O que vocês preferem?

Todos optaram por água e café. Adriano pediu à sua secretária que providenciasse as bebidas, e, logo depois que todos foram servidos, voltaram a analisar o conteúdo das cartas.

Adriano disse:

— Parece-me que houve um sequestro. A coincidência de datas me leva a esse caminho, porém, por que houve o incêndio? Deve ter mais alguém envolvido nessa história. Talvez até alguém que não tenha nenhum envolvimento com André e Michel. Cláudio, você sabe como surgiu a relação de amizade entre Michel e André?

— Não, Adriano. Eu preciso conversar com meus sogros para obter essa informação.

— Eric, Raymond não consegue interrogar Michel?

— Não sei, doutor Adriano. Ontem, ele me disse que o casal ainda está sedado. Ele está investigando a vida dos dois, mas não temos nada de concreto. Na pesquisa que

Plínio fez, havia o caso de um jovem que se declarava inocente e havia morrido na prisão. Será que a família desse rapaz não tentou prejudicar René de alguma forma? Será que não valeria a pena investigar?

— Você acha que Plínio faria essa investigação?

— Vou falar com ele. Posso usar o seu telefone? — questionou Eric.

— Claro, venha comigo. Vou deixá-lo com Rogério, e assim vocês combinam como farão essa investigação.

Adriano e Eric saíram da sala. Dirigindo-se a Mônica, Cláudio disse:

— Mônica, espero que não tenha ficado aborrecida comigo por eu ter feito tantas perguntas. Entenda que seu avô era um homem muito rico, mas o desgosto provocado pelo filho e a morte da Andréia acabaram por afetá-lo de tal maneira que ele se descuidou e perdeu muito dinheiro. Hoje, ele tem uma posição financeira boa, porém, se houver outro golpe à saúde de seu Samuel, ele não resistirá.

— Você tem razão. Em seu lugar, eu talvez fizesse a mesma coisa. Eu gostaria muito de ter descoberto essas cartas antes de vir ao Brasil, pois teria obrigado meu tio a me contar a verdade. Agora, se ele não sobreviver ao acidente, talvez nunca consigamos saber o que aconteceu.

— Mas e o tal advogado? Não podemos obrigá-lo a explicar tudo o que houve?

Marcelo respondeu:

— É difícil, Cláudio. Temos como ligá-lo aos fatos, mas não temos provas de que André executou alguma coisa contra René. Ele quer falar com os avós de Mônica a sós. Segundo meu pai, ele garantiu ao pai de René, senhor Gusmão, que Mônica estava com ele.

— Talvez, se marcássemos uma reunião entre ele, os avós de Mônica e Mônica, conseguíssemos alguma coisa.

— Você pode ter razão. Meu pai está voltando. Vamos falar com ele. Pai, Cláudio sugeriu marcar um encontro com André, garantindo-lhe que levaríamos os avós de Mônica e a própria Mônica. A ideia dele é obter alguma coisa ou informação de André.

— Pode ser uma solução. André sabe que Michel está hospitalizado?

Luciana respondeu:

— Eu acho que não. No último dia em que trabalhei lá, ele me pediu para entrar em contato com um número de telefone na Flórida, mas não consegui completar a ligação.

Marcelo lembrou:

— Talvez Marcos possa conseguir essa informação para nós. O que acha?

— É possível. Ele está acompanhando a história de Mônica por causa de Roberta. Eu vou telefonar para Marcos e, se não pudermos falar com ele agora, lhe pedirei que venha até aqui ou nos encontre mais tarde. Me deem licença. Vou fazer isso já.

Marcelo perguntou a Mônica:

— Você está sentindo alguma coisa?

— Ah, Marcelo! Vamos envolver mais um funcionário do escritório! Se André souber, Marcos será demitido. Como acha que eu me sinto?

— Quanto a isso, não precisa se preocupar. Marcos está montando, com a ajuda de Roberta, uma consultoria em RH. Ele se manteve no escritório para observar André e nos passar informações que possam nos ajudar.

— Como você sabe disso?

— Falei com Roberta ontem à noite. Ela quer vê-la. Fiquei de falar com você e marcar uma hora. O que você acha? — Marcelo perguntou.

— Vou falar com Eric, e depois combinamos.

Luciana voltou e informou que André estava tentando falar com Michel, mas sem sucesso.

— Ele não sabe do acidente.

Adriano perguntou:

— Como Marcos sabe disso?

289

— Porque a assistente de Marcos está trabalhando na recepção e não consegue fazer a ligação. André acabou de chamá-la de incompetente. Segundo Marcos, ele disse a Janice: "Você não sabe nem fazer uma ligação! Como acha que vou mantê-la na recepção desse escritório?".

— Então, talvez nós consigamos armar uma situação para descobrir o que aconteceu.

Nesse momento, Eric voltou à sala onde o grupo estava reunido:

— Doutor Adriano, Plínio vai procurar a família do jovem. Assim que ele os localizar, irei com Plínio ouvi-los.

— Eric, nós estamos pensando em criar uma situação para colocar André contra a parede.

— Como assim?

— André não sabe que Michel está no hospital. Ele quer falar com os avós de Mônica, mas não sabe onde ela está nem que Mônica está em contato com os avós. Podemos marcar uma reunião, dizendo que doutor Gusmão quer conhecer a neta. Ele deve ligar para o hotel, e aí você marca um horário para levar Mônica até ele, dizendo que doutor Gusmão estará lá.

— Pode dar certo. O que você acha, Mônica? — Eric questionou.

— Eu concordo. Mas e quanto a meu outro avô?

— Cláudio pode representá-lo. Precisamos saber se ele tentou fazer algum contato com o senhor Burns. Se ele tiver feito, Cláudio pode apresentar-se como procurador e explicar que a saúde de seu avô não permite ele viajar.

Cláudio concordou:

— É uma boa ideia, doutor Adriano. Não sei se o advogado que contatou meu sogro era esse André Oliveira. Você consegue organizar tudo?

— Não se preocupe que darei um jeito de saber.

A secretária de Adriano entrou na sala para avisar que Gustavo e a esposa haviam chegado.

— Traga-os aqui. Temos muito a conversar.

Gustavo e a esposa cumprimentaram a todos e ficaram surpresos com a presença de Cláudio. Adriano contou-lhes tudo o que haviam conversado, mostrou-lhes as cartas e explicou o que pretendiam fazer para forçar André a contar o que havia acontecido com René e Andreia. Gustavo perguntou:

— Mônica não está em perigo? Se esse homem for o responsável pela morte do meu filho, ele pode tentar alguma coisa contra ela.

Eric respondeu:

— Doutor Gusmão, nós podemos fazer o seguinte: Bud não gosta de André nem de Luís. Para eles, Mônica não enxerga, então, não pode ficar sozinha. Eu estarei com ela. Vou pedir a Plínio que me consiga uma escuta, pois assim vocês poderão acompanhar o que está acontecendo no escritório.

Demonstrando curiosidade, Cláudio perguntou:

— Eric, você trabalha na polícia?

— Trabalho sim, Cláudio, mas na polícia científica de Nova Iorque. Talvez exista alguma diferença em nossas leis, mas trabalhei um tempo aqui no Brasil e sei das implicações de uma escuta. Por outro lado, sei também da importância que ela tem. Doutor Adriano, o senhor conseguiria uma ordem judicial?

— Acho que não teremos problema. Vou falar com o doutor Antônio. Acredito que ele não vá opor-se ao nosso pedido.

Segurando as mãos de Mônica, Flora pediu:

— Por favor, tomem cuidado. Já basta o que houve com meu filho e com a esposa. Não podemos perder mais ninguém.

Adriano respondeu:

— Não se preocupe, dona Flora. Se percebermos algum erro ou risco nessa operação, desistiremos dela imediatamente.

— Raymond, posso falar com você?
— Claro, Anna, o que houve?
— Consegui obter as informações que você queria sobre Michel Burns e a esposa.

291

— Ótimo, Anna. Diga-me o que você encontrou.

— Eles são realmente os tios de Mônica. Não há nenhuma informação contrária a isso. Michel é viciado em jogo, perdeu uma fortuna recentemente e estava sendo chantageado. Ele tem um contato no Brasil a quem ele pediu para procurar o pai para falar sobre a neta. Assim, poderiam marcar um encontro com ele, e Michel tentaria pegar o dinheiro para saldar a dívida.

— Como ele pretendia fazer isso?

— Os pais de Michel são muito ricos. A pessoa que intermediaria o encontro pediria dinheiro a eles para despesas.

— Mas a dívida dele é muito alta. As despesas desse encontro não a cobriria.

— Sim, porém, ele tentaria aproximar-se do pai e convencê-lo a lhe dar a parte que lhe caberia na herança, alegando que precisam de dinheiro para sustentar Mônica.

— Esse homem não tem jeito! Ele vive de golpes. O que mais você descobriu?

— A mulher dele não sabe das dívidas, mas vinha cobrando de Michel uma explicação sobre não poder comprar tudo o que desejava. Ela não gosta de Mônica. Cuidou da sobrinha quando criança, mas sentiu-se aliviada quando a jovem foi morar sozinha. Sobre ela é tudo o que sabemos.

— Ótimo, Anna. Bom trabalho. Para quem Michel deve dinheiro?

— Para dois agiotas. Eles pagaram as dívidas de jogo e vinham ameaçando Michel.

— Não conseguimos prendê-los?

— Ainda não. Sabemos o que fazem, mas não conseguimos obter provas suficientes para prendê-los.

— Continue procurando, Anna. Precisamos descobrir toda a verdade para proteger Mônica. Eles podem ter descoberto que ela vai herdar uma fortuna dos avós e tentar pegá-la.

— Não se preocupe, Ray. Eu e Jonathan estamos vigiando os dois. Você sabe como estão Michel e a esposa?

— Eles estão estáveis, mas ainda não pudemos interrogá-los. Estou em contato direto com o irmão dela. Assim que for possível, quero fazer isso pessoalmente.

— Vou encontrar Jonathan e vamos sair para fazer novas investigações. Seria bom se conseguíssemos um mandado para entrar na casa do Michel.

— Vou providenciar. E assim que estiver com ele, vou me encontrar com vocês dois. Também quero examinar aquela casa.

— Está bem, Ray. Até mais tarde.

— Escritório Silveira & Norton, bom dia!
— Bom dia. Posso falar com doutor André?
— Quem deseja falar com ele?
— Doutor Adriano Almeida.
— Um momento, por favor.
— Doutor André, o doutor Adriano Almeida está ao telefone. Posso lhe passar a ligação?
— Pode sim, Janice.

Janice passou a ligação para André:

— Alô? Doutor Adriano, como vai?
— Vou bem, obrigado. Doutor André, doutor Gusmão pediu-me que falasse com o senhor para agendarmos um horário. Ele que conhecer a neta e tem urgência nisso, porque está com viagem marcada para daqui a dois dias.

— Não há problema, doutor Adriano. Podemos marcar amanhã às 10 horas. O que o senhor acha?

— Ótimo, amanhã estaremos em seu escritório. Tenha um bom-dia.

— Bom dia, doutor Adriano.

Depois que desligou o telefone, André disse a Luís:

— Luís, precisamos trazer aquela garota aqui amanhã às 10 horas. O avô quer conhecê-la.

— E como você pretende fazer isso? Não conseguimos sequer falar com ela.

— Vou tentar ir ao *flat* novamente. Talvez a sorte fique do nosso lado desta vez.

— Você é quem sabe. Não pretendo voltar lá, pois a polícia está vigiando o lugar.

— Tem certeza disso?

— Tenho. Toda vez que estou por lá, vejo um carro da polícia circulando. Isso passou a acontecer desde o dia em que o policial veio falar comigo.

— Vou tentar falar com eles. Se eu não conseguir trazê--la, pedirei a ele um adiantamento para despesas. Direi que ela está precisando de dinheiro para manter-se aqui no Brasil.

— Você acha que ele vai atendê-lo?

— Vou fazer um teatro. Descobri que o senhor Gusmão tem remorsos pelo que aconteceu com o filho. Não vai ser difícil convencê-lo.

André ligou para o *flat* onde Mônica estava hospedada e foi informado de que ela saíra cedo e ainda não retornara. Ele pediu que avisassem à moça que ele tinha urgência em falar-lhe e deixou o número do escritório com a recepcionista.

No final da tarde, quando Mônica e Eric chegaram ao *flat*, receberam o recado de André. Eric, então, decidiu ligar para o escritório:

— Doutor André?

— Sim, quem fala?

— É, Eric, o namorado de Mônica. Recebemos um recado pedindo que telefonássemos para o senhor.

— Eric, eu localizei o avô de Mônica, e ele está ansioso para conhecê-la. Ela precisa estar aqui amanhã às 10 horas em ponto.

— Falarei com ela.

— Falar com ela não basta. Preciso que ela esteja aqui. Entenda que eu tenho procurado o avô dessa moça durante todo esse tempo. Nós temos um contrato. Alguém tem que cobrir as despesas que tenho no escritório para solucionar esse

294

caso. Se vocês não estiverem aqui amanhã às 10 horas, darei um jeito de vocês não conseguirem sair do país antes de me reembolsarem todos os gastos que tive para localizá-los.

— Doutor André, o senhor está nos ameaçando?

— Entenda como quiser. Estou farto das fugas dessa moça. Está na hora de vocês assumirem as responsabilidades por aquilo que fazem. Falei com Stephanie, e ela não está gostando nada do comportamento de Mônica. Traga-a aqui amanhã às 10 horas, ou não responderei por mim.

André desligou o telefone, antes que Eric pudesse dizer alguma coisa. Mônica perguntou:

— O que ele disse?

— Ele está nos ameaçando. André quer dinheiro, Mônica. Vou ligar para o doutor Adriano para lhe contar essa conversa. Vamos ver o que ele nos aconselhará a fazer.

Eric falou com Adriano, que lhe pediu que continuasse com o que haviam combinado. André deveria estar desesperado por dinheiro. Eles precisavam ter cuidado, mas não estariam sozinhos. Adriano havia conseguido a escuta e iria ao hotel antes de seguir para o escritório com Gustavo.

Eric agradeceu a Adriano e disse que fariam tudo como haviam combinado. Depois, ele perguntou a Mônica:

— Você está com medo?

— Não, Eric. Com você me sinto segura e sei que nossos amigos não deixarão que algo nos aconteça. Só espero que ele não tente fazer algum mal aos meus avós, depois que formos embora.

— Eu acredito que nós conseguiremos pegá-lo antes de viajarmos. Ele vai ter de responder pelo que tem feito.

— Vocês conseguiram obter alguma prova de que ele prejudicou meu pai?

— Ainda não, mas Plínio e Rogério conseguiram encontrar o homem que está preso e vão falar com ele amanhã. Plínio está tentando localizar o pai do rapaz que morreu e que chamou René de assassino.

— Será que ele conseguirá?

— Acredito que sim. Plínio é muito bom nisso. Agora vamos dar uma volta com Bud para relaxar?

— Não, Eric, vá você. Vou tomar um banho e descansar. Hoje o dia foi muito cansativo.

— Está bem, amor. Não vou demorar. Você ficará bem sozinha?

— Ficarei sim. Não se preocupe.

— Gustavo, você tem certeza de que Mônica não corre nenhum perigo indo a esse encontro amanhã?

— Flora, eu preferia que ela não fosse, mas temos de resolver isso. Eu confio em Adriano, e nós não iremos sozinhos. Adriano me disse que conseguiu a escuta que Eric havia pedido, e isso nos dará mais segurança. E, segundo Luciana, um funcionário do escritório está acompanhando o que acontece lá para nos ajudar. Não podemos recuar agora.

— Você tem razão. Mas só ficarei sossegada quando vocês voltarem.

— André, você conseguiu falar com Michel?

— Não, Luís, não sei o que está acontecendo, mas não vou me preocupar com ele. Vou pegar o dinheiro e cuidar dos meus negócios. Estou farto dos pedidos de Michel. Ele está sempre perdendo dinheiro e me pedindo ajuda. E agora que preciso dele, ele não me atende.

— Por que ele pede dinheiro a você? Não entendo isso.

— Luís, André foi meu sócio num empreendimento em Nova Iorque que não deu certo. Ele pegou dinheiro com o pai, mas não foi suficiente para saudarmos as dívidas. Michel conseguiu me livrar de um processo na justiça americana, e eu acabei devendo esse favor a ele. Dessa forma, quando Michel está em apuros, ele me pede dinheiro. E se eu não enviar, ele ameaça entregar-me à justiça.

— André, isso é chantagem. Não tem como você se livrar dele?

— Não, Luís, eu confiava nele. Não sei com quem ele falou, mas não posso me arriscar a um processo principalmente agora.

— É, meu amigo, esse golpe tem de dar certo. E quanto ao pai do Michel? Por que você não pediu dinheiro a ele? Ele não ajudaria o filho?

— Quando eu procurei o pai de Michel, ele me disse que não daria nenhum centavo para o filho.

— Então, você sabe onde está o pai de Michel?

— Não, meu amigo, eu consegui falar com ele em Curitiba. Quando tornei a procurá-lo, me disseram que ele havia se mudado para Mato Grosso. Eu tentei encontrá-lo, mas não consegui. Depois, tentei localizá-lo quando soube que Mônica estava no Brasil, porém, não consegui.

— Será que ele ainda está vivo?

— Deve estar. O problema são os incompetentes que trabalham para mim.

— Você está me ofendendo, André. Não brinque comigo. Você sabe que eu também posso prejudicá-lo.

— Você não vai fazer nada contra mim, Luís. Lembre-se de que, se eu for preso, você também será, com a diferença de que sou um advogado bem posicionado e você não é nada. Não conseguiu sequer terminar a faculdade!

— Olhe, André, já chega. Vou embora, e você que se vire com Mônica. Estou farto de você. Faço tudo o que me pede e em troca só recebo ofensas.

— Pode ir, Luís, mas lembre-se de não tentar fazer nada contra mim, ou vai acabar apodrecendo na prisão.

Luís saiu do escritório de André batendo a porta. "Isso não vai ficar assim! Vou dar um jeito de me vingar de André! Ele não pode falar comigo desse jeito! Eu me arrisco no serviço sujo, e ele posa de advogado de sucesso! André vai ver só! Eu encontrarei um meio de sair bem dessa situação, e ele vai pagar pelos crimes que cometeu", pensava.

No dia seguinte, André chegou cedo ao escritório e pediu a Janice que ligasse para Michel e desse um jeito de encontrá-lo:

— Doutor André, ninguém atende nesses números que o senhor me passou. Será que não é por causa do furacão?

— Furacão? Do que você está falando?

— Doutor André, alguns lugares na Flórida tiveram problemas por causa de um furacão que passou por lá já faz alguns dias. O senhor não leu sobre isso nos jornais?

— Não, não vi nada sobre isso. De qualquer forma, continue tentando, afinal, um dos números que eu lhe dei são do celular de Michel.

— Vou tentar. Quando conseguir, passarei a ligação para o senhor.

André entrou em sua sala pensando no que Janice lhe dissera. Se tivesse acontecido alguma coisa com Michel, ele estaria livre. Ficaria com o dinheiro do avô de Mônica e nunca mais teria de se preocupar com um possível processo pela fraude praticada nos Estados Unidos.

Adriano e Marcelo chegaram cedo ao *flat* onde Mônica e Eric estavam hospedados. Marcelo foi dar uma volta com Bud, enquanto Adriano orientava o casal como deveria proceder. Plínio e Cláudio estariam controlando a escuta, e, se houvesse algum problema, a polícia seria acionada imediatamente.

Flora e Gustavo também foram ao apartamento de Mônica e relataram a preocupação que tinham em relação à segurança da jovem.

— Doutor Gusmão, nós estamos tomando todos os cuidados possíveis. Não acontecerá nada com Mônica. Estaremos ao lado dela. Só não podemos deixar que André perceba que vocês se conhecem. Eu sei que ele é um homem violento, por isso precisamos observá-lo e ver como ele reagirá na sua presença. Tenho certeza de que ele está interessado no dinheiro de sua família, apenas isso.

— Adriano, eu confio em você. Mônica, por favor, não se afaste de nem Eric nem de Bud. Se algo acontecer a você, não sei o que farei. Por favor, tenha o máximo de cuidado.

— Vovô, não vou negar que estou com medo, mas confio em Eric e em nossos amigos. Precisamos resolver isso, e, se André for o responsável pela morte dos meus pais, ele deverá ser punido. Se não nos arriscarmos, jamais saberemos o que houve.

No escritório da polícia de Nova Iorque, Raymond conversava com os detetives Nathalia e Jonathan:

— Consegui o mandado. Vamos à casa dos Burns para tentarmos descobrir alguma pista que possa nos ajudar a solucionar esse caso.

Nathalia disse a Raymond:

— Ray, ligaram do hospital. Michel pediu para falar com você.

— Quando foi isso?

— Ontem à noite. O irmão de Joanne ligou, e, como você não estava, eu anotei o recado.

— Vamos fazer o seguinte: vá com Jonathan à casa do Michel, e tentem encontrar algo. Eu irei para Miami falar com Michel. Quem sabe não conseguimos ajudar Mônica?

— Pode ir tranquilo. Jonathan e eu iremos à casa de Michel e depois lhe diremos o que encontramos.

— Obrigado, Nathalia. Acredito que em breve esse mistério será solucionado.

Adriano e Gustavo saíram antes de Mônica e Eric. Eles queriam evitar um encontro na chegada ao escritório que poderia fazer André perceber algo.

Quando chegaram ao escritório, André os recebeu e conduziu à sala de reuniões, pedindo-lhes que aguardassem alguns minutos, porque Mônica estava sendo trazida à sala. Adriano e Gustavo se entreolharam e não fizeram nenhum comentário. André perguntou:

— Doutor Gusmão, como o senhor se sente com esse encontro?

— Doutor André, eu já sofri muito com isso. Quero conhecer essa moça e acabar logo com isso.

Janice avisou a André pelo telefone que Mônica e Eric estavam na recepção. Ele pediu licença aos dois homens e saiu. Em seguida, ele levou Mônica e Eric à outra sala.

— Até que enfim, dona Mônica! A senhora sabe que precisa cumprir o contrato que tem com nosso escritório.

— Doutor André, o contrato não determina o que devo ou não fazer. Será que podemos discutir sobre ele depois? Eu gostaria de ser apresentada a meu avô.

— Eu lhes peço que aguardem aqui, pois eles ainda não chegaram. Vou pedir à minha secretária que lhes traga água e café.

Eric respondeu:

— Doutor André, não se preocupe conosco. Na verdade, não podemos esperar muito, pois deixamos Bud no hotel, e ele não está acostumado a ficar sozinho.

— Vou verificar o que houve. Por favor, aguardem um momento.

Quando André saiu, Mônica perguntou:

— O que está acontecendo?

— Ele está nos segurando aqui, enquanto conversa com seu avô. André não vai apresentá-los, Mônica. Acredito que ele vai tentar tirar proveito da situação cobrando do seu avô os honorários do escritório e as despesas para localizá-la.

— Mas nós estamos aqui. Ele não pode nos prender aqui, Eric.

— Vou mandar um recado para o doutor Adriano.

Eric digitou a mensagem e esperou a resposta. Adriano pediu licença a André para atender a uma ligação do escritório e saiu da sala de reuniões. Enquanto isso, André tentava explicar a Gustavo os problemas financeiros gerados pela demora em localizá-lo e por ter de trazer Mônica dos Estados Unidos.

— Doutor Gusmão, meu escritório teve mais gastos do que havíamos previsto, e sua neta não tem condições de arcar com todos eles. Eu preciso ser reembolsado pelo tempo dedicado à essa busca e pelas despesas que tivemos.

— Doutor André, o senhor marcou esta reunião para que eu conhecesse minha neta e até o momento não me apresentou a ela. Eu não pedi ao senhor que a procurasse, portanto, não vejo por que deveria reembolsá-lo por qualquer despesa.

— Doutor Gusmão, eu era amigo do seu filho. Estudamos juntos e éramos muito unidos. Depois daquela tragédia, eu procurei saber o que tinha acontecido com a filha dele. Eu tenho certeza de que René gostaria que a menina fosse criada pelos avós.

— Doutor André, enquanto eu não conhecer essa moça e não comprovar legalmente que ela é minha neta, não lhe darei um centavo.

— Doutor Gusmão, o senhor não está sendo razoável. Estou fazendo isso com a intenção de aplacar o sofrimento que o acompanha há anos.

— Do que o senhor está falando? Como sabe o que sinto? Por acaso, andou investigando minha vida? Quem lhe deu essa autorização?

Adriano, que voltava para a sala, ouviu o fim da conversa e percebeu que Gustavo estava alterado.

— Doutor Gusmão, o que está acontecendo? O senhor está gritando.

— Adriano, vamos embora. Esse homem não sabe onde está minha neta. Ele apenas quer meu dinheiro.

— O senhor está muito enganado. Sua neta está aqui no escritório.

— Ou eu verei essa moça agora, ou darei parte do senhor na delegacia mais próxima. O senhor está tentando me enrolar para ficar com meu dinheiro!

— Muito bem. Vou trazê-la aqui para que o senhor a veja com seus próprios olhos.

André saiu da sala de reuniões e dirigiu-se à outra sala. Ele abriu a porta, mas não havia ninguém. Imediatamente, ele gritou a Janice:

— Janice, onde estão Mônica e o namorado? Eu mandei que eles esperassem aqui!

— Eu não sei, doutor André. Eu deixei a recepção por alguns minutos para entregar alguns documentos ao Marcos e...

— Sua incompetente! Eles não podiam ter saído daqui sem falar comigo!

— Mas o senhor não me disse nada.

— E nem tinha que dizer! Esse assunto não é de sua conta!

Lívido, André voltou à sala de reunião, e Gustavo perguntou:

— Então, doutor André, onde está minha neta?

— Não sei, doutor Gusmão. Eu pedi a ela e ao namorado que esperassem em outra sala e, quando fui buscá-los, não havia ninguém lá.

— O senhor pode me explicar por que não a trouxe aqui logo que chegamos?

— Sua neta me deu um grande prejuízo, e eu vou cobrar cada centavo do senhor.

Adriano argumentou:

— Doutor André, o senhor não pode estar falando sério. O doutor Gusmão nem sequer viu a jovem. Como pode ser responsabilizado por supostas despesas do seu escritório?

— Doutor Adriano, eu procurei essa moça para reparar uma injustiça, e vocês só sabem me acusar de pensar em dinheiro. Eu gostava muito de René e sempre tive a intenção de levar a filha dele para junto da família. Porém, parece que ninguém quer entender isso. Todos me tomam por um aproveitador, mas vou provar que estão errados. Vou levar essa moça até vocês nem que seja a última coisa que eu faça na vida.

Gustavo olhou para Adriano e disse:

— Adriano, vamos embora. Não temos mais nada a fazer aqui. Doutor André, quando o senhor encontrar minha suposta neta, avise ao doutor Adriano. Ele virá conhecê-la e encaminhará o pedido de exame de DNA para confirmar se ela é realmente filha do René.

Adriano ajudou Gustavo a levantar-se e despediu-se dizendo:

— Até logo, doutor André. Aguardarei sua ligação.

André não respondeu e deixou-se ficar sentado olhando para o vazio. Ele pensava apenas: "Eles vão se arrepender. Aquela garota não sabe com quem está brincando".

Quando saíram do escritório, Gustavo perguntou a Adriano:

— Adriano, o que houve? Onde está Mônica? Por que me deixou sozinho com aquele homem?

— Quem ligou para meu celular foi Eric. André colocou os dois em uma sala e disse que nós não havíamos chegado aqui. Eu fui até Mônica e Eric, e, auxiliados por um funcionário do escritório, eles saíram sem ser vistos.

— Meu Deus, e onde eles estão?

— Voltaram para o *flat*. Eu fiquei com a escuta do Eric e acredito que conseguimos gravar quase tudo que André falou. Vamos para o *flat*, pois o senhor também precisa descansar. O que ele disse que o fez gritar, doutor Gusmão?

— Ele disse que sabia que o remorso me corroeu durante todos esses anos. Ele deve ter investigado minha vida, Adriano.

— Mas o senhor costuma falar sobre isso com alguém?

— Só com pessoas próximas a mim. Isso me deixou inquieto. Como ele descobriu o que sinto?

— Acho que ele não descobriu nada. Ele deve ter percebido algo devido a seu interesse em conhecer sua neta. E acredito que, como ele era amigo de René, seu filho deve ter contado alguns fatos do relacionamento de vocês a ele.

— Talvez você tenha razão. E, agora, o que faremos?

— Vamos para o *flat*, doutor Gusmão. Vamos nos encontrar com Mônica e Eric e lá decidiremos o que fazer.

Capítulo 15

— Bom dia. Por favor, qual é o quarto do senhor Michel Burns?

— Quarto 208. O senhor é parente dele?

— Não, senhorita, apenas um amigo. O cunhado dele me ligou e disse que o senhor Burns queria falar comigo.

— Preciso anotar seu nome.

— É Raymond Cane.

— Por favor, senhor Cane, use esse crachá. Pode subir. O quarto fica no segundo andar.

— Obrigado.

Raymond encontrou o cunhado de Michel no corredor.

— Olá, Raymond, como vai?

— Vou bem, Andrew, e você?

— Estou bem, mas muito preocupado. Michel saiu do coma, mas minha irmã não. Eu tentei falar com ele, mas não consegui obter nenhuma informação. Ele disse que só falaria com você. Michel está com algum problema com a polícia?

— Andrew, Michel perdeu muito dinheiro no jogo e vem sendo ameaçado por dois agiotas. Nós estamos suspeitando que tem alguma coisa a ver com a sobrinha dele.

— Sobrinha?

— Sim, Mônica.

— Mas Mônica é filha dele!

304

— Não, Andrew. Mônica é filha da irmã de Michel, que faleceu num incêndio no Brasil. No dia seguinte à morte da irmã e do cunhado, ele trouxe a menina para cá e a registrou como filha. Mônica descobriu essa história e viajou para o Brasil para tentar descobrir sua origem e o que realmente aconteceu com os pais.

— Ela foi para lá sozinha?

— Não, Eric está com ela.

— Quem é Eric?

— É o namorado dela e um dos detetives que trabalham comigo. Bem, eu gostaria de ver Michel, pois preciso voltar ainda hoje para Nova Iorque.

— Venha comigo, é por aqui.

Quando entraram no quarto, Michel parecia estar dormindo. Raymond aproximou-se e perguntou:

— Michel, como você está? Sou eu, Raymond.

Michel abriu os olhos devagar e respondeu:

— Obrigado por ter vindo. Eu preciso saber se minha sobrinha está bem. Nós estávamos sendo ameaçados. Não quero que nada de mal aconteça a ela.

— Você e Mônica estavam sendo ameaçados? Por quem?

— Ela não, eu e Joanne. Mônica não sabe disso. Eu vou lhe contar o que houve desde que a trouxemos para cá.

Adriano e Gustavo chegaram ao hotel e foram direto ao quarto de Mônica.

— Mônica, você está bem?

— Estou sim, vovô. E o senhor? Como está?

— Estou bem, mas fiquei muito aflito. Aquele homem é horrível.

Flora, que estava esperando o marido na companhia de Mônica, perguntou:

— Gustavo, você está bem mesmo? Você me parece muito nervoso.

Adriano respondeu:

— Dona Flora, seria bom fazer um chá para doutor Gusmão. Ele discutiu com André, enquanto tirávamos Mônica e Eric do escritório.

Adriano contou o que havia acontecido entre André e Gustavo, e Eric perguntou:

— O senhor acha que erramos em sair do escritório?

— Não, Eric, ele não ia levar Mônica até nós. Ele pediu dinheiro para o doutor Gusmão, dizendo que precisava receber pelas despesas feitas para procurar Mônica. André ainda tentou usar a amizade dele com René para comover o doutor Gusmão.

— Doutor Adriano, quando chegamos aqui, recebemos um recado de Roberta. Stephanie chegou pela manhã ao Brasil. O doutor André não sabe que ela está aqui. Eu fiquei de marcar um encontro com ela. Será que poderíamos encontrá-la em seu escritório?

— Claro, Mônica, estou à sua disposição. Você quer encontrá-la hoje ou amanhã?

— Acho melhor amanhã. Stephanie deve estar cansada da viagem. Vou ligar para Roberta e marcarei para amanhã às 10 horas. Está bem assim?

— Claro, Mônica, pode marcar esse horário.

Mônica e Roberta combinaram o encontro com Stephanie para o dia seguinte. Gustavo e Flora foram para seu apartamento descansar, e Adriano ficou conversando um pouco mais com Eric e Mônica.

— Eric, precisamos redobrar o cuidado com a segurança de Mônica. André é capaz de tentar fazer-lhe algum mal.

— Eu confesso que estou muito preocupado com isso. Talvez seja melhor mudarmos de *flat*. O que você acha, Mônica?

— Eu não sei o que pensar. Tudo está ficando cada vez mais confuso. Eu não quero fugir, mas a atitude de André hoje me deixou com medo. E se Luís estiver nos seguindo? Ele nos encontrará em qualquer lugar para onde formos.

Adriano explicou:

— Não, Mônica, Luís não a está seguindo mais. Ele discutiu com André ontem à noite e foi embora do escritório ameaçando vingar-se.

— Como o senhor soube?

— Marcos ouviu a discussão. Eu perguntei por Luís depois que vocês saíram, e Marcos me contou essa novidade. Vocês poderiam ir para minha casa.

Eric respondeu:

— Não, doutor Adriano. Daríamos trabalho ao senhor e à sua esposa.

— Não pense nisso. Vou ligar para Carolina. Em casa há bastante espaço, e vocês estariam protegidos. Se você precisar encontrar-se com Plínio, Mônica não ficará sozinha. Além do mais, Marcelo está conosco.

Adriano telefonou para a esposa e explicou-lhe o que havia decidido. Ela concordou e avisou que já prepararia as acomodações necessárias.

Mônica disse:

— Doutor Adriano, muito obrigada por sua ajuda. Estou muito preocupada com todos vocês. Como poderei reembolsá-los por todas essas despesas e pelo trabalho que estamos lhes dando?

— Mônica, não se preocupe com isso. Nós estamos aqui para ajudá-la e para ajudar doutor Gusmão e os Burns. É muito importante descobrirmos o que levou seus pais à morte. Quando todo esse mistério estiver solucionado, nós discutiremos os possíveis reembolsos. Agora, tranquilize-se e arrume suas coisas, pois vou levá-los para minha casa.

Eric disse que deveriam falar com Gustavo. Enquanto arrumavam as malas, Adriano foi falar com eles.

Gustavo disse:

— Ótima ideia, Adriano. Vou voltar hoje mesmo para Campos. Quer que eu lhe dê algum adiantamento para cobrir as despesas de Mônica?

— Não, doutor Gusmão, não se preocupe com isso. Como eu disse a Mônica, primeiro vamos resolver esse mistério, depois falamos em dinheiro.

Flora perguntou:
— Vocês já estão de saída?
— Já sim, dona Flora.
— Então, vamos até lá, pois quero me despedir deles.

Pouco depois, Gustavo despediu-se de Mônica e Eric e explicou-lhes que voltaria naquele mesmo dia para Campos do Jordão e pediu ao casal que fosse até lá assim que possível, pois ele queria examinar os olhos de Mônica antes que ela perdesse totalmente a visão. Mônica e Eric combinaram que, assim que conversassem com Stephanie e pusessem os Burns a par do que havia acontecido, iriam a Campos do Jordão.

Depois que voltaram ao apartamento, Flora perguntou ao marido:
— Gustavo, será que André pode fazer algum mal à nossa neta?
— Eu temo por isso, Flora. Ele é uma pessoa totalmente sem escrúpulos. Agora, vamos arrumar nossas coisas, pois quero viajar antes que escureça.
— Já está quase tudo arrumado. É só colocar as malas no carro e fechar a conta do *flat*.
— Vou pedir a Gilberto para vir pegar as malas e depois a encontro no saguão.

Marcelo, Plínio e Cláudio conversavam depois de ouvirem o que haviam gravado. Cláudio perguntou:
— O que você acha disso, Plínio?
— Eu acho que tem alguma coisa escondida nessa história. Vou encontrar Rogério para irmos conversar com o homem que está preso. Marcelo, peça ao seu pai para procurar o doutor Antônio e verificar se ele descobriu alguma coisa sobre o incêndio. Cláudio, você ficará até quando em São Paulo?
— Eu preciso voltar para Curitiba ainda esta semana.

Marcelo perguntou:

— Você acha que o senhor Samuel vai voltar com você ou ficará aqui em São Paulo?

— Eu acredito que ele voltará comigo. Ele tem dificuldade em ficar em lugares estranhos. Vou conversar com eles e depois falarei com você. É possível vermos Mônica antes de partirmos?

— Sim, meu pai me ligou e avisou que eles ficarão hospedados na casa de meus pais. Vocês gostariam de ir lá hoje à noite?

— Vou combinar com Sandra e depois ligarei para você. Você poderia me deixar no hotel?

— Claro, vamos. E você, Plínio? Onde vai ficar?

— Eu vou para a delegacia. Preciso encontrar Rogério e deixar esse material lá para que façam a edição. Falarei com você mais tarde.

— Então, vamos. Preciso voltar para o escritório de meu pai, pois Luciana está me esperando.

Cláudio chegou ao hotel e encontrou Sandra à sua espera na recepção.

— Você demorou. O que aconteceu?

— O tal André está tentando tirar dinheiro do outro avô da Mônica. Ele não tinha intenção de apresentá-la ao senhor Gusmão.

— Ela está bem?

— Sim, André não fez nada com ela. Apenas estava tentando ganhar tempo e conseguir dinheiro. E seus pais?

— Papai está nervoso e não quer ficar parado aqui no hotel. Ele o está esperando para saber detalhes do que está acontecendo. E se não houver necessidade de ficarmos aqui em São Paulo, ele gostaria de voltar para casa.

— Eu imaginei e falei sobre isso com Marcelo. Mônica e o namorado estão hospedados na casa do pai dele, e ele nos convidou para ir lá hoje à noite. Vamos?

— Sim. Talvez assim papai fique mais tranquilo e possamos voltar amanhã mesmo para Curitiba. Estou sentindo falta das crianças.

Cláudio abraçou a esposa, e foram conversar com os pais dela. Ele lhes contou o que havia acontecido naquela manhã e o andamento do trabalho dos investigadores. Eles ouviram tudo em silêncio, e Marieta foi a primeira a falar:

— Cláudio, será que entendi corretamente? Esse tal André e Michel são os responsáveis pela morte de minha Andréia e do marido? Meu próprio filho tramou a morte da irmã por dinheiro?

— Não, dona Marieta. Não há nenhuma prova ainda de que a morte deles foi tramada nem que Michel tenha alguma coisa a ver com o incêndio da casa.

Samuel completou:

— Tudo por dinheiro! A que ponto Michel chegou? Cláudio, ele pode até não ter colocado fogo na casa, mas está envolvido nisso sim. Ele deveria ter pedido uma investigação sobre o incêndio, deveria ter nos comunicado, porém, não fez nada. O que Michel lucrou com a morte de René e de Andréia? Afinal, se estavam precisando de dinheiro, somos levados a crer que fariam qualquer coisa para consegui-lo.

— Eu não queria preocupá-los, mas não dá para esconder de vocês o que está acontecendo. Bem, vou lhes contar o que está acontecendo com Michel.

Cláudio contou-lhes sobre o acidente na Flórida e sobre a investigação que estava sendo realizada. Michel era suspeito de estar contrabandeando joias.

Emocionada, Marieta disse:

— Eu não consigo acreditar que meu filho esteja envolvido com bandidos e sendo acusado de envolvimento na morte da irmã. O que será dele?

Samuel respondeu:

— A justiça vai cuidar dele, Marieta. Se eu tivesse lhe dado mais dinheiro, isso não teria solucionado seus problemas. Ao contrário, ele destruiria nosso patrimônio!

— Eu e Sandra conversamos e gostaríamos de voltar para Curitiba amanhã. Lá, aguardaremos o resultado da investigação e, quando esta for concluída, poderemos voltar para São Paulo. Mônica e o namorado estão hospedados na casa do doutor Adriano. O senhor gostaria de ir até lá? — Cláudio perguntou.

— Não sei, meu filho, me deixe pensar um pouco. Estou muito constrangido com as atitudes do Michel. Vá com Sandra para lá e explique a Mônica como estou me sentindo. Eu apenas gostaria, se for possível, de vê-la antes de partirmos. Flora, você pode ir com eles.

— Não, Michel, prefiro ficar aqui no hotel. Sandra, converse com Mônica. Eu também gostaria de me despedir dela, mas prefiro fazer isso aqui no hotel.

— Vocês ficarão bem?

Samuel respondeu:

— Claro, minha filha. Vamos pedir para servirem o jantar aqui no quarto. Quando vocês voltarem, estaremos acordados, então vocês me dizem o que resolveram.

— Está bem, papai. Faremos como vocês querem. A que horas você marcou com Marcelo, Cláudio?

— Não combinamos o horário. Vou ligar pra ele para pegar o endereço. Podemos ir de táxi.

Cláudio discou o número de Marcelo:

— Marcelo? É Cláudio falando. Tudo bem? Eu e Sandra iremos à sua casa hoje à noite.

— Oi, Cláudio. E quanto aos avós de Mônica?

— Eles não querem ir, pois estão constrangidos com o comportamento do filho. Mais tarde, eu explicarei tudo pra você. Por favor, me dê seu endereço. Pegaremos um táxi aqui no hotel.

— Quer que eu vá buscá-los?

— Não precisa. Apenas me dê o endereço e o horário que deveremos estar lá. Você tem que cuidar de Bud e Mônica. Fique sossegado. Espere apenas eu achar uma caneta.

— Façamos o seguinte: vou passar uma mensagem para você com o endereço e um ponto de referência. Ficará mais fácil assim.
— Ótimo, Marcelo, até mais.
— Até mais, Cláudio.
Sandra perguntou ao marido:
— Cláudio, você falou com Marcelo?
— Sim, ele está mandando o endereço e um ponto de referência por mensagem. Vamos à recepção. Quero ver com eles se conseguimos reservar o voo para amanhã. Depois, gostaria de fazer um lanche comigo? Eu não almocei.
— Sim. Meus pais estão muito aborrecidos. Michel causou-lhes uma grande decepção.

Na delegacia, Plínio mostrou a gravação para o delegado de plantão e para Rogério:
— O que vocês acham?
Rogério retrucou:
— É estranho. Ele poderia ter apresentado Mônica ao doutor Gusmão e depois ter falado em dinheiro. Reconhecendo a neta, tenho certeza de que doutor Gusmão reembolsaria o escritório.
O delegado explicou:
— Rogério, eu conheço André Silveira. Ele precisa de muito dinheiro. Só o reembolso de despesas não resolverá o problema dele. Ele está sendo investigado por sonegação fiscal. André e um sócio participaram de um empreendimento fora do Brasil, mas o negócio não deu certo, e eles ficaram devendo dinheiro a muita gente. Alguém, no entanto, conseguiu intervir e impedir uma investigação que levasse os culpados a julgamento. Ontem, eu fui procurado por uma das pessoas que perderam dinheiro nesse investimento e que me trouxe alguns documentos. Acredito que esse material será suficiente para reabrir o processo contra André Silveira e o sócio.

— O senhor sabe quem é o sócio de André?

— É um empresário brasileiro que mora nos Estados Unidos há muitos anos. O nome dele é Michel Burns.

Rogério interveio:

— Mas Michel Burns é o tio de Mônica, o homem que a criou.

— Pois é, meus amigos, esse caso é muito complicado e envolve muita gente. Dessa vez, no entanto, nós vamos pegá-los.

Plínio perguntou:

— Doutor Rafael, o senhor está nesta delegacia há quanto tempo?

— Há mais de vinte anos, Plínio. Quando você veio até aqui e me pediu para verificar os processos em que René Gusmão havia trabalhado, eu resolvi fazer uma investigação por minha conta e encontrei alguns fatos que devem ajudá-los a desvendar a morte do casal.

Rogério disse:

— Doutor Adriano, advogado do pai de René, conversou com doutor Antônio Sampaio. Doutor Sampaio está levantando os processos em que René trabalhou e também o porquê de não ter sido feita uma investigação do incêndio que vitimou o casal.

— Rogério, por favor, me coloque em contato com doutor Adriano. Eu gostaria de ver os documentos que ele possui. Acredito que com o material que tenho aqui, resolveremos essa situação.

Rogério ligou para o escritório de doutor Adriano, e ele prontificou-se a receber o delegado Rafael no dia seguinte:

— Rogério, por favor, diga ao doutor Rafael que o doutor Antônio me entregou os documentos do caso do René para reabrirmos a investigação — Adriano pediu.

— Eu avisarei a ele. Agora, irei com Plínio à penitenciária para conversar com o rapaz que foi condenado.

— Ótimo, Rogério, aguardarei notícias suas.

Rogério voltou-se a Rafael:

— Doutor Rafael, doutor Adriano poderá recebê-lo amanhã e me pediu que lhe dissesse que doutor Antônio entregou a ele os documentos do caso do René, para que seja aberta uma nova investigação.

— Muito bem. Amanhã às 9 horas, estarei no escritório dele. Plínio, você irá também?

— Sim, quero ajudar a resolver esse mistério. Eric me ajudou muito em um caso antigo, e eu quero muito que a noiva dele descubra o que aconteceu aos pais.

Chegando à penitenciária, Plínio e Rogério foram encaminhados a uma sala onde poderiam conversar com o detento Aldo Ribeiro. Quando os viu, Aldo logo perguntou:

— O que é? Vocês também vieram conhecer minha história e me tirar daqui? Eu não caio mais nessa! Podem ir embora! Não vou falar com ninguém.

Plínio respondeu:

— Calma, Aldo, nós precisamos conhecer sua história, mas não temos o poder de tirá-lo daqui.

Rogério argumentou:

— Aldo, eu sou advogado e represento a família do doutor René Gusmão. E se você tiver sido prejudicado por um erro judicial, eu poderei ajudá-lo.

— René Gusmão! Ele me disse que eu seria absolvido, e veja o resultado! Peguei quarenta e cinco anos. Vocês, advogados, são todos iguais! Prometem, prometem, e depois nos deixam apodrecendo na cadeia. Cadê o René? Por que ele mesmo não veio falar comigo?

Rogério respondeu:

— Aldo, o doutor René morreu em um incêndio há mais de vinte anos. Você não sabia disso?

— Você está mentindo! O outro advogado me disse que ele fugiu do Brasil.

Plínio perguntou:

— Que outro advogado?

— O doutor Luís. Ele veio aqui e me disse que René tinha saído do país. Ele ainda disse que, se eu arrumasse dinheiro, ele me tirava daqui. Meu pai vendeu nossa casa e mais duas propriedades que tinha, deu o dinheiro para o Luís, e o que eu ganhei? Quarenta e cinco anos de prisão. Você sabe o que é viver aqui dentro durante todo esse tempo? Lógico que não. Vocês estão lá fora, gozando a vida, e eu estou apodrecendo aqui. Meu pai morreu no ano passado, e minha mãe vem todo domingo até aqui para me ver. Sabe o que ela passa? A vergonha de ver o filho preso. Os amigos sumiram, e ela vive da pensão que meu pai deixou. Eu não deveria estar aqui! Sou inocente, mas ninguém acreditou em mim. E aquele René simplesmente me abandonou aqui! Mas eu vou sair daqui, e aí nós acertaremos nossas contas.

— Aldo, nós trouxemos um jornal para provar o que estamos lhe dizendo. Veja e tire suas próprias conclusões.

Aldo leu a notícia e, quando viu a data do jornal, disse:

— Mas nesse dia ele viria aqui para falarmos da apelação do meu julgamento.

— Agora, você acredita que ele não teve culpa do que lhe aconteceu?

— Mas e o outro advogado? O doutor Luís?

Plínio perguntou:

— Luís Azevedo?

— Sim, era esse o nome dele. Ele esteve aqui um mês depois dessa data e não me disse nada. Meu pai pagou o que ele pediu, e ninguém mais apareceu aqui.

Plínio explicou:

— Aldo, Luís Azevedo não é advogado. Ele trabalha para um advogado chamado André Silveira, e os dois estavam tentando prejudicar o doutor René. Estamos investigando possíveis fraudes nos últimos casos em que ele estava trabalhando. Além de você, outras duas pessoas foram prejudicadas. Um jovem, que morreu na prisão, e outro que morreu num acidente. Precisamos conhecer sua história para poder ajudá-lo e pegar Luís Azevedo e André Silveira.

— E por que agora, depois de vinte e cinco anos, vocês vieram me procurar? Por que não vieram antes?

— Porque a filha do doutor René está no Brasil, e estamos investigando o que aconteceu com os pais dela. Ela foi levada para os Estados Unidos no dia seguinte ao incêndio na casa em que viviam. Ela veio até aqui para descobrir o que houve com os pais e conhecer seu passado, e nós a estamos ajudando. Por esse motivo, estamos descobrindo uma série de problemas, casos não resolvidos e pessoas que foram prejudicadas. Enfim, você poderá nos ajudar?

— Doutor Rogério vai realmente reabrir meu caso?

— Vou sim, Aldo. Estou com a cópia do seu processo aqui. Veja. Gostaria que você me contasse o que aconteceu e me dissesse quem poderia testemunhar a seu favor. Conte-me tudo o que você lembrar para que eu possa reabrir esse caso.

— Vou contar o que houve, mas não sei se as testemunhas estão vivas. Elas não foram ao julgamento na primeira vez e talvez, depois de todos esses anos, não queiram ir agora. Eu estava em um bar com colegas da faculdade comemorando o "dia da pendura", e como José, o dono do bar, nos conhecia, pois íamos lá todos os dias, ele nos deixou à vontade para comer alguns petiscos e pediu que pagássemos a bebida. Depois de algumas horas, Ronaldo, um colega nosso, havia bebido demais e começou a mexer com a filha de José. Eu disse a meu amigo que parasse com isso e o chamei para irmos embora, e ele ficou agressivo. Meus amigos tentaram segurá-lo, mas ele quebrou uma garrafa de cerveja e veio para cima de mim, dizendo que eu queria a garota só para mim e que ela era uma balconista de boteco de quinta categoria. José tentou agredi-lo, porém, não conseguiu. Eu me agarrei a ele e tentei desarmá-lo. Na confusão, alguém puxou uma faca e o acertou. Ronaldo, então, caiu por cima de mim, e, quando percebi o que tinha acontecido, me desesperei e tentei tirar a faca dele. Nesse momento, um policial me agarrou, e outros dois tentaram ajudar Ronaldo. Em seguida, fui levado para a delegacia. Na faca encontraram apenas minhas digitais. Ronaldo morreu, e eu fui acusado de assassinato. Mas não fui eu! Alguém o atingiu, e minha impressão digital estava na faca.

— E seus amigos? O dono do bar? A moça? Ninguém testemunhou a seu favor?

— Não, doutor Rogério. Só o doutor René acreditou em mim. Ele foi atrás de todos esses nomes que estão aí, mas ninguém quis me ajudar. O único que disse que me ajudaria foi o tal Luís, que vocês disseram que não é advogado e que provavelmente me roubou.

— Aldo, vou levantar tudo o que for possível sobre seu processo. Vamos localizar essas testemunhas. Tente pensar no que aconteceu e lembrar-se da cena. Passou muito tempo, contudo, com a cabeça fria, talvez você consiga se lembrar de algum detalhe que possa nos ajudar.

— Eu vou tentar, doutor Rogério. Mas quem vai pagar pelo seu trabalho? Eu não tenho dinheiro para arcar com essas despesas.

— Não se preocupe, Aldo. Todas as despesas serão pagas pelo escritório. Pretendemos reparar todas as injustiças que foram cometidas por pessoas interessadas em prejudicar René e a família dele.

— Dona Andréia também morreu no incêndio?

— Morreu sim. Você a conhecia?

— Sim, ela dava aula na faculdade. Nós gostávamos muito dela. Eu não tinha ideia de que havia acontecido essa tragédia.

Notando que todos ficaram em silêncio com a observação de Aldo, Plínio perguntou:

— Rogério, podemos ir?

— Sim, Plínio. Aldo, fique com este cartão. Aqui tem o telefone do escritório onde estou trabalhando. Me ligue, se você se recordar de mais alguma coisa. Eu voltarei aqui em no máximo uma semana. O doutor Rafael sabe que estamos cuidando do seu caso.

— Obrigado, doutor Rogério. Confio em você.

— Obrigado, Aldo. Prometo que não irei decepcioná-lo.

— Michel, por que você não me procurou? Esse assunto já teria sido resolvido.

— Raymond, eu estava com muito medo. Sabe... eu não agi certo com Mônica. Eu deveria ter lhe contado a verdade, mas fiquei com medo de que ela fosse embora. E por fim ela viajou sozinha e corre perigo no Brasil.

— Michel, ela não está sozinha. Eric está com ela, e, pelo que ele tem me contado, há bastante gente ajudando Mônica. E se você tinha receio de que ela encontrasse os avós, eu posso lhe afirmar que ela já conheceu todos eles.

— Eles devem estar me odiando.

— Eles não sabem de toda a verdade. Você escondeu Mônica de sua família por causa de dinheiro, meteu-se com agiotas, colocou em risco sua vida, a de sua mulher e a de Mônica. Meu amigo, você terá de arcar com seus erros.

— Eu não queria que nada disso tivesse acontecido. Quando René me pediu para cuidar de Mônica por alguns dias, eu imaginei que conseguiria solucionar meus problemas financeiros, mas, em vez disso, estou sendo procurado por sequestro. Você não está dizendo isso para me assustar, não é?

— Michel, você me conhece. Eu não faço esse tipo de brincadeira. Nós encontramos uma carta em você combina com um brasileiro chamado André Silveira o sequestro da filha do René. O incêndio na casa dele aconteceu um dia antes de você viajar para cá. Se você não tiver como provar que ele lhe pediu para cuidar da menina, você poderá ser responsabilizado pelo incêndio e pelo sequestro. Já pensou nisso?

— Eu não tive culpa, Raymond. René estava recebendo ameaças e me pediu para trazer a filha para os Estados Unidos. Depois, eles viriam para cá se encontrar conosco. Ele sabia que eu precisava de dinheiro e se dispôs a me ajudar.

— René sabia o valor de sua dívida?

— Não. Eu pedi a ele que me ajudasse, e ficamos de conversar. Não houve tempo para isso.

— Por que Mônica estava com você e René e a mulher não estavam?

— Eles tinham um compromisso naquela noite e não puderam contar com a babá. Como nós viajaríamos no dia seguinte pela manhã, Joanne se ofereceu para cuidar de Mônica. Já estava tudo preparado. Foi só levá-la para o hotel.

— Não sei, Michel, essa história não me convence. A menina foi com vocês para o hotel, houve um incêndio, sua mulher viajou com a menina e você viajou no dia seguinte sem cuidar da investigação nem avisar às famílias. Não sei, você não me convenceu. Vou contar a Eric nossa conversa e pedir a ele que continue a investigação no Brasil. Quanto a você, Michel, e seus amigos agiotas, saiba que estamos investigando vocês aqui nos Estados Unidos.

— Você não pode fazer isso. Não tem provas contra mim.

— Engano seu. Temos uma carta em que você combina o sequestro da filha do René, além de outras em que você fala que precisa de dinheiro.

— Como você conseguiu essas cartas? Elas estavam...

— Isso mesmo. Em sua casa na Flórida. Mônica me pediu que procurasse algum documento que explicasse como ela foi trazida para cá e registrada como sua filha.

— Vou processá-lo, Raymond! Isso é invasão de domicílio!

— Não é não. Sua casa foi destruída pelo furacão, e nós fomos autorizados por sua filha a retirar os pertences que encontrássemos e guardá-los em um depósito. Quando você sair daqui, verá como ficou a casa e poderá reaver o que sobrou e foi guardado no depósito da polícia.

— Então, estou sem saída?

— Está sim, a menos que você me fale a verdade.

— Estou lhe falando a verdade.

— Então, me prove.

— Espere, me lembrei de uma coisa! René ganhou uma estátua... Acho que se trata de um santo de pedra esculpido por um amigo dele, um escultor para quem ele fez um trabalho, não sei bem. Essa estátua tem um tipo de fundo falso, onde ele estava guardando alguns documentos. René me disse que estava com receio de que alguém entrasse na casa deles e os roubassem. Não sei o que ele guardou lá, mas me recordo de ele dizer alguma coisa sobre os olhos. É isso. Os olhos do anjo. Peça para localizarem a estátua e tentarem abri-la.

— Muito bem, Michel, farei isso. Você continua sendo suspeito do crime de sequestro, portanto, deixarei ordens no hospital para que você só saia daqui acompanhado de um oficial. Seu cunhado sabe dessa história?

— Não, Raymond. Por favor, não conte nada a ele. Joanne não sabe de minhas dívidas. Sei que ela não está bem, então, por favor, não lhe diga nada por enquanto.

— Está bem, Michel, fugir eu sei que você não vai, mas não tente nada. Se o fizer, sairá daqui direto para a prisão.

— Você falou que está procurando os agiotas para quem eu devo dinheiro?

— Falei sim. Eles estão envolvidos com tráfico de drogas.

— Meu Deus, onde eu fui me meter?

— Pois é, meu amigo, aproveite para pensar em tudo o que fez, pois você terá muitas contas a ajustar.

— Corro algum risco?

— Enquanto você estiver aqui, não. Quando você voltar para Nova Iorque, veremos.

— Quando eu tiver alta, ligarei para você antes de sair.

— Faça isso, Michel. Se você fugir ou tentar outra coisa, eu não poderei ajudá-lo. Cuide-se.

— Obrigado, Raymond. E, por favor, diga a Mônica que, apesar de todos os meus erros, eu a amo muito. Ela sempre será minha filha.

320

Quando Raymond saiu do quarto, o cunhado de Michel aproximou-se e perguntou:

— Raymond, o que ele disse?

— Andrew, por enquanto, não posso lhe dizer nada. Preciso pedir a Eric que procure alguns documentos no Brasil. Assim que tivermos tudo nas mãos, conseguiremos entender o que aconteceu.

— Minha irmã estava desconfiada de que Michel estava envolvido com agiotas. Se isso for verdade, ele deve estar devendo dinheiro, e a vida deles pode estar correndo perigo.

— Andrew, não se atormente. Nós estamos investigando a vida de Michel e das pessoas a quem ele deve dinheiro. Cuide de Joanne. Como ela está?

— Ela não está bem. Os médicos não podem operá-la e estão esperando que o organismo de minha irmã reaja. A pancada que ela levou atingiu uma parte do crânio, formando um coágulo. Se fizerem uma operação agora, poderão causar um dano cerebral. Eu não sou médico, não entendo direito, mas sei que ela não está bem.

— Vocês têm mais alguém da família?

— Não, Raymond, meu pais são falecidos. Somos só nós dois.

— E sua família?

— Minha mulher está cuidando de nosso bebê. Depois de dez anos de casados, conseguimos ter um filho. Eu disse a ela que ficasse em casa. Temos nos falado todos os dias por telefone. Eu pedi uma licença para cuidar de minha irmã, mas meu chefe me deu apenas quinze dias. No fim da semana, terei de voltar para Los Angeles.

— Andrew, eu irei para Nova Iorque, mas voltarei no fim da semana. Ainda me encontrarei com você antes do seu retorno e verei o que posso fazer para ajudá-lo.

— Obrigado, Raymond. Não tenho a quem recorrer.

— Não se preocupe, amigo. Daremos um jeito. Se você precisar de alguma coisa, pode me ligar.

— Muito obrigado.

— Até mais.

Saindo do hospital, Raymond ligou para Eric:

— Eric? Tudo bem? É Raymond.

— Ray, como vai? Aqui ainda está confuso, mas estamos bem.

— Você sabe alguma coisa sobre uma estátua que estaria na casa dos pais da Mônica?

— Sei sim. Ela lembrou-se da estátua quando foi ver a casa dos pais, mas ninguém soube dizer onde ela estava. Depois, soubemos que a estátua está na casa dos pais de René. Mas por que você está falando dela?

— Você precisa ir até ela, pois, segundo Michel, nessa estátua há uma espécie de cofre, em que alguns documentos que podem ajudar na investigação devem estar guardados.

— Puxa, Ray, é bom saber disso. Direi a Mônica, e amanhã mesmo iremos procurá-los.

— Me avise sobre o que você encontrar. Estou quase prendendo Michel, e ele me garante que é inocente.

— E como eles estão?

— Joanne não está bem. Ela tem um coágulo no cérebro, e os médicos estão aguardando para retirá-lo. Michel está com uma perna e algumas costelas quebradas. Eu disse a ele que não tentasse fugir nem saísse do hospital sem me avisar. Estamos tentando prender os agiotas com quem ele se meteu. Descobrimos que estão envolvidos com drogas.

— Ele também?

— Ainda não sabemos, Eric. Assim que eu tiver notícias, lhe informo. E Mônica, como está?

— Ela está preocupada com tudo o que aconteceu e sente-se culpada por não estar cuidando dos tios, mas, ao mesmo tempo, quer saber o que houve com os pais. Estamos fazendo de tudo para ajudá-la, contudo, parece que, quanto mais descobrimos coisas, mais segredos e mistérios aparecem, e tudo se complica.

— É, meu amigo, investigações são assim mesmo.

— Sim, nós estamos acostumados, mas ela não. Ela chegou a dizer que, se não tivesse insistido em conhecer o passado, nada disso teria acontecido.

— Diga a ela para não pensar assim. Mônica não sabe, mas estou seguindo o tio dela há algum tempo. Michel não é nenhum santo.

— Direi a ela, Ray. Não com essas palavras, mas direi a ela.

— Está certo, Eric. Eu também não falaria com ela nesses termos. Aguardo notícias suas. Um abraço.

— Outro para você. Ray, muito obrigado pelo que você e o pessoal do departamento têm feito por nós.

— Não tem de quê. Queremos que tudo se resolva e que vocês possam voltar a viver com segurança.

— Até breve, Ray.

Voltando para perto de Mônica, Eric disse:

— Mônica, amanhã precisamos ir à casa do seu avô em Campos do Jordão. Lembra-se do anjo de pedra?

— Sim, o que tem ele?

— Parece que era um cofre onde seu pai guardava documentos. Talvez nele encontremos respostas para algumas de suas perguntas.

— Como você sabe disso?

— Ray conversou com seu tio Michel e ele falou do anjo.

— Ele deu notícias de meus tios? Como eles estão?

— Seu tio quebrou a perna e algumas costelas, e sua tia não está bem. Ela tem um coágulo no cérebro, e os médicos estão aguardando para retirá-lo.

— Pobre tia Joanne.

Adriano e Marcelo estavam juntos do casal. Adriano disse:

— Se eu não estiver enganado, quando se forma um coágulo é preciso esperar alguns dias para operar.

Marcelo argumentou:

— Vou perguntar para o pai de Luciana. Ele é médico e saberá nos explicar melhor.

Mônica perguntou:

— Eles virão para cá?

— Sim, Mônica. Eles querem conhecê-la, então vamos jantar juntos hoje. Cláudio e Sandra também virão.

— Sua mãe vai ter muito trabalho. Vou ajudá-la.

Carolina respondeu:

— Não se preocupe, Mônica, eu encomendei a comida em um restaurante que frequentamos.

— Por acaso, é o restaurante do Genaro?

— Não, Mônica. É um restaurante mais simples, perto daqui e que prepara uma comida caseira muito boa.

— Ainda bem, senão Bud comeria outro pedaço generoso de pão italiano!

Todos riram do jeito de Mônica falar e continuaram conversando sobre ir a Campos do Jordão e descobrir o que havia no anjo de pedra.

— Eric, acho bom ligarmos para o vovô e o avisarmos. Se chegarmos de surpresa, eles ficarão preocupados.

— Você tem razão, Mônica. Doutor Adriano, o senhor tem o telefone de doutor Gusmão?

— Tenho sim, Eric. Venha comigo ao escritório. De lá você pode telefonar.

Marcelo disse a Mônica:

— Vou acompanhá-los, pois assim vocês cuidam do que precisarem, e eu os ajudo com o Bud.

— Marcelo, e sua clínica? Você está se ocupando dos meus problemas, e ela está parada.

— Não se preocupe, Mônica. Assim que tudo terminar, eu me dedicarei inteiramente a ela.

— Marcelo, nós nos esquecemos de Roberta.

— Nossa Mônica, você tem razão! Vou telefonar para ela agora mesmo.

Marcelo ligou para Roberta:

— Roberta? É Marcelo.

— Oi, Marcelo, tudo bem?

— Desculpe. Aconteceu tanta coisa hoje que nós nos esquecemos de ligar para você. Stephanie já chegou?

— Já sim. Ela está em um hotel aqui perto. Podemos nos encontrar amanhã?

— Não, Roberta, pois terei de levar Mônica e Eric para resolverem algumas coisas. Podemos marcar para depois de amanhã? Sei que Stephanie pode não gostar, mas não temos como mudar nada.

— Não se preocupe com isso. Vou jantar com ela e explicarei o que houve. André ainda não foi informado de que ela está no Brasil.

— Você vai contar a Stephanie tudo o que houve?

— Vou sim. Acho que ela precisa saber. Aluguei uma sala e estou terminando de me instalar. Vocês poderiam ir até lá depois de amanhã, lá pelas 10 horas?

— Podemos sim. Me passe o endereço.

— Fica na Rua 13 de setembro, número 210, terceiro andar, sala 305. Você conhece essa rua?

— Conheço sim. Fica na Aclimação.

— Isso mesmo. Se você precisar falar comigo, ligue para meu celular. O telefone fixo ainda não foi instalado.

— Fique tranquila, Roberta. Depois de amanhã, estaremos lá.

— Obrigada, Marcelo. Até logo.

— Até, um abraço.

— Outro para você.

Virando-se para Mônica, Marcelo disse:

— Pronto, Mônica, resolvido. Nós nos reuniremos depois de amanhã no escritório da Roberta.

— Ótimo, tomara que consigamos resolver todos esses problemas. Preciso retomar minha vida.

Nesse momento, Adriano e Eric retornaram à sala. Eric disse:

— Mônica, eles ficaram muito contentes em saber que iremos para lá. Eu não disse ao seu avô que precisamos procurar documentos; disse que você quer fazer aquela consulta que ele sugeriu.

— Amanhã, quando nós chegarmos, preciso ver o anjo. Eu acho que o segredo está nos olhos dele.

Marcelo perguntou:

— Por que nos olhos?

Adriano respondeu:

— Porque os olhos são de cores diferentes. Acredito que eles sejam uma espécie de chave para abrir algum compartimento onde devem estar guardados os documentos de René.

— O senhor conhece a estátua, doutor Adriano?

— Sim, Mônica. Eu a vi quando estive na casa do seu avô. É uma bela obra.

Eric disse:

— Então, amanhã conheceremos o segredo do anjo de pedra.

Adriano respondeu:

— Tomara, Eric, tomara.

Nesse momento, ouviram a campainha:

— Pai, Luciana e os pais chegaram.

— Vamos recebê-los. Há um táxi aqui na frente. Acho que são Cláudio e Sandra.

Depois das apresentações e cumprimentos, Otávio virou-se para Bud e disse:

— Você é o famoso Bud!

Como se entendesse o comentário, Bud latiu e achegou-se até Mônica, colocando a cabeça em seu colo. Luciana disse:

— Eu não falei para vocês que ele era muito dedicado a ela e também muito fofo?

Lúcia concordou:

— Você tem razão, Lu. Mônica, ele deve gostar muito de você.

— Gosta sim, Lúcia. Ele me protege e parece sentir quando estou com algum problema. É muito bom tê-lo comigo.

326

Otávio comentou:

— Os cães-guia são especiais. São treinados para cuidar dos seus donos. Marcelo, os cães, de modo geral, se comportam como proprietários de seus donos, não é mesmo?

— É sim, doutor Otávio. Eles se colocam como donos da casa, então, é preciso treiná-los e fazê-los entender quem é que manda. Mas, as pessoas, geralmente, tratam os animais como filhos e os deixam fazer o que querem.

Luciana respondeu:

— Mas como não querer agradar uma carinha linda assim? Preste atenção no olhar dele. Sou apaixonada por você, Bud!

Em resposta, ele latiu, levantou-se e, abanando o rabo, foi até ela. Bud colocou a cabeça no colo de Luciana, despertando risos em todos.

Sandra lamentou não ter um cão-guia para acompanhar seu pai:

— Na época em que ele perdeu a visão, não tínhamos acesso a esse trabalho. Talvez com um cão como o Bud, papai se animasse a sair de casa.

— Vocês ainda não disseram por que ele não veio com vocês.

— Mônica, o papai está muito constrangido com o que descobriram e também não consegue aceitar o que Michel fez. Amanhã, nós voltaremos para Curitiba, e eles gostariam de se despedir de você.

Cláudio acrescentou:

— Eu combinei com Marcelo de que manteremos contato diariamente para sabermos tudo o que está acontecendo aqui em São Paulo. Não posso me ausentar mais da fazenda, e também tem as crianças, que estão com minha mãe.

— Eric, podemos passar no hotel antes de irmos para Campos do Jordão? Não gostaria que eles viajassem sem me despedir.

— Claro, Mônica, vamos sim.

— Mônica, você poderia hospedar dona Marieta quando retornar a Nova Iorque? Provavelmente, ela não vai querer lhe dar trabalho, mas sabemos que ela quer ver o filho.

— Claro, Cláudio. Se vocês providenciarem a documentação, ela poderá viajar conosco. Quando terminar a investigação, voltaremos para Nova Iorque. Eric precisa retornar ao trabalho, e eu também.

— O que você acha, Sandra?

— Acho que será ótimo para mamãe. Obrigada, Mônica. Vamos providenciar passaporte, passagens, visto. Assim que você marcar sua passagem, me avise para trazê--la a São Paulo.

Sandra abraçou Mônica e agradeceu-lhe pelo carinho com seus pais. Percebendo que a emoção tomava conta de todos, Carolina entrou na sala e convidou-os para jantarem. Enquanto comiam, todos tentavam conversar sobre assuntos leves, e o jantar transcorreu com tranquilidade.

Quando se levantaram da mesa de jantar e se dirigiram para a sala, Otávio segurou o braço de Adriano e fez-lhe um sinal de que precisavam conversar. Adriano o conduziu para o escritório.

— Algum problema, Otávio?

— Eu gostaria de saber como está o caso de Mônica. Luciana tem comentado sobre ele, mas acredito que muita coisa ela não me diz.

— Otávio, o caso de Mônica é complicado. A morte dos pais dela não foi investigada, o sócio da pessoa que ela contratou para descobrir seu passado está interessado no dinheiro da família e acreditamos que ele esteja envolvido em alguns crimes. René foi prejudicado, e dois de seus clientes foram condenados, aparentemente injustamente, e morreram. Um deles era um jovem de vinte anos. Rogério e Plínio, que é o investigador que está nos ajudando, foram conversar com um terceiro cliente de René, que desconfiamos também que tenha sido vítima de erro judiciário. Não sei ainda o resultado dessa visita, mas conversarei com ele amanhã. Além

328

disso, outras informações chegaram hoje do chefe de Eric em Nova Iorque. Não sei se você sabe que ele trabalha na polícia científica.

— Sei sim, Luciana me contou. Existe algo que possamos fazer? Há um professor que trabalhou com Andréia e que conhece parte da história... Ele está aqui em São Paulo para um congresso e me disse que está à sua disposição. Ele também quer que todo esse mistério seja esclarecido.

— Olhe, Otávio, eu não vejo a hora de juntar todas essas peças, mas acredito que estamos perto de resolver esse enigma. Sua filha é muito competente. Eu gostaria que ela continuasse a trabalhar comigo.

— Eu tenho certeza de que ela continuará. Ela está muito empenhada em ajudar Mônica e me falou muito bem do seu trabalho. Fazia tempo que não a via tão animada.

— Otávio, vou aproveitar e lhe fazer uma pergunta. Sua filha é religiosa ou frequenta alguma religião? Ela vai à igreja ou algo parecido?

— Não. Lu só foi à igreja até fazer a primeira comunhão. Depois disso, nunca mais quis ir, e nós não insistimos. Não somos religiosos, mas eu e Lúcia estamos frequentando um grupo que estuda a Bíblia. Não é um grupo católico, é espírita. Mas por que está perguntando isso?

— Porque, outro dia, ela fez um comentário com um cliente meu, e, quando perguntamos o motivo de ela ter dito aquilo, Luciana disse que foi algo que veio à sua cabeça. Era um conselho muito sério e comoveu a todos.

— Não sei, Adriano, vou observá-la. Talvez seja esse envolvimento com Mônica. Foi por causa dela que minha mulher resolveu frequentar esse grupo. Eu estive lá com ela e me senti muito bem.

— É bom saber. Voltarei a falar sobre isso com você outra hora. Agora é melhor nos juntarmos à nossa família, pois devem estar estranhando nossa ausência.

— Você tem razão, Adriano. Vamos nos juntar a eles.

Capítulo 16

Marcelo, Mônica, Eric e Bud viajaram para Campos do Jordão, depois de passarem no hotel para se despedirem dos avós maternos de Mônica. Já na casa de Gustavo, ele e a esposa os receberam com carinho.

Notando o interesse de Mônica em ver a estátua do anjo de pedra, Gustavo levou o grupo até ela.

— É ela! — disse Mônica. — É exatamente como eu me recordo. Marcelo, essa estátua estava próxima ao portão da entrada da casa dos meus pais.

Gustavo explicou:

— Você está certa, Mônica. O anjo não foi atingido pelo fogo, então, resolvi trazê-lo para cá, e o colocamos no jardim. Os olhos dele são interessantes de observar; são de cores diferentes e parecem nos seguir a qualquer parte.

Mônica aproximou-se da estátua e tocou no rosto e depois nos olhos do anjo. Ouviu-se um *clic*, e, Eric que estava ao lado da estátua, tentou observar de onde teria vindo aquele barulho.

— Mônica, onde você tocou?

— No olho azul do anjo. Por quê?

— Ao fazê-lo, você abriu uma espécie de gaveta aqui embaixo. Alguém já tinha feito isso?

Gustavo respondeu:

— Que eu saiba não. Essa estátua fica no jardim, tomando sol e chuva. Acho que ninguém mexeu nela.

Eric forçou a pequena fenda aberta na estátua e retirou de dentro dela uma pasta. A pasta tinha uma etiqueta em que se lia: "Para minha filha Mônica".

— O senhor conhece essa letra, doutor Gusmão?

— Sim, é do meu filho.

Eric entregou a pasta a Mônica, e ela pediu-lhe que verificasse se não havia mais nada dentro daquele compartimento.

Ao forçar a pequena porta que se abrira na base da estátua, Eric conseguiu abri-la com mais facilidade e retirou de dentro dela uma pequena caixa. Mônica abraçara a pasta, sem perceber o que fazia. Eric disse:

— Mônica, vamos entrar e abrir a pasta e a caixa. Quem sabe não encontramos alguma carta ou documentos que nos ajudarão a resolver o mistério da morte de seu pai?

Emocionada, Mônica disse:

— Você tem razão. Preciso que me ajude a ver o conteúdo desta pasta aqui, mas gostaria que estivéssemos sozinhos, vovô. Desculpe-me. Eu faria tudo sozinha, porém, se houver uma carta, não a conseguirei ler. Este momento é muito especial para mim.

Embora estranhasse o pedido da neta, os avós nada disseram e a conduziram a uma sala onde ela teria total privacidade.

— Vou deixá-los em meu escritório. Marcelo, você vai tomar conta do Bud?

— Sim, senhor. Andarei um pouco com ele e logo estarei de volta.

— Fiquem à vontade. Eu e a Flora aguardaremos vocês aqui na sala de visitas.

Quando estavam sozinhos, Eric perguntou a Mônica:

— Por que quis ficar sozinha? Não seria melhor que seus avós conhecessem o conteúdo da pasta e da caixa?

— Eric, será que esse compartimento nunca foi aberto? Será que não terei mais uma decepção com alguém da família? Preciso fazer isso sozinha e preciso de você para me ajudar a ler o que está escrito e me amparar, caso seja necessário. Não sei como vou me sentir depois de conhecer o conteúdo desses documentos.

Eric abraçou-a e disse:

— Venha comigo. Vamos nos sentar aqui. O que você quer ver primeiro? A pasta ou a caixa?

— Abra a caixa primeiro.

Na caixa havia algumas joias, fotografias e um envelope endereçado a Mônica que continha uma carta. Emocionada, ela pediu a Eric que a lesse:

Mônica, minha filha, se você está lendo esta carta é porque algo de muito ruim aconteceu a mim e à sua mãe. Há tempos venho recebendo cartas anônimas me ameaçando e decidi entregá-las ao doutor André da promotoria. Sua mãe não queria que eu o fizesse, e eu deveria tê-la escutado. Além de sua mãe não confiar nele, o que eu achava um absurdo, ela acreditava que era a repetição de uma história que vivemos há dois anos. Quando Andréia me disse que estava grávida, entrei em desespero. Amo sua mãe profundamente, mas naquela época eu acreditava que não poderia gerar um filho, pois tivera caxumba em minha juventude.

Uma das cartas que recebi acusava Andréia de ter um caso com o professor Paulo Eduardo. Não me contive, briguei com sua mãe e fui procurá-lo. Disse a ele muitos desaforos, o ofendi, gritei e, por fim (não tenho vergonha de contar-lhe), tive uma crise de choro. Meu desespero era muito grande. Paulo me ouviu calado, esperou que eu me recompusesse e disse: "René, Andréia o ama. Se eu não tivesse certeza disso, teria lutado por ela antes que vocês se casassem. Quem escreveu essa carta quer apenas destruir seu casamento". Respondi-lhe que era estéril e que, portanto, não poderia ser o pai da criança que ela esperava. Paulo perguntou-me se eu havia feito algum exame anterior ao casamento e contei-lhe sobre a caxumba. Com toda a paciência, ele explicou que nem sempre o homem que teve essa doença fica estéril e ofereceu-se para me levar a um médico de minha confiança e para fazer exames que comprovariam ou não a esterilidade. Eu me sentia um tolo. Fui procurar um suposto amante de sua mãe e acabei sendo levado por ele ao médico que sempre atendeu nossa família. Paulo estava certo. Eu não era estéril, você era minha filha. Minha emoção era muito grande, e sua mãe conseguiu entender e perdoar--me por não confiar nela. Voltamos a viver em harmonia, e Paulo tornou-se um grande amigo. Eu o procurei diversas vezes para conversarmos. Quando lhe contei sobre as ameaças que vinha recebendo, ele aconselhou-me a procurar meu pai, contar-lhe tudo o que estava acontecendo e pedir--lhe que a protegesse e protegesse sua mãe.

Eu não fiz isso, pois havia tido uma briga muito feia com meu pai antes do meu casamento. Falei com Andréia sobre as ameaças, e ela teve a ideia de pedir ao irmão que levasse você para os Estados Unidos. Ele se casara recentemente e estava vindo para o Brasil. Conversamos com ele e providenciamos a documentação para você viajar. Michel achou que estávamos exagerando, afinal, o doutor André estava investigando as cartas anônimas e certamente encontraria o responsável por elas. Eu queria que sua mãe fosse com eles e providenciei os documentos e o dinheiro necessário para que vocês vivessem com Michel por uns seis meses. Eu acreditava que nesse prazo conseguiria resolver esse problema com o doutor André.

Sua mãe não quis me deixar e achou melhor você seguir com o irmão dela, que era uma pessoa da inteira confiança de Andréia. Ela dizia que não conseguiria viver, se me acontecesse alguma coisa. Espero que você nunca encontre essa carta, que as ameaças não tenham se concretizado e que estejamos juntos, mas, se isso não acontecer, quero que saiba que eu e sua mãe a amamos muito. Você foi um raio de sol em nossas vidas, que iluminou nossa existência de uma forma inimaginável. Eu e sua mãe tivemos muitos problemas por causa de nossas escolhas pessoais, mas você era nosso porto seguro. Nada era mais importante para nós do que seu bem-estar e sua felicidade, por isso confiamos em seu tio Michel, e peço a Deus que ele a proteja como nos garantiu que faria.

Todo meu amor,
René.

Mônica não conseguiu conter a emoção. Abraçada a Eric, ela deixou que as lágrimas corressem livremente. Quando ele sentiu que a namorada estava mais calma, disse:

— Você quer continuar a olhar esses documentos ou quer fazer uma pausa? Seus avós devem estar preocupados, e eu acho que essa emoção não vai lhe fazer bem.

— Não os chame ainda, pois quero respirar um pouco. Eric, podemos deduzir que André é o responsável pela morte de meus pais? Mas por quê?

— Para essa pergunta eu ainda não tenho resposta, meu amor, mas vou descobrir o que houve. E tenha certeza de que quem fez isso não ficará impune.

— Minha mãe não confiava nele, mas confiava em meu tio. Ela não tinha ideia do que o irmão fazia. O que vai acontecer agora?

— Primeiro, você vai descansar e se alimentar, pois não quero que passe mal por causa dessas descobertas. Depois, devemos falar com seus avós, com o doutor Adriano e com Raymond. Eles nos ajudarão a resolver essa situação.

Nesse momento, ouviram uma batida na porta. Flora pediu-lhes licença e ofereceu-lhes um suco, pois já estavam ali havia algum tempo.

Quando ela olhou para Mônica, não se conteve e correu para abraçar a neta:

— Meu Deus, Mônica, o que fizeram a você?!

Mônica ficou abraçada com a avó e não conseguiu conter as lágrimas. Gustavo entrou na sala e olhou para Eric como se perguntasse o que tinha acontecido. Eric explicou:

— René deixou uma carta para Mônica contando por que a mandara para os Estados Unidos e relatou as ameaças que vinha sofrendo. Falou também do amor que ele e a esposa sentiam pela filha e que acreditavam que conseguiriam se reunir novamente. Se isso se confirmasse, ela jamais teria lido essa carta.

Gustavo disse:

— Eric, se Mônica permitir, eu gostaria de ler a carta. Eu me sinto culpado pelo que aconteceu a eles. Meu orgulho me impediu de procurar meu filho. Agora, ele está morto, e não posso dizer-lhe o que sinto. Vou continuar a ser atormentado pelo remorso, que me acompanha desde o dia em que eles morreram.

— Doutor Gusmão, nós vamos encontrar os responsáveis pela morte de René e Andréia. Eu confio no trabalho da polícia. Sei que muitas vezes é demorado, mas nós vamos encontrá-los.

— Assim espero, meu filho. Ainda não perdi a fé em Deus, e é ela que me leva a acreditar em você.

— Obrigado, doutor Gusmão. Agora, é melhor cuidarmos de Mônica.

Flora fez um chá para Mônica e adicionou à bebida um calmante, que a ajudou a relaxar e dormir um pouco. Enquanto isso, Marcelo e Eric conversavam sobre o conteúdo da carta.

— Marcelo, precisamos falar com seu pai. André e Michel devem estar envolvidos na morte dos pais de Mônica.

— Eric, eu concordo com você. Precisamos avisá-lo o mais rápido possível.

Nesse momento, Gustavo juntou-se a eles:

— Eric, por que vocês não passam a noite aqui? Assim, Mônica poderá descansar. Se vocês precisarem de alguma roupa, poderemos providenciar.

Marcelo argumentou:

— Eric, o doutor Gusmão tem razão. Eu voltarei para São Paulo e falarei com meu pai e com Roberta.

— Vocês têm razão, mas eu acho que ela não vai querer.

— Eric, neste momento, nós precisamos pensar na saúde de minha neta. Essa emoção foi muito forte e poderá interferir na perda de visão de Mônica. Ela chorou muito, e, pela minha experiência, sei que isso não é bom. Marcelo, volte para São Paulo. Se for necessário, eu pedirei ao meu motorista para levá-los.

— Está bem, doutor Gusmão. Eu voltarei a São Paulo, e, assim que encontrar meu pai, telefonaremos para vocês.

— Certo, Marcelo. Eu ficarei aqui e ligarei para Raymond. Ele precisa saber sobre Michel. Por enquanto, é melhor não falarmos nada para os pais de Michel.

— Estou indo. Falarei com vocês mais tarde.

— Até logo, meu filho. Boa viagem.

— Até logo, doutor Gusmão. Até logo, Eric.

— Boa viagem, Marcelo.

Marcelo chegou à casa dos pais, e Adriano já o esperava.

— Pai, já é tarde. O que está fazendo acordado?

— Eu estava à sua espera. Onde estão Mônica e Eric?

— Ficaram na casa do doutor Gusmão. A tal estátua realmente tinha um tipo de cofre e nele encontraram uma pasta e uma caixa com pertences da família. Havia uma carta que René havia deixado para Mônica. Eu não li a carta, mas Mônica ficou muito abalada. Doutor Gusmão teme que o problema de vista dela se agrave. Dona Flora deu um calmante para Mônica, e eles ficarão lá. Amanhã, se ela estiver bem, o motorista do doutor Gusmão os trará para casa.

— Você já jantou?

— Eu fiz um lanche no caminho, não estou com fome. Mas por que você estava me esperando? Aconteceu alguma coisa?

— Marcelo, eu me encontrei com Rogério, Plínio e com o delegado, doutor Rafael. Eles conseguiram novas provas contra André Silveira e o tal Luís Azevedo. Houve uma denúncia recente contra André de uma pessoa a quem ele lesou com venda de imóveis. Há também o rapaz que está preso e que é uma das vítimas das armações de André para prejudicar René. Esse homem que está preso não sabia que René e a esposa haviam morrido. Nós temos de encontrar as testemunhas que não compareceram ao julgamento dele. Talvez assim, encontremos mais alguma coisa contra André.

— Pai, precisamos pegá-los. Doutor Gusmão, dona Flora, Mônica... Se o senhor os tivesse visto hoje... Meu Deus, quanto sofrimento! Doutor Gusmão se sente responsável pela morte do filho. Ele havia brigado com René antes do casamento e agora não se perdoa pelo que aconteceu. Eu gostaria de resolver essa confusão toda para que eles possam ter paz. Amanhã, vou me encontrar com Roberta e com Stephanie, a sócia do escritório. Você quer vir comigo?

— Não posso, Marcelo, amanhã cedo irei à delegacia ajudar a localizar as testemunhas das quais lhe falei. Se precisarem de algum alvará judicial, irei pessoalmente pedir ao doutor Antônio Sampaio, pois precisamos agilizar tudo o que for possível.

— Está bem, papai. Então, vamos dormir, pois amanhã será um longo dia!

Na manhã seguinte, Marcelo foi até o escritório de Roberta sem saber exatamente o que diria a ela. Ainda tinha algumas dúvidas em relação ao comportamento da advogada enquanto estavam trabalhando para Mônica, e a história do anjo de pedra não lhe saía da cabeça. Quando Marcelo chegou, Roberta e Stephanie já o aguardavam.

— Como vai, Marcelo? Esta é Stephanie.
— Bom dia. Muito prazer.
— Mônica não veio com você?
— Não, Roberta. Ontem, nós fomos à casa dos avós de Mônica em Campos do Jordão, e ela não passou bem. Ela tomou um medicamento e dormiu, então, decidimos que eu viria embora e que eles retornariam hoje ou no máximo amanhã cedo a São Paulo. Eu vim conversar com vocês e ajudá-las no que for possível. Precisamos resolver esse assunto para que Mônica e os avós possam viver em paz.

— Você disse "avós"?

— Sim, Roberta, os pais do René Gusmão e de Andréia Burns. Conhecemos todos eles.

Roberta olhou-o intrigada e perguntou:

— Como você conseguiu isso?

— É uma longa história! Depois eu lhe contarei, mas agora preciso saber o que vocês vão fazer em relação a André Silveira.

— Eu coloquei Stephanie a par da situação até onde sei, mas talvez seja melhor você completar os detalhes que faltam. Pode falar em português, pois ela conhece bem nossa língua.

— Ótimo! Senão você precisaria servir de intérprete. Stephanie, você tem conhecimento dos negócios que André realiza? Como vocês se tornaram sócios?

— Marcelo, André era amigo de meu pai. Eles realizaram alguns negócios imobiliários juntos. Papai tinha amigos aqui no Brasil e quis comprar uma casa de veraneio. Ele intermediou o negócio, e papai adquiriu uma casa em Balneário Camboriú. Por outro lado, André precisava de um escritório de advocacia em Nova Iorque para tratar de assuntos imobiliários que ele queria desenvolver ali. Como papai estava se afastando dos negócios, ele me pediu para ajudar André no que fosse possível. Assim, passamos a trabalhar juntos. Não tivemos problemas. Ele usava uma das salas do escritório e nunca precisou efetivamente dos meus serviços. Quando alguns clientes meus resolveram fazer investimentos aqui no Brasil, ele me cedeu o escritório dele. Como o volume de negócios cresceu e alguns investidores brasileiros precisavam de um advogado em Nova Iorque, acabei montando o escritório de São Paulo. André é meu sócio, mas não trabalha diretamente comigo. Eu pedi a ele que contratasse um profissional que fosse de extrema confiança para cuidar do escritório de São Paulo, e foi assim que Roberta foi contratada. Mônica veio trabalhar comigo a pedido do pai dela, Michel Burns, que agora sei que é sócio de André. O que eu não sabia era que tipo de negócios os dois faziam em Nova Iorque. Nossas atividades e nossos clientes nunca se misturaram.

— Você não tem medo de ter problemas com a polícia norte-americana?

— Marcelo, eu tenho alguns amigos na polícia, porque nosso escritório trabalha com direito criminal. Não tenho medo deles nem de ninguém, pois procuro trabalhar da forma mais correta e transparente possível.

— O namorado de Mônica trabalha no setor de investigação criminal.

— Eu sei. Conheço Eric e o supervisor dele, o Raymond Cane. Eles estão participando dessa investigação?

— Estão sim. Eric aqui, e Raymond em Nova Iorque. Eles estão atrás dos agiotas a quem o tio de Mônica deve dinheiro de jogo. Os tios dela foram vítimas de um acidente na Flórida e estão internados.

— Eu não sabia disso. Foi por causa das tempestades na Flórida?

— Sim. Eles estavam na estrada, houve um acidente, e eles foram socorridos em estado grave.

— E Mônica? Como está reagindo a tudo isso?

— Eu diria que muito bem, levando-se em conta tudo o que ela tem passado. René deixou-lhe uma carta contando o que estava acontecendo com eles. Ele escreveu que se ela estivesse lendo aquela carta é porque algo de muito grave havia acontecido com ele e com Andréia. Ela leu essa carta ontem.

Roberta, que estava em silêncio, disse:

— Pobre garota. Stephanie, precisamos ajudá-la. Você precisa parar André! Ele não pode continuar dando golpes. Seu nome está ligado a ele, e eu tenho sido procurada por vários clientes antigos do escritório que não estão satisfeitos com o trabalho dele. Você tem os clientes americanos que têm negócios no Brasil, e o escritório tem vários clientes brasileiros que acreditaram em você e no seu trabalho. Stephanie, você não pode permitir que ele continue trabalhando no escritório.

— Você tem toda razão, porém, quero fazer isso de modo que nenhum de vocês seja acusado de estar formando um complô contra ele. Quero pegá-lo em um erro e assim tirá-lo da sociedade. Você sabe quem são os clientes, além de Mônica, que ele prejudicou?

— Sei sim, tenho uma lista aqui comigo.

— Podemos nos reunir com eles? Assim, terei provas documentais, e ele não conseguirá se defender.

— Vou ligar agora mesmo para eles e marcar um encontro para hoje à tarde. Quem sabe não conseguimos reuni-los todos ainda hoje?

— Roberta, uma frase sua me incomoda até hoje. Por que disse que Mônica precisava acreditar no que você lhe dizia, ou todos nós estaríamos em perigo? — Marcelo questionou.

Olhando diretamente para Roberta, Stephanie perguntou:

— O que Marcelo está dizendo? Roberta, nós colocamos Mônica em perigo? Do que vocês estão falando?

— Quando você me contou a história de Mônica e me pediu para tomar providências para que ela conseguisse conhecer a história da família, nós tentamos localizar os avós dela. Doutor Gusmão nos atendeu muito mal, disse que não tinha neta nenhuma e pediu que nós o esquecêssemos. Quando recebemos a informação de que os avós maternos de Mônica viviam no Sul, eu entrei em contato com o escritório de Porto Alegre e pedi ajuda. Alguns dias depois, André me ligou dizendo que não haviam localizado os avós dela e que eu deveria fazê-la voltar logo para os Estados Unidos. Segundo ele, o pai de Mônica tinha inimigos no Brasil, pessoas que ele teria prejudicado e que poderiam se voltar contra ela, se soubessem da sua existência. Eu pedi mais informações sobre isso, porém, André me disse apenas que eu desse um jeito de mandá-la de volta para os Estados Unidos. Foi ele quem me deu o endereço da casa em que os pais de Mônica viveram. Ele não falou nada sobre o anjo de pedra nem me disse que viria para São Paulo. Quando ele chegou, eu fiquei sem saber o que fazer. Marcelo, ele queria mandá-lo embora e colocar Luís em seu lugar, porém, Mônica não é uma pessoa fácil de se iludir. Quando tentamos afastá-la, o namorado dela chegou e iniciou essas investigações.

Marcelo perguntou:

— E você, Stephanie? Você sabia dessa história, quando se propôs a ajudar Mônica a vir ao Brasil?

— Marcelo, Mônica trabalha comigo há algum tempo e sempre tentou saber um pouco mais sobre seu passado. A forma como os pais ou tios dela a tratavam sempre a deixou incomodada. Ao saber que tínhamos as sucursais no Brasil, ela me pediu para ajudá-la a vir para cá sem que Michel soubesse. Como Eric a estava acompanhando, eu atendi a esse pedido.

— Roberta, eu quero muito acreditar em vocês, mas tudo me parece meio evasivo demais.

— O que você pretende fazer?

— Por enquanto, nada. Vou esperar notícias suas sobre essas reuniões que vocês estão marcando. Essas reuniões, na realidade, só servirão para resolver o problema do escritório de Stephanie, mas não afetarão em nada o caso de Mônica. Uma coisa, no entanto, eu lhe garanto... Se você estiver envolvida com as falcatruas de André, terá problemas com a justiça, porque nós vamos pegá-lo e pegaremos todos os que estiveram envolvidos na morte de René e Andréia. É só uma questão de dias.

— Marcelo, não se preocupe. Eu não estou envolvida com ele e estou à disposição para o que vocês precisarem.

Marcelo despediu-se e dirigiu-se ao escritório do pai. Luciana o aguardava e, assim que o viu, notou o semblante preocupado do namorado:

— O que houve? Você conseguiu falar com Roberta?

— Consegui sim, Lu. Ela e Stephanie me contaram o que sabiam sobre a vinda de Mônica ao Brasil, e Roberta falou sobre o André. Lembra-se de que ela havia dito que Mônica deveria ir embora, porque corria perigo aqui?

— Sim, foi um dos motivos que o levou a proteger Mônica e a sair do escritório.

— Pois, então... Ela explicou o que aconteceu. Roberta disse que André estava preocupado com a segurança de Mônica, porque o pai dela tivera muitos inimigos. Depois, ele mesmo veio para São Paulo sem avisar ninguém. Não sei não. Acho que ela está escondendo alguma coisa, afinal, foi ele quem a contratou para trabalhar em São Paulo.

— E quanto a Stephanie?

— Também não consegui formar um juízo sobre ela. Elas vão procurar os clientes que deixaram o escritório, mas isso não vai ajudar Mônica. Isso só resolverá os problemas de Roberta e de Stephanie.

— Marcelo, vamos esperar. Talvez não haja nada de errado com elas. Hoje, acreditamos que quem não nos ajuda está contra Mônica. Precisamos confiar um pouco mais nas pessoas.

— Nas pessoas? Não sei, Lu. Você está sozinha?

— Nesta sala sim. Seu pai me pediu que o esperasse. Ele foi à delegacia com Rogério. Os dois ainda não deram notícias. Eu liguei para o doutor Gusmão, e ele me disse que Mônica esta mais calma. Ele vai examiná-la hoje à tarde. Aparentemente, não houve alteração na visão dela.

— Não vejo a hora de esclarecermos tudo. Você já percebeu que não temos tempo para nós?

— Percebi sim. Não falamos mais de nossos planos, você não tem ido à clínica, e eu estou aqui sem saber se serei contratada por seu pai.

— Meu pai vai contratá-la. Tenho certeza disso, pois seu trabalho é muito bom. Vamos fazer o seguinte... Vou tentar falar com meu pai, e depois saímos para almoçar e passar na clínica. O que você acha?

— Acho ótimo! Ficar aqui aguardando seu pai, sem poder fazer nada, está me deixando angustiada.

— Então, vamos.

Marcelo ligou para o pai e, como ele não o atendeu, deixou-lhe um recado. Depois, ele e Luciana foram almoçar e passaram na clínica veterinária como haviam combinado.

— Pronto, Mônica, terminamos.

— Tenho alguma chance de recuperar a visão?

— Mônica, você terá de se submeter a uma cirurgia. Não serei eu quem a fará, mas sim um médico em quem confio.

Isso não significa que você vai recuperar totalmente a visão, contudo, essa perda progressiva será contida. Vou encaminhá-la ao doutor Matheus Albuquerque. Ele vai examiná-la e provavelmente lhe pedirá mais alguns exames. Assim, poderemos marcar a cirurgia.

— O senhor não estará lá?

— Estarei sim, Mônica. Eu não posso operá-la, mas vou acompanhá-la na consulta com o doutor Matheus e nos exames. Não vou deixá-la sozinha.

Mônica percebeu que o avô se emocionara quando lhe disse as últimas palavras:

— Vovô, nesse pouco tempo em que estou convivendo com o senhor, aprendi a amá-lo e sei que o carinho que o senhor e vovó têm por mim é verdadeiro. Eu jamais vou me esquecer do que estão fazendo por mim.

Gustavo abraçou a neta e disse:

— Mônica, eu perdi muito tempo em minha vida quando briguei com seu pai. No entanto, não pense que estou fazendo isso apenas para tentar reparar um erro do passado. Você é minha neta. Tenho certeza disso. Não preciso de exame de DNA para confirmar o que sinto. Meu coração me diz isso. Farei tudo o que puder para ajudá-la, tanto com seu problema de saúde como em sua vida futura. Só espero que não tenha dúvida do meu sentimento por você.

— Não, vovô. Confesso-lhe que já me senti dividida, mas entendo que o que aconteceu não foi culpa de vocês. Vocês queriam o melhor para meu pai.

— Mônica, nós, pais, sempre temos a pretensão de saber o que é melhor para nossos filhos e muitas vezes não os ouvimos. Nós não percebemos que os filhos se tornam adultos e sabem como dirigir suas vidas, então, nos sentimos traídos e desobedecidos, afinal, sabemos o que é melhor para eles. Assim, em vez de conversarmos, nos fechamos em nossa razão, e, quando acordamos, o estrago já está feito. Aí vem o arrependimento. E o pior é quando nós os perdemos

343

definitivamente, como aconteceu comigo e com Flora, e não temos como voltar atrás para nos reconciliar com eles.

— Vovô, não fique assim. Tenho certeza de que papai, onde quer que ele esteja, já o perdoou.

— Eu não acredito nisso. A morte é o fim de tudo.

— Não é não. Não sei o que me leva a lhe dizer isso, mas algo dentro de mim grita essa afirmação. Vamos seguir em frente. Você está me dando esperanças de uma vida melhor. Precisamos ficar juntos e descobrir em que circunstâncias meus pais morreram. Tenho certeza de que, quando tudo isso passar, ficaremos em paz.

— Não sei em que acreditar, mas sinto que você tem razão, Mônica. Agora venha! Vamos voltar para casa, pois Flora e Eric devem estar nos aguardando ansiosos.

Assim, avô e neta deixaram o consultório e se dirigiram à casa dos avós de Mônica.

Vendo-os aproximarem-se, Flora correu ao encontro de Gustavo e Mônica:

— Então, como foi?

— Estou entusiasmado, Flora. Acredito que, com os exames que fiz e as orientações dadas pelo doutor Matheus, Mônica conseguirá enxergar melhor e sem o fantasma da perda de visão.

Abraçado a Mônica, Eric disse:

— Mônica, meu amor, que ótimo! Você não dependerá mais do Bud?

— Ainda não sei. Vou enxergar mais do que enxergo hoje, porém, não será uma visão totalmente normal. Não é, vovô?

— Sim, Eric, conseguiremos impedir o progresso da perda de visão, o que dará mais conforto para Mônica. Ela conseguirá enxergar melhor do que hoje. Quanto ao Bud, ele será necessário até ela conseguir se adaptar totalmente à sua nova condição física.

Mônica perguntou:

— E por falar em Bud, por onde ele anda?

Flora respondeu:

— Está no jardim, próximo à estátua do anjo. É interessante observá-lo. Venham ver.

Os quatro se aproximaram do jardim e viram que Bud estava sentado em frente ao anjo de pedra observando-o. Mônica o chamou:

— Bud, venha.

Imediatamente, o cão levantou-se e foi até ela, abanando o rabo e fazendo a festa costumeira. Mônica acariciou a cabeça do animal e depois, abaixando-se, o abraçou dizendo:

— Bud, meu amigo, não vou conseguir me separar de você. Logo, logo, voltaremos para casa.

Flora convidou-os para entrarem na casa e fazerem um lanche, pois em seguida voltariam a São Paulo. Quando entraram na casa, ouviram o telefone, e Gustavo apressou-se em atendê-lo:

— Doutor Gusmão, é Adriano. Como vai?

— Vou bem, Adriano. E você? Como vai? Alguma novidade?

— Aqui está tudo bem. Mônica e Eric estão com o senhor?

— Estão sim. Vamos fazer um lanche, e em seguida iremos a São Paulo.

— Peço que venham para meu escritório, pois precisamos conversar.

— Algum problema?

— Não é exatamente um problema, mas obtivemos algumas informações, e eu gostaria de passá-las a vocês. Preciso também que Eric fale com o supervisor dele em Nova Iorque. Precisamos confirmar alguns dados com o tio de Mônica.

— Está bem, Adriano. Estaremos aí por volta das 16 horas. Esse horário está bom para você?

— Está sim. O senhor quer que eu reserve o *flat*?

— Por favor, Adriano, quero sim. Deixe-me ver com Mônica onde ela ficará.

— Ela e Eric podem ficar em minha casa. Não acho que o *flat* seja seguro para eles.

— Entendo. Está bem, Adriano. Eu e Flora nos hospedaremos lá. Até mais tarde.

345

— Até logo, doutor Gusmão. Boa viagem.

— Obrigado, Adriano.

Flora perguntou:

— O que houve?

— Adriano pediu que fôssemos direto ao escritório dele, pois ele tem informações e quer nos passar o que descobriu. Eric, ele pediu que você falasse com seu supervisor em Nova Iorque. Vamos comer e depois seguiremos para São Paulo. Vocês estão hospedados na casa de Adriano?

Eric respondeu:

— Sim, doutor Gusmão. Ele achou que lá estaríamos mais seguros. André poderia facilmente nos encontrar no *flat*.

— Adriano está correto. Mas venham! Vamos comer e depois iremos embora. Flora, você precisa de quanto tempo para arrumar nossas coisas?

— Meia hora, Gustavo. Vou pedir a Gilberto para preparar o carro.

— Peça-lhe para pegar o carro de sete lugares, pois assim teremos como acomodar o Bud.

Algum tempo depois, todos seguiam para São Paulo, cada um mergulhado em seus pensamentos. A certa altura da viagem, Mônica perguntou:

— Vovó, vocês não tinham um casal de empregados, que trabalhava na casa dos meus pais?

— Sim, Mônica. Eles pediram demissão, pois disseram que queriam voltar para o interior de onde vieram. Por quê?

— Porque conversei com eles assim que cheguei ao Brasil. Roberta havia agendado uma reunião com esse casal, que me contou que estava de folga no dia do incêndio. Eles tinham ido ver o filho que estava preso, e o rapaz morreu logo depois.

— É estranho... Eu nunca soube disso. Sabia que eles haviam trabalhado na casa de René, mas nunca comentaram nada sobre um filho. Você sabia disso, Gustavo?

— Sabia sim, Flora. Antônio me contou essa história quando veio me pedir emprego. Segundo ele, René estava defendendo o filho dele de uma acusação falsa. Eu estava na casa de René olhando os destroços, quando Antônio apareceu. Deixei nosso endereço com ele, e alguns dias depois esse casal veio nos procurar.

Eric, que até aquele momento só ouvia, perguntou:

— Será que ele também está envolvido com André Silveira?

Gustavo devolveu a pergunta:

— Você acha que ele nos procurou a mando de André?

— Desculpe, eu acho tudo possível numa investigação. Não consigo deixar nada de lado. Ele trabalhou para vocês durante todos esses anos e só agora resolveu voltar para a cidade dele? Para mim, isso é estranho.

— Talvez você tenha razão, Eric. Flora, nós temos o endereço dele?

— Sim, a mulher dele me disse para onde iriam. Ela não estava satisfeita com a mudança e pediu-me que não contasse nada ao marido. Na hora, eu não pensei mal deles, mas talvez Eric tenha razão.

— Dona Flora, o endereço está com a senhora?

— Está sim. Eu anotei num caderninho que tenho sempre na bolsa. Quando chegarmos a São Paulo, eu pegarei para você.

A viagem transcorreu de forma tranquila, e no horário combinado, o grupo chegou ao escritório de Adriano.

— Boa tarde, sejam bem-vindos.

— Adriano, me diga que esse pesadelo está no fim.

— Doutor Gusmão, eu bem que gostaria de dar-lhes apenas boas notícias, mas ainda faltam alguns detalhes.

— Na vinda para cá, Mônica lembrou-se do casal de empregados que havia trabalhado na casa de René e que estava trabalhando em nossa casa. Eles pediram demissão, e Eric acredita que eles estejam envolvidos nessa trama. Flora tem o endereço deles.

Eric explicou:

347

— Doutor Adriano, achei estranho o fato de eles trabalharem durante todos esses anos na casa do doutor Gusmão e só agora resolverem se mudar para o interior. Segundo dona Flora, a mulher de Antônio não estava com vontade de ir embora. Talvez ele seja o elo que está faltando para entendermos o que houve no dia do incêndio.

— Talvez você tenha razão, Eric, está faltando uma peça nesse quebra-cabeça. Bem, antes de conversarmos, vou pedir para servirem a vocês café e água. A viagem não é longa, mas é sempre cansativa — Adriano tornou.

Depois que todos já estavam acomodados, Adriano contou-lhes o que haviam descoberto nos últimos dias. Segundo ele, houve um empenho grande da parte do delegado Rafael e do procurador Antônio Sampaio.

— Quando vocês viajaram, Rogério e Plínio foram conversar com aquele homem que está preso e que, segundo ele, fora condenado injustamente. Conseguimos falar com duas testemunhas do caso. Elas não foram intimadas a depor e, como tinham medo de represálias por parte de quem realmente esfaqueara a vítima, não procuraram a polícia. Plínio está atrás do verdadeiro assassino do rapaz morto durante a briga dos estudantes. Ele é filho de um importante industrial aqui de São Paulo. A história que Aldo contou é verdadeira. Houve uma farsa, e René acabou sendo envolvido por ela. Doutor Sampaio está intimando todos os que presenciaram a briga para que o caso seja esclarecido.

Eric perguntou:

— O senhor acha que o pai do rapaz vai testemunhar depois de todo esse tempo?

— Vai sim. Nós o procuramos, e ele resolveu falar com o doutor Sampaio. Ele vem sendo chantageado por André e as quantias que ele tem pago são muito altas.

Gustavo questionou:

— Isso não tem fim? Aonde vamos parar?

Adriano respondeu:

348

— Doutor Gusmão, precisamos de provas para pegar André. Tudo o que temos são depoimentos que ele contestará. Será a palavra de um contra a do outro.

Eric perguntou:

— Ele sabe desse depoimento?

— Não, estamos mantendo tudo em sigilo. Eric, preciso que você fale com Raymond sobre o valor que Michel iria receber em dinheiro. Uma das possibilidades que estamos aventando é que pode ter havido um assalto à casa do René, culminando depois no incêndio. Doutor Antônio levantou a hipótese de que o casal possa ter sido morto não pelo incêndio, afinal, fora Michel quem reconhecera os corpos e não houve um trabalho de investigação. Não houve relatório de um médico legista, não houve abertura de inquérito, nada.

Mônica não continha as lágrimas. Imaginar o sofrimento dos pais por causa da ambição do tio era-lhe muito penoso. Eric abraçou-a e perguntou:

— Meu bem, você não quer sair com dona Flora?

— Não, Eric, quero saber a verdade. Não se preocupem comigo. Estou bem.

Adriano justificou-se:

— Mônica, me perdoe, mas não tenho como explicar essa situação de outra forma. Imagino que esteja sendo muito difícil para todos vocês. Gostaria de afirmar que estamos encerrando essas investigações, contudo, ainda não posso.

— Doutor Adriano, eu sei disso. Eu vim ao Brasil para saber a verdade. É certo que não me preparei para tudo o que está acontecendo, mas vou conseguir superar. Às vezes, é difícil controlar minha emoção, porém, não quero que vocês interrompam nada.

— Dona Flora, e quanto à senhora? O que nos diz? Percebo que seus olhos estão brilhando.

Flora, que sem sentir apertava o braço do marido, disse:

— Eu estou como Mônica. Quero saber de toda a verdade. Não se preocupem com nossas lágrimas. É preferível chorar do que conter a emoção e acabar tendo outros problemas.

Marcelo e Luciana, que acompanhavam a reunião, estavam preocupados com o estado emocional de Flora. Sabiam que ela tivera um desmaio não fazia muito tempo. Marcelo confidenciara a situação a Luciana e pediu-lhe que verificasse se seu pai poderia ir ao escritório atendê-la, caso fosse necessário.

Luciana saiu da sala discretamente e telefonou para o pai:

— Papai, você está ocupado?

— Acabei de atender o último paciente. O que aconteceu?

— Graças a Deus, papai. Por favor, venha ao escritório do doutor Adriano. Dona Flora e Mônica se emocionaram muito com as notícias que receberam há pouco, e tememos que uma delas passe mal. Doutor Gusmão ainda não demonstrou nenhum sentimento, mas, pela idade deles, acho que sua presença é importante.

— Eu irei pra aí. Lu, se você perceber algum sinal de aumento de pressão, não hesite em chamar uma ambulância.

— Ficarei atenta, papai.

— Devo chegar aí em vinte minutos. Até já.

— Até.

Luciana avisou a recepcionista que Otávio chegaria em breve e pediu-lhe que o encaminhasse à sala de reuniões.

Quando Luciana retornou à sala de reuniões, fez um sinal de positivo a Marcelo, que respirou aliviado.

Eric estava falando com Raymond ao telefone e pediu-lhe que conversasse com Michel para obter informações sobre o dinheiro que René lhe daria para cuidar de Mônica. Raymond se prontificou a ir imediatamente ao hospital onde Michel estava internado e informou Eric sobre a prisão dos bandidos que estavam atrás do tio de Mônica. Ele pediu a Eric que olhasse sua caixa de *e-mail*, em que havia um relatório explicando o que acontecera.

Adriano e Eric foram para outra sala consultar o *e-mail* e leram o relatório enviado pela polícia de Nova Iorque:

350

Prendemos hoje pela manhã os suspeitos envolvidos em um esquema de contrabando de joias e pedras preciosas. Eles foram detidos quando tentavam embarcar uma carga de diamantes para a Espanha. Os diamantes vieram de minas africanas e foram trazidos por seis homens recém-chegados aos Estados Unidos, que estavam sendo monitorados por nós, uma vez que era a quarta viagem que faziam para cá este ano. Conseguimos desmontar o esquema desse grupo e chegamos aos homens que estavam ameaçando Michel Burns. Estamos aguardando informações sobre a participação dele nesse esquema, uma vez que Michel é suspeito de intermediar o comércio de joias que vêm do Brasil.

— O relatório não diz mais nada?

— Não, doutor Adriano. Tem o encerramento, a data e a assinatura do investigador que estava cuidando do caso.

— Você sabia do possível envolvimento de Michel com o contrabando de joias?

— Não, eu trabalho na área de homicídios, por isso nunca suspeitei que Michel pudesse estar envolvido com contrabando. Raymond obteve essa informação, porque passou a seguir os homens que ameaçavam Michel. Eles responderão por esse crime e por outros que ainda serão nominados.

Enquanto aguardavam o retorno de Adriano e Eric, Otávio chegou e começou a conversar com Mônica e Flora para verificar se elas estavam bem. Depois, ele examinou Gustavo, que disse:

— Doutor Otávio, ainda vamos lhe dar muito trabalho!

— Não pense nisso, doutor Gusmão. Talvez seja melhor eu estar presente nessas reuniões. Vocês estão recebendo notícias muito fortes, que fazem aflorar emoções e sentimentos nem sempre muito bons para a saúde. Mas, pelo que vi, vocês estão bem. Se não se importarem, ficarei aqui até o final da reunião.

— Pode ficar, doutor Otávio, afinal o senhor é pai de Luciana. Não temos segredos ou algo a esconder. Ao contrário!

Quanto mais informações tivermos, mais cedo encerraremos essa história.

Quando Eric e Adriano retornaram à sala de reuniões, estranharam a presença de Otávio, que explicou:

— Adriano, Luciana pediu-me que viesse até aqui porque achou que o assunto dessa reunião poderia afetar a saúde de dona Flora, de Mônica e do doutor Gusmão. Espero que você não se importe.

— De forma alguma. Luciana, você fez muito bem. Nós só temos dado notícias preocupantes para todos eles. Até agora, só tivemos problemas, e a situação, embora esteja caminhando para a resolução, traz mais desgostos do que alegria.

Mônica perguntou:

— Eric, o que tinha no e-mail?

Eric abraçou-a e disse:

— Vou lhe dar mais uma notícia ruim, Mônica.

— Por favor, fale logo. Não me esconda nada. Não importa o que seja.

— Seu tio pode estar envolvido com contrabando. Hoje, foram presos alguns homens que transportavam joias, e, por meio dessa prisão, outros dois homens que estavam ameaçando Michel também foram detidos. Existe a suspeita de que ele esteja envolvido nessa e talvez em outras negociações. Ainda não sabemos. Ray foi ao hospital onde Michel está internado para interrogá-lo novamente.

— Contrabando de joias? Mas tio Michel trabalhava com construção. Como pode estar envolvido com contrabando de joias?

— Não sei, Mônica. Ray não me deu nenhum detalhe. Talvez amanhã, tenhamos alguma informação nova.

— E o que faremos agora?

Adriano respondeu:

— Agora, nós iremos para nossas casas descansar. Amanhã, eu e Rogério acompanharemos os depoimentos que serão realizados na delegacia e a entrevista que o doutor

Sampaio fará com o tal industrial. Mônica, vocês encontraram documentos no anjo de pedra?

— Sim, encontramos uma caixa com fotos, algumas joias e uma carta do meu pai que posso lhe entregar para ler. Nela ele explica que eu só estaria lendo aquela carta se algo de muito ruim tivesse acontecido a ele. Havia também no anjo uma pasta cujo conteúdo não cheguei a ver.

— Está tudo bem com você?

— Sim. O senhor quer vê-los agora?

— Não, Mônica, vamos para casa. Vocês precisam descansar. Amanhã, daremos uma olhada nesses documentos. Quem sabe eles nos deem algo de concreto contra André Silveira?

— Pai, vou dar carona a Luciana e mais tarde vou para casa.

— Muito bem, meu filho. Eu levarei Mônica, Eric e Bud. Cadê o Bud?

Eric respondeu:

— Ele está lá fora com o motorista do doutor Gusmão. Não fique preocupado. Não nos esquecemos dele.

— Desculpem-me. Estou tão preocupado com tudo o que está acontecendo que havia me esquecido completamente dele. Vocês lhe deram água?

Marcelo respondeu:

— Sim, pai. Tudo o que ele poderia precisar eu já providenciei e deixei com o motorista do doutor Gusmão.

— Ótimo, meu filho, obrigado. É muito bom ter você perto de mim.

— Mônica me contratou para cuidar do Bud. Eu jamais me esquecerei do que esse trabalho representou em minha vida.

Depois das despedidas, Gustavo e Flora seguiram para o *flat*, e Marcelo e Luciana dirigiram-se para o estacionamento para pegar o carro. Ao despedir-se de Adriano, Otávio disse:

— Você tem um ótimo filho, Adriano. Estou muito feliz que ele seja o namorado de minha filha.

— Obrigado, Otávio. O trabalho que Marcelo tem feito para Mônica e Bud mudou muito nossa vida. Eu queria que meu filho fosse advogado e seguisse meu caminho no escritório, mas, quando ele me disse que queria ser veterinário, eu não o apoiei. Foi preciso que Mônica viesse dos Estados Unidos com o Bud e que todo esse problema surgisse para que nos aproximássemos.

— É, meu amigo... A vida nos coloca diante de caminhos que muitas vezes nos surpreendem, mas não devemos duvidar de que ela sabe o que é melhor para nós. Se soubéssemos entendê-la, evitaríamos muitos dissabores.

— Você tem razão, Otávio. Nós achamos que sabemos o que é melhor para os outros e nos esquecemos de olhar para nós mesmos. Mais uma vez, obrigado por sua atenção. Eu não sei como essa história vai acabar e temo pela saúde de doutor Gusmão, de dona Flora e de Mônica.

— Conte comigo sempre que precisar. Doutor Gusmão e dona Flora estão bem controlados, mas nessa idade não podemos deixá-los sozinhos. Até logo, Adriano.

— Até logo.

Eles se despediram com um aperto de mão. Adriano foi encontrar-se com Mônica, Eric e Bud, que o aguardavam para entrar no carro. Otávio, por sua vez, dirigiu-se ao seu veículo pensando na conversa que tivera. Por que teria dito que a vida sempre sabe o que faz? Ele nunca fora dado àquele tipo de explicação. "É, Otávio... Essa história está mexendo muito com você. Talvez seja melhor voltar a procurar o doutor José Luiz", pensava.

Capítulo 17

Enquanto se dirigiam para casa, Adriano perguntou a Mônica:

— Você está bem?

— Se o senhor quer saber se estou bem fisicamente, a resposta é sim. Hoje, o vovô me examinou e me deu esperanças de melhora em relação à minha visão. Quanto ao resto, não sei o que lhe responder. Parece que estou assistindo a um filme que não termina nunca. Sabe aqueles filmes de terror, em que tudo parece resolvido, mas que de repente traz uma cena inesperada? É isso que estou vivendo.

— Mônica, não imaginei que teríamos tantos problemas. Roberta e Stephanie não tinham ideia de que você passaria por essas situações?

— Não sei, doutor Adriano. Acho que não.

Eric perguntou:

— Doutor Adriano, não consegui falar com Marcelo. O senhor sabe se ele foi vê-las?

— Foi sim, e aparentemente Roberta e Stephanie não sabiam dos negócios de André. O pai de Stephanie conhecia André, e, como ela precisava trabalhar no Brasil, ele os apresentou e os dois acabaram formando uma sociedade, porém com negócios independentes. Roberta foi contratada por André para cuidar do escritório de São Paulo. Elas disseram a Marcelo que iriam procurar os clientes do escritório para retomar o negócio de Stephanie. Parece que isso não tem nada a ver com o caso de Mônica.

— Mas o escritório não é de assuntos jurídicos?

— E também de importação e exportação. Isso deve ter facilitado o contrabando de joias para André. Precisamos saber se Stephanie sabia de alguma coisa sobre as joias. Você viu ou ouviu algo suspeito no escritório dela, Mônica?

— Não, doutor Adriano, nunca ouvi nada sobre joias. Ela tratava de aquisição de ações, investimentos... Não me lembro de nada sobre compra ou venda de qualquer coisa.

— Chegamos, venham.

Carolina já os esperava ao portão e abraçou-os com carinho. Depois, ela conduziu Mônica e Bud para dentro de casa. Eric, que ajudava Adriano com algumas pastas e valises, disse:

— Ray pediu uma vistoria no escritório de Stephanie. Ele não quer deixar nada de lado.

— Você acha que Stephanie está envolvida nisso?

— Não sei, doutor Adriano. A cada dia encontramos um novo fantasma nessa história. Prefiro que Ray investigue, porque sei que, se houver alguma coisa errada, ele encontrará.

— Você confia muito nele, não?

— Ray é como um pai para mim. Devo a ele o que sou hoje.

— É bom saber disso. Queria conhecê-lo. Quem sabe ele não vem ao Brasil?

— É, doutor Adriano. Não é impossível.

Assim conversando, os dois entraram na casa, esperando que tivessem uma noite tranquila.

No *flat*, Gustavo e Flora conversavam:

— Flora, o que você acha disso tudo? Será que essa coisa das joias é do tempo de René?

— Pode ser. Talvez, ele tenha escrito alguma coisa a mais para Mônica, e ela ainda não tenha checado tudo o que encontrou no anjo.

— Você acha que Antônio sabia que havia alguma coisa ali e por isso foi embora?

— Não sei, Gustavo, mas eu deixei o endereço deles com Luciana. Tenho certeza de que eles irão investigar. E quanto a Mônica... Pobre garota, quantos problemas! Quando você irá com ela ao consultório do doutor Matheus?

— Vou falar com ele amanhã. Estou confiante nos exames que fiz. Ela vai ter uma qualidade de vida melhor. Tenho certeza disso.

— Eu confio em você, Gustavo. Vamos fazer tudo o que for possível para que Mônica viva melhor.

— E se depois ela voltar para os Estados Unidos?

— Gustavo, ela sempre viveu lá. Não podemos impedi-la de voltar para casa. Ela está se apegando a nós, mas tem o Eric. Temos que apoiar a decisão que ela tomar.

— Você está certa, Flora. Estou sendo egoísta. Você não se importa de viajarmos para Nova Iorque, se importa?

Rindo, Flora respondeu:

— Eu adoraria!

Do outro lado da cidade, Marcelo e Luciana conversavam:

— Lu, você ainda não me disse o que achou de minha conversa com Roberta e Stephanie.

— Marcelo, não sei o que pensar. Como você pode associar-se a uma pessoa de outro país e desconhecer a atividade que ela exerce? Stephanie pode até não estar envolvida diretamente com ele, mas não pode fechar os olhos para o que está acontecendo.

— Concordo com você. Tomara que amanhã eles consigam obter todas as informações que faltam para resolver esse quebra-cabeça. Será que André ainda está no escritório?

— Eu acredito que sim. Marcos nos avisaria se ele tivesse ido embora ou se tivesse acontecido alguma coisa. Espere aí, nós estamos falando de contrabando de joias, envolvendo Michel! Será que André também está envolvido?

— Provavelmente. Eles eram sócios. Estou achando que talvez René tenha descoberto alguma coisa e tenha ameaçado denunciar André. É possível. Você não acha?

— Talvez. Depois que Mônica abrir todos os documentos que ele deixou, talvez ela traga alguma luz para nós.

— Luz para nós! Eu já lhe disse que você trouxe luz para minha vida? — dizendo isso, Marcelo beijou Luciana longamente.

— Você me diz coisas lindas. Eu te amo, Marcelo.

— Eu te amo, Luciana. Quer se casar comigo?

— É o que eu mais quero neste momento.

— Assim que esse caso for encerrado, vamos falar com nossos pais e marcar a data? O que você acha?

— Eu concordo. Está ficando difícil ficar longe de você.

Marcelo beijou-a novamente, e não perceberam a chegada de Otávio.

— Desculpem-me, mas por que vocês estão aqui no *hall*?

— Doutor Otávio, eu estava indo embora. Até amanhã, Lu. Até amanhã, doutor Otávio.

— Até amanhã, amor.

Otávio ficou olhando-os e depois disse à filha:

— Não fiquem aqui no *hall*. Por que não entraram?

— Não sei, papai. Eu não esperava que você fosse chegar agora.

— É melhor vocês ficarem no seu quarto.

— Mamãe não iria gostar.

— Eu vou falar com ela. Afinal, não pude deixar de ouvir um pedido de casamento e um sim como resposta.

Luciana abraçou o pai, que perguntou:

— Você tem certeza de que Marcelo é o homem certo para viver com você? O casamento é um passo muito importante na vida de uma pessoa.

358

— Papai, eu amo Marcelo e tenho certeza de que ele me ama. Talvez só isso não baste para sermos felizes para a vida toda, mas vale a pena lutar por esse amor. É isso o que eu penso.

— Você está certa. A vida é um eterno aprender a viver com quem está perto de nós. Existindo amor, tudo fica mais fácil. Não se preocupe com os outros. Tente ser feliz e fazê--lo feliz. Agora, é melhor entrarmos, ou daqui a pouco sua mãe virá fazer parte desta conversa aqui no *hall*.

Rindo, os dois entraram na sala do apartamento, em que Lúcia já se preparava para lhes telefonar querendo saber onde estavam.

Os dias que se seguiram foram de muita correria e ocupação para todos. Gustavo acompanhou Mônica ao consultório do Matheus e à clínica onde ela foi fazer os exames. Eric acompanhava Plínio e Rogério nas investigações e no interrogatório das testemunhas, e Adriano colhia o depoimento das pessoas envolvidas no assassinato do jovem estudante. Marcelo e Luciana cuidavam dos relatórios que lhes eram enviados para poderem informar aos avós de Mônica. Em Nova Iorque, os policiais concluíam as investigações sobre as atividades profissionais de Michel Burns e das outras pessoas envolvidas no contrabando de joias.

Eric mantinha Mônica informada de todos os acontecimentos, e ela recebia uma cópia de todos os documentos que compunham o dossiê sobre o caso de seus pais.

Paulo Eduardo conversou com Mônica e contou-lhe fatos que ela já tinha conhecimento. Ele voltou para o Rio de Janeiro, deixando com ela seu telefone e se prontificando a voltar a São Paulo se fosse necessário. Paulo Eduardo também a convidara e convidara Eric para passarem uns dias com ele no Rio e aproveitarem um pouco das belezas da cidade.

359

No dia marcado para a realização da cirurgia de Mônica, a expectativa era geral. Todos acreditavam que ela voltaria a enxergar e passaria a viver com mais tranquilidade.

Gustavo acompanhou a neta ao hospital e pediu permissão para assistir à cirurgia. Eric e Flora ficaram aguardando com ansiedade que ele lhes trouxesse notícias, o que aconteceu depois de duas horas de espera.

— Então, Gustavo, como foi a cirurgia?

— Correu tudo bem, Flora. Ela ainda vai ficar um pouco na recuperação, porque tomou anestesia geral. Eu confesso a vocês que estava muito preocupado, mas agora posso respirar aliviado. Em breve, nossa Mônica estará conosco e sem o risco de ficar cega de uma hora para outra.

— Doutor Gusmão, não sei como lhe agradecer. O senhor não sabe como essa cirurgia foi importante para Mônica. Eu, que a acompanho há quatro anos, sei o que ela tem passado e a força que Mônica faz para não demonstrar que tem medo de ficar cega. Ela é uma mulher muito forte. E depois de tudo pelo que passou, voltar a enxergar será um prêmio para ela.

— Eric, eu sei que não preciso lhe pedir isso, mas não consigo deixar de fazê-lo. Cuide dela. Não quero que Mônica tenha receio de voltar para Nova Iorque, que é onde vocês vivem. Nós iremos para lá sempre que for possível. Não quero perder o contato com minha neta. Ela vai voltar e só terá a você, não é mesmo?

— É sim, doutor Gusmão. Michel está preso e deverá responder por seus crimes. Joanne está em uma clínica de recuperação e deixou claro para Raymond que não tem o menor interesse em falar com Mônica, a quem ela culpa por todos os problemas que estão enfrentando.

Flora, que até aquele momento apenas ouvia, disse:

— É muito engraçado! Fizeram o que fizeram e ainda culpam Mônica pelo que estão passando. Ela deveria se envergonhar! Joanne sabe da cirurgia?

— Não, dona Flora. Eu falei apenas com Ray e pedi a ele que mantivesse segredo sobre isso até voltarmos.

— Eric, não tenho falado com Adriano há alguns dias. Como está a investigação do caso daquele advogado?

— Doutor Gusmão, aconteceram muitas coisas nesses últimos dias. Alguns fatos eu nem contei a Mônica. Queria que ela estivesse bem para ouvir tudo o que foi apurado.

— O advogado a quem o senhor se refere é André Silveira?

— Sim, ele. Ele e o tal Luís. André está foragido, e Luís procurou doutor Adriano, prontificando-se a contar o que sabia em troca de segurança e de uma pena reduzida.

— E Adriano concordou com isso?

— Não é ele quem decide, doutor Gusmão. Doutor Adriano acompanhou Luís à delegacia, e lá formalizaram o pedido. Luís foi detido, mas não houve nenhum escândalo ou recusa por parte dele . Na realidade, ele teme que André faça alguma coisa contra ele.

— Você quer dizer que ele teme que André o mate, como eu presumo que ele fez com meu filho?

— Isso mesmo, doutor Gusmão. Luís será ouvido no tribunal amanhã. Doutor Sampaio pediu que toda a documentação relacionada ao caso de René fosse enviada para ele, porque envolve decisões já julgadas, reabertura de processos e prescrição de prazos. Ele quer reparar as injustiças e impedir que alguém fique impune.

— Poderemos ouvir o depoimento dele?

— Eu acredito que sim. Doutor Adriano vai nos informar sobre a decisão do doutor Sampaio hoje.

— Os pais de Andreia estão aqui em São Paulo?

— Estão sim. Eles vieram ver Mônica e querem assistir ao depoimento de Luís.

Flora perguntou:

— Será que vale a pena?

— O quê, Flora?

— Assistir a esse depoimento? Já não sofremos o bastante com a morte deles? Será que precisamos conhecer os detalhes?

— Talvez você tenha razão, mas prefiro saber o que aconteceu. Mônica não poderá ir porque está se recuperando. Você ficará com ela?

— Claro, a menos que Eric queira ficar aqui — Flora tornou.

— Não, dona Flora. Tenho certeza de que a senhora será uma companhia melhor para Mônica esta noite. Preciso ajudar doutor Adriano e Marcelo a concluir os relatórios que pretendemos entregar para Mônica. Detalhamos todos os depoimentos, pois assim ela poderá tomar conhecimento de tudo o que aconteceu.

— Não será penoso para ela?

— Não, dona Flora. Mônica só concordou em fazer os exames e a cirurgia depois que prometi que faria relatórios minuciosos sobre tudo o que foi descoberto. Não vou decepcioná-la. Conhecer a verdade pode ser doloroso, mas vai libertá-la das dúvidas que a tem atormentado durante todos esses anos.

— Pensando assim, dou razão a vocês.

Nesse momento, chegaram ao hospital os pais de Andréia e Sandra. Eles dirigiram-se a Eric e perguntaram sobre a cirurgia. Antes de responder, ele perguntou-lhes se conheciam Gustavo e a esposa.

Marieta tornou:

— Desculpe-nos se fomos indelicados. É que estamos muito ansiosos para saber como ela está. Na verdade, nós nunca fomos apresentados. Você poderia cuidar disso, Eric?

— Sim, dona Marieta. Esta é dona Flora e este é o doutor Gustavo Gusmão — e, voltando-se para Gustavo e Flora, ele apresentou os Burns: estes são dona Marieta, o senhor Samuel e a irmã caçula da Andréia, senhora Sandra.

Aproximando-se, Flora tomou as mãos de Marieta e disse:

— Durante todos esses anos, nós nos culpamos pelo que aconteceu com nosso filho e com Andréia. Não sabíamos que tínhamos uma neta e acabamos conhecendo-a por acaso. Quero que saibam que nós nunca fomos contra o casamento de René e Andréia por motivos religiosos, financeiros ou por qualquer outra bobagem que tenham dito a vocês. Nós temíamos apenas que eles fossem prejudicados pelo envolvimento político de sua filha naquela época. E no final das contas, toda essa tragédia foi provocada por pessoas com quem eles se relacionavam.

— Flora, já se passaram muitos anos. Encontrar Mônica foi um presente de Deus. Não desperdicemos nosso tempo com pedidos de desculpas ou discussões sobre o passado. Aproveitemos o tempo com ela, pois o passado pertence aos que se foram. Vamos viver o presente!

Emocionada, Flora abraçou Marieta, e o gesto comoveu a todos. Sandra fez um sinal a Eric para que a ajudasse a acomodar os pais, pois era penoso para Samuel permanecer em pé. Depois de acomodá-los, Eric pediu a Gustavo que explicasse como a cirurgia transcorrera, enquanto ele ia providenciar café e água para todos.

Quando Gustavo terminou a explicação, Samuel perguntou:

— Ainda vai demorar para ela sair da sala de recuperação?

— Não tenho certeza. Estou esperando o cirurgião que a operou me chamar e me passar as informações sobre o quadro de Mônica. Já são 11 horas. Acredito que, lá pelas 13 horas, ela seja trazida para o quarto.

Sandra perguntou:

— Doutor Gusmão, ela tomou anestesia geral?

— Sim, a cirurgia era delicada, e, no caso dela, o médico que a operou achou mais indicado.

Samuel pediu a Gustavo que explicasse o problema que Mônica tinha nos olhos e se era genético, uma vez que ele sofrera a perda de visão de forma gradual.

— Samuel, nem sempre um problema de saúde é necessariamente genético. Eu teria de examiná-lo para saber se vocês têm a mesma enfermidade. Faz muito tempo que você perdeu a visão?

— Mais de vinte anos.

— A medicina hoje em dia está mais adiantada. Se naquela época tivéssemos o conhecimento que temos hoje, talvez você tivesse uma chance como Mônica de voltar a enxergar. Ela não vai enxergar perfeitamente, pois ainda precisará do apoio de lentes, mas com certeza não perderá a visão como fora diagnosticado.

— É muito bom ouvir isso, Gusmão. Posso chamá-lo assim?

— Claro! Pode me chamar de Gustavo.

— Então, é muito bom ouvir isso. Mônica é muito jovem para não viver plenamente. Fico muito feliz que você tenha conseguido salvá-la.

— Eu não a salvei. Apenas fui atrás de quem poderia salvá-la, e graças a Deus nós conseguimos.

Nesse momento, uma enfermeira entrou na sala e disse:

— Doutor Gusmão, sua neta acordou. O doutor Matheus pediu que o senhor me acompanhasse.

— Pois não, vamos! Daqui a pouco, trarei notícias para vocês. Até já.

— E, então, doutor Matheus? Como foi a cirurgia?

— Correu tudo bem, doutor Gusmão. Deixei Mônica em observação. Assim que ela se recuperar da anestesia, nós a levaremos para o quarto. Estou bastante otimista quanto ao resultado.

— Eu lhe sou eternamente grato por devolver a visão à minha neta.

— Doutor Gusmão, sua neta não terá cem por cento de visão, você sabe disso.

— Sim, eu sei. Mas é muito importante para mim tirar dela o peso de uma cegueira irreversível. Você conhece a história de minha família. Se eu não tivesse sido tão intolerante com meu filho, Mônica talvez não tivesse que passar por tudo isso.

— Doutor Gusmão, não se martirize. Não somos donos de todas as verdades nem podemos prever tudo o que nos acontecerá de bom ou de ruim. Talvez vocês dois tivessem que passar por isso. Você a encontrou, a ajudou e agora deve aproveitar esse momento para viver com ela, conhecê-la e ampará-la se for preciso. Deixe o passado onde ele está. Viver no passado não ajuda em nada o presente e ainda atrapalha o futuro.

— Você está certo, meu amigo. Vou para a sala de espera aguardar mais notícias com minha esposa e os outros avós de Mônica. Mais uma vez, muito obrigado.

— Não tem de quê, doutor Gusmão. Até mais tarde.

Quando Gustavo retornou à sala de espera, o primeiro a falar foi Samuel:

— E, então, Gustavo? Como foi a cirurgia?

Ele contou-lhes o que o médico dissera e explicou que deveriam esperar Mônica ir para o quarto para poderem vê-la. Gustavo perguntou por Eric, e Flora respondeu:

— Ele recebeu um telefonema do doutor Adriano e precisou ir ao escritório. Eric me pediu para lhe dar notícias de Mônica e que dissesse a ela que ele a ama muito.

— Você quer ligar para ele agora?

— Não, Gustavo. Vamos esperar Mônica ir para o quarto, pois assim poderemos dar informações mais concretas a Eric.

— Você tem razão, Flora. Vocês querem tomar um café ou água? Eu posso ir buscar.

Samuel respondeu:

— Não se preocupe, Gustavo. Mais tarde, sairemos para tomar um café.

Enquanto os avós de Mônica aguardavam a neta ser transferida para o quarto, Eric conversava com Adriano:

— O que o senhor acha, doutor Adriano? Ele vai contar toda a verdade ou está apenas tentando ganhar tempo?

— Não, Eric. Acho que ele está com medo de André. Tem alguma coisa errada nessa história toda. É como um quebra-cabeça em que falta uma peça para montar um quadro.

— Eu tentei falar com Ray, mas não consegui. Ele estava fazendo uma investigação, e eu lhe deixei um recado para que me ligasse assim que fosse possível.

365

Nesse momento, um telefone tocou:

— Doutor Adriano?

— Sim. Quem fala?

— É o investigador Plínio.

— Pois não, Plínio. Encontrou alguma coisa nova?

— Encontramos sim. Estamos com o jardineiro que trabalhava na casa de René Gusmão.

— Ótimo, onde vocês o encontraram?

— Nós fomos ao endereço que dona Flora nos deu. Ele nos viu e tentou fugir, mas nós o detivemos. Estamos voltando para São Paulo, e o senhor poderá falar com ele ainda hoje.

— Ótimo, Plínio. Acho que ele é a peça que estava faltando nesse quebra-cabeça.

— Espero que sim, doutor Adriano. Até mais tarde.

— Até logo, Plínio. Bom retorno.

Eric perguntou:

— Plínio conseguiu encontrar o jardineiro?

— Conseguiu sim, Eric. Eles estão voltando para São Paulo. Como você me ouviu dizer ao Plínio, acredito que essa era a peça que estava faltando em nosso quebra-cabeça.

— Mas e o André? O senhor acha que ele pode tentar sair do país?

— Não sei, Eric. Nossas fronteiras são muito extensas, vamos confiar no destino. Eu acredito que vamos pegá-lo.

— Espero que isso seja breve. Tenho medo de que ele faça algum mal para Mônica.

— Você precisa ter fé, meu filho. Nós estamos fazendo tudo para proteger você e Mônica. Tenho certeza de que nada vai lhes acontecer.

— O senhor é católico, doutor Adriano?

— Sou sim. Não frequento nenhuma igreja, mas acredito num poder maior, que nos guia e nos leva sempre para a verdade. Agora vamos. Podemos continuar essa conversa no caminho, pois está quase na hora do interrogatório de Luís.

366

— Vamos. Vou ligar para o hospital para ter notícias de Mônica.

Pouco depois, Eric e Adriano já estavam na delegacia, quando Plínio chegou com o jardineiro. Muito nervoso, ele dizia que tudo aquilo era um absurdo, que não fizera nada e que queria a imediata presença de um advogado.

O delegado pediu ao jardineiro que se acalmasse, e Adriano prontificou-se a atendê-lo, desde que ele contasse a verdade sobre a morte de Andréia e René.

— Eu não fiz nada. Foi André quem cuidou de tudo.

O delegado perguntou:

— Cuidou de tudo o quê? O que aconteceu naquela noite?

— André me pediu para entrar na casa e deixar a janela do escritório aberta, porque ele precisava pegar uma caixa que vira na escrivaninha do doutor René. Eu disse a ele que era perigoso, mas André insistiu, dizendo que não haveria ninguém na casa. Eu confiei nele. Ele havia prometido que tiraria meu filho da cadeia. Quando André estava na sala procurando a tal caixa, doutor René apareceu, e eu o ouvi perguntar: "Quem está aí?". Ele não podia me encontrar, então me escondi e ouvi um barulho como se alguém tivesse caído. Nesse momento, percebi que René estava na casa. André dizia: "Você vai se arrepender de ter me roubado Andréia! Se você não tivesse aparecido, hoje ela seria minha. Mas agora acabou! Você não sairá com vida daqui".

Antônio fez uma breve pausa e continuou:

— Quando tudo ficou em silêncio, eu saí de onde estava e vi doutor René caído no chão. Havia sangue próximo à cabeça dele. Eu só pensei em sair dali e achei que havia caído numa armadilha. Quando estava tentando sair pela janela, vi um carro chegando e percebi que era dona Andréia. Eu consegui me esconder no jardim. Ela não me viu e seguiu em direção à porta da cozinha. Eu, então, saí correndo de onde estava e dei de cara com André. Ele me segurou pela camisa e me ameaçou, dizendo que daria um jeito de meu filho jamais sair da cadeia se eu contasse que o tinha visto naquela noite. Avisei que dona Andreia havia entrado, e ele me empurrou. André correu na direção da casa, e eu ouvi o barulho de uma explosão. Saí correndo, sem saber o que tinha acontecido. Meu filho morreu dois dias depois. Nunca mais vi André. Pouco depois disso, doutor Gusmão nos deu emprego na casa dele. Quando dona Mônica voltou, eu fiquei transtornado... Não quero ser preso.

O delegado perguntou:

— Por que você fugiu? Não passou por sua cabeça que você foi cúmplice da morte de doutor René e de dona Andréia? Por que não chamou a polícia?

— Eu estava com medo e temia pela vida do meu filho. Doutor René havia me dito que ia livrá-lo da cadeia, mas não fez nada. Então, acreditei que André conseguiria me ajudar. Ele me prometeu dinheiro e um emprego no Paraná, pois assim eu e minha família poderíamos viver longe de toda aquela confusão.

— O que tinha na caixa que ele queria pegar?

— Não sei, doutor. Não vi caixa nenhuma nem me lembrei mais dela. Eu não tive culpa da morte deles. Foi tudo culpa do André!

— Sinceramente, você não me convenceu. Se André queria se livrar de René para ficar com Andréia, por que não a impediu de entrar na casa? Foi você quem abriu o gás?

— Gás?

— Sim, alguém abriu o gás, e, quando Andréia acendeu a luz, a cozinha explodiu. No entanto, ela não foi encontrada na cozinha, mas sim no escritório e junto do marido. Alguém entrou lá. Quero saber quem foi que entrou, e você deve saber do que estou falando. Você estava lá, Antônio.

— Não sei! Estou lhe dizendo a verdade. Eu estava escondido no jardim. Quando vi que Andréia estava indo em direção à cozinha, tentei sair sem fazer barulho.

— Você ouviu a discussão entre André e René?

— Não houve discussão. Doutor René deve ter ouvido algum barulho e ido até o escritório. Eu ouvi a voz dele perguntando se havia alguém ali e depois acredito que André bateu na cabeça dele. Depois, só escutei o barulho de uma pessoa caindo. O senhor precisa acreditar em mim!

— Mesmo que eu acredite, sua situação não ficará melhor. Você é cumplice de André na morte de doutor René e de Andréia.

— Mas eu não fiz nada!

— Fez sim. Você permitiu que André entrasse na casa, viu que ele agrediu René e que a casa havia explodido, e não fez nada.

— O senhor não entende! Eu só queria tirar meu filho da cadeia!

— André viu a esposa de René entrar na casa?

— Já disse que não. Quando contei a ele que dona Andréia havia entrado, ele me segurou pela camisa e saiu correndo em direção à casa. Eu posso ir embora agora?

— Não, Antônio, você vai passar a noite aqui.

— Mas eu não fiz nada.

— Fez sim. Você escondeu informações importantes sobre a morte do doutor René Gusmão e de dona Andréia. Guarda, pode levá-lo.

— Isso não é justo! Doutor Adriano, o senhor não vai fazer nada?

— Por ora não, Antônio. Preciso me inteirar melhor dos fatos, e depois conversaremos.

Antônio abaixou a cabeça e seguiu com o guarda. O delegado perguntou a Adriano:

— Você vai defendê-lo?

— Vou ajudá-lo. Ele foi usado por André num momento de desespero em função da prisão do filho. Não justifica o que ele fez, mas podemos tentar atenuar a pena caso seja condenado. Você conseguiu descobrir como o incêndio aconteceu?

— Consegui. Um dos bombeiros que trabalhou naquela noite nos procurou e contou o que houve. Foi ele quem encontrou os corpos e fez a perícia no local. O laudo que ele entregou foi trocado.

Eric perguntou:

— Como assim "foi trocado"?

— André apresentou-se como advogado da família e pegou o laudo para incluir no inquérito que apuraria a morte do casal.

— E como vamos provar isso?

— Ele explicou as causas do incêndio. Houve realmente uma explosão, que aconteceu depois que Andréia entrou na casa. Ela estava no escritório, quando o incêndio começou.

— Mas então Antônio está mentindo?

— Provavelmente. Acreditamos que, quando soube que Andréia estava na casa, André foi até lá para impedir que algo acontecesse a ela. No entanto, ao chegar perto da residência, ele ouviu a explosão. Provavelmente, um comparsa de André fora encarregado de abrir o gás e provocar o incêndio, e talvez por isso Andréia não estava na cozinha quando tudo aconteceu. Ela deve ter entrado e visto alguém mexendo no fogão. Essa pessoa provavelmente a agrediu e a deixou no escritório junto com o marido.

— O senhor chegou a essa conclusão conversando com o bombeiro?

— Conversando com o bombeiro e com Luís, que também se diz inocente. Alguém está mentindo nessa história. Só quando pegarmos André, conseguiremos desvendá-la — tornou Rafael.

— O senhor já tem alguma pista?

— Tenho sim. Vamos prendê-lo em breve. Assim que o fizermos, entrarei em contato com vocês.

— Obrigado, doutor Rafael. Agora, vamos ao hospital ver Mônica.

— Como foi a cirurgia?

Eric respondeu:

— Correu tudo bem. Ela ainda está com os olhos vendados, mas amanhã o curativo será removido, e aí saberemos o resultado final. O doutor Gusmão está confiante, e nós bastante ansiosos. Será uma vitória para Mônica.

— Estimo em saber. Pelo que soube, essa moça passou por muitos problemas. Espero trazer boas notícias para todos vocês em breve.

— Doutor Rafael, mais uma vez obrigado. Vamos, Eric.

— Até logo, doutor Adriano.

No hospital, a enfermeira que acompanhara Mônica ao quarto lhe disse que iria chamar seus avós. Aproveitando-se da ausência dos familiares da moça, André entrou no quarto e, vendo-a com os olhos vendados, ironizou:

— Ora, ora! Finalmente, dona Mônica!

Assustada, ela perguntou:

— Quem está aí?

— Sou eu, Mônica. André Silveira.

— Como você entrou aqui?

— Sempre alguém se descuida, não é mesmo? Confesso que foi difícil, pois seus avós não saíam da sala ao lado. No entanto, sou persistente, e agora você não fugirá mais de mim. Pelo que pude apurar, você em breve estará enxergando, estou certo? Você está em minhas mãos, Mônica.

Tentando aparentar calma, Mônica perguntou:

— O que pretende fazer, André? Você foi o responsável pela morte dos meus pais, e a polícia virá prendê-lo em breve.

Rindo, André respondeu:

— Não tenha tanta certeza de que serei preso, Mônica. A prisioneira agora é você. Eu quero o que me pertence: a caixa que o idiota do seu pai guardou e os dólares que perdi quando ele resolveu mandá-la para os Estados Unidos.

— Eu não sei do que você está falando.

— Sabe sim! A caixa que você encontrou dentro do anjo me pertence!

— Não sei do que você está falando.

— Eu devia ter imaginado que o anjo era um cofre. Ninguém colocaria uma estátua daquele tamanho num jardim, se ela não tivesse algum significado. Onde você escondeu a pasta?

— Eu já lhe disse que não sei de pasta nem de cofre nenhum. Não sei do que você está falando.

Nesse momento, ouviram a voz de Gustavo:

— Mônica? Você está bem? O que está acontecendo?

Mônica sobressaltou-se, e André respondeu:

— Doutor Gusmão, que prazer em ouvi-lo. Estou com sua neta! Se não fizerem o que eu disser, podem despedir-se dela.

— Você enlouqueceu?! Ela precisa ser medicada! Abra a porta!

— Não vou abrir! Se o senhor tem amor por ela, sentimento que não tinha por seu filho, faça o que eu mandar, ou vocês não a verão com vida. Eu estou armado e não tenho mais nada a perder.

— Quero falar com minha neta. Mônica, você está bem? — Gustavo questionou.

— Estou sim, vovô, mas ele está armado. Sinto o cano da arma em meu rosto.

— André, por favor, deixe-a em paz. Ela fez uma cirurgia delicada e não pode ficar sem medicação.

— Isso não me importa! Ela me fez acreditar que era totalmente cega, então vai continuar como a conheci. Agora, chega de conversa! Quero os documentos que estão em sua casa e me pertencem e o dinheiro que René deu a Michel para que ele levasse Mônica para longe daqui.

— Eu não sei do que você está falando. Que documentos? Que dinheiro?

— Sua neta vai explicar. Vamos, Mônica! Conte a história ao seu avô.

372

— Você enlouqueceu! Abra essa porta, e eu lhe darei o que você quiser — Gustavo exigiu.

— Não adianta, Gusmão, não vou abrir. Traga a pasta e o dinheiro! Sua neta sabe onde estão.

— Mônica, do que ele está falando?

Mônica respirou fundo e perguntou:

— Vovô, lembra-se daquele dia em que abrimos o cofre do anjo? Eu tirei de lá uma caixa com joias, uma carta, uma pasta e algumas fotografias. Eu levei tudo para a casa do doutor Adriano, mas só abri a carta. Não mexi na pasta, logo, não sei o que ela contém. Quanto ao dinheiro de que ele está falando, não sei dizer nada. Não havia dinheiro no cofre. Acho melhor pedir para Eric ligar para o tio Michel.

Quando terminou o interrogatório, Adriano levou Eric ao hospital. Assim que se despediram, Eric pegou o telefone e percebeu que havia várias ligações partindo de um mesmo número e apressou-se a ligar de volta. Flora o atendeu e o informou que André fizera Mônica refém e estava exigindo documentos e dinheiro, que estariam guardados no anjo de pedra.

Eric correu para encontrá-los e ouviu Gustavo tentando negociar com André.

— Doutor Gusmão, o que houve? Como ele conseguiu entrar no quarto?

— Nós saímos para fazer um lanche, pois estávamos aguardando Mônica ser transferida para o quarto. Quando voltamos para cá, André já estava com ela. Ele está pedindo dinheiro e uma pasta que Mônica disse estar na casa do Adriano.

Aflito, Eric perguntou:

— E ela? Como está? Essa situação vai interferir na cirurgia?

— Ela disse que está bem, mas como pode estar bem com esse homem ameaçando-a com uma arma? — Gustavo questionou.

— Ele está armado?!

373

— Eric, eu não sei. Temos que fazer alguma coisa depressa, pois Mônica precisa ser medicada.

— Vou falar com ele — e, aproximando-se da porta, ele falou: — André, é Eric. Abra a porta. Eu ficarei aí, enquanto o doutor Gusmão vai buscar o que você quer. Deixe Mônica fora disso.

— Agora você quer negociar comigo? É tarde, meu amigo! Vocês me fizeram de bobo, e isso acabou. Ou me dão o que pedi, ou deem adeus à sua querida Mônica.

Gustavo pediu:

— Por favor, André, deixe o médico entrar para vê-la. Eric e eu vamos fazer o que você pediu.

— Quem é o médico? Ele está aí?

— Sou eu, senhor André, doutor Matheus. Por favor, deixe-me medicar Mônica, ou a cirurgia terá sido em vão.

— Está bem. Assim que a família de Mônica for embora, eu o deixarei entrar. Mas quero todos eles fora do hospital. Doutor Gusmão e Eric sabem o que eu quero. Os outros podem ir para casa, pois não vou deixar ninguém entrar aqui. E você só entrará neste quarto, quando eu tiver certeza de que não há mais ninguém aí.

Matheus olhou para os outros e perguntou:

— Vocês farão o que ele está pedindo?

Gustavo respondeu:

— Faremos sim. Vamos, Eric. Vamos atrás do que ele está pedindo. Flora, Gilberto está aí fora. Leve todos com você para o *flat*. Mais tarde, nos falamos. Temos de fazer o que ele pede para salvar Mônica.

Flora, que não continha as lágrimas, respondeu:

— Está certo. Marieta, Sandra, senhor Samuel, vamos fazer o que ele pede.

Inconformado, Samuel falou:

— Isso é um absurdo! Como alguém consegue entrar armado num hospital sem que ninguém veja? Alguém deveria ter ficado no quarto com ela e impedido que esse homem entrasse.

Nesse momento, André permitiu que Matheus entrasse no quarto. Pouco depois, o médico saiu com a expressão bastante assustada e disse:

— Por favor, façam o que ele pede. Ele está apontando uma arma para a cabeça de Mônica. Se vocês não forem embora, ele vai atirar nela. Doutor Gusmão, por favor, faça o que ele pede. Vou voltar para o quarto e medicar Mônica.

— Está bem, doutor Matheus. Assim que encontrar esses documentos, eu lhe avisarei. Por favor, cuide bem de minha neta. Não deixe que algo de mal lhe aconteça.

— Vou cuidar dela, doutor Gusmão. Quanto a isso, fique sossegado. Agora vá. Já perdemos muito tempo.

Quando todos saíram, o médico virou-se para a enfermeira que estava próxima à porta e perguntou:

— Madalena, o que houve? O que está acontecendo aqui?

— Por favor, doutor Matheus, não posso explicar agora. Precisamos medicar Mônica, pois ela está muito nervosa.

O médico e a enfermeira entraram no quarto. André, que estava sentado ao lado da cama com a arma apontada para Mônica, perguntou:

— Então, todos já foram embora?

— Sim, André, não tem mais ninguém aqui.

— Muito bem, doutor, pode cuidar de sua paciente.

— Eric, vocês checaram todo o conteúdo do anjo? Nada ficou lá?

— Não, doutor Gusmão, eu olhei tudo com cuidado. Havia uma pasta sim, mas não checamos seu conteúdo. No entanto, não havia nenhum dinheiro lá.

— Precisamos falar com Michel. Isso é possível?

— É sim. Vou ligar agora mesmo para Raymond.

Enquanto Eric conversava com Raymond, Gustavo procurava acalmar os outros:

375

— Gilberto, por favor, leve-os ao *flat* e providencie o que for preciso para que fiquem bem. Aqui tem o telefone do doutor Otávio. Estou preocupado com Flora.

— Doutor Gusmão, eu cuidarei deles, mas e o senhor? Vai aguentar o que está acontecendo, sem precisar de auxílio médico?

— Gilberto, eu estou bem. Se precisar de alguma coisa, pedirei a Eric. Flora e Samuel me preocupam. Por favor, depois de os instalar no *flat*, chame Marcelo e vá até a nossa casa em Campos do Jordão. Preciso que mexa nos olhos do anjo de pedra. Fazendo isso, você abrirá uma gaveta na parte de baixo da estátua. Verifique se não há lá algum papel, caixa, envelope, o que seja. Se encontrar mais alguma coisa, além do que Mônica já encontrou, ligue para mim. É muito importante. A vida de minha neta está em risco.

— Pode contar comigo, doutor Gusmão. Farei como o senhor está me pedindo. Mais tarde, lhe darei notícias.

— Vá, meu amigo. Cuide bem deles e, assim que você chegar em nossa casa, me informe.

Enquanto Gustavo explicava ao motorista o que devia fazer, Eric conversava com Raymond:

— Ray, você consegue falar com Michel? A pasta está nas coisas de Mônica, na casa de Adriano, no entanto, não sabemos nada em relação ao dinheiro. André insiste em dizer que René deu dinheiro para Michel. Precisamos saber logo isso, pois a vida de Mônica está em risco.

— Vou falar com ele agora mesmo, Eric. Tente manter a calma. Você sabe muito bem o que tem que fazer.

— Eu sei, Ray, mas estou ficando desesperado com essa história. Não quero que nada de mal aconteça a ela.

— Não vai acontecer, meu amigo. Nada de mal acontecerá a Mônica. Tente manter a calma. Vá atrás da tal pasta, enquanto converso com Michel.

— Vou tentar, Ray, vou tentar. Até mais tarde.

Capítulo 18

Eric e Gustavo foram para a casa de Adriano. Lá chegando, foram informados de que Luciana estava no *flat* acompanhando Flora e os outros avós de Mônica.

— Doutor Gusmão, como ele entrou armado no hospital?

— Não sei, Adriano. Só soubemos disso quando Matheus entrou no quarto para medicar Mônica. Mas falaremos sobre isso depois. Precisamos encontrar a tal pasta logo.

Eric procurou a pasta nas coisas da namorada e a entregou para Adriano e Gustavo. Na pasta havia vários documentos ligados aos processos que René estava defendendo na época em que ocorreu o incêndio. Adriano e Eric deduziram que aqueles documentos provariam que André estava alterando os processos originais e trocando as provas que inocentariam os clientes de René, bem como uma carta anônima ameaçando de morte o advogado e a esposa.

Adriano disse:

— Então, foi por isso que ele pediu para Antônio deixar a janela aberta. Ele sabia que René estava com esses documentos.

— Deve haver mais alguma coisa — respondeu Eric.

— Sim, ele falou em dinheiro — argumentou Gustavo.

Nesse momento, o telefone de Eric tocou:

— Alô, Eric. É o Ray. Falei com Michel, e ele disse que René lhe entregara uma quantia suficiente para fazer a viagem.

Ele não sabe de onde René pegou o dinheiro, mas não era uma quantia que pudesse enriquecer alguém. Não havia mais que quinhentos dólares.

— Você acha que ele está falando a verdade?

— Está sim. Ele está com muito medo do que o aguarda e prontificou-se a nos ajudar em tudo o que for preciso. Ele não quer ir para a prisão.

— Está bem, Ray, obrigado. Estamos fazendo uma nova busca no anjo de pedra. Quem sabe não encontraremos lá a peça que está faltando para fechar esse quebra-cabeças?

— Se precisar de alguma coisa, me ligue. Não vou sair daqui. Até mais.

— Até breve, Ray.

Eric desligou o telefone, e Gustavo perguntou:

— O que faremos agora?

— Esperar — respondeu Eric. — Esperar que Marcelo encontre mais alguma coisa no anjo.

Chegando à casa de Campos do Jordão, Marcelo foi até o local onde estava a estátua. O rapaz tocou nos olhos do anjo e viu uma pequena gaveta abrir-se na base do anjo. Auxiliado pelo motorista, Marcelo retirou a gaveta, e embaixo dela encontraram um saquinho de veludo. Quando o abriram, encontraram diamantes.

Marcelo ligou para Adriano e perguntou-lhe o que deveria fazer:

— Marcelo, verifique se não há mais nada escondido aí e volte para cá, trazendo tudo o que encontrar. Vou olhar novamente os papéis que estão nas coisas de Mônica. Deve haver alguma referência a esses diamantes.

— Está bem, pai. Farei o que me pede, e seguiremos imediatamente para São Paulo.

Voltando-se para Gilberto, Marcelo disse:

— Gilberto, me arrume uma lanterna. Está escuro lá dentro, e preciso ter certeza de que não estamos deixando nada para trás.

— Marcelo, você tocou no olho azul, não foi?

— Sim, por quê?

— E se tocássemos no outro?

— Será? Bem, não custa tentar.

Quando Marcelo tocou no outro olho do anjo, outro compartimento se abriu e nele havia várias pastas e uma caixa. Ao abri-la, ele encontrou vários saquinhos de veludo com diamantes. E na pasta endereçada a Gustavo havia uma carta para ele e outra para Antônio Sampaio.

Marcelo ligou novamente para o pai e contou-lhe o que tinham encontrado. Após desligar o telefone, Adriano voltou-se para Eric questionando:

— Será que René havia descoberto algo sobre o contrabando de diamantes e estava ameaçando André?

— Não sei, doutor Adriano. Na carta ele conta que estava sendo ameaçado. Ou René fazia parte do esquema de contrabando ou estava tentando desmascará-los. Vou pedir a Ray que interrogue novamente Michel, pois ele deve saber algo a respeito disso.

Gustavo, que até aquele momento só ouvia, ponderou:

— Meu filho era muito correto, Eric. Não acredito que ele tenha se envolvido em um esquema de contrabando de diamantes. Ele não precisava de dinheiro. Está faltando alguma coisa nessa história... Talvez as cartas que Marcelo encontrou expliquem o que nos falta.

Adriano perguntou:

— Doutor Gusmão, foi feito um inventário quando René e a esposa faleceram?

— Não, Adriano. Que eu saiba não. Eu estive na casa, mas só restaram as paredes. Levamos a estátua do anjo, porque Flora insistiu, afinal, era a única lembrança que teríamos dele. A família de Andréia também não se manifestou sobre isso. Estamos conversando agora.

Gustavo pediu a Eric que ligasse para o hospital para saber da neta. Conseguiram falar com Matheus, que lhes informou que não sairia do hospital até a situação ser resolvida. Ele temia pela segurança de Mônica e se sentia responsável pelo que havia acontecido.

— Doutor Gusmão, o senhor acha que Mônica corre risco de perder a visão?

— Não sei, Eric. A cirurgia é muito delicada, sendo assim, Mônica teria de ficar em repouso e não se emocionar. Eu sou culpado por tudo o que está acontecendo. Se eu tivesse ouvido Flora, se não tivesse sido tão teimoso, meu filho estaria vivo e minha neta não estaria passando por essa situação.

— Doutor Gusmão, não se recrimine. Não sabemos o que vai acontecer, quando tomamos decisões que nos parecem corretas. Quem nos garante que não aconteceria a mesma coisa, mesmo que vocês estivessem se falando?

— Não sei não, Eric. Tenho minhas dúvidas.

Horas depois, Marcelo chegou a São Paulo e entregou ao pai as pastas que continham documentos dos processos em que René estava trabalhando antes do incêndio, a caixa com diamantes e a carta endereçada a Gustavo Gusmão.

Emocionado, Gustavo abriu a carta e a entregou a Eric, para que ele lesse o que René havia escrito.

Pai, sei que você não me perdoa por minhas atitudes e sei também que não aceita minha esposa Andréia, mas quero que saiba que não tomei nenhuma atitude visando ofendê-lo ou magoá-lo. Eu me apaixonei por Andréia, mesmo sabendo que nossa visão de mundo é diferente. Para conseguir convencê-la a deixar os movimentos políticos, eu prometi que ajudaria quem fosse preso injustamente, e é o que tenho feito. Gostaria muito que você e mamãe conhecessem minha esposa, pois tenho certeza de que mudariam de ideia em relação a ela. Estou sendo ameaçado, porque descobri que um advogado amigo meu, pessoa da minha mais alta confiança, está contrabandeando joias. Recebi uma encomenda dirigida a ele. O portador se enganou e me entregou uma caixa com diamantes. Eu os escondi no anjo de pedra que está na entrada de casa. Não sei o que poderá me acontecer, mas resolvemos mandar Mônica, sua neta, para os Estados Unidos. Ela seguirá com o irmão de Andréia, que está vindo para o Brasil. Depois que eu entregar os diamantes e os papéis, que mostram o esquema de contrabando de joias para o doutor Sampaio, poderei seguir com Andréia e recomeçar nossa vida junto do meu cunhado e de minha filha. Assim que eu estiver fora do Brasil, lhe escreverei para contar-lhe onde poderá nos encontrar. Não vou fazê-lo agora, porque esses bandidos podem perseguir você e mamãe. Espero poder vê-lo em breve e que me perdoe por não ter seguido a vida como você queria.

René.

Enquanto aguardava que suas exigências fossem cumpridas, André olhava Mônica, que dormia sob efeito dos remédios que tomara. Ele deixara que uma enfermeira fosse lhe ministrar os medicamentos e permitira que ela saísse do quarto depois junto com Matheus. Acreditava que logo estaria fora do Brasil.

Sentado em frente à janela, André recordava-se de tudo o que vivera até ali. Ele sentiu uma aragem suave e um perfume que o fez lembrar-se de Andréia. Intrigado, aproximou-se da janela imaginando que a veria e disse em voz alta:

— Estou enlouquecendo. Como eu poderia vê-la?

Mônica acordou, mas permaneceu em silêncio, pois tinha medo da reação de André.

Voltando-se para Mônica, André viu um vulto e não se contendo perguntou:

— Quem está aí? É você, Andréia? Não, isso não é possível! Você está morta, e os mortos não voltam! Como eu queria que você voltasse. Por que voltou para casa? Por que não ficou no hotel com seu irmão? Não! Você tinha que voltar, pois não podia deixar o pobre René sozinho. René, René, sempre no meu caminho! Ele era o queridinho dos professores, o aluno inteligente, preparado, rico, com tudo pronto para ser um grande criminalista. E eu? Ninguém me notava. Eu era uma sombra. O aluno pobre, bolsista. Você não... Você me viu, conversou comigo, mas depois você o viu e obviamente se apaixonou por ele. Por que você ficaria comigo?

André fez uma ligeira pausa e continuou:

— Não é justo! Ele me tirou tudo. Me tirou você, foi nomeado assistente do doutor Sampaio, conquistou os melhores clientes e resolvia os casos mais importantes. René só não percebia que eu estava sabotando seu trabalho. Quando me falou que vocês iriam viver fora do Brasil, eu exultei. Era a chance que eu estava esperando. Resolveria os casos que ele tinha perdido e subiria no conceito do doutor Sampaio! Mas aí... ele descobriu os diamantes. Você não sabia deles. Tenho certeza de que Michel não falou nada. Eu planejei tudo, sabendo que você iria viajar com seu irmão, mas nem me passara pela cabeça que você deixaria sua filha ir com Michel e a esposa para seguir depois com René. Estava tudo acontecendo no tempo certo. Você e a menina foram para o hotel, René ficou em casa e Antônio pegaria os diamantes para me entregar. Por alguma razão, Antônio fez barulho, e René veio ver o que estava acontecendo. Eles discutiram, e eu precisei intervir. Acertei René com um golpe, contudo, ele não poderia sobreviver. Quando ele acordasse, se lembraria de tudo, e eu estaria perdido. Foi assim que tive a ideia de mandar Antônio abrir o gás. René morreria asfixiado, e ninguém desconfiaria de mim. Mas você voltou, Andréia. Eu a vi passar de carro e não consegui chegar a tempo. Você acendeu a luz, e tudo explodiu. Sei que foi assim, porque de outra forma a casa não teria pegado fogo. Fiquei estático, sem entender o que havia acontecido. Antônio me tirou dali, antes que a polícia chegasse. Eu não podia fazer mais nada. Nem Michel soube disso. Eu vivi todos esses anos guardando esse segredo, com a certeza de que ninguém descobriria. No entanto, sua filha apareceu e trouxe tudo à tona. Por que você não a impediu de vir ao Brasil? Por que ela quer saber o que houve? Ela foi criada por Michel, outro idiota que não soube fazê-la entender que, com a vinda dela ao Brasil, acabaríamos sendo descobertos. Agora não resta mais nada. Se o velho Gusmão não me trouxer os diamantes e o dinheiro, será o fim. Para mim e para sua linda filha.

Mônica rezava silenciosamente, sem entender por que André falava com sua mãe como se ela estivesse ali. Ela procurava conter a emoção, enquanto as lágrimas forçavam seus olhos. Quando André parou de falar, tentou ouvir o movimento no corredor do hospital. Mônica não tinha ideia da hora nem de como Eric poderia ajudá-la.

Passado algum tempo, bateram na porta.

— André, sou eu, Matheus. Por favor, abra. Preciso medicar Mônica.

— Não vou abrir. Onde estão o policial e o velho?

— Eles estão tentando conseguir o que você pediu. Por favor, André, abra essa porta.

— Só vou abrir, quando eles chegarem. Portanto, Matheus, trate de apressá-los.

Aflito, Matheus telefonou para a família de Mônica para avisá-los sobre o que estava acontecendo. Pouco depois, Eric e Gustavo chegaram trazendo os diamantes.

— André, sou eu, Eric. Estou com seus diamantes. Por favor, abra a porta.

— Você trouxe apenas os diamantes? E o dinheiro?

— Eu trouxe também dinheiro e os documentos ligados aos processos em que René estava trabalhando.

— Então, ele achou os documentos! Muito bem! Você vai entregar tudo isso para mim, mas não aqui. Não sou idiota! Sei que a polícia está atrás de mim. Vou deixá-lo entrar, para que possamos sair juntos daqui. Não faça nenhuma bobagem, pois minha arma está apontada para Mônica. Sou um excelente atirador.

383

— Não vou fazer nada, André. Você tem minha palavra.

André abriu a porta. Ao entrar no quarto, Eric tentou não fazer nenhum movimento brusco, pois o advogado estava em uma posição em que facilmente acertaria Mônica.

— Deixe-me ver os diamantes.

— Aqui estão.

— Só isso? Cadê o resto?

— Era tudo o que tinha no anjo. Não havia mais nada, André.

— Você está mentindo.

— André, não havia nada além dessas pedras. Por favor, acredite em mim.

— Por que eu acreditaria em você?

— Porque eu jamais colocaria a vida de Mônica em perigo.

— Alguém me roubou! Com certeza foi Michel, mas vou pegá-lo. Você vai vir comigo. E não faça nenhuma bobagem, senão vou atirar em você.

Os dois homens saíram do quarto, e Eric fez um sinal de que estava tudo bem. Matheus entrou no quarto para cuidar de Mônica, e Gustavo ficou olhando os dois entraram no elevador para saírem do prédio. Imediatamente, ele ligou para Adriano, que já os esperava com a polícia na entrada do hospital.

Quando André viu a polícia, ele tentou atirar, mas Eric dominou-o com facilidade.

— Acabou, André. Você está preso.

André gritava:

— Isso não vai ficar assim! Vocês vão me pagar!

Aflito, Gustavo conversava com Matheus:

— Matheus, como ela está?

— Vamos ver agora. Mônica, o que você está sentindo?

— Eu tentei controlar a emoção, mas não tive sucesso. O senhor pode tirar a venda dos meus olhos?

— Vou tirá-la sim. A cirurgia correu bem, e acredito que não tenha sido comprometida.

— Doutor Matheus, o que aconteceu afinal? Onde está Eric?

Gustavo respondeu:

— André o levou como refém, Mônica, mas a polícia já os estava esperando e conseguiu prendê-lo. Eric foi à delegacia para acompanhar o interrogatório.

— Vovô, ele disse coisas estranhas...

Matheus a interrompeu:

— Mônica, por favor, se acalme. Estou tirando a faixa, mas você precisa ficar quieta. Estão todos bem. Fique tranquila.

— Desculpe, é muito difícil saber que meus amigos podem estar sendo prejudicados, porque eu queria conhecer a história dos meus pais.

— Pronto, retirei a faixa. Agora, vamos retirar os curativos.

Com delicadeza, Matheus retirou a proteção dos olhos de Mônica, que os manteve fechados.

— Abra os olhos, Mônica.

Mônica abriu os olhos devagar e enxergou com certa dificuldade. Aos poucos, a nitidez foi surgindo, e ela falou emocionada:

— Estou enxergando, doutor Matheus! Isso é maravilhoso.

— Eu sei, minha filha, mas tente não se emocionar. Me diga o que você está vendo.

— Quando abri os olhos, vi imagens distorcidas que aos poucos foram ficando mais nítidas.

— Você me vê? Consegue ver seu avô?

— Sim, claro. Embora um pouquinho embaçado, os vejo perfeitamente.

— Isso é normal, Mônica. Você não terá cem por cento de visão. Daqui a alguns dias, experimentaremos as lentes corretoras. Você vai enxergar bem melhor com elas e com a certeza de que não perderá a visão de uma hora para outra.

— Obrigada, doutor Matheus. O senhor não imagina como estou feliz.

Emocionado, Gustavo agradeceu ao cirurgião que conseguira reverter o problema de visão da neta.

— Doutor Gusmão, é muito bom quando conseguimos ter êxito em nosso trabalho. Você conhece esse sentimento, pois já ajudou muita gente.

— Sim, você tem razão! Devolver a visão a uma pessoa é algo muito prazeroso, afinal, não devolvemos apenas a capacidade de enxergar, mas a possibilidade de liberdade de ação e a possibilidade de cuidar de si mesma. Devolvemos a dignidade às pessoas.

— Você tem razão. Agora, sugiro que vá para casa descansar. Mônica terá de passar a noite aqui. É bom alguém da família ficar com ela.

— Vou ligar para Flora para tranquilizar a todos. Ficarei aqui até Eric retornar.

Matheus deixou-os, e Mônica disse ao avô:

— Vovô, muito obrigada. Não sei como lhe agradecer por este presente. Você me devolveu a vida.

— Não precisa me agradecer, Mônica. Vê-la bem aplaca minha consciência. Tudo isso poderia ter sido evitado, se eu não fosse tão intolerante.

— Acho que o senhor não deve se martirizar. O passado acabou. André está preso e pagará por seus crimes. É uma pena que tio Michel esteja envolvido com ele. Será mais uma decepção para meus avós maternos. Pelo menos sabemos que ele não me sequestrou e que não foi responsável pela morte dos meus pais.

— Mesmo assim, Michel terá de acertar as contas com a justiça, Mônica. Provavelmente ele esteja envolvido com o contrabando de joias. Havia muitos diamantes no anjo. René deixou uma carta para o doutor Sampaio contando o que havia descoberto. Todos esses documentos já foram entregues para a polícia. André, Luís e Antônio vão responder por suas atitudes.

— Antônio é o jardineiro?

— Sim, foi ele quem facilitou a entrada de André na casa.

386

Nesse momento, acompanhadas de Marcelo, chegaram Flora, Sandra e Luciana. Sandra explicou que os pais ficaram no hotel, pois Otávio os havia medicado e eles foram descansar.

Mônica perguntou:

— Marcelo, e o Bud?

— Está em casa com mamãe. Com certeza, ele sente sua falta, porque, a cada vez que alguém abre o portão, ele se levanta e vai até a porta. Mamãe está lhe fazendo alguns mimos.

Todos riram, e Flora disse:

— Acho que vocês devem ir para casa. Eu ficarei aqui com Mônica. Ela mais do que ninguém precisa descansar.

Marcelo concordou:

— A senhora está certa, mas também precisa de descanso. Gilberto está aí para levá-los ao *flat* e para levar Sandra ao hotel. Eric ligou avisando que está vindo para cá. Quando ele chegar, eu e Lu iremos para casa.

Matheus, que retornava para ver sua paciente, disse:

— Isso mesmo, meu rapaz! Vocês precisam ir descansar, e minha paciente precisa dormir, ou terei de sedá-la. Amanhã, ela terá alta, e vocês poderão conversar à vontade.

Gustavo e Flora despediram-se e ofereceram-se para levar Sandra ao hotel. Pouco depois, Eric chegou, e Marcelo e Luciana também se foram.

Mônica dormia tranquilamente, Eric tentou não fazer barulho. Ele aproximou-se e, fazendo um carinho na namorada, disse baixinho:

— Boa noite, meu amor. Agora poderemos dormir em paz.

Mônica movimentou-se na cama, mas não acordou. Eric olhou através da janela aberta e contemplou o céu estrelado. Por fim, respirou fundo e preparou-se para dormir. Para ele, mais um dia exaustivo havia terminado, como muitos que ele já tivera em sua profissão. Os bandidos estavam presos, e a justiça seria feita.

Na manhã seguinte, Mônica acordou e viu Eric dormindo sentado em uma poltrona. Ela ficou olhando o namorado, recordando-se de tudo o que haviam vivido nos últimos dias.

Uma enfermeira entrou no quarto para medicá-la e trazer o café da manhã. Mônica fez-lhe um sinal para que não acordasse o namorado. A jovem sorriu, entregou-lhe o medicamento e saiu do quarto sem fazer barulho.

Algum tempo depois, Eric acordou e, olhando para Mônica com carinho, a cumprimentou:

— Bom dia, meu amor. Como está se sentindo?

— Bom dia. Estou mais tranquila, porque sei que André está preso e vai pagar por seus crimes. Estou feliz, porque não vou ficar cega e porque consegui conhecer a história dos meus pais. Estou feliz também porque agora tenho uma família. O que vai acontecer agora?

— Agora?

— Sim, o que faremos? Poderemos voltar a Nova Iorque ou teremos de ficar aqui no Brasil, por causa da prisão do André?

— Ficaremos mais alguns dias para formalizar a queixa contra André. Os crimes que ele cometeu serão apurados, ele será julgado e ficará preso por um bom tempo.

— E os outros? Vovô me disse que o jardineiro também ajudou André.

— Sim, ele facilitou a entrada de André na casa de seus pais. O que eles não contavam era que René estivesse em casa e que Andréia voltaria para ficar com ele. Luís e Antônio se contradisseram no depoimento, mas André vai acabar contando tudo como de fato aconteceu.

— Durante aquele período que André ficou aqui comigo, ele parecia estar falando com minha mãe como se ela estivesse aqui. Eu estava com os curativos e não conseguia enxergar nada, mas havia uma brisa suave no quarto. Eu podia sentir uma fragrância suave, mas não sei o que aconteceu.

— André era apaixonado por sua mãe, Mônica. Quando ela o rejeitou para ficar com René, ele resolveu vingar-se. O ciúme e a ambição são péssimos conselheiros. A pessoa perde a noção da realidade, só enxerga aquilo que quer ver e confunde vingança com realização pessoal. Mas a vingança é uma faca de dois gumes. O vingador sente-se importante quando "revida" ou quando fere aquele que ele julga tê-lo prejudicado, mas depois o ato da vingança deixa um vazio e uma sensação de perda que nada recupera. Não existe felicidade após um ato de vingança.

— Estamos livres agora?

— Sim, vamos seguir nossa vida. Seus avós vão cuidar das coisas que René deixou. A casa, o dinheiro que deve haver no banco, tudo isso é seu, além do que você herdará no futuro.

— Eu daria tudo isso para ter meus pais aqui comigo.

— Meu amor, eu sei como você se sente. Perdi meus pais em condições muito diferentes, mas sei o quanto dói.

Nesse momento, Matheus entrou no quarto, deu um bom-dia animado e perguntou como o casal passara a noite. Mônica respondeu:

— Eu dormi bem, doutor Matheus, mas gostaria muito de ir para casa.

— Isso é um bom sinal. Deixe-me examiná-la. A cirurgia correu bem, e o incidente de ontem não afetou nosso trabalho. Como está sua visão?

— Mais nítida do que estava ontem, quando o senhor retirou os curativos.

— Ótimo! Vou prescrever o medicamento que você precisa usar e vou entregar sua alta. Pode ir para casa, mas quero vê-la antes da viagem para os Estados Unidos. Vocês já têm ideia de quando vão viajar?

Eric respondeu:

— Creio que em uma semana, dez dias. Agora que tudo está resolvido, preciso voltar para meu trabalho.

— E você, Mônica?

— Não sei se voltarei para meu antigo trabalho, mas tenho alguns planos. Quero acompanhar meu tio Michel. Apesar de tudo, foi ele quem me criou. Não vou abandoná-lo.

— Muito bem, minha filha. As pessoas não são perfeitas. A ambição, a falta de orientação para o correto, a certeza da impunidade levam as pessoas a seguirem para o mundo do crime. Quem sabe você não consegue mostrar a ele que é tempo de repensar velhos valores e ser uma pessoa melhor?

— Vou tentar, doutor Matheus. Obrigada por tudo que o senhor fez por mim.

— O melhor agradecimento que você me dará é seguir em frente com sua vida. Você tem uma luz muito bonita, então, não deixe que ela se apague. Vocês vão se casar logo?

Eric respondeu:

— Em alguns meses.

— Cuide bem dela, Eric. Tenho certeza de que vocês serão muito felizes.

— Obrigado, doutor Matheus. Manteremos contato. Não vou me esquecer do que o senhor e o doutor Gusmão fizeram pela Mônica.

Eric e Mônica despediram-se e pegaram um táxi para irem para a casa de Adriano. Lá chegando, a família de Marcelo, a família de Luciana e os avós de Mônica os estavam esperando. Mônica abraçou a todos e agradeceu por tudo o que fizeram para ajudá-la.

— Eu cheguei ao Brasil com o Bud e com a esperança de saber a verdade sobre meus pais, e em alguns dias irei embora, deixando muitos amigos. Amigos queridos que se empenharam em me ajudar. Eu jamais os esquecerei.

Gustavo foi o primeiro a falar:

— Mônica, nós vamos sentir muito sua falta. Nossa convivência foi muito curta, mas quero que saiba que sou muito feliz por ser seu avô. Em breve, eu e Flora iremos para Nova Iorque para passar alguns dias com você. E espero também que não demore a vir nos visitar aqui no Brasil.

Samuel aproveitou o momento de silêncio que se seguiu e disse:

— Mônica, você trouxe a verdade à minha família. Não posso ver seu rosto, mas posso lhe tocar e sentir que estou tocando o rosto de minha filha Andréia. Diferente do Gusmão, para mim será difícil viajar, contudo, quero que saiba que nossa casa sempre estará aberta para recebê-la. Não se afaste de nós. Ficamos longe por vinte e cinco anos, e não sei até quando Deus me dará forças para viver aqui... Por essa razão, gostaria que, sempre que possível, você viesse passar uns dias conosco em Curitiba.

Mônica abraçou o avô e disse:

— Vovô, eu virei sim. Não vou me esquecer de vocês nem do carinho que me deram. Vou embora, mas tenha certeza de que parte do meu coração ficará aqui. Nesse pouco tempo de convivência, eu aprendi a amá-los, e creiam que estou sendo muito sincera. É a primeira vez que me sinto fazendo parte de uma família. Uma família amorosa, preocupada com seus membros, acolhedora. É uma pena que tenhamos de viver em outro país, porém, como disse anteriormente, sempre que for possível estarei aqui.

Cláudio e Sandra abraçaram Mônica e reforçaram o convite de Samuel de passar uma temporada com a família. Depois, pediram a Marcelo que os levasse ao aeroporto, pois viajariam no mesmo dia para Curitiba.

Quando se despediu de Sandra, Mônica perguntou:

— A documentação de vovó Marieta está pronta? Viajaremos em aproximadamente dez dias.

— Está sim, Mônica. Nós voltaremos hoje para Curitiba, e, assim que você confirmar a data da viagem, nós a traremos para São Paulo. Obrigada por acompanhá-la.

— Não precisa me agradecer. Não pretendo abandonar o tio Michel e imagino que vovó queira estar perto dele. Assim como eu, ela deve querer saber por que ele se juntou ao André Silveira e participou de todos esses crimes.

— Eles estão muito abalados. Papai não se conforma, mas não quer viajar. Ele não se sente em condições. Mamãe é mais forte e não tem problemas de saúde como papai.

— Eu entendo, Sandra. Fique tranquila. Nós cuidaremos bem dela.

— Obrigada, Mônica.

— Não precisa me agradecer. Cuidarei de vovó com prazer. Boa viagem para vocês.

Abraçando a neta, Samuel disse:

— Mônica, cuide bem de Marieta e cuide-se também. Vou ficar em Curitiba aguardando notícias e esperando que você a traga de volta.

— Não se preocupe, vovô. Vou cuidar bem dela.

Avô e neta se abraçaram, deixando todos emocionados. Gustavo e Flora, por sua vez, disseram que ficariam em São Paulo até Mônica embarcar para Nova Iorque.

Adriano deixou Mônica e Eric à vontade para ficarem hospedados em sua casa o tempo que quisessem. Eles agradeceram o convite, mas confirmaram que, assim que o delegado Rafael os liberasse, iriam para Nova Iorque.

Carolina convidou a todos para um café, e seguiram conversando sobre os acontecimentos desencadeados com a vinda de Mônica e Eric para o Brasil.

Capítulo 19

Passados alguns dias, a rotina voltou à normalidade. Luciana e Rogério foram contratados por Adriano; Marcelo inaugurou a clínica veterinária; Plínio voltou às suas tarefas na polícia; Roberta voltou a dirigir o escritório de São Paulo e Stephanie voltou para os Estados Unidos, deixando a advogada responsável também pela unidade de Porto Alegre.

Roberta e Stephanie estiveram com Mônica e, esclarecidas todas as dúvidas, retomaram a amizade que havia entre elas antes de os acontecimentos precipitados por André Silveira.

Na véspera da partida de Mônica e Eric para Nova Iorque, eles foram dar um passeio com Bud. Eric perguntou:

— Preparada para o retorno?

— Sim. Conversei com tio Michel ontem por telefone. Ele está muito arrependido do que fez.

— Será? Você confia nele?

— É uma pergunta difícil de responder, Eric. Ele me criou, me educou, cuidou de mim durante todo esse tempo. Quando voltarmos, tentarei vê-lo. Quem sabe o arrependimento não seja verdadeiro?

— E quanto à sua tia?

— Ela não quer me ver. Vou deixar que o tempo me mostre o que devo fazer. Não vou contrariá-la. Não contei para tio Michel que vovó Marieta irá conosco. Vou contar quando Ray disser que poderemos visitá-lo.

— E nosso casamento? Vamos marcar a data?

— Vamos sim. Que tal 25 de julho?

— É uma ótima data. Teremos quatro meses para preparar tudo.

— Eric, eu pensei na data, mas, se você achar que precisamos de mais tempo, podemos mudá-la.

— Não precisaremos de mais tempo, não. Acho que está perfeito.

Eric e Mônica continuaram a conversar sobre o casamento e seguiram abraçados, levando Bud para seu passeio matinal.

À noite, foram jantar na cantina do Genaro. Lá estavam Marcelo e Luciana com seus pais e os avós de Mônica.

Samuel sentou-se ao lado da neta e, segurando sua mão, disse:

— Mônica, nós voltamos a São Paulo para nos despedir de você e de Marieta, mas não iremos ao aeroporto amanhã. Quero ter notícias de vocês e do meu filho também. Soube que marcaram a data do casamento! Se eu tiver autorização do meu médico, estarei lá. Do contrário, não poderei viajar. Espero que você não fique aborrecida.

— Vovô, eu não vou me aborrecer. Sei o quanto a viagem é cansativa. Não se preocupe. Cuide de sua saúde, e eu cuidarei da vovó Marieta enquanto ela estiver comigo. Darei notícias sempre. Já combinei tudo com Sandra. Quanto ao tio Michel, pode deixar que cuidarei dele.

— Será que ele vai ficar muito tempo preso?

— Não sei, vovô. Mas estando lá, será mais fácil conversarmos. O chefe do Eric me disse que poderei vê-lo e tirar todas as dúvidas.

— Fiz uma reserva de dinheiro para você. Neste envelope você tem todas as informações.

— Não precisava, vovô.

— Mônica, é seu por direito. É parte da herança que caberia à sua mãe. Aceite-o como um presente de casamento.

— Obrigada, vovô. Fiquei muito feliz em conhecê-los. Vamos nos casar em julho e pretendemos voltar ao Brasil em outubro. Quero passar uns dias em Curitiba com você e vovó Marieta. Obrigada por tudo.

Marieta abraçou a neta e disse:

— Que bom que poderemos passar mais um tempo juntas. Tudo aconteceu tão depressa. Acha que poderei ver o Michel? Eu nunca imaginei que meu filho estivesse fazendo tanta coisa errada, porém, ele é meu filho e preciso vê-lo, mesmo que seja para brigar com ele.

— Vovó, tente se acalmar, senão o doutor Otávio não a deixará viajar. Estou muito contente com sua ida para Nova Iorque! E quanto ao tio Michel, o chefe de Eric permitirá que nós o vejamos. Já falamos com ele. Só não contei a meu tio que a senhora irá comigo.

Gustavo e Flora observavam a neta e os avós maternos de Mônica. Eric perguntou-lhes:

— Vocês estão bem?

Gustavo respondeu:

— Sim, estamos observando Samuel, Marieta e Mônica. Ele não irá ao aeroporto amanhã. O voo para Curitiba sairá primeiro que o de vocês, mas nós estaremos lá para nos despedirmos.

— Os senhores irão ao nosso casamento?

— Sim! Já pedi a Adriano para providenciar a documentação necessária. Vou ficar aqui em São Paulo por mais alguns dias. Pensei em vender aquela casa, mas, em vez disso, vou mandar demoli-la, pois assim enterraremos as recordações junto com o que sobrou do incêndio. Depois, colocarei o terreno à venda. Assim, quem comprar aquela propriedade não terá de se preocupar com lembranças tristes.

— Faz bem, doutor Gusmão. Aquela casa precisa ser demolida. Como o senhor disse, tem de ser enterrada com o passado.

395

— Eric, e o Bud? Vocês vão devolvê-lo?

— Não, doutor Gusmão. Mônica não vai mais precisar dele como guia, mas a pessoa quem treinou o Bud nos disse podemos ficar com ele. Ele é muito carinhoso e muito ligado a Mônica. Passá-lo para outra pessoa não daria certo.

— No local onde vocês moram há espaço para um cão do tamanho do Bud?

— Sim! Nosso apartamento é grande, e Bud está acostumado a ele.

Enquanto Samuel e Marieta conversavam com Mônica e Gustavo e a esposa conversavam com Eric, Marcelo, Luciana e seus pais apenas os ouviam. Depois que Genaro serviu o jantar, Marcelo levantou-se e pediu que todos prestassem atenção ao que ele iria dizer:

— Mônica, você chegou ao Brasil com Bud, e nós a recebemos como profissionais, sem imaginarmos o que significava sua vinda. Além de conhecer o passado de sua família, você nos proporcionou compreender a importância da união da família. Meu casamento com Luciana vai unir duas famílias e quero que saiba que você, Eric e Bud fazem parte da nossa família.

— Obrigada, Marcelo. Nunca vou esquecer o que vocês fizeram por mim, não só como profissionais, mas principalmente pelo carinho e pela atenção que nos dedicaram.

Eric continuou:

— Foi muito importante tê-los conosco nessa busca. Só temos a lhes agradecer.

Gustavo levantou-se e, aproximando-se de Mônica, disse:

— Minha filha, eu espero que você não leve nenhuma mágoa de seus avós. Apesar dos erros que cometemos, a vida nos deu um grande presente: uma neta encantadora. Queremos estar sempre em contato com você. Não conseguiremos recuperar o tempo perdido, mas poderemos aproveitar o tempo que nos resta.

Mônica abraçou o avô, comovendo a todos. Otávio levantou-se e disse:

— Meus amigos, todos nós estamos vivendo muitas emoções, então sugiro que façamos um brinde a esse recomeço e falemos de coisas alegres. O passado se foi, e o futuro nos mostrará os caminhos a seguir. Quanto ao presente, vamos aproveitá-lo com alegria!

Adriano completou:

— Isso mesmo! Um brinde às nossas famílias, que estarão sempre unidas!

Todos ergueram suas taças e brindaram com alegria.

Na manhã seguinte, Adriano e Marcelo levaram Marieta, Mônica, Eric e Bud ao aeroporto. Lá chegando, encontraram Gustavo e Flora.

Abraçada à neta, Flora não continha as lágrimas.

— Vovó, não se emocione assim. Logo estaremos juntas em Nova Iorque. Prometa que vai cuidar dessa pressão para estar bem no meu casamento.

Enxugando as lágrimas, Flora tornou:

— Eu prometo, minha filha. Cuidarei bem de minha saúde, e em breve estaremos juntas.

Eric perguntou:

— Vocês vão precisar de ajuda para a viagem?

Adriano respondeu:

— Não, Eric. Já conversei com um agente de viagens, e ele está providenciando passagens, hotel, e agendamento para tirar o visto americano. Acredito que não teremos problemas.

— Ótimo! Se precisarem de alguma coisa, não deixe de me telefonar.

— Vocês precisam embarcar. Estão chamando seu voo.

Todos se abraçaram e ficaram olhando Mônica, Eric, Bud e Marieta entrarem na sala de embarque.

Flora perguntou:

— Gustavo, Bud pode ir com eles?

— Pode sim, Flora. Ele veio ao Brasil com o registro de cão-guia e precisa retornar da mesma forma. Adriano, nós

397

voltaremos hoje mesmo para Campos. Você me mantém a par do que for necessário para a viagem e para a venda da casa?

— Sim, doutor Gusmão. Pode retornar para sua casa sem se preocupar. Eu deixei Rogério cuidando de tudo o que o senhor havia pedido.

— E André Silveira? Como ficou a situação dele?

— Ele vai continuar preso. Conseguimos reunir várias provas contra ele. Além das que conseguimos obter, o delegado, doutor Rafael, continuou investigando André e descobriu outros crimes. Ele será julgado e com certeza ficará um bom tempo na cadeia.

— Mesmo que já tenham se passado tantos anos?

— Doutor Gusmão, os crimes passados serão citados. O que estiver prescrito não poderá retornar a julgamento, mas ele cometeu crimes recentemente. Não podemos nos esquecer de que ele sequestrou Mônica no hospital, ameaçou atirar em Eric, tem envolvimento com esquemas de contrabando de diamantes... Enfim, ele tem muitas contas a acertar com a justiça.

Flora perguntou:

— E o jardineiro? Você vai defendê-lo, doutor Adriano?

— Vou acompanhá-lo. Ele está colaborando com o trabalho da polícia e, diferente de Luís, não está envolvido nos outros crimes que descobrimos. Ele confessou que abriu o gás a pedido de André, mas, diferente do que imaginamos, Andréia entrou por uma porta lateral e não pela cozinha. Por isso, ela estava próxima de René quando a encontraram.

— É uma pena. Ele cuidava bem do jardim. E você, Marcelo? Vai se casar logo?

— Vamos sim, dona Flora. Estamos procurando um apartamento e provavelmente nos casaremos no fim do ano.

— Muito bem, meu filho. Desejo que você e Luciana sejam muito felizes.

— Obrigado, dona Flora.

Adriano e Marcelo acompanharam o casal até o carro e depois foram ao estacionamento.

— Pai, você acha que tudo terminou?

— Como assim "tudo terminou"?

— A busca de Mônica. Ela encontrou a resposta sobre o passado dos pais?

— Sim. Ela descobriu que era amada por eles e que eles foram assassinados. Mônica também conheceu os avós, fez amigos, foi ocupar-se com os problemas do tio e com o casamento e terá uma vida bem movimentada. Mas, pelo que pude perceber, ela ainda tinha a esperança de encontrar os pais com vida. Isso, no entanto, não aconteceu.

— É uma pena. Mônica é uma pessoa especial e merece coisas boas da vida.

— Ela vai ter essas coisas boas, meu filho. Ela tem o amor do Eric, o carinho dos avós e nossa amizade. Agora vamos, pois tenho muito trabalho no escritório, e você deve ter também muito o que fazer na clínica.

— Tenho sim, pai. O movimento está aumentando dia após dia.

No avião, Eric observava Mônica:

— Meu amor, você está triste porque deixou seus avós?

— Não, Eric... É que eu tinha uma pequena esperança de encontrar meus pais com vida. Encontrei muita coisa, mas não os encontrei. Queria vê-los pelo menos uma vez, como naquele filme em que o garoto vê os pais no espelho.

— Mônica, eles deixaram cartas dizendo o quanto a amavam. Você não os encontrou, mas lhes trouxe justiça. Pense em tudo o que vivemos nos últimos dias e em quantas pessoas foram auxiliadas por sua busca, por sua determinação. Não se entristeça. Pense no que faremos daqui para frente e na família que formaremos. Eu a amo. Você é a pessoa mais importante de minha vida.

— Você tem razão, Eric. Eu amo você e quero que esteja ao meu lado sempre.

Assim, de mãos dadas, Mônica e Eric seguiram viagem para Nova Iorque, fazendo planos para o futuro.

— Lúcia, você está pronta? Não quero me atrasar.

— Estou pronta sim. Luciana e Marcelo já chegaram?

— Não. Eles irão direto para a casa de José Luiz.

— Pronto. Vamos.

Chegando à casa do doutor José Luiz, Luciana e Marcelo foram recebidos pelo médico, que lhes indicou onde deveriam sentar-se. Otávio e Lúcia chegaram logo depois.

Otávio perguntou:

— Vocês tiveram notícias de Eric e Mônica?

— Sim, papai. A viagem foi ótima, e eles chegaram bem. Está tudo em ordem.

Marcelo olhava em volta e surpreendeu-se com o ambiente tranquilo, a luz suave e a música, que os relaxavam:

— Luciana, que lugar gostoso, que paz! Eu não tinha ideia de que a casa dele era assim.

— É uma casa de oração. As pessoas que vêm aqui buscam essa calma. Observe que algumas estão de olhos fechados e outras praticam exercícios de respiração. Sairemos daqui leves. Você vai gostar.

— Você já esteve aqui antes?

— Sim, uma vez. Papai e mamãe vêm aqui toda semana. Eles gostam dos ensinamentos do doutor José Luiz.

Otávio fez um sinal para que ficassem em silêncio, pois a palestra iria começar.

José Luiz agradeceu a presença de todos e convidou-os a rezar a oração do pai-nosso. Depois, ele disse:

— Meus amigos, nós estamos hoje aqui para agradecer pelas graças recebidas por amigos nossos que estão longe. Pessoas que vieram em busca de respostas para solucionar segredos do passado e que felizmente as encontraram. Nada fica impune à justiça divina. Aos olhos de Deus somos todos irmãos, porém, devemos amar nossos irmãos, e não odiá-los ou desejar o que eles possuem. A inveja, o ciúme, a ganância e a cobiça são sentimentos mesquinhos e inferiores, que só atraem coisas ruins. Quando escolhemos o caminho da maldade, colhemos os frutos dessa escolha. A justiça divina não é um castigo para os erros que cometemos. Somos castigados por nossas escolhas e colhemos os frutos das sementes que despejamos em nosso solo, que nada mais é do que nossa vida.

"Quando negamos nossos talentos para o bem e semeamos sementes de frutos ácidos, não progrediremos e só colheremos a acidez da vida. A tristeza, a privação da liberdade, o sofrimento, a amargura, a decepção, todos esses sentimentos são o resultado de nossas escolhas terrenas. Deus não nos criou para o sofrimento. Ele não pune seus filhos com atos vingativos; ao contrário, Ele lhes dá a oportunidade de voltar, aprender e corrigi-los para que cresçam e evoluam. A bondade de Deus é infinita. Devemos sempre estar em oração e manter o amor em nossos pensamentos e em nossas atitudes, pois assim colheremos os frutos da bondade e da plenitude da vida.

Agradeçamos ao Pai esse nosso encontro. Podem fazer suas preces em silêncio, meditem sobre o que têm feito, e, se precisarem conversar com nossos irmãos, nós estaremos à disposição de vocês."

Fez-se silêncio, e, aos poucos, as pessoas presentes foram se levantando e procurando quem as atendesse. Marcelo tocou o braço de Luciana, que tornou:

— Não posso ir ainda. Querem falar comigo.

Marcelo não entendeu direito o que Luciana disse, limitando-se a ficar sentado e para aguardá-la. José Luiz aproximou-se e pediu a Luciana que o acompanhasse. Todos estranharam, porém, ficaram ali mesmo aguardando que ela voltasse.

Algum tempo depois, Luciana voltou trazendo nas mãos várias folhas de papel. Seus olhos estavam vermelhos e ainda havia lágrimas neles. Assustado, Marcelo perguntou:

— Lu, o que houve?! O que fizeram com você?

José Luiz respondeu:

— Acalme-se. Ninguém fez nada à sua noiva. Ela emocionou-se com a mensagem que recebemos e que deverá ser entregue à moça que veio procurar os pais.

Otávio perguntou:

— Mônica? Não entendi. Quem mandou essa mensagem?

— Sentem-se. Vou lhes explicar. Pensei que soubessem que Luciana é médium auditiva. Ela precisa estudar a doutrina espírita, pois assim poderá entender e trabalhar o dom de receber mensagens. Nós recebemos, por meio de uma senhora que está conosco há muitos anos, uma carta enviada da mãe dessa moça. Essa carta esclarece algumas dúvidas que ela ainda tem em relação ao amor que os pais tinham por ela. Quando a senhora Carmem entregou a carta para Luciana, ela ouviu a mãe de Mônica pedir-lhe que entregasse pessoalmente a carta à filha.

Lúcia, que apenas ouvia, disse:

— Mônica viajou há dois dias para Nova Iorque. Podemos enviar essa carta pelo correio?

— Não, mamãe. Andréia me pediu que a entregasse pessoalmente a Mônica. Me desculpem, mas não posso mostrar a carta pra vocês. Ela é muito pessoal e muito bonita. Eu me emocionei. Não se preocupem, eu estou bem. Doutor José Luiz, muito obrigada. Me fez muito bem vir aqui e passar por essa experiência. Não sabia que tinha esse dom.

— Luciana, não se assuste. Algumas pessoas têm medo, outras se recusam, mas você pode estudar e levar a quem precisa mensagens que ajudarão muita gente a ter paz. Você decide quando quer começar a estudar. Pode me procurar para que eu possa orientá-la. Só lhe peço que pense bem antes de iniciarmos seus estudos. Uma vez iniciados, os estudos não devem ser postos de lado. É um compromisso muito importante, que não pode ser esquecido ou abandonado.

— Eu entendi, doutor José Luiz. Pensarei bem, conversarei com Marcelo e com meus pais e depois voltarei aqui pra falar com o senhor.

— Não tenha pressa, minha filha. É uma decisão muito importante. Você pode me procurar aqui ou em meu consultório.

Todos se despediram de José Luiz e agradeceram pelos ensinamentos daquela noite. Em casa, conversaram sobre o que ouviram e sobre o que Luciana achara de tudo o que lhe fora pedido.

— Papai, eu fiquei muito surpresa. Quero voltar a conversar com o doutor José Luiz antes de tomar uma decisão, afinal, é um compromisso importante. A carta que a senhora Carmem recebeu de Andréia é emocionante. Não posso divulgar o conteúdo, mas posso dizer-lhes que são seis páginas. Se não for possível levar a carta antes do casamento de Mônica, vou esperar ela vir ao Brasil no fim do ano para entregar-lhe.

Marcelo perguntou:

— Se é tão importante, por que não pode enviá-la pelo correio?

— Porque ela me pediu que entregasse pessoalmente a Mônica.

— Ela quem?

— A mãe de Mônica.

— Como você sabe que era ela?

— Eu apenas sei. Agora, eu gostaria de deixar esse assunto de lado. Vamos jantar, pois amanhã levantaremos cedo, e eu não vou decidir nada hoje.

Quando estava se despedindo de Luciana, Marcelo perguntou:

— Lu, você está bem mesmo?

— Claro, Marcelo, não seja bobo. Estou ótima.

— Eu achei tudo muito estranho.

— Mas você estava se sentindo em paz, havia gostado do ambiente... O que mudou?

— Não sei, talvez a conversa com o doutor José Luiz.

— Marcelo, pare de se preocupar. Quando for conversar com ele, você poderá ir comigo se quiser. Preciso pensar sobre tudo o que ele me disse, e você mesmo o ouviu dizer que não é necessário ter pressa.

— Está bem! Então, me dê um beijo.

O casal trocou um beijo apaixonado e depois começou a falar dos planos para o futuro. Marcelo afastou-se da noiva com dificuldade.

— Lu, acha que seu pai concordaria com a ideia de antecíparmos nosso casamento?

— Marcelo, amanhã veremos o apartamento. Se for o que esperamos, acertamos tudo com a imobiliária e conversamos com nossos pais. Acredito que não irão se opor.

— Não vejo a hora de ficarmos juntos sem essa correria.

— Meu amor, logo, logo estaremos casados, e nada irá nos separar.

Depois que Marcelo foi embora, Luciana entrou no apartamento e foi para seu quarto, pensando em tudo o que acontecera naquela noite. No outro quarto, Otávio e Lúcia conversavam:

— Lúcia, você acha que Luciana vai aceitar o convite do doutor José Luiz?

— Não sei, Otávio. É uma decisão importante, e só cabe a ela decidir. Nós temos acompanhado o trabalho realizado por ele, e você viu que são pessoas sérias. Não estão lá zombando dos sentimentos alheios.

— Você tem razão. Eu apenas fiquei um pouco ansioso com essa história. Vou fazer o que você falou. Nossa filha é equilibrada, inteligente, e saberá exatamente o que fazer.

Luciana e Marcelo viajaram para Nova Iorque uma semana antes do casamento de Mônica e Eric. Mônica já os esperava no aeroporto com Bud, que fez a festa costumeira para Marcelo.

— Que bom que vocês puderam vir antes do casamento, pois assim poderemos conversar com calma.

— Já está tudo pronto?

— Sim, Lu, está sim. Faremos uma cerimônia simples, apenas no civil. Estarão presentes vocês, meus avós, minha tia Sandra e os amigos de Eric.

Marcelo perguntou:

— Eric não tem família?

— Os irmãos dele talvez venham, não deram certeza. Os pais dele faleceram há algum tempo. Meu tio Michel está preso, e tia Joanne ainda não quer proximidade.

— Mônica, eu tenho uma carta para você. Vamos para o hotel, pois assim podemos conversar melhor.

— Lu, você não pode entregá-la agora?

— Não, pois preciso explicar-lhes alguns fatos.

— Então, façamos assim. Eu os levo para o hotel, vocês descansam, e mais tarde Eric os busca para jantarmos juntos. Assim, poderei ler essa carta em meu apartamento. O que acham?

Marcelo respondeu:

— Sua ideia é ótima.

— Então, vamos! Vou deixá-los no hotel.

No fim da tarde, Eric buscou Marcelo e Luciana no hotel e os levou para o apartamento onde ele e Mônica já estavam morando.

— Luciana, Mônica está preocupada com essa carta. É algum problema?

— Não, Eric, ao contrário. Mas preciso falar com ela. Depois, se quiser, Mônica mostrará o conteúdo da carta para você e para Marcelo.

Quando chegaram ao apartamento, Luciana e Mônica foram para o quarto conversar:

— Mônica, não sei se você sabe que minha família frequenta a casa de oração do doutor José Luiz.

— Não, Lu, eu não sabia.

— Meus pais começaram a frequentar essa casa para estudar a doutrina espírita. Eu os acompanhei em duas reuniões. A segunda reunião da qual participei aconteceu pouco depois de sua partida, e nela uma das médiuns recebeu esta mensagem. Mônica, pediram-me para entregar esta carta em suas mãos.

Demonstrando surpresa, Mônica pegou o envelope e antes de abri-lo perguntou:

405

— Lu, é um trabalho sério? Tem muita gente mentirosa que se aproveita da fragilidade alheia.

— Fique tranquila, Mônica. O trabalho do doutor José Luiz é muito sério. Se não fosse sério, meus pais não estariam frequentando as reuniões na casa dele.

Mônica abriu o envelope e começou a ler:

Filha querida, como é bom poder escrever-lhe e dizer-lhe o quanto eu e seu pai a amamos. Faz tanto tempo! Finalmente, consegui autorização para escrever-lhe e agradeço muito a boa vontade da senhora Carmem, que teve a paciência de ouvir-me e passar para o papel tudo o que eu queria lhe dizer.

Não tenha dúvida do nosso amor por você, Mônica. Eu voltei para casa, porque estava preocupada com seu pai. Não foi possível conversarmos durante o dia, e, como sua tia Joanne estava cuidando bem de você, deixei-a com ela e fui me encontrar com ele.

Quando cheguei à nossa casa, senti um cheiro forte, mas não atinei para o gás. Eu havia esquecido que, quando existe vazamento de gás, não se deve acender a luz.

Eu liguei a luz e ouvi um barulho, mas não consegui identificar o que era. Senti uma pancada na cabeça e devo ter desmaiado.

Quando acordei, já não havia mais vida em mim. Eu estava em um lugar que parecia um hospital. Seu pai não estava comigo, contudo, o encontrei muito tempo depois. Ele estava muito triste. Nós fomos auxiliados por cuidadores e por pessoas amigas, que nos ensinaram a viver aqui. Conseguimos autorização para vê-la, mas não podíamos falar com você.

Acompanhamos sua ida ao Brasil, e eu estive ao seu lado no hospital quando André a manteve refém, exigindo dinheiro para soltá-la. Ele estava desacorçoado, por isso não apertou o gatilho.

O ciúme e a ambição são péssimos conselheiros. Eu nunca imaginei que ele chegaria a tanto. Nunca dei esperanças a André, não por ele ser de origem humilde, mas porque, quando conheci seu pai, me apaixonei perdidamente por ele.

Seu pai é um homem alegre, inteligente, companheiro e prestativo. Não havia quem não gostasse dele.

Estou lhe dizendo essas coisas, porque você tem toda uma vida pela frente, vai se casar com um bom moço, e juntos formarão uma família. Não se entristeça por nós, Mônica. Estamos bem, estamos juntos, e saiba que você tem todo o nosso amor. Pense em nós com carinho e não abandone seus tios nem seus avós. Você é um anjo bom que Deus colocou em nossas vidas.

Todo meu amor,
Andréia.

Mônica terminou a leitura emocionada, abraçou Luciana e disse:

— Obrigada, minha amiga. Vou guardar esta carta com muito carinho. Serei eternamente grata a vocês todos, que me acolheram, me ajudaram e me deram tanto carinho. Tenho em vocês minha família.

— Mônica, conte sempre conosco. Você conquistou a todos nós. Estamos longe apenas fisicamente, mas nossos pensamentos estão sempre voltados para você e Eric.

Bud latiu:

— E para você também, Bud. Continuo apaixonada por você!

As duas amigas riram e continuaram a conversar sobre o futuro. Mônica contou a Luciana que Michel continuava preso e que Joanne falara com ela por telefone, mas ainda preferia se manter afastada.

Luciana perguntou a Mônica como havia sido o encontro entre Michel e a mãe, e ela explicou:

— Ele não queria vê-la. Meu tio acusou-os de estar naquela situação por causa da intransigência do meu avô. Ele disse que meu avô sempre preferira Andréia, e Raymond precisou intervir, porque ele estava aos gritos na sala destinada à visitação.

— E dona Marieta?

— Ficou muito triste. Ela disse a meu tio que ele estava enganado, pois fora a ambição dele que o levara até ali.

Minha avó perguntou se ele precisava de um advogado, mas ele disse que não. Que não queria nada dela nem do pai. Foi grosseiro comigo também. Falou que eu não deveria ter ido para o Brasil remexer no passado. Enfim, a culpa de tudo é minha e dos meus avós, e não dele, que fez o que fez.

— Ele vai ser acusado de ter participado da morte de seus pais?

— Não, porque ele não sabia que meu pai tinha encontrado os diamantes e descoberto o contrabando. Nem meu pai sabia do envolvimento de meu tio nesse assunto. Tudo estava em nome do André. Ele deixou tudo por conta do André. Para meu tio, o incêndio foi acidental. Tio Michel voltou para cá acreditando que tudo estava resolvido. Se tivesse acontecido um crime, o que ele não acreditava, ele seria avisado.

— Você tem ido visitá-lo?

— Não. Depois de tudo o que ele disse para mim e para vovó, não fui mais à penitenciária. Eric e Raymond me trazem notícias dele, mas o julgamento ainda não foi marcado. Vamos aguardar o que ainda está por vir.

Enquanto Mônica e Luciana conversavam no quarto, Eric e Marcelo falavam sobre o que havia acontecido no Brasil:

— Eric, André continua negando tudo, diz ser inocente, mas ele não vai conseguir sair dessa. Há muitas provas contra ele. Doutor Antônio Sampaio reabriu os processos em que René estivera trabalhando. Os documentos que encontramos no anjo foram fundamentais para esclarecer o caso, o contrabando de joias, enfim, estão todos presos e vão ficar assim por muito tempo.

— Seu pai está defendendo o jardineiro?

— Está cuidando do processo dele, mas não consegue inocentá-lo da morte de René e de Andréia, pois foi ele quem abriu o gás.

— Ele bateu nela e a levou para o escritório?

— Não, ela entrou por uma porta lateral. Quando houve a explosão, alguma coisa a atingiu. Não se sabe o que a atingiu, porque tudo se queimou. No entanto, não houve agressão física. E o tio de Mônica?

— Ele também está preso aguardando julgamento. Michel tratou mal Mônica e dona Marieta, e Ray teve de intervir. Foi muito desagradável. Ele culpou Mônica pelo que houve, disse que ela era mal-agradecida, que cuidara dela como uma filha e que Mônica lhe dera as costas. Fez um drama enorme e não assumiu a culpa pelo que fez. Culpou o pai, a mãe, todo mundo, menos a si mesmo.

— Que coisa! E dona Marieta?

— Ficou muito abalada. Dona Marieta não pensou que o filho a trataria tão mal. Nós tentamos distraí-la depois disso. Mônica a levou a alguns lugares turísticos daqui. Dona Marieta ficou conosco durante quinze dias e depois resolveu voltar ao Brasil. Tentou ver o filho mais duas vezes, contudo, ele não quis vê-la. Ray conversou bastante com ela e prometeu olhar pelo Michel, mas não podemos fazer nada. Ele está metido com contrabando de joias e construções irregulares. Como ele tem cidadania americana, vai ser julgado aqui e com certeza passará algum tempo na prisão.

— Quanta coisa errada, não? Mas agora devemos seguir em frente! E, por falar nisso, faz muito tempo que as duas estão naquele quarto! Que tal chamá-las para sairmos?

— Boa ideia, Marcelo! Vamos bater na porta.

Eric bateu na porta do quarto e perguntou se elas estavam bem:

— Estamos sim, Eric.

— Eu e Marcelo queremos sair para comer. Vocês nos acompanham?

— Sim, vamos. Nos dê apenas alguns minutos para nos arrumarmos.

Assim, Eric, Mônica, Marcelo, Luciana e Bud saíram para um passeio e para aproveitar o fim da tarde. Iam conversando tranquilos e certos de que o tempo apagaria as lembranças ruins e que eles viveriam em paz.

Epílogo

— Lúcia? Você me ouviu?

— Desculpe, Otávio. Estava vendo um vídeo que Luciana nos mandou. Eles estão se divertindo com o Bud. O que você ia me dizer?

— Estava me lembrando do que você havia dito sobre a vida ter nos aproximado de Mônica para protegê-la.

— Eu não falei em protegê-la. Eu disse que a vida provavelmente nos aproximou para reparar uma injustiça.

— E você acha que conseguimos?

— Acredito que sim. Nós não fizemos isso sozinhos, mas nos envolvemos nessa história e fizemos parte dela de uma forma íntegra, ajudando essa jovem a conhecer sua história e a reparar um grande erro do passado.

— Você tem razão. É gratificante ver o resultado de tudo o que foi feito, os amigos que fizemos e saber que Mônica encontrou tudo o que veio procurar aqui no Brasil.

— Otávio, você tem contato com o doutor Gusmão?

— Sim, falei com ele ontem. Ele e dona Flora estão se preparando para viajar para Nova Iorque. Devem estar a caminho do aeroporto. Ele agradeceu nossa ajuda e disse que, quando voltarem de viagem, nos farão uma visita. Falei também com Cláudio. Eles irão para o casamento. Dona Marieta superou a decepção com o filho. Eu a examinei e examinei o senhor Samuel e liberei os dois para viajarem para Nova Iorque.

— Eu falei com a Carolina. Eles não poderão ir ao casamento, porque Adriano está com muito trabalho no escritório. É uma pena que também não possamos ir ao casamento da Mônica.

— Pena mesmo, mas não posso deixar o hospital. Você ficou triste?

Abraçada ao marido, Lúcia respondeu:

— Não. Nossa filha está lá, e eu sei o quanto você é responsável com seu trabalho no hospital. Viajaremos em outra época.

— Obrigado, Lúcia. Você é uma companheira maravilhosa.

Otávio beijou a esposa com o amor que o tempo fortaleceu.

— Doutor Gusmão?
— Sim, Gilberto. O que houve?
— O senhor está parado olhando para essa estátua, e dona Flora está o esperando no carro.

Gustavo respirou fundo e disse:

— A resposta estava aqui o tempo todo. Se eu tivesse prestado mais atenção nesse anjo, teria evitado tanto sofrimento... Como eu poderia imaginar que este anjo de pedra guardava tantos segredos?

— Se o senhor me permite dizer, doutor Gusmão, na vida tudo tem um tempo certo para acontecer. Nada acontece fora desse tempo. Quando a estátua do anjo chegou aqui, não era hora.

— E como pode ter certeza disso?

— Porque foi por causa de sua neta que o senhor prestou atenção nos olhos do anjo. Foi o momento certo, doutor Gusmão.

— É, Gilberto, talvez você tenha razão. Minha neta, cuja existência eu sempre neguei, veio de tão longe para me mostrar a riqueza que eu tinha comigo sem saber. Não a riqueza dos diamantes, mas a verdade sobre o que havia acontecido com meu filho.

Aproximando-se, Flora disse:

— Gustavo, vamos! O passado se foi, e os mortos estão descansando. Vamos viver o presente, pois nossa neta está nos esperando. E o anjo de pedra continuará aqui, na entrada de nossa casa, guardando-a como tem feito durante todos esses anos.

— Você tem razão, Flora. Vamos viver o presente. Vamos, Gilberto! Não quero perder o avião!

FIM

Grandes sucessos de
Zibia Gasparetto

Com 17 milhões de títulos vendidos, a autora
tem contribuído para o fortalecimento da literatura
espiritualista no mercado editorial e para a popularização
da espiritualidade. Conheça os sucessos da escritora.

Romances
pelo espírito Lucius

A verdade de cada um	O matuto
A vida sabe o que faz	O morro das ilusões
Ela confiou na vida	Onde está Teresa?
Entre o amor e a guerra	Pelas portas do coração
Esmeralda	Quando a vida escolhe
Espinhos do tempo	Quando chega a hora
Laços eternos	Quando é preciso voltar
Nada é por acaso	Se abrindo pra vida
Ninguém é de ninguém	Sem medo de viver
O advogado de Deus	Só o amor consegue
O amanhã a Deus pertence	Somos todos inocentes
O amor venceu	Tudo tem seu preço
O encontro inesperado	Tudo valeu a pena
O fio do destino	Um amor de verdade
O poder da escolha	Vencendo o passado

Conheça os sucessos da
Editora Vida & Consciência

Amadeu Ribeiro

A visita da verdade

Juntos na eternidade

O amor não tem limites

O amor nunca diz adeus

Reencontros

Segredos que a vida oculta vol. 1

A beleza e seus mistérios vol.2

Amores escondidos vol.3

Ana Cristina Vargas
pelos espíritos Layla e José Antônio

A morte é uma farsa

Em busca de uma nova vida

Em tempos de liberdade

Encontrando a paz

Intensa como o mar

O bispo

O quarto crescente

Sinfonia da alma

Loucuras da alma

Ídolos de barro

Eduardo França

A escolha

A força do perdão

Enfim, a felicidade

Vestindo a verdade

Vidas entrelaçadas

Marcelo Cezar
pelo espírito Marco Aurélio

A última chance

A vida sempre vence

Coragem para viver

Ela só queria casar...

Medo de amar

Nada é como parece

Nunca estamos sós

O amor é para os fortes

O preço da paz

O próximo passo

O que importa é o amor

Para sempre comigo

Só Deus sabe

Tudo tem um porquê

Treze almas

Um sopro de ternura

Você faz o amanhã

Mônica de Castro
pelo espírito Leonel

A atriz

A força do destino

Apesar de tudo...

Até que a vida os separe

Com o amor não se brinca

De frente com a verdade

De todo o meu ser

Desejo – Até onde ele pode te levar? (pelos espíritos Daniela e Leonel)

Gêmeas

Giselle – A amante do inquisidor

Greta

Impulsos do coração

Jurema das matas

Lembranças que o vento traz

O preço de ser diferente

Segredos da alma

Sentindo na própria pele

Só por amor

Uma história de ontem

Virando o jogo

Conheça mais sobre espiritualidade com outros autores de sucesso.

vidaeconsciencia.com.br /vidaeconsciencia @vidaeconsciencia

Rua Agostinho Gomes, 2.312 – SP
55 11 3577-3200

contato@vidaeconsciencia.com.br
www.vidaeconsciencia.com.br